漢字廃止の思想史

Toshiaki Yasuda
安田敏朗

平凡社

漢字廃止の思想史◉目次

第八章　それぞれの敗戦後

凡例

一、本文中の敬称は省略した。
一、引用について。
・〔……〕は省略を意味する。
・〔　〕内は引用者の補足である。
・現在不適切とされる表現もそのまま引用したが他意はない。
・前後一行空けての引用の場合。
　行頭が一字下げの場合、段落最初からの引用
　行頭が一字下げではない場合、段落内のある一文の先頭からの引用（原文通りの場合もある）
　行頭が〔……〕で始まる場合、段落内のある一文の途中からの引用
をそれぞれ意味する。
・原文のルビ、傍点などは原則として除いた。
・横書きのものからの引用の場合、読点，は、に変更したが、句点．の場合は原文を反映させた。
・新聞からの引用は、／でみだし改行を示す。また特記のない場合は朝刊である。
一、漢字について。
・引用も含め、原則として新字体を用いた。
一、仮名遣いについて。
・引用においては原文の仮名遣いを反映させた。
一、索引の対象は本文中の主なものに限った。

漢字廃止の思想史

はじめに

ローカルな話からはじめる。

現在所属する大学の部局の教授会・研究科委員会はほぼ月に一回開催される。近年は憤慨する内容ばかりが報告されるのだが、そうした会議室の情景を見守るかのように、さる著名な書家の手になる部局名が、額装されて飾られている。横書きの「一橋大學大學院言語社会研究科」。ちなみにこの文字列は、現在ロゴマークのようにつかわれており、研究科ホームページにのっている。(1)

著名な書家に書いてもらう、というのはかつての研究科長の発案だったと記憶している。これをみた同僚が、なぜ「会」だけ旧字にならないのかときいたのだが、研究科長の回答はたしか、「バランス」というものだった。たしかに、「橋」の異体字、「學」や「研」はいわゆる旧字がもちいられているものの、「会」は旧字ではない。「社」も扁は「示」であってもよいだろう。それが「バランス」のひとことで説明されてしまうわけだ。

字体の選択に確固たる方針、客観的に納得のいく方針がない、というだけのほとんどどうでもいい話なのであるが、しかしたとえば、二〇一五年度後期のNHK連続テレビ小説「あさが来た」のヒロインの姉「今井はつ」を演じる女優・宮崎あおいを紹介するNHKのホームページ（「「あさが来た」出演者発表！[2]」）には、注記で「※宮﨑あおいさんの「﨑」の字は「たつざき」です」と一瞬では理解できないことが書かれている。「たつざき」とは「﨑」という異体字のことなのだが、NHKは一体どういう配慮のもとにわざわざこうした注記をおこなったのだろうか。どうやら芸名ではないようなので、戸籍がそうだから、ということなのだろう。そこにはうっかり「宮崎」と表記したとして批判されかねないような、過剰な配慮があるのかもしれない。ちなみに「あさが来た」の公式サイトでは「宮﨑」となっている。[3]このあたりご本人はどう思っているのか確かめてみたいのだが、あいにくそうした術はない。ちなみに、おなじ「たつざき」の畏友・﨑山政毅さんならば、たぶんあまり気にしないであろう。「宮﨑」を「宮先」と書いたらそれはまちがいになるが、「﨑」と「崎」は異体字である。おなじ漢字のはずである。戸籍上そうだから、という理由は一応わかるにしても、近代の戸籍制度はせいぜい一五〇年。「伝統」とまではいえないし、拘泥するという意味での「こだわり」の部類にはいるのではないだろうか。

　異体字を厳密に区別するのは戸籍の電子化という側面もあるのだろう。とすれば、「伝統」ではなく機械の問題ということになる。姓ではなく名という問題にひろげれば、円満字二郎がいう名前の「唯一無二性」という問題にもつきあたる。[4]

　そこでみられる「こだわり」が示すのは、人名用漢字の組みあわせ方、そして異体字間の差異に、「アイデンティティ」がもりこまれているということである。

　そもそも「アイデンティティ」とは、軽視してはいけないものの、時として思いこみの産物である場合もあるので、こうした事態を説明するに適切な用語であろう。しかし、たとえば戸籍を参照項とするからなんとなくわかるような気がするが、そもそも「こだわり」とはこだわっている本人にしかわからないものである。

　ところで、このように感覚的に漢字をつかってきているのであれば、逆に感覚的に漢字をつかわない、という選択もありえそうだ。「ゲンゴ社会研究カ」とか。しかしそれでは単語が区切れないとか、同音異義語の問題は解決できないとか、よみにくい、とかいう批判にさらされる。それならば、感覚的ではなく、ある理屈のもとで漢字をつかわないようにしようとした人びとの依拠した論拠をあきらかにしてみたい、というのが本書を書こうと思った動機である。

　それに加えて、漢字廃止論が、いま現在漢字をつかっているというだけの理由で不当におとしめられているように感じるのも執筆動機のひとつである。漢字擁護の理論がただしいから漢字廃止論が不要というわけでもあるまい。漢字をつかう側とて、右にみたように確固たる理論にもとづいてつかっているわけではないのであるから。(5) いってみれば、感覚的に漢字が選択され使用されてきただけなのである。しかしながら、感覚的であるからこそ、それが批判されるとムキにならざるをえなくなるのではないか。

　一方で漢字廃止論も絶対的ただしさをもった理論とむすびついていたわけではない。おおまかな見通しを記しておけば、時代時代の先端的思想とむすびついて、ある場合には時局と迎合するような形で大きな力をえたときもあった。おなじ時代でも、政治的に好ましくないとされた思想と結びついて被害を被ったこともあった。さらには依拠した思想の賞味期限がくれば、あるいはそれが実現したら、漢字廃止の実現がなされないまま、空虚なスローガンと化してしまった場合もあった。本書ではカナモジカイをめぐる議論に筆をついやしたが、これはカナモジカイの主張と能率（＝日本語の機械化）がむすびついており、この能率の主張は産業化社会においては有効でありつづけているからである。たとえばワードプロセッサにおけるかな漢字変換の技術が確立されなかったとしたら、情報化社会にあって、パソコンでうつ日本語のあり方はどうなっていただろうか。

くわしくはこれから延々とつづく本文を読んでいただくほかはないのであるが、漢字を廃止しようとした人たちが何を考えていたのかをしることは、いま現在の漢字をふくめた日本語表記全般のあり方、そして日本語そのもののあり方を問いなおすことにもつながるであろう。

第一章　漢字廃止・制限論をどうとらえるか

1　「大東亜共栄圏と日本語の進路」――「伝世」か「応世」か

『緑旗』という雑誌があった。

日本植民地下朝鮮の「京城」にあった緑旗連盟発行の雑誌である。緑旗連盟とはもとをたどれば一九二五年二月一一日に発足した、法華経の研究をおこなう修養団体の「京城天業青年団」にいきつくのだが、これが名称をかえつつ組織を拡充して、一九三三年に緑旗連盟となる。朝鮮半島における教化修養、人材育成のための団体として、朝鮮総督府の政策に呼応しつつ事業を展開していった。そのなかで「朝鮮半島唯一の教化雑誌」として一九三六年一月から刊行されたのが、雑誌『緑旗』であった（一九四三年一二月まで(1)）。

その『緑旗』七巻四号（一九四二年四月）が、「大東亜共栄圏と日本語の進路」という小特集を組んだ。「大東亜のたくましき建設の開展につれ、その広大な範囲における各種民族へ日本語はいかにして伝へられねばならないか」という時局的問題意識にもとづいた特集であった。ここに寄稿したのは、東京文理科大学名誉教授・保科孝一、カナモジカイ事業委員長・河野巽、朝日新聞社・島田春雄（肩書きは当時）。

保科孝一（一八七二—一九五五）は、明治末から文部省の言語政策に深くかかわり、日本語表記の簡易化を一貫して主張してきた人物である。ちなみに文部省は教育効率を考えて表記の簡易化には肯定的な姿勢をとりつづけていた役所であったが、その実行にはなかなかいたっていなかった。したがってこの寄稿でも「日本語を圏内の公用語とすることは、最大要件であると信ずる」としたうえで、漢字になじみのない人びとには「漢字は五六百字、片仮名左横書の通俗新聞をタイ・ビルマ・マレイ・フィリッピン等で発行することが、日本語普及のためには、きはめて効果的なものであらう」としている。その内容も、「一は啓蒙的、一は趣味的」なものとし、「純正な日本語」を普及し、なおかつ「かれらをして自ら進んで日本語を学ばんとする意気込を持たせるやうに仕向けることがなにより大切である」と主張を展開している。(2)

次に、河野巽は、「東亜共栄圏の共通語は日本語である」、「日本語によつて日本精神の種を蒔く」という立場から、日本語のはなしことばをカタカナであらわし、それを広めることを、そしてまた「東亜共栄圏」内の諸言語もカタカナで表記すべきことを主張している点が特徴的である。(3)「日本語は前世紀の遺物的廃語ではなかつたはずである。日本の文字が日本語が進出の障害であるならばその障害をとりのぞけば良い。安易が進歩ではない以上に、難解が愛護ではない」という主張はある意味で明快である。(4)

ちなみに河野巽は一九三二年一一月末に工兵大佐を最後に二六年在職した陸軍を退役した人物である。(5)なお、軍隊と言語の簡易化という論点は第四章であつかう。

保科も河野も、基本的には「大東亜共栄圏」への日本語の拡大を是とし、それを確実なものとするためにも、漢字制限、廃止といった主張へとむすびつけている。これはかれらの従来の主張でもあるので、時局を利用した議論である。なおここで漢字制限、廃止論と同列に論じたが、漢字廃止論者は漢字廃止への過程で漢字制限を必要とするので、漢字制限論者でもある。しかしながら、漢字制限論者は必ずしも漢字廃止論者であるわけではない。ただ、この両者の線引きにはむずかしいところもある。(6)

ところが、三人目の寄稿者、島田春雄「応世より伝世へ」の論調はがらりとかわる。島田はことばの種類を、「電報、メモ、請取証の如く実利簡便を旨とする文章」と、「国体の尊さを盛り、或は聖戦の意義を説き皇道を宣布する国民必読の文章」とにわける。そして、前者をもとにして「言葉の改廃を図る者」があれば、それを「応世と伝世との差別を知らぬ者」だとする。ちなみに「応世とは世の用に応じ一時に処すること、伝世とは世に伝へまた世々に伝へることをいふのである」という。(7) これだけでも、島田が「伝世」に重きをおいていることがわかるのだが、となれば、「日本語の海外進展を説く者の中、敬語を廃し仮名遣を変へれば、た易く進出すると説く者」は、「四年に一度元首を変へる応世国家〔アメリカ合衆国を指すのだろう〕の言葉と、天地のむた窮みなき皇祚を仰ぐ伝世国家の言葉とを混同し、功利のために伝世の言葉文章を破棄する」ものだ、と手きびしい。要するにことばをやさしくし、表記をカタカナなどにかえて日本語を普及させようという考えは「米英的植民政策」と等しい、ということなのだ。

島田はいう。

日本の国力進展を一時的なものと見るならば、応世言語の流布を以て満足しても構はない。日本国家の大東亜進展は万古に亘る厳然たる事実である以上、すべからく堂々と伝世言語の進展を図るべきである。日本国家の伝世面——国体を精神を知得するためには、辞達すれば已む底の応世言語では求められず、敬語、仮名遣を含む日本語の秩序を学び上げ、伝世言語に拠らなければならぬことを悟らすべきである。

　商売の便利のために東亜に日本語をといふ考へと、大東亜の黎明を宣らせ給ひし大詔を十億の民が挙つて奉誦する日を目指す考への相違は、応世と伝世の相違であると同時に、実に米英的植民政策と、八紘一宇の大義との相違である。(8)


　島田が、保科や河野の原稿に目を通していたわけではないだろうが、保科や河野を「応世」的立場であるとおとしめる「伝世」という立場がここで表明されている。第四章でふれるが、このころ、日本語を整理統一合理化しようという流れは文部省の方策になっていた。とすれば島田のような考えは、やや狂信的にも思える。つきつめていけば、日本語を改変するくらいならいっそのこと普及しなくてもよい、ということにもなるのだが、島田的思考は、文部省的思考に拮抗しうるだけの勢力をたもっており、第七章でみるように現実的にはそれに勝つこともあった。

　ちなみに「伝世」「応世」ということばは島田の創作ではなく、諸橋轍次の『大漢和辞典』ではそれぞれ「後世に伝へる」、「時世に適する」といった説明が与えられている、典拠のあることばである。

　島田春雄については、第七章でくわしくふれることにする。

2 「日本語の歴史とともにある漢字」「日本人の心性をあらわす漢字」という言説

いきなり議論をはじめてしまったが、本書は『漢字廃止の思想史』と題している。「思想史」というと大仰ではあるが、近代日本言語史のなかで、漢字廃止を主張する人びとがどのような根拠でもってそれを唱えてきたのかについて、一貫した流れをみいだすことに力点をおいている。

その説明のわくぐみとして、島田の用いる「伝世」と「応世」ということばで考えてみたかったので、まずとりあげたのだが、保科の議論も、河野の議論も、島田からすれば「応世」のものである。たとえば、保科の漢字制限、廃止の根拠は、明治以来の初等教育普及による識字率向上という教育行政的な意図と、表意文字よりも表音文字の方がよいという、日本で受容された言語学の見解をふまえたものである。これは保科自身が東京帝国大学で国語学を学び、国家の言語政策機関に一貫して関与しつづけてきたという経歴のなせる業でもある。(9) また河野が事業委員長をしていたカナモジカイは、産業能率化の志向をつよくもった組織であった（第三章参照）。

そうした「応世」的な議論を島田は否定する。考えるまでもなく、漢字とは「伝世」のものである（それをいえば仮名もそうなのだが）。したがって、「伝世」としての漢字を否定することはかなりむずかしい。

そこで、漢字廃止論に関する議論をいま現在おこなうことの意味をここで書かねばならないのであるが、まずはいま現在の言説でも、「伝世」的思考が健在であることを確認しておきたい。

たとえば国語学者・今野真二は、

もともとは中国語であった語を日本語の中で借用語として使うのが漢語だ。漢語は多くの場合漢字で書かれる。漢字は日本語を書く文字としてずっと使われている。日本語専用の文字である仮名がうまれても、漢字は使われ続けてきた。「日本語の歴史」とは、「漢字を使い続けてきた歴史」でもある。[10]

と論じている。漢字を用いて日本語を表記してきたのであるから、漢字の「伝世」性は簡単には否定できない。漢字がつかわれつづけてきた、というのは客観的にはそのとおりである。ちなみに今野は著書『日本語のミッシング・リンク』のなかで、明治期を通じて「漢語・漢字離れ」が進行していくことを種々の資料から示している。

しかしながら、書きのこされたものこそすべてというわけではないだろう。漢語をなぜ漢字で書かねばならないのかとの問いがなされたことや、漢字を使わずに日本語を書こうとしたこころみも、「日本語の歴史」の一部を構成してもよいはずである。

今野はふみこんでいないが、「伝世」思想は、二〇一四年に刊行された笹原宏之『漢字に託した「日本の心」』というややあやうげなタイトルの書籍で以下のようにあらわれている。

漢字は日本人の心性によって支持され、そして日本人の独特な心理をさらに強固なものへと変えていたのである。[11]

とか、

〔この書物では〕漢字を通して日本語の姿を見出そうとし、それらを使う日本人の心のあり方にまで迫ろうと努めた。変化を続ける日本語と漢字を対象化して眺めれば、私たちが現代という歴史の最前線に立っていることに思い至らせてくれる。漢字がもしも、いきいきと見えるのならば、〔……〕使用主体である私たちがいきいきと使っているからにほかならない。言い換えれば、私たち自身が変化を止めない社会の中で命をもって暮らしているからである。漢字自体に生命など宿ってはいない。もし漢字が陰々滅々と見えてきたならば、その責任は使い手である私たちにある。(12)

とか。漢字に生命は宿っておらず、それを吹きこむのは使い手なのだから、漢字が「日本人の心性によって支持され」、「日本人の心のあり方」に迫る手段になる、と強調するわけである。しかしこうなると、漢字の廃止について最初から議論を拒絶する雰囲気になる。その廃止を論じることは「日本人の心性」への冒瀆になるからだ。これでは島田と同じである(もちろんそれでよいのだ、というのであれば、かまわない)。中国においても、漢字を嫌悪し、あるいは近代化、大衆動員をはかるなどといった理由でこれにたちむかっていった人びとがいた。(13) 漢字を廃止しようとしていた人たちの議論を荒唐無稽、日本人の心性に反する、と頭から排除するよりも、かれらがどのような理由でもってそうした主張をしていたのか、ということの検討をおこなう余地がかなりある、ということはできるだろう。

ほんの十数年前には、思想史家・子安宣邦が『漢字論――不可避の他者』(岩波書店、二〇〇三年)を刊行し、副題にあるように、不可避ではあるが、あくまでも他者である、と漢字を位置づけていた。それと同時に「固有言語の先行的な存立を前提にした言語意識」をえぐりだしていた。さらに、中国文学研究者・高島俊男も『漢字と日本人』（文春新書、二〇〇一年）において、「漢字は、日本語にとってやっかいな重荷である。それも、からだに癒着してしまった重荷である。もともと日本語の体質にはあわないのだから、いつまでたってもしっくりしない。〔……〕この、からだに癒着した重荷は、日本語に害をなすこと多かったが、しかし日本語は、これなしにはやってゆけないこともたしかである。腐れ縁である」と論じている(14)。

しかしいまやこうした議論は後景にしりぞき、漢字は日本人の心性をあらわす、などと無前提に論じられるようになってしまった。ここで思考は停止する。そうなると視野狭窄におちいることになり、現在はびこっている、異論をゆるさない偏見にみちた言説と同期することになってしまう。そうした議論を相対化するためにも、漢字廃止論のさまざまなあり方を検討する作業は不可欠だと思うのである。

3　漢字リテラシーという恫喝

一般的にいって、苦労して獲得したリテラシー（読み書き能力）をよろこんで放棄することは考えにくい。獲得するまでには、時間も労力も資金も必要であるし、リテラシーと権力とがむすびついている場合もすくなくないからである。権力であるということは、それを獲得することで自らも権力をもつことになる。したがって、放棄しない理由をさまざまにつくりだしていく。そのひとつが「伝統」であり、すこしいいかえれば「日本人の心性」となる。「知性」とむすびつけることもできる。とりわけ近代においては国民国家形成に不可欠な、国民として必要なリテラシーを設定し、教育などを通じて獲得させようとする。もともと人びとの生活にとって必要なリテラシーは千差万別であったはずなのに[15]、同質のリテラシーが設定され、「伝統」「文化」などといった用語でもって、ある種の暴力、恫喝という形でのしかかってくる（ついでにいえば、これを暴力・恫喝と思わせないのが権力でもある）。権力関係に相応した不均衡なリテラシーを同質なリテラシーの設定という幻想のもとで平等化していく、という理念がそこにあったとしても、ことはそう簡単に推移はしない。第五章でみるが、漢字と封建支配とをむすびつける言説が生じたように、リテラシーと差別構造とは切りはなすことはできないのである。

こうした構造は文字一般にいえることであるが、そうしたことをあたかも考えないかのように、「「日本語の歴史」とは、「漢字を使い続けてきた歴史」」だとのっぺりといわれてしまうと、そんな歴史と関係なくことばをつかってきた人びととの存在はみえなくなる。文字をもちいずとも問題なかった人びとのつかっていたことばは、「日本語の歴史」ではない、というのであれば問題はない。書記言語こそすべてだ、と「そんな歴史」を内面化していく層も一定程度存在するので、そうした人びとにとっては漢字の存在は、懸命に獲得したリテラシーを放棄しない、より強固な理由となっていく。「権力」というと大げさに思えるかもしれないが、社会的不利益をこうむりにくくなる、というとらえ方がなされれば、リテラシー獲得は正当化され、「内発的」に求めていくことにもつながっていく。ただしこうした構造も初等教育の普及そして中等教育進学者の増加にともない、段階的ではあるが、認識されにくくなる。

そうしたなか、すでに漢字リテラシーを獲得した者が漢字廃止をとなえても、それが説得力をもたないのは、自らがそのリテラシー構造のなかで高い位置をしめているからである。ただ、こうした人たちは、運動を起こす主体にはなりやすい。

もちろん、高いリテラシーをもつからといって漢字廃止論など考えないのが普通であろう。典型的には水村美苗『日本語が亡びるとき――英語の世紀の中で』をあげることができる。二〇〇八年に筑摩書房から刊行されたこの本は二〇一五年にちくま文庫におさめられたが、「文庫版によせて」のなかでこの本が「英語という〈普遍語〉の意味を問い、その力を前に日本語をどうしたら優れた「書き言葉」として護ることができるか、今、それを真剣に問わなければならない」と訴えたものであるとみずからまとめている。[16]この「優れた「書き言葉」」の基準というものは、どうやら「近代文学の古典」におかれているようなので、それは要するに、めぐりめぐって「漱石をローマ字で読めるというのか」などといった発言をうむことになる。[17]漱石を読むなら日本語をローマ字化なんかするな、ということである。それはそうだ、漱石はローマ字で書いたのではないのだから。しかし、漱石が執筆したときの表記のあり方と現在のそれとが、同一であるはずがないことは水村でもわかるだろう。たまさか現在普通に漱石の原文が「読める」と思っていたとしても、それがはたして、漱石の理解につながるのかは、だれもわからない。本当に読みたければ「原文」とともにそれが書かれた当時の状況をふまえて必死で勉強して読まなければならない。それほどの情熱がない場合は、〈普遍語〉に翻訳されたものでもなんでも読めばいいだけの話でしかないのではないか。それなのに、水村の言説は「文化」とむすびつけた恫喝の一例である。もちろん、作家は作家としてみずからの商売道具を簡単に放棄するわけにはいかないのは当然だろう。

漢字語のもつあいまいさを指摘する作家の赤坂真理も、日本は敗戦後になにかを隠してきた、という雰囲気を論じる文脈のなかではあるが、以下のように漢字について述べている。

漢字は、それ自体ひとつで意味のパッケージであるがゆえに、それを当てはめることは、あくまで近似値である。それも、かなり幅の広い近似値である。
そして一目瞭然のようでいて、いや一目瞭然であるからこそ、漢字は日本人にとってブラックボックスのように働く。分かったような気持ちにさせながら、実は個々人の数だけ解釈が出る。
〔……〕そんな漢字を、日本人が日本語として、外国語の翻訳に使ったとき、実はかなり危険なことが起きたと思う。〔……〕
日本語は、異物を取り込みながら、それを解釈し、なおかつ、異物は異物のまま眺められる（漢字やカタカナという、外来の言葉であるしるしを残す）という独特な作法を発達させてきた。(18)

異物として、あいまいなままとりこんだ漢字そして漢字語。それがもつ危険性を赤坂は指摘しているのであるが、つづけてこう述べている。

このように自分に入り込んだ他者は、取り除けない。そのことだけは変えられない。今さら日本語を変えられるとは思えない。現代日本語は奇形《キメラ》でいくしかない。しかし、だからこそ、知っておいた方がよいと思う。(19)

身体の比喩で語るのはあいまいであるし、「日本人」「日本語」ものっぺりした使い方であるので、きわめて感覚的な話となっており、先にあげた子安の「不可避の他者」論や高島の「腐れ縁」論をふまえているような気配も感じる。しかしながら、現状を現状として仕方ないものとして認めるのみであって、そこからなんらかの思想的格闘をおこなう気配はない。

水村にしても、赤坂にしてもそうなのだが（それをいえば、子安も高島も同様であるが）、不思議なことに漢字廃止を主張する側の論拠をきちんと把握したうえでの批判ではない。漢字廃止という目的に注目して批判するのみで（子安や高島はそうではない）、そうした主張の背景をふまえたうえでのものではない。赤坂の著作自体が提起する問題意識は共有したいが、水村の議論は趣味の問題だとして相手にしなくてもよいのかもしれない。しかし、単に趣味の問題として切りはなしてしまえないところがある。したがって、その分だけ漢字廃止・制限論はより対抗的で説得的な理由を探してこなければならなくなる。

4　大韓民国と漢字――文字とナショナリズムの恣意的結合

それでは逆に、政策的に漢字を使用しないようにしていった大韓民国の場合はどうだろうか。

大韓民国で一九四八年一〇月に公布された法律第六号「ハングル専用に関する法律」は、「大韓民国の公用文書はハングルで書く。ただし、当分のあいだ、必要な場合には漢字を併用する」というものであった。この場合の併用とは、漢字語をハングルではなくそのまま漢字で表記するということであったが、一九五七年一二月の「ハングル専用積極推進」に関する議決のなかでは、「公文書は必ずハングルで書く。しかし、ハングルだけでは理解しにくい語にはカッコを付け、漢字を書き入れる」とされた。併用からカッコのなかへと漢字をおいこんだような形だが、一面、煩雑ではある。その後、「しかし」

以下のただしがきがパクチョンヒ時代に消され、公文書のハングル専用の時代がつづいていたが、漢字が近年復活しているという。ハングル専用が徹底しているかの感がある大韓民国ではあるが、歴史的なゆらぎを、とりわけ政策面では経験していることがわかる。[20]

若干漢字が使用されるとはいえ、ハングル専用であることにかわりはない。この点に関して、評論家の呉善花は『漢字廃止で韓国に何が起きたか』という書物で以下のように述べる。

韓国語は漢字を廃止したために、日常的にはあまり使われない、しかし概念や理念を表す言葉、各種の専門用語など、伝統的に漢語で表されてきた重要な言葉の多くが、一般にはしだいに使われなくなっていった。〔……〕

そのため、現在の韓国人が書く文章は一般的に、簡潔、単純、直接的という傾向が強く、言葉の奥行きがきわめて浅い。[21]

島田春雄風にいえば、「伝世」を無視したハングル専用論による弊害ということになるだろうか。とはいえハングルの歴史も長い。

呉は漢字万能論者のようで、こんなこともいっている。

〔漢字をつかわない〕韓国人の多くが、日常的な肌触りをもった言葉ですべてを論じられると勝手に思っている。日本の朝鮮統治の問題ひとつとっても、容易に日常的な感性から抜け出た議論をすることができないのもそのためである。私はそれを反日思想教育や伝統的な小中華主義のせいだとばかり思ってきたが、けっしてそれだけではない。[22]

これ自体がまた論理的ではない議論であって、漢字を廃止した結果生じた「言葉の奥行きの浅さ」は、根拠のない思いこみにすぎない。漢字がないこと（あるいは、あること）による弊害をきちんと実証しないと、なんでもありのこじつけにしかならない。論理的でないいい方になるが、「日常的な感性」はどういう議論においても重要に思われるのだが。[23]

ちなみに、日本在住の呉は右派雑誌『ＳＡＰＩＯ』二〇一三年七月号に、「「世界一優れた文字を守れ」ハングル至上主義で漢字を忘れた韓国人は「大韓民國」が書けない」という記事を掲載、ハングルナショナリズム、ひいては韓国のナショナリズムを批判した。発売直後の七月二七日に、韓国に入国しようとしたところ入国拒否にあった（呉は日本国籍を取得している）。理由はあきらかではないものの、一部メディアは、この記事が原因ではないかとの推測をうちだした。[24]

真偽はわからない。ハングルへの批判を許さない、というのであれば、日本語における漢字の位置とハングルが入れかわった議論であるともいえる。こうした心情は、ハングルナショナリズムあるいはハングル愛とでも称すべき問題であり、この成立についてはまた別に論じるべき問題でもあるのだが、[25]このハングル愛が示すのは「文字への愛」の対象は文字の種類そしてその歴史を問わない、ということである。このことは逆に、日本における漢字への思い入れは、「伝統」とは関係のないところからも生じていることを示している。

ともあれ、呉がいうような漢字を使わなくなったことで精神構造までかわってしまったという議論は、ベトナムがフランスによって植民地化されたのは、漢文使用をせずにローマ字でベトナム語を表記していったからだ、という戦前期に日本でなされた議論を彷彿させる（第七章参照）。亡国ではないにせよ、伝統が断絶されたという観点は、現在の韓国人研究者も共有するむきがある。韓国での漢字使用の復活を主張するある研究者は以下のように述べている。

> 〔……〕ベトナム語のなかで六〇%以上を占める漢字語（漢越語）がアルファベットでだけ表記される状態において、広範囲な知識不在現象が生じるようになった。高級学問のための教材も教育も不可能になった状態で、富裕層はフランス留学にいき、下層民は極度の知的貧困現象に直面するようになった。一九七五年ベトミン《ママ》が共産体制で統一をなしとげた後でも、学問不在現象はつづき、一九八五年までハノイ総合大学は法科大学を設置することができなかった。(26)

単純に考えても、法科大学（法学部）の存在の有無が学問の不在を証明する根拠にはならないのだが、漢字こそが高級思考を担うのであり、それを廃止したから知的貧困を招いたのだ、というほとんどいいがかりにちかい議論である。

こうした議論はたんに放置しておいてもよいと思うのであるが、呉善花のような議論は、日本語の優秀性という形になってあらわれてくる。

5　日本語の科学は世界を変えるのか

「科学ジャーナリスト」と称する松尾義之の『日本語の科学が世界を変える』は、日本語で科学的思考を鍛えてから英語で発信せよ、英語早期教育には反対、ということを論じた書物であるが、問題は、近代以降につくりあげてきた翻訳新漢語体系のなかで「日本語の科学」が形成され、「日本語主導で独自の科学をやってきたからこそ、日本の科学や技術はここまで進んだのではないか」ということを、論証不可能ではあるけれども「状況証拠」的に示したい、としている点である。(27)「科学ジャーナリスト」とは非科学的にものごとを書くのか、と感心しつつ読みすすめると、おなじページで、「韓国ではハングル優先で漢字を棄ててしまったために、多くの同音異義語が区別しきれなくなり、重要な知識や概念を失うだけでなく、厳密な議論もできなくなった」と述べる。これが「状況証拠」といえるわけもなく、そもそもこの一文自体、論証不可能であることは呉善花の場合と同様である。同音異義語の問題は漢字をつかわなくても、十分に回避できるのに、これでも物足りないのか日本語を「もしもローマ字表記などにしてしまったら、今日の韓国や北朝鮮のハングルが直面している厳しい文化状況と、似たようなことになったかもしれない(28)」とまで述べている。なにが「厳しい文化状況」なのか、といえばおそらく以下の部分が相当するのだろう。

〔同音異義語の問題を示したうえで〕ましてや、微妙なニュアンスの伝達など望むべくもないと思う。

しかも、漢字文化をほぼ棄ててしまったため、あれほど自分たちが大事にし、また誇りに思っていた李朝朝鮮について、その歴史書や古文書を読める人がほとんどいなくなってしまった。歴史が消えたのだ。もちろん、言葉を厳密に定義できない状況では、母国語によるまともな科学などできようはずがない。同じことは、ベトナム語のクオック・グー（国語）にも言えるかもしれない。(29)

素朴にいえば、日本とて、いまや江戸時代の「歴史書や古文書を読める人がほとんどいなくなってしまった」のではないか。漢語を漢字で表記しないからといって抽象的で厳密で高度な思考ができない、などというのは、思いこみであり、偏見であり、民族差別といってもよいかもしれない。(30)

しかしながら、これほどひどくはないにしても、ワードプロセッサ開発の歴史を簡略におった本において、「一度手にした言語表現上の自由を、〔カナやローマ字などによる〕文字体系の一本化は制約しかねない〔ので、ワープロの開発はありがたかった〕(31)」といった「表現」の自由度の問題として論じられる点に違和感をおぼえるむきはそう多くないのが現状のように思われる。

6　分析わくぐみとしての「伝世」と「応世」

いろいろとならべてみたが、こういった思いこみがいまでも決して弱くない状況から考えると、漢字廃止を主張すること（あるいは、してきたこと）は、かなりの労力と情熱を必要とする。それでも、とりわけ近代以降、漢字の廃止あるいは制限の議論はくりかえされてきた。その労力と情熱の淵源はどこにあるのか、それの時代による変遷は存在するのか、もしもそれをみきわめることができれば、漢字廃止あるいは制限の将来もおぼろげながらみえてくるのではないかと思うのである。

このことを論じる際に、漢字廃止などもってのほか、という島田が用いる「伝世」「応世」で考えるのは若干妙な感もあるが、島田はこの両者を相対立するもの、相容れないものとしてとらえている。先の『緑旗』が刊行されたのは一九四二年四月であるが、原稿を書く前か書きおえた直後かに、国語審議会が「標準漢字表」なるものの中間報告をおこなっている。これは「常用漢字」「準常用漢字」「特別漢字」にわけて「常用漢字」の確実な習得を期するというもので、実質的に千字程度の漢字制限を実行しようとしたものであったが、国語審議会幹事長でもあった保科孝一はやや先走って「準常用漢字」の将来的な廃止を口走ってしまった。詳細は第七章で述べるが、ここを発端として「漢字廃止をめぐる思想戦」とでも称すべき事態が発生した（ただ、その予兆として、カナモジカイの平生釟三郎（一八六六―一九四五）が文部大臣になったときに持論の漢字廃止論が帝国議会の場でやり玉にあげられたことがあった。第四章参照）。国語審議会の漢字制限に対する批判の先頭に立ったのが、だれあろう島田春雄であった。その際にも島田は「伝世」「応世」ということばで批判している。

島田は、「伝世」と「応世」を対立する概念でとらえている。ただそれでは、議論のわくぐみにはならない。現実には島田のいう「伝世言語」をすべての日本語話者に習得させることは困難であり、「応世言語」にしても然りである。もちろん、島田は自覚していなかったであろうが、「伝世言語」とて「応世」的に整序されたものであることは論をまたない――島田自身のことばを借りれば、「敬語、仮名遣を含む日本語の秩序」は近代になって整えられたのであるから――。したがって、むしろ、この両者のせめぎあいのなかで日本語の表記論が議論され、実際に使用されてきたと考える方が妥当であろう。

とすれば、「伝世」と「応世」を直角に交わるベクトルとして設定し、それにより形成される場にもろもろの議論を位置づけることができるのではないか。先の島田の論考は「応世より伝世へ」というものであったが、むしろ「応世と伝世」、あるいは「応世的伝世」および「伝世的応世」という観点が必要なのではないだろうか。

7 「応世的伝世」と「伝世的応世」、そして「応世」の「伝世」化

そうした場合、漢字廃止をめざす議論は、「応世」はまさにその意味のとおり、時代時代の先端的思想にその正当性を求めることになる。ただ、そうした議論は、「伝世」の力学にもさらされることになり、なかなか主張の実現にはいたらない。とはいうものの、たとえば一九四〇年に陸軍省は兵器用語の簡易化をおこない、兵器用語に用いる漢字の制限やわかりやすいことばへのいいかえなどをおこなうこともあった（第四章参照）。これもまた島田のいうところの「応世」的言語観になるのだが、国家主義の権化（「伝世」ともいえる）とみなされがちな軍隊にあっても、現実に軍隊を動かそうとすれば、「高度国防国家化」というようなことばを用いて「応世」的に考えねばならなかったのである。ことほどさように、「応世」、「伝世」のどちらかだけでなにかを解釈・判断はできなかったのである。

ほかにも、日清戦争後のナショナリズムの高揚とともに漢字廃止論や漢字制限論がたかまっていたとき、井上円了（一八五八―一九一九）は『漢字不可廃論』を出しているのだが、そこでは「漢字は千百年の久き、国語の基礎となりたるもの」であるとし「漢字を用れは、国内に於て日本の特性を維持するの

益あるのみならず、国外に対しては、東亜の勢力を占領するの益あること、又疑ないと考」えている。また「支那は今日尚ほ世界の文明を入れさる有様なれとも、数年の後には必す開国革新を実行するに相違ない、其時は我々日本人は、支那人の先輩なれは、彼れが教師となり、導者となることが出来る、且つ支那人は己れと全く文字文章を異にする西洋人よりも、之を同ふする日本人を歓迎するは疑ありませぬ」ので、「東洋にありては、台湾人をして永く我に帰依せしめ、朝鮮人をして永く我に心服せしめ、支那人をして永く我を歓待せしむるには、漢学を興し、儒教を盛んにするより外に良策はない、又将来支那四百余州をして、我版図に帰せしむるも、此外に名案はない」としている。[32] 漢字の共有をもちだし、漢学・儒学により現代日本の覇権を狙うという、「応世的伝世」の議論であるともいえるだろう。

一方で、実業家・教育家である平生釟三郎は一九三八年に「日本民族ノ　血デ　アリ、民族ヲ　ムスビアウ　強イ　紐デ　アル　日本語ヲ　ハグクミ、コレガ　発達ノ　タメニ、ヒゴロ　ワレラガ　多大ノ　努力　ヲ　ハライツズケテ　キタ　ノワ　トリモナオサズ　日本精神発揚ノ　根本的方策デ　アルカラデ　アル」[33]と述べており、日本語に日本精神が宿ることに疑いをはさんでいない（平生については第三章、第四章参照）。これは「伝世的応世」とでもいえる議論であろう。平生の主張の約三〇年前にも、かつて「漢字御廃止之議」を書いた前島密（一八三五―一九一九、第二章参照）は、

羅馬字論者は君が謂ふ所の日本文明の実を挙げ、金甌無欠なる国体を万々世に完全ならしめ、武士道の精神を健全にし、国民をして普く自覚自信自尊自重の本念を発して堅固ならしめんが為めに羅馬字を主張し漢字を排するのである、万世一系の天子を戴き、大に世界に雄飛せんとする大和民族に其の天職を明かに知らしめんと冀望し熱心なる余り漢字を排斥するのである。[34]

と論じている。これは、漢字を排斥するローマ字論者を伝統ある日本語を毀損するものと非難した金子堅太郎への、文字と言語を同一視する愚論として反論したものだが、こうした議論の展開もまた、「伝世的応世」によるものといえる。

ともかくも、時代時代の先端的思想を追うだけでは、その理論的蓄積はなされにくく、本質的にはおなじことがくりかえされている側面もみえてくる。たとえば、第五章でみるような「唯物論にもとづく漢字廃止論」などは、ほとんど忘れさられているが「高度国防国家化のための漢字制限」という考え方などとともに、「効率的な民衆の動員」という志向が共通の基底にあることに注意しておきたい。たんに時勢に流されているという側面も生じる一方、先端的思想に現実が追いついてくる側面もある。「応世」も歴史を重ねれば、「伝世」的側面も生じてくるのであり、かつての先端的思想が徐々にそうでなくなってくることもある。

8　本書の射程

本書では、文明化の思想、競争（能率）の思想、動員の思想、それらが輻輳した総動員体制下の思想戦、市井の一市民に与えた影響、民主化の思想などが漢字廃止・制限論の根拠になっていった事例をみていく。それぞれが時代的影響と制約をうけていたといえるのであるが、時代が変化しても一定の力をもっていたのは、たとえば一九六〇年の梅棹忠夫（一九二〇―二〇一〇）の論考「事務革命」(35)で指摘されるように、戦前から敗戦後に通底して流れる「事務革命」を支える、競争の思想を体現する「能率」という概念であった。注35でも示したが、梅棹のこの論考をふくむ著作はくりかえし単行本化され、最新のものは二〇一五年一二月に再刊されている。再刊本の解説（京極夏彦・山根一真）をみると、一九六〇年時点では想像できなかった日本語ワープロ、パソコンそしてインターネットなどで、日本語表記のあり方がより多様な形で可能となっている現在、この「能率」の思想がどういう形で展開可能なのかを考えさせられる。

一方、比較的あたらしい漢字廃止論は、田中克彦『漢字が日本語をほろぼす』（角川SSC新書、二〇一一年）であろう。漢字の知識をほこることへの嫌悪感を示す田中は、ユーラシア大陸規模の視点もふくめて漢字をなくすべき理由をいくつかあげているのだが、そのなかできわめて「応世」的なのが、漢字が障壁となって外国人看護師・介護士が来なくなるのではないかという点である。いま現在これだけでは説得的にはならないにせよ、将来きわめて大きな要素になる可能性は否定できない。

漢字廃止あるいは制限の主張が根拠とする思想は、その時代時代の先端をいくものが多かった、と述べた。これはある意味ではその主張に勢いをあたえるものではあったが、思想の賞味期限が切れたり、その思想が目標としていたものが達成されてしまうと、主張そのものの現実味が失われることとなる。たとえば、文明化のために漢字廃止・制限をなすべきだ、という主張は、まがりなりにも「文明」を体現するようになったと意識された二〇世紀初頭には説得力を失う[36]。もちろんそれまでに文字表記・文体・漢字制限・標準語制定へのうごきなどをつうじて、近代国民国家を運営するために不可欠な制度としての「国語」が整備されていった、という事情もある[37]。また社会進化論とからめて漢字廃止を主張しても、社会進化論自体が賞味期限を失うと力を失う。これはマルクス主義と結びついた「唯物論言語理論」の場合も同様である。

したがって、漢字廃止・制限の主張の説得力を獲得しつづけるために、その時代時代の先端の思想と積極的に結びつこうとするわけである。そこにこの主張のつよさがあると同時に弱点もある、といえるだろう。くりかえすが、こうしたなかにあって比較的長く命脈を保ったのが、「能率の思想」であり、本書で長々とカナモジカイの議論をおうことになったのも、このためである。

しかし、この思想とて、漢字をタイプライターなどに載せることがきわめて困難であったからこそ命脈を保てていたわけである。たとえば、カナモジカイに長年かかわった松坂忠則は、一九五四年の座談会で、ＩＢＭの計算機などにふれつつも「何千という漢字を入れて能率の上る機械は永久にできないと私は断言していいと思うんです」と断言している。[38] 下手に断言してはいけない、という教訓でもあるのだが、逆にいえば、そういう機械ができあがれば、漢字廃止・制限の根拠が失われるということでもある。いま現在の視点からすれば、ワードプロセッサの開発とさらなる技術革新を経験しているので、機械に漢字が搭載できないから漢字を廃止・制限しようという主張がもっていたかつての説得力は失われている。先の「科学ジャーナリスト」松尾義之は「日本語というのは、明治初期には、欧米言語に対して一種のハンディキャップをもったもの、というような捉え方をされていたのかもしれない。〔……〕しかし、日本語ワープロの発明で、その危惧はきれいさっぱり、全部解決した」と断言する。[39] あるいは、日本における構造的な英語の害悪を指摘する言語学者・永井忠孝は、英語からの機械翻訳でもある程度理解できる日本語になる、ということを指摘し、「機械翻訳の性能がさらに上がった数十年後から見れば、機械翻訳が今のところ不完全だという理由で、国民みんなが小学校から英語を勉強したり、英語を公用語にすることを検討したりしていたことは、先を見通せない、愚かしいことに思えるのではないだろうか」という主張を展開するのだが、この主張を補強する材料としてワープロの発達により日本語の機械化が容易になったことをあげている。つまり、タイプライターのためのローマ字化という議論は「ワープロが発達した現在からみると、そんな理由で日本語をローマ字化せよという了見は、技術の進歩を見通せない、愚かしいものに思えてしまう」というわけだ。[40] しかしながら、松尾・永井をふくめて、これまた「断言」してよいものか、もう少し慎重に考えるべきであろう。

もちろんこれは結果論であり、キーボードをたたいて変換される漢字から適当なものを選択していくことが文章をつづることだ、という環境になれてしまっていれば、こうした主張に疑義をはさむことはない。しかしながら、執拗にいえば、「愚かしいものに思えてしまう」と切りすててしまう前にかれらの主張をいまいちどふりかえることも必要だと思うのである（もちろん、永井の著書の主眼はここにはないのだから、これはいいがかりである）。あるいは、野村雅昭が一九八八年刊行の『漢字の未来』で、技術革新により漢字搭載が可能になったとしても、それは「漢字という無限集合の文字体系をつかっているかぎり」際限がなく、書きわけ、使いわけなど煩瑣であるから「システムとしての漢字」の維持のコストを考えるべきだと述べている[41]ような主張も健在である。かりに説得力がなくなったとしても、この根拠にかぎっていえば、ということであり、漢字廃止・制限が意味をなさないということではないのである。

のちにみるが、小学校のみで学業をおえるのが九割程度であった一九三〇年代に小学校で教えられる漢字一三五六字のうち半分以下の六〇〇字程度しか平均で読み書きできない、という調査結果も出されていた。はたしてこれが義務教育が延長され、一九八九年からは小学校六年間で一〇〇六字を学習するとされている現在、同様の調査をした場合、どのような結果になるだろうか。大規模な調査はなされていないようである。[42]

また、二〇一〇年に常用漢字を二一三六字に増やしたが、はたしてどのくらいの割合の日本国民がつかいこなせているのだろうか。テクノロジーが先行しすぎて、個々人の漢字との接着度合についてきちんとした検証がなされていないと思われてならない。要するに、漢字リテラシーについて劇的な向上がなされてきたとは思えないなかで、機械に載せるというテクノロジーの側面の進化ばかりが注目されてきたのではないかと思うのである。

とはいえ、こうしたところからは、漢字廃止・制限の主張が、時代時代の先端的思想と内在的に必ずしもむすびついているものではないという問題点がみえてくる。これは逆にいえば、漢字廃止・制限の主張から、内発的になんらかのあらたな思想がうみだされてくるわけではないことを意味している。あえていえば、音声中心主義的傾向をみいだすことができるかもしれないが、それでも「文字という抑圧」を前提とした議論であるし、のちにみていくことになるが、「ひとつの日本語」あるいは「制度としての国語」を前提としたうえでの議論になっている。「能率の思想」が命脈を保ったのも、漢字の読み書きそして機械化が煩雑であったからというきわめてわかりやすい点にあるが、その前提として文書主義があることは忘れてはならない。あるいは第五章と関わらせれば、漢字廃止を「革命の思想」とむすびつけようとした議論はあったが、漢字廃止自体から「革命の思想」が導きだされたわけではない、ということである。

身も蓋もない話ではあるが、漢字擁護の側についてもまったく同様のことがいえる。漢字には古代社会の世界観がある、という白川静（一九一〇―二〇〇六）のような主張もあるが(43)、日本の文脈でいえば、漢字擁護の側の議論は「伝統」、あるいは「日本人の心性」といったよくわからないものを基盤にすえた単調で変化にとぼしいものである。

したがって、議論をおうとすれば漢字廃止・制限のものの方が、ずっと興味ぶかい。

ちなみに、最近までカナモジカイがホームページで公開していた《カナモジ運動がめざすもの》によれば、「戦後の国語改革によって、国民の読み書きの力は大きく向上しました。また、めざましい技術革新によって、コンピューターなどで漢字を扱う技術も飛躍的に進歩しました。しかし、わたしたちは、これで問題が解決されたとは考えていません。その理由を次に述べます」として、

1. 漢字は、日本語を正しく書き表わすことのできない不完全な文字です。
2. 漢字は、日本語の伝統を破壊しました。
3. 漢字は、日本語の発達を妨げてきました。
4. 漢字は、コトバの弱者を生み出しました。
5. 漢字は、教育の上で重荷となっています。
6. 漢字は、外国人にとっても大きな壁となっています。
7. 漢字は、社会生活の能率を低いものにしています。

の七点をかかげていた（本書「あとがき」も参照）。それぞれに理由がふされており、「7」についてはローマ字やカナからの変換が事務能率を低いものにしているからだとしている。あるいは、「4」のコトバの弱者を生みだした、という点は、「バリアフリー化の進む現代社会において見逃されている課題です。コトバのバリアフリー化を進めなければなりません」という主張に結実している以上、勢いをもちうるものといえるだろう。「読み書き障害」と訳されるディスレクシアの問題を考える際にも、この問

題の認知度をたかめることはもちろんであるが、「日本語のひらがななどは発音しやすいが、漢字を含め、何種類かの文字を使用するので視覚的処理要素はそれだけ複雑であり、やっかいさもある」[44]という視点から漢字使用のあり方を検討する必要もあるかと思われる。[45]こうした点をよりふかめて論じているのが、あべ・やすしである。普遍的な課題であり、いま現在での「応世」の議論といってよいかもしれない。そこでは、いま現在の「応世」は、かなり先鋭的であると同時にかなり柔軟である。その意味では「応世」「伝世」とは異なる次元のはなしといってよいかもしれない。

たとえば、あべの著書から引用すれば、「漢字弱者」はすべてではないが以下のように示される。

- 盲人（点字使用者／パソコン使用者／中途失明者）
- 非識字者／識字学習者
- 弱視者
- 読字障害（ディスレクシア）の人
- ろう者／難聴者／中途失聴者
- 日本語学習者（日本語を第一言語としない人）[46]

こうした人びとへの「配慮」のために漢字廃止を主張することが効果的であるか、という問題はある。こうした人びとを基準にすることの意義を問う人もいるであろう。しかしながら、なんであれ情報を発信しようとする者は、おしなべて、あべのあげる「漢字弱者」が存在することを認知しなければならないだろう。かれらが情報を受けとる、あるいは発信するのは、「配慮」のたまものではなく、かれらの権利として認定されねばならないことなのであるから。いま現在の漢字廃止論は、こうした主張とも共鳴しあっていることを、認識すべきであろう。

また、先にふれた田中克彦の主張は「6」と関連する。

これとも関連するが、日本語教育のなかで近年「やさしい日本語」というものが提唱されている。災害時の情報伝達を念頭においたものであるが、あらたな日本語変種をつくろうとするものであり、現状の日本語表記についてなにかを提言するものではないので、漢字廃止・制限論とは無縁である。そしてまた「やさしい日本語」の議論には一面では外国人を「移民」としてではなくあくまでも「労働者」として短期間のつかいすてにしたい日本政府の政策の片棒をかつぐ側面もあることを強調しておきたい(47)。

やや説明不足ではあるが、こういった力学の場で、これまでの漢字廃止論をとらえなおし、今後の展望をみすえてみたい。

以前、『国語審議会』という本を書いたことがある(48)。敗戦後の国語審議会の議論を中心に論じたのであるが、そこでは対抗する主張を「歴史派」と「現在派」とにわけた。ここまでの流れでいえば、それぞれ「伝世」と「応世」になるのであるが、敗戦後の国語審議会は「現在派」が力をもち、徐々に「歴史派」の居場所をなくしていこうとした。「歴史派」がもりかえしをみせるものの、全体としての方向性があいまいになり、結局は「倫理化」してお説教を垂れるような内容の議論しかうちだせなくなっていった、という「迷走」の歴史をえがいた。要するに、まともな議論を交わせる場がなくなってしまったということになるのであるが、「伝世」なり「応世」なりの一本槍でも、同じ結果にならざるをえないであろう。ただ、「現在派」と「歴史派」という命名では、先にみたような「応世的伝世」や「伝世的応世」というあり方を適切に表現できない(これでもまだ不十分であるが)ので、「伝世」、「応世」を用いてみることにしたい。

これをふまえてついでにいえば、現在の英語化する日本社会（とりわけ教育界）の議論には、「応世」の力学のみがはたらいているといえるだろう。そこには「伝世」のベクトルがなく、両者によって形成されるべき議論の場が存在しない。敗戦後の日本における英語教育史、英語教育論を社会学的に論じた寺沢拓敬の著作[49]においてこうした構造があきらかにされていると思われるのだが、より明瞭には、先の永井忠孝[50]の著作において、小学校での英語教育や企業での英語公用語化は英会話しかできない国民ばかりの二流国家・日本の米国への経済的従属をより強化し、国内でも経済格差の拡大と固定化につながるだけだと警鐘が鳴らされている。ネイティブ信仰などもふくめて、欲望とは強制の内面化にすぎないことを忘れてはならない。「社会的な要請」がないから国立大の文系学部を廃止せよという文部科学大臣通知があったが、「社会的な要請」などというあいまいなものに踊らされる愚かさを自覚すべきであろう（「日本人」を主語にたてた立論が目立つのが気にはなったが）。「伝世」からの歯止めというものがはたらかず、「応世」ばかりを強調するとこうなる、ということである。これは、無残にも成立してしまった安保法制にも通底する構図である。そしてこの「応世」を新自由主義（ネオ・リベラリズム）におきかえて経済界の意向（それはすなわちアメリカ資本の意向）にそった、英語だけができる使いすて労働者に日本人をおとしこめるための英語教育がなされようとしているのだ、と論じる著作もあらわれるようになった[51]。

先に少しふれた「唯物論にもとづく漢字廃止論」とは、生産者大衆の話しことばによる標準日本語確立のために封建制を支えてきた漢字を廃止すべしというものであり、これこそ完全に「応世」のみがある議論であったが、官憲の弾圧にあう。治安維持法違反と英語での教育を同一に論じる気はしないが、極端に走ることがいかに「危険」をともなうか、という点についても言及することができれば、と思う。

第二章　文明化の思想

1　明治初期の漢字廃止論——前島密「漢字御廃止之議」をめぐって

1　「漢字御廃止之議」への疑義

第二章では、漢字制限・廃止は日本の文明化のために不可欠である、という言説をいくつかみていくことにしたい。なお、明治期の知識人の「文明」のとらえ方にはさまざまな温度差があったが[1]、ここでは厳密な定義をせずにもちいることにする。

近代日本における漢字廃止論の嚆矢としてまずあげるべきは、前島密（来輔。号は鴻爪）が一八六六年（慶応二年）に将軍徳川慶喜に建白した「漢字御廃止之議」であろう。前島は『まいにち　ひらがな　しんぶんし』を一八七三年から翌年にかけて発行し、その主張の実践につとめた。一般的には郵便制度の創設者として知られ、現行の一円切手に肖像がえがかれている。

さて、その「漢字御廃止之議」であるが、意外なことに原資料の存在の確認ができていない。活字となって知られるようになるきっかけが、三〇年以上経過した一八九九年の小西信八編『前島密君国字国文改良建議書』（非売品）に「漢字廃止の儀徳川慶喜公へ上申せる書」としておさめられたことだった。こうした公表時期の問題や明治維新以降にできたと思われる単語が使用されていることなどから[2]、この建白書の実在について議論がなされている。

たとえば、野口武彦『三人称の発見まで』（筑摩書房、一九九四年）の「第六章　言文一致と人称」では建白書の存在を否定的にとらえている。つまり、『前島密君国字国文改良建議書』の編者・小西信八は「まへじま　くんが　とくがは　けいきこうへ　たてまつられた　かなぶん　さいようの　ぎろんは　ごいしんの　まへの　ことにして　じつに　けいおう　二ねん　はやく　すでに　こくぶんの　かいりようを　となへられし　ことは　よに　しる　ひと　まれならんと　ぞんじ　その　そうあんを（そのほかのおもあはせて）こひ　ここに　のせ　よろんの　さきがけと　ならば　このうへなき　しあはせと　おもひます」[3]（傍線原文）と紹介しているのだが、ここから、一九〇〇年を前後とする国語国字問題のたかまりの時期に、その「さきがけ」としての位置づけを前島にあたえようとした、政治的意図を野口はみようとしている。ちなみに、前島と小西の関係であるが、国語運動に関する著作を多数あらわした日下部重太郎（一八七六―一九三八）が前島密から直接きいたところによれば「前島男爵から、男爵に共鳴して居られる越後出身の小西信八氏が男爵の国字国語改良の建白書類を印刷にした小冊子に男爵自ら訂正を記入したものを与へられた」とあるように、小西が積極的に前島の議論を世に問おうとしていたことがわかる[4]（前島は一九〇二年に男爵となる）。

ただ、阿久沢佳之の子細な論考にしたがえば、後年前島により多少の修正がなされたとしても、「慶応二年十二月の時点において、同建白書は存在し、建白がなされたとすることは怪しむには及ばない[5]」

と考えてよいようだ。

2 漢字廃止論の背景

前島密が漢字廃止を持論とするにいたったのは、のちにふれる資料によれば、「文久の末年」、一八六三年のころだというので、それまでの略歴をおう。(6) 一八三五年、越後の豪農の上野助右衛門の次男(幼名房五郎)としてうまれ、実父とはすぐに死別し、母方の叔父の養子となる。一八四七年に江戸に出て蘭医学をまなび、一八五三年にはペリーの黒船を浦賀で見て、国防の策をたてようと九州・四国・関西の海岸線を視察、西洋砲術をまなび、かつ英学の必要性を実感し、一八五七年に幕府海軍操練所の見習生として操船術をまなび、翌年には箱館諸術調所でまなぶ。航海実習生として箱館丸に乗船するなどしたが、一八六二年から長崎に滞在する。長崎時代は、何礼之《がのりゆき》(礼之助、一八四〇―一九二三)の家に寄寓していたようである。何礼之は長崎の唐通事(中国語通訳)の家にうまれ家督をついだが独学で英語をまなび、長崎奉行所の英語稽古所の学頭をつとめた人物である。一八六三年には横浜鎖港問題の談判のためにヨーロッパに派遣された外交使節団の通訳官に命じられ、その従者として前島は名のりをあげた。ともに江戸に向かったものの、使節団の出発に間にあわず、空しく長崎にもどったという。何は一八六四年から長崎の自宅で英語塾をひらき(塾生三〇〇名をかかえ、長崎奉行所からの援助もあったという)、前島はここで何礼之に教わりつつ塾長になる一方で、資金難の塾生のための寄宿舎として培社をつくり経理を担当した。その後、薩摩藩に一八六五年の一年だけ設置された洋学校である開成所につとめ(培社にいた薩摩藩士の斡旋による)、一八六六年、幕臣前島錠次郎の養子となり江戸に出る。この年に開成所反訳〔翻訳〕方となり、同年末に開成所頭取松本寿太夫を通じて建白をおこなったとされている。なお何は一八六七年に江戸の開成所教授となり、明治になると、岩倉使節団に随行、またモンテスキューの『法の精神』などの翻訳をおこない、貴族院議員などを歴任している。(7)

右記『前島密君国字国文改良建議書』には、一八八五年七月に前島密がこの草案の表紙の裏に「慶喜公に上りたる稿本」である旨記していたことが書かれている（四頁）。さらに前島は「余か此論を発せしは文久の末年にして長崎に在りては瓜生寅何礼之青江秀等の諸氏に談し又鹿児島に於ては繁野安繹氏等の人々にも談したりしも青江氏のほかは賛襄せる者は有らさりし否今日も猶之を了する人は甚た稀なり」と記す（五頁）。さらに「本書を草するとき他に一の立稿ありたり之を雲州人飯塚納か窃取し之に己の名を加へ余と連署の上書なりとして明治二年の春中外新聞に投載せしめたり喝」とつづく（五頁）。なかなかスリリングであるが、(8)この前島のコメントは、『前島密君国字国文改良建議書』の再刊（早稲田大学土岐文庫所蔵）の際に誤植訂正や一部資料の削除とともに削除されている。

ここにでてくる瓜生寅《はじむ》（一八四二―一九一三）は福井藩士の家にうまれ、漢学・蘭学をおさめ、長崎で英学をおさめつつ前島がつくった培社の所長をつとめた。培社が一年ももたずに閉鎖した原因となるつかいこみを瓜生はおこなったのだが、前島とは終生親交をつづけたらしい。(9)維新後は文部官僚として活躍、のち実業界に転じている。

青江秀《ひいず》（一八三四―一八九〇）は『駅逓志稿』の編纂で知られるが、明治初年には『東京曙新聞』の社主でもあった。『駅逓志稿』は一八七九年に編纂が命じられたのだが、命じたのは当時の農商務省駅逓局長・前島密であった。物流制度の歴史を編纂させたのは、近代的郵便制度をつくった前島ならではといえ、未完におわるものの、『大日本交通史』として一九二八年に復刻されている。このなかでは新聞社経営もふくめて前島に一番近い存在であり、前島の所論に共感できたのかもしれない。

そして「繁野安繹」は重野安繹（一八二七—一九一〇）のことで、[10]薩摩出身の歴史学者として知られるが、前島が薩摩藩の開成所につとめていたときに、薩摩藩の藩校造士館でおしえていた重野に自説を披露したのであろう。最後に、前島の建白書の草稿を「窃取」して連名で勝手に新聞に掲載した飯塚納《おさむ》（一八四五—一九二九）は福沢諭吉にまなんだ自由民権運動家で漢詩人である。

さて、このコメントは、建白書の実在の信憑性をたかめるものといえるが、前島密が江戸、長崎、薩摩と移動し近代的な知見を得ていくなかで、なかなか理解をえられないにしても、漢字廃止という自説を深めていったということはいえるだろう。

移動のなかで自説を深めていったという点は、前島の没後にみつかった「国字国文改良論及始末」（郵政博物館所蔵）でも確認できる。そこには、箱館にむかう途中、たのまれて仙台藩のある村で論語や孟子を輪講させたところ、かれらのはなすことばが理解できず、また薩摩で教えたときには、半年ほど薩摩ことばをおぼえて少年たちに演説をしたところ、わかってもらえなかった、という経験が記されている。この文書は一九三二年に『カナ　ノ　ヒカリ』で紹介されているのだが、こうした経験をへるなかで、

> ソウユウ　コトノ　アルタビニ　コノ　小帝国ニ　東西　其　言語　発声　ヲ　異ニシ　彼此　ホトンド　外国人ノ如キ　観ヲナスワ　何ト歎シキ　コト　デアル。帝国独立　ノ　上ニ　大害ナリト　感ジ、ソノ　害毒ワ全ク　形象文字ナル漢字ヲ　用ウルニ　起因セル　ヲ　悟ッタ　ノデアル。[11]

と記されている。音声をかくすのが「形象文字」の漢字であるので、それをなくせば音声が統一されて

いくであろう、という見解である。

3 チャニング・ムーア・ウィリアムズと前島密

そもそも、前島密が漢字廃止論の提唱にいたった理由はどこにあったのだろうか。かなりのちの回想になるのだが、先にもふれた日下部重太郎が一九〇三年に前島男爵邸で話をきいている。日下部は、東京高等師範学校で教鞭をとっていたローマ字論者（ローマ字ひろめ会。後述）で、漢字漸減の立場にたっていた。明治以降の国語問題史である『現代国語思潮（正続）』（中文館書店、一九三三年）、『国語百談』（丁未出版社、一九一五年）などの著書がある。[12] そこで前島が日下部に語ったところによれば、「国字改良」について考えるようになったきっかけはふたつあるという。

まずは、先にふれたように前島は数えで一三歳のとき（一八四七年）に越後から蘭医学を修めるために江戸に出たのだが、「その後郷里へ遊びに行つた時に、兄の子（五歳）に、昔噺の仮名書き本や例の漢文の三字経などを江戸みやげに遣つた。甥は喜んで習ひ読まうとするに、仮名書きの桃太郎は、容易く面白く覚えたが、「性相近、習相遠、」などとある三字経の方は、余程苦んでも覚えられなかつた。これを見て私は、平易な仮名文で普通教育を施し、一般人民も仮名文を用ゐるやうにしたら、甚だ便利であらうと、つく〴〵思つた」という。つまり教育をたやすくおこなうために文字の問題を解決しなければならないと思ったのが（一九〇三年での回顧ではあるが）、ひとつのきっかけであった。もうひとつは、「長崎で米国の宣教師ウィリヤムといふ人の話を聞いた事である」という。この「ウィリヤム」とは、チャニング・ムーア・ウィリアムズ（Channing Moore Williams、一八二九―一九一〇）のことである。アメリカ聖公会の宣教師として一八五六年に上海租界に上陸、三年をすごし、一八五九年に長崎にわたる。

ウィリアムズ自身中国語に堪能だったそうなのだが、それでも「支那人が古文体と時文体とを用ゐて居る事を如何にも不便利に感じた」という。そして、日本にきて「神道を研究するために、古事記その外の書物を学んだ。所が、日本文は漢字を音と訓と様々に用ゐ、支那文を学ぶよりも困難であるとなげいて居た」という。[13]前島密はウィリアムズに日本語をおしえていた者にひきあわされて会い、米国の郵便制度などについても話をきいている。[14]このときの会話が日本語でなされたのか英語でなされたのかはわからないが、[15]ウィリアムズに「銀一分の報酬」で日本語をおしえていたのは嬉野鼎甫という人物で、妻の従兄が長崎通詞・中島喬重であったという。[16]ともあれ、ウィリアムズは「折を得たら、大君（将軍様）に、日本人を文明化するには、先づ国字を改めねばならぬと申上げるやうにしたい」と話していたという。[17]

ウィリアムズは一八六六年にいったんアメリカにもどり、一八六九年に再来日、大阪で本格的に伝道をはじめ、のちに立教学院などを創設することになる。[18]「漢字御廃止之議」には「米人ウキリアム某」の話も登場する。

4 「漢字御廃止之議」

ここで、建白書の本文をみることにしたいが、前島の主張は簡単で、冒頭の部分に尽きているといってもよい。

国家の大本は国民の教育にして其教育は士民を論せす国民に普からしめ之を普からしめんには成る可く簡易なる文字文章を用ひさる可らす[19]

国民皆教育のためにはなるべく簡単な文字と文章で、というわかりやすい議論である。しかるに、日本では文字を知る（漢字を知る）ことに時間をとられ、学問を知るまでに時間がかかってしまう、という。これは数えで五歳の甥に土産であたえた『三字経』を念頭においているのかもしれない。

そのためには「御国に於ても西洋諸国の如く音符字（仮名字）を用ひて教育を布かれ漢字は用ひられず終には日常公私の文に漢字の用を御廃止相成候様にと奉存候」ということになる。「学問とは漢字を記し漢文を裁するを以て主と心得」ているのが世間一般なので漢字の廃止は容易ではないが、「国家の大本」を考えて「御廟議」で議論して広く諸藩にも諮詢してほしい、とつづけていく。[20] その後も「国家富強」といった用語で漢字廃止の利を説いていくのであるが、従来学問とは漢文を書くことだとしてきたために教育は上下の二等にわかれてしまい、「下等」は名前を書けるくらいでおわり、「愛国心」は芽生えない。また「上等」も日本のことよりも「支那」のことばかりを学ぶので、「愛国心」はこちらにも生じない、と嘆く。ちなみに、江戸期までの日本の識字率が高いというのは、ある種の神話化した言説であり[21]、地域や階層によって多少高い場合もあったであろうが、普通教育の導入を考えれば、識字率の低さに直面せざるを得ない。漢字教育にかかる時間と費用をほかのものにふりわけるべきだ、という主張の源泉はここにあるといってよい。

そして、国家を意識し、対中認識と漢字とを関連させて論じているのも特徴的である。これは長崎に来るまでの体験によって前島密にある程度の国家意識が形成されていたことを示すものともいえる。漢文教育の弊害については、自身の経験もあろうが、ウィリアムズからきいた、中国における漢文素読の弊害（「彼等は其読習する所の書籍には何等の事を書たるやを知らすして只其字面を素読して其形画呼音を暗記せんと欲するのみなり[22]」）をわざわざ建白書に記しているように、日本と類似するものと認識していた。ウィリアムズのことばを借りた形になるが、「支那は〔……〕野蛮未開の俗に落ち西洋諸国の侮蔑する所となりたるは其形象文字に毒せらるゝと普通教育の法を知らさるに坐するなり」という。

一方で日本には「句法語格の整然たる国語の有るにも之を措き簡易便捷なる仮名字のあるにも之を専用せす」に煩雑な漢字を用いていては、「活潑なる知力を有する日本人民」なのに「支那字の頑毒に深く感染して其精神を麻痺せるなり[23]」と述べる。「文明」という単語は直接は出てこないが、漢字の弊害によって「支那」が「野蛮未開」となってしまったという指摘を通じて、「文明」をめざすのであれば（そして「国家の大本」を考えるのであれば）、漢字は不要である、という議論である。

すでにこの時点で、漢字廃止論の主要な論点が登場している。

つまり、国民に一律の教育を施すことを前提とした場合に漢字教育が障害になるという観点である。国民国家の同一性を保証するための普通教育の実施であるので、きわめて近代的であるといえるだろう。そして対中認識と漢字の位置づけが連動していることも。この点は本居宣長までさかのぼることもできるが、前島密の場合はウィリアムズの認識を媒介としている。西洋の認識を媒介とする点は、未開の中国、文明の西洋というわくぐみで以後も継承されていく。かくて漢字廃止論は「西洋諸国」の「文明」を志向することになるのである。

なお、小西信八が編纂した『前島密君国字国文改良建議書』には、この「漢字御廃止之議」のほかに「国文教育之儀ニ付建議」「国文教育施行ノ方法」（ともに一八六九年に集議院に提出）、「興国文廃漢字議」（一八七三年に政府に出すために起草したが未提出）、「学制御施行ニ先立タチ国字改良相成度卑見内申書」（一八七三年岩倉具視に上申）がおさめられている[24]。とはいうものの、先にも記したように、これは一八九九年に非売品として一部の人たちに配布されるまで、人目にふれないものであった。議論としては嚆矢にあたるのだが、その当時の影響力はあまりなかった。

前島密は、一九〇七年に発表した「漢字排斥の理由」のなかでも「君〔ここでは金子堅太郎を指す〕は世の識者は我が少年等が漢字の為めに学問に時と労とも多く費し、而かも是が徒労徒費に属し、個人の損失国家の不利益甚だ大なるに概歎せるを知らざるか」と問いかけているように、漢字学習にかかる時間と費用の多さを問題にしつづけている。[25] ここでも「我文明の進捗に大障碍を与へる漢字を駆斥せば、其後継物は羅馬字なり仮名なり孰れを用ゐるとも、其れには別段頓着せぬ」[26]とあり、「漢字御廃止之議」で「西洋の音符字（仮名字）」を採用すべきだと述べていた点と変化はない。ただ、二〇世紀にはいってからの議論として特徴的なのが「外国の人をして我国情を知らしむる」ためには「音符文字」で日本語を表記すれば「各国ともに日本語を解する人の数を増」すことになるので、「羅馬字論者（仮名字論者も）が国威の宣揚国運の発展を策《はか》る」ことになる、と述べている点であろう。[27] そしてまた「タイプライター、ラノタイプは漢字に用ひ得」るのか、と問いかけている点も、[28] 新聞を発行した経験にもとづいたものだろう。

2 漢字廃止論のひろまり

1 言論の場へ——『明六雑誌』ほか

多少人目にふれた、という意味では、『明六雑誌』でなされた漢字廃止論をあげておくべきだろう。たとえば、創刊号の巻頭をかざった「洋字ヲ以テ国語ヲ書スルノ論」は啓蒙思想家・西周（一八二九—

一八九七）の論考であるが、ローマ字表記の一〇の利点をのべるなかで、「器械名物等ニ至テハ強テ訳字ヲ下サス原字ニテ用フヘシ」と、西洋文物の名前を翻訳せずにそのまま採用できることをあげ、また「アベセ二十六字ヲ知リ苟モ綴字ノ法ト呼法トヲ学ヘハ児女モ亦男子ノ書ヲ読ミ鄙夫モ君子ノ書ヲ読ミ且自ラ其意見ヲ書クヲ得ヘシ」といった「啓蒙」の側面をも強調している。[29] 岩波文庫版『明六雑誌』の解説で山室信一は、西らは「欧米と日本との間に横たわる巨大な懸隔の認識とともに、その落差の大きさゆえに絶望にもつながりかねない身もだえするような現状への苛立ちと焦燥感」を感じつつ、「人民の性質を根底的に改造することを訴えていた」とする。[30] ローマ字使用は人びとの「文明化」の大切な手段であった。

「文明開化」と「大衆啓蒙」のためにはいかなる文字で表記すればよいのかが論点となっているわけである。いかに効率よく「文明」の発信元である「世界」＝西洋の諸文物を受容し、それをいかに効率よく「大衆」へ伝達していくか、いかに効率よく識字化できるか、ということでもある。しかしながら、原語を翻訳せずに流通させるために都合がよい、という論点は、「啓蒙」の目標を高く設定しすぎているようにも思われる。

同様な議論は、『明六雑誌』ではないが、植物学者・矢田部良吉（一八五一―一八九九）が、ローマ字でつづることは「近来盛ニ西洋ヨリ移シ来ル、諸学術上ノ語ヲ翻訳スル如キ、難事ヲモ避ルコトヲ得」る、と一八八二年に述べているところにもうかがえる。[31]

ほかにも、あたらしい文字を創造しようという「新国字論」のはやいもののひとつとして、小島一騰『日本新字』（一八八六年）があげられるが、その「緒言」には「これまでわが社界に用ひられたる三種の字〔漢字、仮名、ローマ字〕はいづれも文明の実用に適せざるものなり」[32]とある。翌年の『日本新字独修書』の巻頭にも「元来支那字ハ迂遠仮名ハ不完全羅馬字ハ不便其他ノ文字モ不利ニシテ文明社会ノ実用ニ適セズ」という表現がみられるように、「文明」にふさわしい文字を求めようとしていた言説もあった。[33] もちろん、新しく考案される文字が「便利」かどうかはまた別の話であるが（「新国字」論については第六章も参照）。

2　組織的運動の隆盛から衰退へ

羅馬字会

ローマ字運動がさかんであった、というと、いま現在の感覚からすると信じがたいところもある。しかしたとえば、日本語の表記改良問題におしなべて反対していた国語国文学者・山田孝雄（一八七三―一九五八）でさえも、「私ハ実ハ最初ハ仮名専用論者デアリマシタ、ソレカラ後ニ羅馬字専用論ニ移リマシテ、而モ羅馬字会ニマデ入会致シマシタ、〔……〕種々雑多ナコトヲ私ハヤツテ見マシタ、ソシテ其ノ結果、是ハ国家ノ伝統ヲ破ルモノダ、洵ニ畏多イコトダト考ヘマシテ、翻然トシテ其ノ態度ヲ改メタノデアリマス」[34]と一九三八年のことではあるが述べている。「三千年来ノ伝統ヲ破ツテ仮名一字デモ取替ヘルト云フコトハ、是ハ非常ナ大問題デアリマス」[35]と主張するようになる山田も、若き日には仮名専用論者であり、羅馬字会にも入会していたというのである。

羅馬字会とは、東京帝国大学教授の外山正一（一八四八―一九〇〇）たちが一八八五年に創設したものであり、基本的にはヘボン式表記（現在、日本国の旅券申請時に姓名のローマ字表記はこの方式によらねばならぬことになっている）によっていた。羅馬字会の最盛期は一八八七年前後で、東京本部のほか、全国各地に二九の研究会または講習会ができ、会員は六八七六名にのぼったという。ただ、この後発展はみせず、機関誌『羅馬字雑誌』は一八九二年末で廃刊となった[36]。山田孝雄が入会していたとしても、十代の若い時期のことだったと思われる。すべての運動にはつきものではあるが、原理的な側面での対立は避けがたく存在する。ヘボン式を採用するか、日本式（地球物理学者・航空物理学者で東京帝国大学教授の田中館愛橘（一八五六―一九五二）が一八八五年に発表したもの）を採用するかで混乱しつづけ、羅馬字会としても統一はできなかった。

かな　の　くわい

また、かなもじ専用論もほぼ同時期にもりあがりをみせる。一八八二年には「かな　の　とも」という従来のかなづかいを保持して表記する会が結成され、表音的表記をもちいるべきだとする「いろは　くわい」、「いろは　ぶん　くわい」が結成された。これらの団体は大同団結をおこない、一八八三年に「かな　の　くわい」となったものの、「かな　の　とも」は「つき　の　ぶ」、「いろは　くわい」「いろは　ぶん　くわい」は「ゆき　の　ぶ」、両者から中立の「はな　の　ぶ」に分けられていた。会長には皇族の有栖川宮威仁《たけひと》（一八六二―一九一三）をいただいた。本部を東京におき、三〇の地方支部があり、本部直属の会員は一八八八年には五九〇〇人、支部会員をふくめて一万名以上になったという。しかしながら、機関誌を各部ごとで発行するという状態で（「つき　の　ぶ」系に『かな　の　みちびき』『かな　しんぶん』『かな　の　てかゞみ』など、「ゆき　の　ぶ」系に『かな　の　まなび』『かな　の　ざつし』など、合同で出していたのが『かな　の　しるべ』であった）、一八八四年には三部を廃止したものの、表音式かなづかいか否かでのまとまりがつかず、翌一八八五年には「もと　の　とも」と「かきかた　かいりょう　ぶ」に再分裂するが、「かな　の　くわい」自体は存続する[37]。

しかし、羅馬字会も、「かな　の　くわい」も、一八九〇年をすぎたころから活動が停滞していく。

3　運動衰退の理由

文体・表記・語彙の問題

運動が衰退していったのは、内部が統一されていなかったこともふくめて、文体や表音表記への姿勢がかならずしも明確ではなかったことがそのおもな原因だろう。かな文であれば、それこそ平安時代からの「伝統」があるものであり、江戸期の擬古文体などに慣れていた層にとっては、表音表記や言文一致のような文体の問題は縁遠いものであったかもしれない。

そのことはたとえば、

それがし　ちかきころ、からまなびを　ものする　なにがしを　とふらひ、わが　かなぶみの　ことゞも　それかれ　あげつらひければ、なにがし「め　なき　ひとハ　とも尓　かたるに　たらず」と　いへり(38)

といった、「かな　の　くわい」の「つき　の　ぶ」の雑誌『かな　の　みちびき』に一八八四年に掲載された文章の文体をみてもわかる。

このように表記文字の問題は、文体・語彙の問題を度外視しては語れない。この時点では、近代的な語彙そのものがゆらぎのなかにあったといえるのであり、また文体に「大衆性」を付与するにしても、漢文訓読体の文語文ではなく、はなしことばにできるだけ近い文体を模索しないとその効果は期待できない。さらに表記にしても、歴史的仮名遣いをそのままローマ字やかなで表記しても「大衆性」は獲得できない。つまり「かな　の　くわい」や羅馬字会が、いかなる内容を表現するために、いかなる形態の日本語をどのようにひろめるのか、といった確固たる視野をもちあわせていなかったことが運動衰退の要因だったといえる。

　実際に、明治期の語彙はゆれうごいていた。今野真二の研究成果を借りれば、「明治初期（一八六八―一八七七）／明治中期前半（一八七七年頃―一八九一年頃）／明治中期後半（一八九一年頃―一九〇四年頃）／明治末期（一九〇四年以降）」と時代区分したうえで、「漢語・漢字離れ」が明治中期に開始、進行し、明治末期にはいま現在とほぼ同様の状況にいたる。[39] 漢語語彙のゆれが進行しているなかで、それをローマ字やかなだけで表記するのは、やはり安定を欠くということであろう。

　また、言文一致という文体論が登場するまでには、羅馬字会や「かな　の　くわい」の全盛期からはあと数年の歳月が必要であった。逆にいえば、一九二〇年代以降にカタカナ専用をうったえたカナモジカイが一定程度のひろがりをみせたのは、このときには文体や語彙が明治時代にくらべて安定してきた結果だともいえる。

社会の認識の問題

　さて、一九〇〇年の回想になるが、前島密は羅馬字会に一、二回出ただけで「かな　の　くわい」にも加わらなかったという。それは「漢字漢文と云へる貴族制度の已に其根を牢《かた》めたる今日、直に之を我が平民主義に改めんこと中々の難事なり、此は寧ろ暫らく世人の愈々其害を覚り、政府も亦意を此に用ゆるに至るの時を待つに如かず」と思い、羅馬字会に出てみても「学者の奮発猶甚恃むに足らざる」と

思ったからだとしている。(40)

つまり、当時は一般の人も漢字の害悪に苦しみきっておらず、羅馬字会などの運動でも学者がまだ本気ではなく、運動として時期尚早だという認識であった。ちなみに、世論のもりあがりもあり、「国の事業として」一九〇〇年に設けられた国語調査委員に前島も任じられている（その後、一九〇二年に予算が認められて文部省国語調査委員会となる）。

3 社会進化論という「応世」

1 三宅米吉と国語問題

三宅米吉という人物

前島が国の事業でもなくもりあがりにも欠ける、とやや冷やかにみていた「かな　の　くわい」であるが、ここでとりあげたいのは、三宅米吉（一八六〇―一九二九）の活動である。

三宅は歴史学者として知られるが、考古学、とりわけ二十代なかばは日本語関係の論考も多い。東京高等師範学校教授や、改組された東京文理科大学の初代学長をつとめた。三宅は「かな　の　くわい」の前身のひとつである「いろは　くわい」の設立者のひとりであったことからもわかるように、かなもじ専用論者であった。この「いろは　くわい」の設立者には、先にふれた小西信八もふくまれていた。

和歌山藩士の子として和歌山城下でうまれた三宅は、福沢諭吉の慶応義塾に入るも一八七五年に退学、新潟での英語教師を経て、一八八〇年に千葉師範学校・千葉中学校の教師となった（翌年、東京師範学校教師となり辞職）。この間、慶応義塾ではフランソワ・ギゾーやヘンリー・バックルを学び、独学でオーギュスト・コントやハーバート・スペンサーの著作を読破したという[41]。こうしてコントの実証主義社会学やスペンサーの社会進化論に影響をうけたものと思われる。ちなみに、スペンサーについて、一八七七年から一九〇〇年までに「少くとも三二の翻訳と一冊の研究、その他無数の論文が出版されている」[42]といい、その流行度がうかがえる。

ギゾーは『ヨーロッパ文明史』の、バックルは『イギリス文明史』の著者としてしられるが、三宅は一八八六年に『日本史学提要』を刊行し、バックルらの文明史にならいつつも、コントの実証主義にもとづいた日本史の記述をこころみている。その特徴は「社会全体に着眼して歴史の対象を拡大していること」にあり、「歴史哲学の適用によって事蹟相互の因果関係を明らかにし、社会進歩の法則を発見しようと」、さらに「社会文明の進路を穿鑿し、人類開進の大道を究明するという「進歩」の概念をもつこと」などであるとされている[43]。実証性を重んじたため、当然のことながら神話を歴史とは認めず、また教科書や文芸作品を出版していた金港堂に東京師範学校を辞職した一八八六年から勤務していたこと[44]などから、民間教科書を排除した学校教科書の国定化にも反対するなど、啓蒙的でありかつ在野の志向をもつ人物であった。それは「進歩的民衆的」[45]と評される態度でもあったが、一八九〇年に嘱託として（東京）高等師範学校[46]にもどる（一八九五年に同校の教授となり、金港堂を退職する）。これを境として、三宅の「在野性」が「天皇制の教学体制への妥協といわざるをえない」転化をみせたとする研究者もいる[47]。たしかに、大日本帝国憲法発布（一八八九年）、教育勅語渙発（一八九〇年）という時代に教員養成の学校で教授となり、のちに改称された東京高等師範学校長（一九二〇―一九二七）になるのであるから、外形的にも「在野性」をみることはむずかしい。

ともあれ、「進歩的民衆的」であった時代の三宅米吉は、「かな　の　くわい」の発行する雑誌に計一四本の論考などを寄せている。以下列挙する。


「かなづかひ　の　こと」『かな　の　まなび』一号、一八八三年八月。

「おん　の　くわんけい　および　うつりかわり」『かな　の　まなび』二、三、四号、一八八三年九、一〇、一一月。

「かなぶみ　の　うつりかわり　の　あらまし」『かな　の　まなび』四、七、八、九号、一八八三年一一月、一八八四年二、三、四月。

「しなもじ　と　かなもじ　と　の　あらそい」『かな　の　まなび』五号、一八八三年一二月。

「ことば　の　はたらきかた　および　できかた」『かな　の　まなび』五号、一八八三年一二月。

「ぶん　の　かきかた　に　つきて」『かな　の　まなび』六号、一八八四年一月。

「てがみ　の　かきかた」『かな　の　しるべ』一号、一八八四年七月。

「くにぐに　の　なまり　ことば　に　つきて」『かな　の　しるべ』二、三号、一八八四年八、九月。

「みるざ　の　まぼろし」『かな　の　しるべ』四号、一八八四年一〇月（翻案）。

「ひるぱ　の　はなし」『かな　の　しるべ』五、六号、一八八四年一一、一二月（翻案）。

「ネサン　ブラウン　うぢ　が「てにをは　わ　ことば　の　あと　に　つづけん　や」を　よみて」『かな　の　しるべ』七号、一八八五年一月。

「かなづかい　かいりよう　すべき　こと」『かな　の　ざつし』一号、一八八五年七月。
「ぞくご　を　いやしむな」『かな　の　ざつし』三、五号、一八八五年一一月、一八八六年一月。[48]
「かんい　きかい　りくわがく　しけんほうの　はしがき」『簡易器械理化学試験法』普及舎、一八八五年。[49]

ことばに関する論考が多いなか、東京師範学校の同僚・後藤牧太との共著『簡易器械理化学試験法』（一八八五年）の「はしがき」は目をひく。千葉中学で英語のほかに物理と化学も教えていた三宅米吉[50]ならではの著作だが、この本全体は三宅の執筆になるもので、もとはすべてかながきであったものの出版社の求めに応じて序文以外を漢字仮名交じり文にあらためたものだという。[51]かながき文の可能性を示したものといえるが、一方で出版事業とのかねあいのむずかしさをもあらわしている。

それはともかく、方言研究史や標準語論においてしばしば言及される三宅の論文は、一八八四年の「くにぐに　の　なまり　ことば　に　つきて」である。これは、ことばの統一の方法として、「みやびことば」つまり古語を軸とする方法、現代語を軸とする方法（これも東京のことばか京都のことばにするかでわかれる）、全国の方言を調べて話者の多いものを軸とする方法の三つをあげたうえで、三宅はどれもとらず、「くにぐに　の　ゆきき　の　べんり　を　まし　その　ゆきき　を　しげく　し、まじらいを　あつく　させ、しらず　しらず　みづから　あらためさする　に　しく　なかるべし[52]」という交流を増すなかでの「自然な」統一をめざす方法を選択している。そのためにまずは「かな　の　くわい」の会員にそれぞれの地域のことばを調べて報告してくれるよう、その簡単な調査法とともに訴えるものとなっている。

各地域間の交流・接触を増すこと、つまりはコミュニケーションを増すことで、自然と「ひとつ」のことばにいたらせるという方法なのだが、三宅のこうした考え方は、ある書物では、「国家統一がはじまったころには、統一の方法についても定見がない」ので結果としておだやかな標準語論になっていると評価されている。これはその後の「日清戦争後、民族意識の高まりに応じて、積極的・人為的な方法」が提案されるようになったことと対比した、時代背景に重点を置いた解説(53)ではあるが、むしろスペンサー流の自然淘汰により勝ち残った「ひとつ」のことばへと収斂させる手法とみるべきではないだろうか。これは、一八八五年に三宅米吉など計四名が発表した「方言取調仲間の主意書」においてもくりかえされる点である。そこには、交通・通信の手段が発達してくると、

〔……〕これを以て従来各地に行はれし方言も互に相混合するのみならず其の中最広く使用せらるゝもの、一に帰して其の他は漸跡を収めんとすこれ優勝劣敗数の免れ難き所にして我が国の言語に一大変化を生ずることは蓋遠きにあらざるべし

と、「一に帰」すことは優勝劣敗の当然の帰結だとしている。とはいえ、

この言語の変化は吾が人民に便益を与ふること甚大なるべければ吾が輩は其の速ならんことを望むと雖古来我が国語の間に起りし変遷と各地方言の起りたる理由とを明にし且将来我が国語の如何に変化すべきかを予め知るは亦最緊要なることとなるべし而してこれを明にしこれを知るは方今の方言を蒐集して我が国語の現時の状態を詳にするにあり

というように、将来の国語の「変化」を予測するために「方言の蒐集」が必要であるとしている。[54]

漢字論――優勝劣敗の文字のあらそい

こうした考えをもつ三宅米吉は、漢字をどのようにとらえていたのであろうか。一八八三年の「しなもじ と かなもじ との あらそい」をみてみる。これは、簡単にいえば日本における「かんぶん」による「がくもん」の勢いと日本語表記の連動を述べたものである。つまり、「しな の がくもん を もちいたる が ゆゑ、かんぶん の いきをい さかん」であった時代から、「かんぶんようやく おとろえて かなまじりぶん の おこなわれいでたる」時代になったが、「しなもじ のまつたく すたれざる わ がくもん の ため」であった。しかしながらいまや「せかい ばんこくの がくもん」のために「しな の がくもん すでに おとろえたれば いまより しなもじ もまた しだいに おとろえて くにもじ ついに これ に かわる べし」という内容である。[55]

仮名の発生を「しなもじ の ふべん ひとかた ならざる が ため、べつに この もじ のおのづ と いできたりし」[56]としているように、日本語表記のためには仮名がふさわしいという観点を示している。学問の勢いがなくなれば、漢字も衰え、その間脈々と力をつけてきた仮名＝「くにもじ」の天下になるのだということである。非常に単純な話にもみえるが、三宅の学問形成からみれば、強者が生き残っていくのだという生存競争の原理をここにみることもあながちまちがいではない。

こうした三宅の主張が言論の場で強い影響力をもったわけではない。ひとつには新聞論説などと異なり会員にしか頒布されないという掲載雑誌の流通範囲の問題がある。あるいは、三宅の日本語関係の論説を一冊にまとめるようなことがあれば、多少の影響力をもったかもしれないのだが、生前にそうしたことはなされなかった。

実際に、言語学者・柴田武（一九一八―二〇〇七）は三宅の「くにぐに の なまり ことば に つきて」が「のちの方言研究にどれほどの影響を与えたのか、あまり明らかでない。後世の方言学関係の論文で三宅論文を引用するものは見当たらない」としている。ただし、「なぜ方言を研究するのか、どういう問題をとりあげるべきか、どのように分析して研究すべきかなど、およそ方言研究のすべてについて、実に見通しのいい記述をしている」とたかく評価している。[57] これが注目されるようになるのは、掲載から四〇年以上が経過した一九二九年、三宅の没年に刊行された『文学博士三宅米吉著述集 上下巻』に再録されてからであった。

現に、この『文学博士三宅米吉著述集』刊行直後に、瀧田謙治「故三宅博士と国語（上）（下）」『国語教育』一五巻一〇号、一一号（一九三〇年一〇月、一一月）で日本語および表記などに関する三宅の論考が簡単に紹介されている。また、一九三三年の日下部重太郎『現代国語思潮』でも著述集にもとづいて三宅の論考が紹介されている。[58] 一九一三年に白鳥庫吉（一八六五―一九四二）があらわした「文学博士三宅米吉君小伝」（『白鳥庫吉全集 十巻』岩波書店、一九七一年）では著書や比較的規模の大きな雑誌の掲載論文だけが紹介されているのと対照的である。

「くにぐに の なまり ことば に つきて」についてみれば、方言学者・東条操（一八八四～一九六六）が一九三二年に刊行した『岩波講座日本文学 方言研究の概観』に「標準語制定の準備としての方言研究を慫慂してゐる」という短い言及がある。[59] また、平岡伴一編『国字国語問題文献目録』（岩波書店、一九三二年）では、「方言の研究」という分類にはおさめられていない。三宅のほかの論考とともに「国字問題の実際」というなかの「仮名書きの資料」のさらに下位区分である「旧仮名論」に分類されている。さらにいえば、国語学者・保科孝一は、一九〇二年から東京高等師範学校の教授となり、三宅と同僚になる。この間、東京帝国大学の助教授、教授を兼任するが、基本的には東京高等師範学校、東京文理科大学の教授であった（一九四〇年に辞任）。保科は若きころ「方言に就て」を『帝国文学』に五回連載したり（一八九八年一月、三月、五月、六月、七月）、「八丈島方言」を『言語学雑誌』に連載している（一九〇〇年三月、四月、五月、八月、一一月）。とすれば、三宅が論じた「くにぐに の なまり ことば に つきて」などへの言及があってしかるべきなのだが、一九五二年に刊行された保科の回想録では「〔三宅〕先生の学問は各方面にわたり、古典・国史・理科等については、特にその頭角をあらわし、学校ではもっぱら国史を講じておられた。きわめて円満な人格で、常に温顔をもって人に接せられた[60]」とするのみで、言語関係の業績にふれることはない。さらに校長としての資質に関しては、寡黙で交際範囲も狭く、文部省などにも用事がないかぎり出向かないので、予算もあまりとってこられなかった、と手きびしく「政治上や実業界などとの交際は絶無であった。友人関係も乏しく、日常ただ出校して校務を見るか、家に帰って読書をするほか、交際社会に出入することは絶えてなかった。であるから社会的の知識も乏しく、卒業生を各方面に配置して、茗渓〔東京高等師範学校同窓会名〕の勢力を扶植するというような考は、ほとんどなかった」とややいいたい放題である。校長や学長としての手腕に問題があったという認識が示されている[61]。

三宅のかなぎ文の実践は一八八三年から一八八五年という短い時期にかぎられ、それゆえに大きな影響力をもつことはなかったのだが、そのことは逆にこの時期のこうした議論の隆盛を示してもいる。

2 那珂通世と漢字廃止論――漢字教育をめぐって

千葉師範学校でのこころみ

三宅米吉は根っからのかな専用論者ではなかったのかもしれないが、そうした三宅に影響をあたえたのは、『支那通史』などの著者、東洋学者・那珂通世（一八五一―一九〇八）であった。那珂は教育課程において「東洋歴史」というわくぐみを導入した人物である。[62] 慶応義塾では三宅の二年先輩にあたり、一八七七年に千葉師範学校・千葉女子師範学校に赴任し、翌年に千葉師範学校長兼千葉女子師範学校・千葉中学校総理となるも、翌年には離任している。したがって一八八〇年に赴任した三宅とは重ならないのであるが、那珂が師範教育に残した影響を三宅はうけているといってよい。この点について、那珂の没後に三宅があらわした「文学博士那珂通世君伝」から確認していきたい。

抑小学児童の教育に於て教師の最も困しむ所のものは児童をして許多の漢字を記憶せしむることなり。君〔那珂のこと〕は早く此に見る所あり、此の困難を排除するには読本以外の教科書を尽く仮字のみにて記すに如かずとて、先づ算術教科書を仮名文にて作らんことを試みられ、当時新に聘したる教員手島春治氏等に命じてロビンソン著算術初歩を仮字のみにて翻訳せしめたり。此の業遂に完成に至らざりしかど、仮名文翻訳を為すに当り種種の考究すべき問題に遭遇せり。即第一には仮名遣の問題なり、児童に読ましむる仮名文には古来の仮名遣を襲用すべきか、将現今口語の発音通りに仮名遣を改むべきか、後者の便利なること固より言を待たざるなり。是を以て君は動詞の活用語尾を除く外皆口語の発音に随て記すことに決定せられたり。第二には分語法の問題なり。従来我が国の文章は全文連記せしが、仮字のみにて連記したる文章は殊に読み分け難く、欧州諸国の文章の如く各語を分記するの便利なるに如かざるなり。されば君は仮名文翻訳に於て分記の法を用ふることとなせしが、其の分語法即各語の分ち方については動詞、助動詞及びてにをはの如き頗る考究を要するものありき。而して是等の考究に当る者は先国語の文法に明かならざるべからず。君は既に和洋の文法に通暁せられしかど、手島氏等は当時未国語の文法に精しからざりしかば君が指導を受けて先之を研究したり。

文法の研究によりて手島氏は自家専攻の学科なる英文の訳読法に改良すべき所多きを知り、君の指導の下に英語の動詞の法、時、前置詞及び接続詞等に国語の助動詞及びてにをはを対照して各適切なる訳語を定め以て旧来の蕪雑なる訳読法を一新したり。(63)

いずれ小学校教師となる師範学校の学生が直面するであろう漢字教育の困難を避けるには、最初から漢字を教えなければよいのだ、という発想のもとで、「読本」以外の教科書について、動詞の活用語尾以外を発音式かなで書いてしまえ、という大胆な方針であり、算術教科書の翻訳をそれで試みたというのである。その際、それまで分かち書きをしてこなかったかなもじ文を分かち書きにしてみたのだが、これはあきらかに欧文の影響である。しかしながら、分かち書きをするには文法知識が必要になるので、翻訳の協力者である手島春治に日本語文法の知識を授けたわけである。那珂通世の養父、那珂通高には『文法捷径』(一八八三年)などの書物があるが、通世にその国文法の知識を授けたとされ(64)、通世にも『国語学』(金港堂、一八九一年刊行か(65))という著作がある。こうして那珂の指導をうけた手島があらたな英文翻訳法を考案したと、三宅は評価している。この、児童に漢字を教える時間を減らす、という那珂の志向は、たとえば「すべての教科書の文体を改め児童によみやすくする時は、教師だちの文学を教ふる時間をへらして理学に力を用ひしむることもなしえらるゝなり」[66]という実学志向と軌を一にしている。そして、一八八三年に「かなのくわい」が結成されたときの「せわがかり」のひとりに那珂は名をつらねていく。

那珂通世から三宅米吉へ

ともあれ、この那珂がまいた種は、以下のように三宅に影響をあたえる。[67]

予〔三宅〕は君〔那珂〕が東京に転任せられし翌年同校〔千葉中学校〕の教師となりて諸学科の教授に当りしが、最初間生徒の英語訳読法の異様なる、又其の試験の答案等に仮名遣の尋常ならざるものあるを怪《あやし》みたり。而して同僚手島春治氏等の説明を聞くに及びて初めて其の由来する所あるを知り、予も亦是れより国語の研究に興味を有するに至りしなり。[68]

こうして、先にみたような、表音表記を軸とする分かち書きされた三宅米吉のかなもじ文の実践へといたるのである。ただ、那珂通世の場合は、漢字を不都合ととらえる理由のなかに、三宅のように時代がかったものはみられない。那珂は、教育現場で直面した漢字教育の問題を効果的に解決したかった、という側面が強い。典型的には一九〇〇年の以下の発言をあげておけば十分であろう。

私は一体儒者ですから全体漢学には不都合を感ぜぬ方ぢや〔……〕、まァ普通一般の人は仮名を用ひるとして、学者にならうと思ふ人は漢学も洋学もやるとするさ、[69]

学問とは関係のない人は、仮名で十分というやや身も蓋もない話である。

しかし、初等教育・義務教育という限られた時間における漢字教育にかかるコストが、漢字廃止ないしは制限論のひとつの大きな根拠として意識されてきた時期の典型的な議論でもあった。制度的には一九〇〇年には小学校令が改正され（第三次小学校令）、その施行規則において、尋常小学校での教授に用いる漢字の制限がなされていく時代であった。

3　加藤弘之と漢字廃止論

少し話が飛んだが、社会進化論的文脈に漢字廃止論を位置づけてみたい、という思惑が本節にはある。多少強引に三宅米吉の議論にその臭いをかぎとったのであるが、より社会進化論に親和的な人物がどう考えていたのかについて、確認しておきたい。

明治期の社会進化論者といえば加藤弘之（一八三六―一九一六）の名前がまずあげられるだろう。加藤は明六社にも参加した人物で、東京大学綜理、東京帝国大学学長などを歴任した教育家であり、政治家でもあった。もともと天賦人権論者であったが、進化論に「転向」した人物である。加藤の「思想的転向」があったのは一八七九年以降のこととされているが[70]、それは一八八二年に刊行した、社会進化論の立場にたって民権思想を批判した『人権新説』で決定的になる[71]。

その加藤が一八九〇年に国語伝習所でおこなった講演「日本語学の事につきて」で、社会進化論にもとづいた言語観を披瀝している。国語伝習所とは、一八八八年に官立学校受験予備校として杉浦鋼太郎が設立した大成学館に翌年併設されたもので、機関誌として『国文』を発行していた。さまざまな講師を呼んで講演をおこなっており、一八九一年には二年間分の講演をまとめた、国語伝習所編『国語講義録』（五冊合本）が刊行されている。加藤弘之の講演は「加藤弘之君演説大意」として掲載されているが、同じものが『東洋学会雑誌』四巻五号（一八九〇年五月）に「日本語学の事につきて　国語伝習所に於て加藤弘之演説大意」として掲載されている。

加藤のこの演説については、すでに鈴木広光「加藤弘之の言語観」で紹介されている。「言葉と云ふ者ハ今の生存競争と云ふとで互に競争して其力の強い方が勝て力の弱い方が負けてしまふと云ふとは天地間にある総ての万物と同じとである」[72]という一文からもわかるように、加藤は生存競争、優勝劣敗の観点から言語そして日本語をみていた。鈴木のまとめによれば、日本語は「漢字が輸入される以前にすでに十分に開化しており」「日本語の優位性を自明のものとしていた」[73]。鈴木は「加藤は進化論的言語観から日本語の通時的連続性と過去における優秀性を自明のものとしていたが、これはその言語観からの論理的帰結であって、決して具体的な根拠によって保証されたものではなかった」のだが[74]、「加藤弘之の言語思想は、その後の日本言語政策の在り方を先取りしていたと考えることができよう」とする。「なぜなら、言語における「生存競争」と「優勝劣敗の定規」は、異語民族同化という近代日本の言語政策の原則を正当化し得るものであったからである」と結論する[75]。

加藤は漢字廃止を明確に主張しているわけではない。ただ、以下のように述べている。

〔……〕漢字に合せる様にしたから間違つてしまつたさうして日本の言葉が打破れてしまつた。之ハ生存競争で支那の漢文が来た為めに言葉が大分打破れてしまつたが併し夫が為めに支那開化が輸入して来たから利害を差引て見れば善いが若し日本の言葉ハ言葉で仮名の様な者が出来て総て仮名で書いてしまふと云ふとになつたら善かつたらうけれども漢文の書物を日本言葉で読まうと云ふ所から間違つてしまつた。それハこツちに字がなかつたからさうなつて来た。[76]

それでも、「支那の漢文が来」るまえ、つまり「日本の古い言葉を其儘残しいつ迄も古い言葉で置かふと云ふのハ無理に違ない」という。[77] 文字についても、「今日羅馬字会仮名の会があつて色々競争をして居るが字ハとうでも善い」としたうえで、ローマ字は「便利不便利の方から言へば仮名よりも便利に違ひない併し之を急にしやうと思ッても六ヶしいと思ふ」とローマ字の便利さを述べるものの、急にはむずかしいとする（先にみたように羅馬字会は一八八五年、かなのくわいは一八八三年に結成）。つまりは「日本の言葉の固有に持て居る性質に拠て往きたい」とあるように適正な文字使用を望んでいる。[78] 漢字によって日本語がうちこわされたとはいっても、漢字を廃止することでそれが回復するわけでもなく、それなりに日本語は進んできたわけであるから、「日本の言葉の固有に持て居る性質」にもとづいて考えるべきだ、ということである。とはいえ具体的な提案があるわけでもなく、そのあたりは「日本語学」に期待する、という形で演説を終えていく。漢字廃止が前面に出た議論ではないものの、当時流行していた社会進化論を念頭においた議論がなされていたことに注目したい。

「日本語学の事につきて」から四年後、加藤弘之の講演録『小学教育改良論』が刊行された。ここでは小学教育の二大問題が論じられる。二大問題とは、「漢字を用ふるより生する所の困難」と「徳育の土台の確定せさるより生する所の困難」であるが、全体の分量の約四分の三を、前者およびその困難を「排除すへき方案」に割いている。内容としては、小学校の教科書に難読漢字やあまり使用しない語彙などが多用されていることを批判するものであるが、そのことを、「漢字の困難は軟弱なる児童の脳髄を疲労せしめ随て身体の健康を害することも蓋し少からさることゝ思はるれとも教育の当局者は案外是等のことを憂慮せさるのみならす往々更に其困難を増大するの傾きあるは甚た歎せさるを得さるなり[79]」というように表現している。漢字によって身体の健康まで害せられるという論じ方は、生存競争で生き残ることが困難になるというふくみもあるように思われる。

4　白鳥庫吉と漢字廃止論

このように、日本語にとって漢字が障害となる、という基本線を確認できるのであるが、もう少し直截な議論を展開した人物として、東洋史学者として知られる白鳥庫吉に注目したい。白鳥は、千葉中学時代に那珂通世と三宅米吉の教えを受けており、それぞれの「小伝」をものしている[80]。那珂は校長であったためか、三宅よりは縁遠かったと思われ、それが「小伝」の長さにも反映されている。ともあれ、那珂や三宅の教えを受けたということは、日本語の表記のあり方に自覚的にならざるを得なかったのではないだろうか。

その白鳥の特徴的な文字論、「文字の優勝劣敗」が『国字問題論集』（三省堂、一九〇七年）に掲載されている。おそらく講演がもとになったものと思われるが、これが掲載された『国字問題論集』は羅馬字ひろめ会の編になるものなので、ローマ字採用論があつめられている（第三章参照）。さて、この「文字の優勝劣敗」はそのタイトルからあきらかなように、社会進化論に強く影響された内容となっている。

まず、この文章は「ローマ字の長所は識者の已に承知せると〔こ〕ろ自分は殊に此文字の価値を認めて居る一人であります」という一文からはじまる[81]。すでに結論が出ているともいえるのだが、漢字に対してきびしいことばを連ねていく。いわく「漢文字が至極結構な文字であると信ぜられたのは昔の話で二十世紀の今日我邦の教育ある人達の間に尚其のやうな間違つた考を懐かれて居る者は無い筈」なのに「此文字が現在に於ても依然勢力を有して居つて中々衰えて行く様子も見えぬのは甚だ不思議な現象と謂はねばならぬ」と述べる。それは「我国民が従来漢字を買ひ被つて之に法外の価値を置いて居る」からであり、「漢文字は書くには不便であるが此文字に含まれて居る意趣に高尚深遠なものがあると信じて」いるからだともする。漢字にある種の価値があると「買ひ被つて」いるのだ、と明確である。

しかし、こうした「思想は文運の進歩を妨げ、殊にローマ字の普及を謀るに害あり」と判断し、白鳥は「この迷想から打毀してかゝらうと欲します」と宣言する。

明治維新以後「我国は西洋の文化を学んだ」ので「万事につけて漢人に優るとも劣ることのない境域に進んだ」にもかかわらず「猶漢字に束縛せられて文運日進の大勢に負くと云ふことは如何にも不甲斐なき次第である」とする白鳥は、その原因を「支那文化の何たるかを弁まへぬのに因る」ためとして、その「支那文化の何たるか」を指摘していく。[82]

まずは宗教。「天」という概念に過剰な意味づけをしているが、それは「実は蒙古人などの崇拝するテングリ」に比較すべきものであって「漢文化の決して優等のものでない」とし、次に言語が登場する。そこでは「今日の言語学者は世界の言語を大別して孤立語、漆着語、屈折語の三種に分類し、孤立語の状態から次第〳〵に発達して終に屈折語の境域に達するものと説くのであります」としたうえで、「漢語」が孤立語に属しており「言語発達史の上から云へば最も下等の地位に居るものである」と認定する。同じ単語が文のなかの位置によって「或は名詞となり或は働詞となり或は前置詞となる」といった点が「極めて粗雑なもの」であり、「漢語の性質が既に斯様に下劣なものであるとすれば此れまで我国の人が漢語を重んじて国語を軽じたのは大なる謬見と謂ねばなりませぬ」と、類型論的議論をあてはめて、

「漢語」、すなわち言語としての中国語の劣位を「原始的粗末なもの」とまで述べていく。[83]

白鳥庫吉がこの文章を書いた時点では、すでに西洋言語学における言語の類型論的三大分類は周知のものとされていた。たとえば、同時代的にいえば、一九〇二年時点では「単綴語・加添語・屈折語」という用語が保科孝一によってあたえられており、[84]一九〇四年の資料では「孤立語・膠着語・屈曲語」という用語が宮沢甚三郎によってあたえられている。[85]また一九〇六年のマックス・ミューラーの著書の翻訳にあっては、「単綴語・添着語・曲転語」となっている。[86]確認をしておきたいのだが、翻訳をふくめて、これらの論述にあっては、この三類型に序列をつくっていないことである。むしろ、宮沢のように「言語は其の性質によりて右の如く分類するを以って、中には其の語派に優劣あるが如く感じ、西洋の今日の文明に眩みて、屈曲語は言語として最も優等なるが如く考ふる者ありといえどもそは誤りなり」と明快に序列化を否定しているものもある。[87]

それでも白鳥は、「世界の言語が孤立、漆着、屈折の三種に分類せられてある通りに文字にも符号文字、綴音文字、音韻文字の三種に大別せられ、また此の符号文字は発達の初期に属するもので其から漸々と進化して遂に音韻文字の境域に至るのである」と文字についても「進化」ということばを出して説明する。日本語が「漆着語」であることを前面に出さず、文字へと話をすりかえていくのである。

当然、「最も発達しない符号文字」に属するのは漢字である。仮名は「綴音文字」とされている。日本の場合は「漢文化を採用して人智が進むと忽ち仮名のやうな綴音文字を工夫して比較的僅かの文字で多くの言葉を写す」という「概括的方法を案出」するのだが、「支那人は文化を有してから三四千年も立つた今日に至つても尚依然として大昔からの符号文字を使用し」ていて何とも思っていない「愚昧極る国民と謂はねばなりませぬ」と「支那人」への侮蔑感を隠さず、「優勝劣敗は自然の法則であるから斯様な文字を使用する国民は遂に衰えて亡びて仕舞ふに相違ない」と述べている[88]。

言語学の知識をもちいて漢字を使うべきでないことを述べた白鳥庫吉であるが、つづく「漢字に則つて拵へたる文字の運命」という節では、白鳥の東洋学者としての知見がちりばめられている。つまり、契丹国、女真国、西夏国は「漢字を手本にして新規の文字を製作した事も」あったのだが、「其国の無くなると共に其文字も無くなつてしまつた」と述べる[89]。それに比べて日本の「仮名は流石に巧妙に出来てをるから今日まで生命を保つて居る」のだが、「これとてもローマ字と比へた時にはトテモ同日の論でないから早晩契丹文字や女真文字などと同様の最後を遂げるに相違ない」と述べ、漢字をありがたがる風潮も「不量見」であると切りすて、日露戦争の「戦勝の後であつて見れば〔……〕精巧なる文字を撰択して国語の発展と便利を図るが如きは最も火急な事業と謂はねばなりませぬ」とつづける[90]。その後、「諺文」（ハングル）、「満洲蒙古の文字及びアラビヤ字」を検討し、結局ローマ字が「音符文字であつて、而も符号文字の性質を帯びてをる、これが此文字の他文字に優る所」なのだと結論づけていく[91]。

ほぼ同時期に国語学者の大槻文彦（一八四七―一九二八）は一九〇〇年に「仮名と羅馬字との優劣論」を発表し、白鳥とは逆に仮名の優位を説いている。ただ、その内容はローマ字で日本語を子音と母音にわざわざ分けて書く必要はない、というもので、そこには優勝劣敗という視点はない[92]。

そうしてみると、白鳥のこの議論には、優勝劣敗の思想にもとづいた、中国への蔑視が根底にあるとみてよいだろう。こうした議論は現実から帰結されるものではなく、第七章でみるように、漢字の使用をやめたからベトナムは植民地になったのだ、という、白鳥とは正反対の議論が一九三〇年代になされるように、どのようにも解釈できるものであった。ただ、白鳥はのちの一九一八年には「支那文化に価値なしとするは僻見である」と述べ、「漢語は単綴の言語で、その位置によりて品詞を異にする。故に同一の言語でもその位置によつて或は名詞となり、或は動詞となり、或は前置詞となると云ふ風」なのだが、「それであるから漢文は読んで力がある」[93]などと、一九〇七年では「極めて粗雑なもの」としていた「単綴語」としての中国語の評価を反転させている。

5 津田左右吉と漢字廃止論——東洋学研究者の系譜

白鳥庫吉が影響をあたえた東洋学研究者に津田左右吉（一八七三—一九六一）がいる。

白鳥の漢字廃止論が津田に直接影響をあたえたのかは判然としないが、一九三〇年代になると、津田は漢字廃止を明言するようになる。したがって時期的には本章の「文明化の思想」にはふくまれないことになるのだが、那珂・三宅・白鳥からつづく東洋学研究者の漢字への視線をひきうける存在とみてよいので、簡単にふれておくことにしたい[94]。

津田は、一九三二年と一九三六年に公表した論文をあわせて、日中戦争開始後の一九三八年に『支那思想と日本』として公刊した。一九三八年一〇月と記された「まへがき」で「わたくしは、近ごろ、支那文字をつかふことをできるだけ少くするやうに心がけてゐる」と大胆に述べる[95]。この「まへがき」は所収論文の梗概を示したものでもあるが、日本の知識人が受容した「支那思想」がいかに日本の実生活とは無縁のものであり、日本の歴史・文化は「支那」のそれとはまったく異なるもので、文物はとりいれたが「支那の文化の世界につゝみこまれたのではな」く、したがって「一つの東洋といふ世界はなりたつてゐ」ないという主張がなされていく[96]。そして「日本が世界性を有つてゐる現代の日本文化」をたかめてこそ、「支那人をしてほんとうに日本を理解させ日本を尊敬させることができる」とうたいあげる。そのうえで、こうした文化の発達をさまたげる最大の「じやまもの」として津田左右吉は「支那文字」をあげ、それは「日本のことばのその発達をもひどく妨げるもの」として、ゆくゆくはその廃止がなされるべきことを主張する。さらに「現代支那語を学ぶことは、日本人にとつては何の教養にもならぬ」し、「今日では日本が支那から学ぶべきものは何も無い」とまで断言する。[97]

また一九三九年の講演では「支那の文化」は「長い間、滞って居」り、「ある場合にはむしろ退歩して居るとさえ考えられます」と述べている。[98]さらにそこでは「日本のことばを支那人の間にひろめるには、支那文字をつかうことは、却って大きな妨げにな」るから、「日本人の支那化を警戒」し、「日本から支那文字をとりのける」べきだとも主張している。[99]

さらに、一九四〇年に公表予定であったものの、津田の出版法違反事件のため削除された論文「日本歴史の特性」では、「シナからとり入れたものの第一は文字であるが」としたうえで、漢字からカタカナ、ひらがなが発生してきたことを指摘し、

そこで日本のことばをうつすには、シナの文字の必要がなくなったはずであるが、しかしシナの文字を訓によってつかう昔からのならわしもなくなりはせず、また単語としてはシナのことばをそのままにとり、従って音と意義との両方を併せ用いるシナ文字のつかいかたも行われたのである。けれども、ともかくもシナの文字から日本の文字をつくり出し、それによって日本のことばをうつすようになったことは、明かであり、そうしてそれによって日本の文学がはじめて大に発展することができるようになった。[100]

という。ここにみられる津田左右吉の漢字観は、日本語にとって二次的な存在でしかないもので、漢字

から日本語の表記のためのカタカナ・ひらがなが発明された点に重きをおいたものである。

このように、中華文化を完全に否定する津田の論調は過激にみえるが、さかのぼれば、本章でみたような文明化のために漢字は不必要だという議論、あるいは日清戦争後に起こった、漢字の存在を文明の停滞とみる議論[101]や、先にみた白鳥庫吉などの議論に接続しうるものである。

中国での漢字のあり方に日本の漢字のあり方が連動するという構図なのであるが、これは、第五章でみていくように、まったく別の形での漢字廃止論にもあらわれていくことになるのであった。

4 国語調査委員会の方針へ

さて、白鳥庫吉と同じ『国字問題論集』に掲載された政治家・大隈重信（一八三八—一九二二。当時は伯爵）の「文字の維新革命」でも、「最早今日の漢文と云ふものは、二十世紀文明の潮流には不適当で、社会進化の原理から推考しても、早晩この漢字は生存競争の不適者として生存することの出来ないものである」のに、漢字を固守していては「最早二十世紀の世界の競争場裡に立つて適者として生存することが出来ない」と、進化論的術語をならべたてて述べる。漢字や仮名は使用されつづけているのでこれを一新するのには困難がともなうのではあるが、「文字の革命」は必要であり「進化の上から、最早漢字の衰亡に帰すべきことは明かなことである」から、「殆んど悪魔の文字だと極論する人さへある所の此の文字〔漢字〕を廃して、而して羅馬字に替へるといふこと」は、「従来の弊風を破つて天地の公道に基け」という「大政維新の御誓文」の「御精神に叶ふものである」としていく[102]。そして、ローマ字であれば「世界の文明と競争し、東洋の文明も欧米の文明も皆之をして吸集して、之を同化する」ことができるので、国民全体にローマ字の知識を授けるには、まずもってローマ字を「小学校の教科書に入れる、と云ふことが一番必要の事」であり、それが「漸々に進めば随分十年二十年、少くとも一代には、此大革命を成功することが出来るのである」と主張していく[103]。大隈は、漢字の唯一の利益は、祖先がつくった「古文明」を理解できる点にあるとしていたが、それは文学者、歴史家に必要なことであって、普通教育・国民教育はローマ字でなければならない、という立場であった。

ところで、一八九八年に帝国議会貴族院、衆議院において「国字国語国文ノ改良ニ関スル建議」がなされた。これをふまえて文部省は国語調査委員を任命するのだが、委員長は前島密、委員に那珂通世がふくまれていた。ただ、予算がつかず具体的な活動はできなかったが、一九〇二年三月に国語調査委員会官制が公布され、翌月に那珂は外れたものの、加藤弘之を委員長とし、前島密ら委員一二名が任命された。上田万年が主事となり、ほかは嘉納治五郎、井上哲次郎、沢柳政太郎、三上参次、渡部董之介、高楠順次郎、重野安繹、徳富猪一郎、木村正辞、大槻文彦であった。この委員のなかで先に紹介した『国字問題論集』（一九〇七年）に論考を寄せることになる人物が四名（前島、上田、沢柳、高楠）ふくまれている。大槻も「かな　の　くわい」に参加しており、全体として文字改革に積極的な構成であった[104]。

七月に四項目からなる調査方針を公表するが、その第一項は「文字ハ音韻文字（「フォノグラム」）ヲ採用スルコトヽシ仮名羅馬字等ノ得失ヲ調査スルコト」となっていた。これは漢字を用いないことを意味するものであり、かなり思いきった方針を示したものといえるが、調査委員会全体の意思として既定の方針であったとされている。たとえば加藤弘之委員長によれば、調査方針を出すまでに九回の会合を重ねたが、四項目のうち「確定して居る事項は、音韻文字を採用することゝ、文章は言文一致体を採用することゝの二件で、この決定は将来動かさぬのである、即ちこの方針によれば音韻文字を採用するのであるから、無論象形文字たる漢字は使用せぬことに定めたのである」と明確に断言していた（第三項目は国語の音韻調査をすること、第四項目が方言を調査して標準語を選定すること、であった）[105]。

また、国語調査委員会の補助委員であった保科孝一は、この第一項について「この方針わ、つまり社会の輿論に鑒み、あるいわ、教育上・学術上の諸点に照して、立てたものであろー、と思われる。今日においてこそ、漢字の廃止に、多少の反対もあろーが、将来の国民わ、かならずこれお感謝するに違ない」と述べている[106]。

「社会の輿論」を、文明化と単純にみることはできないものの、こうした大きな流れのなかに、白鳥などの議論があったということは確認しておきたい。

第三章　競争の思想——国際競争と産業合理化のなかで

1　文明国間の競争

1　ローマ字運動再興
ローマ字ひろめ会と日本のローマ字社

二〇世紀に入るとふたたびローマ字運動はもりあがりをみせる。これは日本語の標準をいかに設定するか、その際の表記のあり方をどのような原則で決めていくか、などといった国語国字問題のもりあがりにともなったものであるが、そうしたなか、ローマ字論者の大同団結が不可欠であるとの認識から、一九〇五年一二月に「ローマ字ひろめ会」が公爵・西園寺公望（一八四九—一九四〇）を会頭に、伯爵・林董（一八五〇—一九一三）を副会頭に発足した（当初は「ローマ字拡め会」）。ローマ字書きをひろめるのが目的であるので、機関誌『Rômaji』にはさまざまなつづり方のローマ字の文章が掲載された。

ただやはり統一したものが必要とされ、議論をつくしたのであるが、まとまることはなく、一九〇八年五月になかば強引にヘボン式を会の公式のつづり方に決めてしまった。ヘボン式とはあいいれない日本式の提唱者田中館愛橘とその弟子の東京帝国大学教授・物理学者の田丸卓郎（一八七二―一九三二）たちは、当初「ローマ字ひろめ会」の図書出版のために「日本のろーま字社」（のち「日本のローマ字社」）を一九〇九年七月に設立し、一九一〇年にはローマ字ひろめ会の『Rōmazi Sinbun』の編集発送をひきうけていたが、翌年これを月刊誌『Rōmazi Sekai』とし、さらに一九一二年には完全にローマ字ひろめ会から手をひいた。のち一九二一年には日本ローマ字会を結成し、ローマ字ひろめ会と対立をつづけていくことになる。[1] たとえば時代が下ってアジア太平洋戦争がはじまると、日本ローマ字会の佐伯功介は一九四三年に「我がローマ字運動の先輩が最も激しく闘つて来た敵は英語かぶれのヘボン式の徒である。〔……〕今や我々は勅を奉じて戦ふ光栄を担ふもの。ヘボン式の残党、英語万能の輩が所在に力なき声を挙げたとてもはや問題ではなくなつたのである」[2] とヘボン式への憎悪もあらわに論難している。[3]

運動の原則論的対立はともかくとして、本書の観点にとって重要なのは、ローマ字を採用することにどのような意味をもたせようとしていたのか、ということである。

『国字問題論集』と漢字廃止論

ここで、これまでも何度か引用してきた、羅馬字ひろめ会が編纂して一九〇七年に刊行した『国字問題論集』をとりあげて、当時の論調を確認しておきたい。これは「日本の国字をローマ字にせねばならぬと主張する人々の議論を集めた」ものであり、[4] 初出は必ずしも明らかではないが、ローマ字にこめられた当時のさまざまな論調をみることができる。

まずは目次である。

沢柳政太郎「国民の一大問題」
上田万年「今後の国字」
白鳥庫吉「文字の優勝劣敗」
鎌田栄吉「脳税を減ぜよ」
南条文雄「一国字と万国字」
渡辺国武「国字の改良は須く政府の命令を以て断行すべし」
藤岡勝二「漢字と仮名と羅馬字との比較」
平井金三「日本語の発達と羅馬字」
前島密「漢字排斥の理由」
樋口勘次郎「羅馬字採用論」
中郵春二「世界文字史上に於ける日本文字の地位及びその改良に就て」
田丸卓郎「日本語を書き表すに適当なる文字」
向軍次「語学者より見たる国字」
高楠順次郎「国字改良に就いて」
巌谷季雄「世界的文字と戦後の武器」
大隈重信「文字の維新革命」

学者、政治家、作家、教育者など、著名な顔ぶれとなっている。

すでに第二章でいくつか紹介したが、一九〇二年に発表された国語調査委員会の方針のひとつで漢字の廃止が示されていたこともあり、当時文部次官であった沢柳政太郎（一八六五―一九二七、のちに京都帝国大学、東北帝国大学の総長。成城学園創設者）は「国語の改良」について「世間の学者識者の間に大体に於て一致の意見があると思ふ」とする。つまり、言文一致の実行と「我が国の文字を改め漢字を廃して仮名若しくは羅馬字を用ゆべしと云ふ事」で意見が一致していて、漢字廃止の時期とその方法についての議論があるだけだ、としている。(5)

沢柳自身が漢字を廃止すべき根拠としては、漢字教育に「学校教育の大部分の時間と又精神力の大部分を費さなければならぬと云ふ不利」な状況があり、それでなくても「吾が国民は彼欧米人に比して数多の欠点を有つて居ると云ふことを云ふものもある」のだから、漢字教育に時間を費やしてなどいられない、「国語の改良は各国との競争に於て直接の関係があると云ふことに思ひ至らんこ〔と〕を切に冀望するものである」と述べ、さらに「漢字の記憶に多くを要したとなれば更に外国語を記憶する力が減ずると云ふことは当然のことであらうと思ふ」としている。(6)そもそも欧米に比べて日本は劣っているのだから、さらに漢字を学ぶことで時間を費やすことなく、そのかわりに外国語をまなんで各国との競争に立ちむかえ、という議論である。英語ができれば何でも解決すると思いこんでいる現在の文部科学省の言説を彷彿させるが、ちなみに本章後半で紹介する心理学者・田中寛一（一八八二―一九六二）は、そもそも日本民族は欧米と比べても劣っている点はないということを示して、それゆえにこそ漢字を廃止してより優位に立つべきだと論を展開していくことになる。

ともあれ、漢字教育に費やす時間を他にまわすべきだ、という論調は、言語学者・藤岡勝二（一八七二―一九三五、当時は東京帝国大学文科大学助教授）も共有している。藤岡は、ローマ字の優位をさまざまに論じたあとで、漢字を教育しないならば「むづかしき文字を習ふといふ多大の労は普通国民教育の上に除かれて、それが専門教育の方にうつるのである」として、学者と実業家との「分業」が可能になる、そもそも学者が読むような「古い書物が今日よめぬ如く、後来よめなくても一般には心配はない」のだと割りきっている。[7] 第二章でふれた那珂通世の主張と通底する。[8]

田丸卓郎も、「文明諸国に共通であるローマ字」で日本語を表記すべきことを述べ、「普通教育の経済」のため、「日本語を万国の人に了解させねばいかん、了解させる為めには、日本語をローマ字で書き表はさねばいかん」と日本語普及を視野においた主張を展開している。[9]

日露戦争に勝利することで、「一等国」の仲間入りをしたとされる日本ではあるが、めでたく「文明化」されても文明化した世界のなかでの競争にさらされるわけであり、そのなかでさらに生きぬくにはどうするべきか、という議論が引きつづきなされていった。作家の巌谷季雄(小波、一八七〇―一九三三)が述べるように、日露「戦後の武器は文字である、我帝国の戦後経営は、この国字の改良に依つて、大発展を為し得るのである、平和的大勝利を占め得るのである」[10]といった雰囲気があった、ということでもある。

第二章でふれた国語調査委員会の主事となり、帝国大学に国語研究室を設置し、近代国語学の基礎を築いたとされる上田万年(一八六七―一九三七)がこの論集で示すのは、大学の同窓であった沢柳と同様、「苟も我国の文運を発達させ、世界文明の潮流に棹さして、各国民と角逐しようとならば、我国今日の如き文字の有様では到底何事も十分に出来ぬ」[11]という認識であり、「普通教育に於て、幾千万の子弟を義務的に教育せねばならぬ世界となつた」[12]という認識である。また、ローマ字が優れているとする根拠に、タイプライター[13]、ライノタイプ、電信、電話などの「最新の理学的発明」が、ローマ字であれば

「最も早く我等の手に入るのである」という点をあげていることにも注目したい[14]。それと同時に、ローマ字を採用することで

〔……〕漢字の跋扈をふせぎ純粋の日本語を正当なる位置に復し、五千万の国民の口にする言語を国語の、正体と立て、そうして日本語を世界的の言語とし、日本文を世界的の文学となさうと決心したのは、これは全く千数〔百〕年前の純粋の日本人の大和魂が、玆に再び発現して漢字といふ阿片の魔酔にかゝつた人々の、とをのねむりを覚ますのだと云つてよからう[15]

としている。より優れたローマ字の採用と漢字の廃止によって日本語をあるべき姿にもどすことこそが、世界文明に伍していくために不可欠だという議論である。こうした形でローマ字とナショナリズムが結びつく回路も形成されていたのである。先の大隈は漢字は悪魔の文字だという話を紹介し、上田はここで漢字はアヘンだと表現している。欧米のある種の漢字観がここに反映されているとみてもよいだろう。

また、漢字を廃止すれば同音異義語の漢語の処理のためにいいかえがなされ、結局のところ「漢字を廃しローマ字を用ふることは国語を滅却するので無い、今迄漢字漢語の為に地下に葬むられて居た国語を蘇生せしむるので御座ります」と述べる論者もいた[16]。

現在でも、ローマ字化とは別に、漢字の訓の排除によって和語の「本質」がみえてくるといった議論がなされることがある。たとえば、「やまとことばの意味場」を主張する文化人類学者・川田順造は、「たつ」「かく」「はかる」などを例としつつ、「もとはそれなりの豊かな意味場をもって機能していたのであろうが、いろいろな漢字が宛てられるようになって、それぞれの漢字の意味場に従って、もとのや

まとことばからすれば、安易な分節化が行われ、別々の語でもあるかのように引き裂かれてしまう」と述べる[17]。たしかに、「はかる」を「計る」「量る」「図る」などと書きわけることは、やまとことばが本来もっていたであろう「意味場」を分断していくことにほかならない。川田は、「やまとことばがそれ自体で十分成熟しないうちに、漢字を無節操に取り入れ、それに寄りかかり過ぎたために生まれた病弊の一つに、同音異義語の氾濫＝反乱がある」という日本語観を示している[18]。これは、漢字によって日本語の発達が阻害されたという議論の系譜に連なるものといえよう。

ともあれ、くりかえしになるが、文明化はなんとかできたものの、その次に控えている文明諸国間での競争に勝ちぬいていき、さらには日本語をそのなかで広めていくためにも、ローマ字化が不可欠である、という論調であった。漢字廃止は当然の前提として語られていることにも注目しておきたい。

『ローマ字国字論』の射程

ここまで紹介してきた『国字問題論集』は、ローマ字ひろめ会の編纂であったが、先にふれたように、ローマ字ひろめ会から袂をわかっていく田丸卓郎が一九一四年にあらわした『ローマ字国字論』を次にみてみたい。

田丸は日本式ローマ字を提唱する側であった。一九四八年に『国語国字問題の歴史』を刊行した平井昌夫（一九〇八—一九九六）は、自身も日本式ローマ字論者だったこともあり、「日本ローマ字会の陣営は、日本語第一主義の旗印を立てて運動した結果、理論に実行に大いにふるつた」として、この『ローマ字国字論』を「この派の聖典と称せられる」ものと高く評価し、「専門学校以上の学生層やインテリ層にうつたえる点が多かつた」としている[19]。

この本の「はしがき」は、国字問題を論じるのは国語学者の専権事項ではない、という宣言からはじまる。「国字は国民全体の日常使ふものであるから、実地それの使用者と云ふ点では、国語学者と否らざる人とに差別がない。否、広く言へば凡ての国民は国語学者だと云つてもよい[20]」と。非常に明快に議論が展開されているので、「要点と結論」から引用しておきたい。

一、我々は、世界に於ける烈しい実力の競争に負けない為に、教育をもつと有効に且つ経済的にすることを勉めねばならない。それには、日用文字に漢字を使ふことを止めて、ローマ字を日本語の正式な字にせねばならない。

二、ローマ字を日用文字にすることは、同時に、内は日本語の健全な発達を促し、外は日本語の世界的発展を助け、其外一般生活に、商業に、印刷に、外交に、直接間接に要用な利益を与へる[21]。

くりかえしになるが、「世界に於ける烈しい実力の競争」が前提になっていることに注目したい。仮名ではなくローマ字でなければならないのは、「二」にあるような「日本語の世界的発展」のためであると同時に、仮名が「纏まつた形をなさない[22]」という点をあげている。これは、英語などでの単語のまとまりをイメージすればよいが、「要するに、ローマ字を国字に使ふことは日本国の生存発展の為に必要である。それを実地に使ふのに差支あると思はれる点は、慣れと研究とで救ふことが出来る[23]」というのである。漢字にしても、「それで書いた日本語には無理がある」、「漢文は専門的に引続き学習研究される」、「道徳観念や思想を表すものは漢字よりも言語の方にある」ので、日用文字として漢字は不要であると断言する[24]。こうした歯切れのよさもあって、これをひとつの契機としてローマ字論がもりあがりをみせる。

2　ローマ字国字論と大正デモクラシー

こうした状況について、平井昌夫は一九四八年に以下のように論じている。

ローマ字国字論はかくて大正五・六年〔一九一六、一七年〕ごろから盛んに論議され実行されたが、この盛んさをたすけたものは、大正五年から吉野作造博士などに高唱されて起つたデモクラシー運動であつた。と云うよりも、デモクラシー運動を可能ならしめた当時の社会情勢は、漢字廃止と国民の教育普及とを説く国字運動をも盛んならしめたのである。(25)

大正デモクラシーと関連させて説明しているのであるが、「デモクラシー運動を可能ならしめた当時の社会情勢」を具体的にどのようなものと平井がとらえていたのかは明確に示されていない。今日的視点からみれば、政治参加意識の増大や社会問題の発見と解決という意識がつよまっていったことを想定すればよいのかもしれない。とはいうものの、平井自身は一九三五年の文章で、デモクラシーの運動的側面について以下のようにまとめている。

明治の末期から大正へかけてあんなにも叫ばれたデモクラシーが、今また無慚に退場を命ぜられたのは、我が政治・経済情勢の変化は別として、デモクラシーの観念だけが物々しく流布され、その具体化がおろそかにされたのも原因の一つだと思ふ。議会・政党・選挙とデモクラシーの政治的外枠だけは到れり尽せりにとゝのへられたけれど、外枠に嵌込むべき民衆の批判力を培ふ方面は忘られてゐた。(26)

外形だけととのえられたものの大衆運動にいたらない一過性のものにすぎなかったという諦観がここにはある。一九四八年の見解は、たぶんに時代状況の影響をうけたものと考えてよい。

大正デモクラシーについて参照すべきものは多くあるが、歴史学者・安田浩（一九四七―二〇一一）の研究書をひもとくと、大正デモクラシーによって「労働者の階級意識は成立したが、それはいちはやく展開しはじめた国家による労働者の統合政策に大きく影響を受けたものであった」[27]とされており、さらに一九三〇年代以降は、労働政策の「政策課題は、労使間の交渉による「協調」「協力」の実現から、総力戦体制の構築に適応しての、労使の一本化と産業をつうじての国家への「奉仕」[28]の実施へと、さらには経済統制の発動に対応した労務統制補助組織の現実的形成へと」変化していったと論じている。

大正デモクラシーと表記論のたかまりとが内在的に連動していたかは検証が容易ではないが、かりに平井のいうように、大正デモクラシーの政治社会状況に応じて表記論もたかまっていったとするのであれば、大正デモクラシーが帰結した状況と、この議論の行方も軌を一にしていると考えることもできる。この点は、本章後半以降の議論とも関連してくる。

さて、日清・日露戦争のころまでの漢字廃止論をふくめた表記論は、近代国民国家日本をどのようにつくっていくか、そのためには「文明」をどのように受容していくのかといった議論とからめて論じられることが多かった。

しかし、とりあえず国民国家日本ができあがってからは、あたらしい状況に応じた表記論が登場してきた、といってよい。ただそれが、平井昌夫のいうような大正デモクラシーという運動だけであったかというと、やや疑問とせざるをえない。つまり、田丸卓郎がいうような「世界に於ける烈しい実力の競争」という場に国民国家日本がいやおうなく参加しなければならない、という認識に立ったうえでの表記論という側面もある。平井昌夫がいうような「民衆の批判力を培ふ方面」を忘れてとにかく動員しようという力学、安田浩がいうような「国家への「奉仕」」へ至る道がここにはある。

3　国際競争と臨時ローマ字調査会

まずは、国際という側面でみると、文部省に設置された臨時ローマ字調査会（一九三〇―一九三六）も忘れてはならない。ヘボン式と日本式はそれぞれの利点を主張しながら対立をふかめていくが、そうした対立がもっとも先鋭にあらわれたのが、統一したローマ字綴字法をさだめるために設置されたこの臨時ローマ字調査会においてであった。

第一回（一九三〇年一二月一五日）の議事録から、文部大臣（田中隆三、一八六四～一九四〇）の発言を引用する。

官省の中でも陸地測量部・水路部・中央気象台では日本式を用ひ、鉄道省・商工省地質調査所では標準式を用ひて居る。又銀行・会社・商店には、右の二式が並び行はれるのみならず、他の方式も存在するのである。斯様に政府の公文書に二種の方式が並び行はれ、一定の標準のないことは、いろ〳〵不便があるばかりでなく、国の威信にも関することである。(29)

文中の「標準式」とはヘボン式のことであるが、こうした二様のシステムが混在して統一されていないのは「国の威信にも関すること」であるという認識が示されている。

この委員会設置のもとをたどれば、一九二八年七月にロンドンで開催された万国地理学会議において、イギリスの委員から日本の地名のローマ字表記が官庁ごとにことなっているのは不便であるから、ヘボン式での統一をのぞむ、という意見が出たことにあるという[30]。

臨時ローマ字調査会は一九三六年六月二六日の第一四回の会議まで五年半断続的に会議を開催し、翌年九月にヘボン式と日本式の折衷的なローマ字表が、内閣訓令第三号として公表された。内閣訓令式とよばれるものである。この調査会における議論を紹介した平井昌夫はヘボン式と日本式の対立をつぎのようにまとめている。引用中の前者がヘボン式、後者が日本式である。

両派の論争を音声学的にみれば発音主義と音韻主義との対立であり、思想的にみればアングロ・サクソン依存主義と自立主義との対立であり、国際関係の上からみればイギリス語即国際語主義と国際中立主義との対立であった[31]。

要するにヘボン式が英語のつづりに依拠しているのに対し、日本式は音韻体系を重視した理論的な方式である。たとえばタ行をta, chi, tsu, te, toとするヘボン式と、ta, ti, tu, te, toとする日本式を比較してみればわかる。ヘボン式は、英語を「普遍」とすればある種の「普遍性」を主張できる一方で、英語追従という非難も受ける。日本式は、音韻論という学問にもとづいている点での「普遍性」が主張できる一方で、発音式ともいいきれない「日本語の」音韻体系であることを強調すると、「世界」に対して閉鎖的だという非難を受けることになる。

平井はやや中立的に書いてはいるものの、当時の日本式によってたつ側は、かなり辛辣にヘボン式を批判する。たとえば、一九〇七年生まれのローマ字論者・鬼頭礼蔵は一九三一年に以下のように論じる。

〔……〕日本式の陣営は意識的国字改革熱に燃えた団体的組織を中心に社会全面に対する運動を進め、末梢に至る迄ローマ字の意識的使用を徹底せしめんとするに対し、ヘボン式は僅かの保守的主張者を中心に官庁にヘボン式を採用せしめることを唯一の目的とし何等の組織も、何等の国字改良意識をも有せざる英語学習者をあだかも自己の陣営内の戦士の如く誤認して之に安んずるものにすぎない。従つて日本式の陣営が青壮年中心、活動力中心、国字改革熱中心なるに対して、ヘボン式の孤塁は老人中心、世間的名声中心、英語的趣味中心であり、前者が漸次全国的組織を拡大強化せんとするに対し、後者の組織は今や大阪一箇所を問題とすれば他は全然組織を有せざるに等しい。(32)

このように評しているが、「青壮年中心」というのは確かにその通りで、鬼頭自身、一九三〇年に東京帝国大学法学部を卒業したばかりであった。鬼頭がこの文を寄せた『ローマ字年報1932年版』は日本ローマ字会出版部から出されているが、編輯は東京帝国大学ローマ字会であり、翌年の『ローマ字年報1933年版』は東北帝国大学ローマ字会と東京帝国大学ローマ字会の共編となっている。各大学にあったローマ字会は日本式を主張しており、臨時ローマ字調査会発足にあたっては、『各大学ローマ字連盟　共同宣言書』を出し、各大学のローマ字会は「日本をして謬らざる進化を遂げしむべく結束して奮起し、新派〔日本式〕の主張に凱歌を挙げしむべく、万難を排して闘はむ事」を宣言している。(33)

ともあれ、国際社会からの要請でローマ字表記の統一を政府レベルでおこなったことは、この時期のローマ字運動のひとつの方向をも示している。

日本式の提唱者であり、日本ローマ字会会長の田中館愛橘は、国際的であることをどうとらえていたのだろうか。たとえば臨時ローマ字調査会が議論を重ねているときに、国際連盟の学芸協力委員会（一九二二年に国際連盟の諮問機関として設置された知的協力委員会――新渡戸稲造が幹事長をつとめた――が一九二六年から改称）の委員となっている（一九二七―一九三三）が、この委員に就任する条件として、「ローマ字論を同委員会に於て論ずること」を出したという。その結果、「同会に出席せらるゝや国際間の知的協力には国語相互の理解が大切であることを説かれ、他の委員が之に首肯し賛意を表したことは当時長文の電報で之をローマ字会に通知された。後支那の林語堂委員と共同して動議を出し、ローマ字を採用せんとして居る諸国の情勢を審査せしめ、其報告を出版させて世界の国字に対する大勢を明かにせられた」という。[34] この動議とは一九三〇年七月二八日に決議された「ローマ字の国際的採用に関する件」であり、決議文中に「夫々の国語の性質に適合した綴り方に統一すべき事を慫慂する」とあった。これをふまえ、『ローマ字年報1932年版』では、「日本語に適する綴方として日本式が大いに賞賛されたのは当然である」と決議文とともに紹介している。[35]

その一方で、対立するローマ字ひろめ会の日下部重太郎は、「我が国語をローマ字書きにするのは何のためか。然り、この世界的勢力ある文字を使つて国語の勢力を伸ばして行くためだ。それなればローマ字の世界的勢力ある所以の性質を殺さないで、之を活して使はねばならぬ」と、国際という視点を出しつつも、「実用から見て広く国の内外に弘まつてゐる所の標準式がローマ字使用の目的にかなつて優れた式であると認める」と、実用的、現実的な観点から、標準式（ヘボン式）の使用をすすめている（「完全無欠永代不変のものとは思はない」ともいっているが）。[36] この文章を書いた二年後の一九三八年に数え六三歳で死去する日下部は、鬼頭からいわせればたしかに「老人中心」のひとりであったとはいえる。

日本式とヘボン式はあまり生産的とはいえない議論をくりかえしていくのだが、本書の流れで特筆すべきは、日本式ローマ字表記が、第五章であつかうプロレタリア・エスペラント運動というある種の「国際性」を背負った議論のなかで登場する、という点であろう。

また、次に論じるカナモジ論とのちがいは、あくまでも傾向としてだが、ローマ字論者には学者、研究者が目立つ。音韻論など、ある種学理的な議論と結びつきやすい点も、こうした傾向をきわだたせる理由になるかもしれない。実務、能率に重きをおいたカナモジ論とはこの点で対照的といえるだろうが、かりに先に引用した平井昌夫のいうように、大正デモクラシーによって漢字廃止の思想が興隆してきたのだとすれば、大正デモクラシーの熱が冷めていく一九二〇年代以降になると、労働者をいかに能率的に使役していくのか（多少やわらげていえば、労資がいかに協調していくのか）、という方向のなかに、漢字廃止の思想も居場所をみつけていくことになる。以下、カナモジカイに関する長い議論になるが、こまかにみていくことにしたい。

2 能率の思想——機械化という「応世」とカナモジカイ

1 仮名文字協会の成立——山下芳太郎の国字改良論

山下芳太郎という人物

一九二〇年一一月一日に、山下芳太郎（一八七一—一九二三）が仮名文字協会を設立し、神戸に事務局を置いた。同年末の会員は、二カ月しかないとはいえわずか一三名だった[37]。一九二二年二月に機関誌

『カナ　ノ　ヒカリ』を刊行するまで、『国字改良論』と絵本『アヒル　ノ　シリフリ』（ともに後述）をだしただけで、評議員会はひらかれたものの、会員の会合をおこなうことはなかったという[38]。

山下の略歴は、一周忌を機にあまれた『カタミ　ノ　コトバ』所載の「山下芳太郎略歴」などによれば以下の通りである[39]。一八七一年に愛媛藩士の長男として生まれ、一八九二年に東京高等商業学校卒、志願兵となり、翌年外務省に。ボンベイ（現ムンバイ）、リヨン、ロンドンの領事館員を歴任。一九〇一年に住友銀行神戸支配人代理となる。日露戦争に従軍し、その後住友本店（持株会社）副支配人、一九〇六年一月に西園寺公望総理大臣の秘書官となって一時休職、一九〇八年七月に復職し住友神戸支店および住友銀行神戸支店支配人となり、一九一五年七月住友総本店（住友本店改称）支配人、一九一八年一月には住友合資会社（住友総本店改組）理事となり、住友製鋼所、住友伸銅所、住友鋳銅所、大阪北港会社などの重役を兼職するが、一九二二年七月、五一歳ですべて辞する[40]。これらの重職を辞したのは、住友製鋼所の内部抗争の責任をとったためのようだが[41]、その後は「カナモジ運動の為に後半生を捧げる[42]」ことになった。

これより以前、一九二一年一〇月ごろに山下は評議員会において「仮名文字協会ワ　イマノ　ママデワ　イケナイ．活動ト　宣伝ノ　タメ　月刊雑誌ヲ　ダシテ　国字改良ノ　必要ヲ　世ノナカニ　ウッタエル　ガ　ヨイ．ソノ　経費ニ　ツイテワ　責任ヲ　モツ」と述べ、翌年一月に伊藤忠兵衛（一八八六―一九七三、伊藤忠財閥当主）の「オモイツキ」で機関誌名が『カナ　ノ　ヒカリ』となったという[43]。

そして一九二二年二月から仮名文字協会機関誌『カナ　ノ　ヒカリ』の発行を開始した（月刊、当初は基本的に四頁[44]。事務は甲南学園教員の稲垣伊之助が担当。当初は甲南学園内に事務局が置かれていた）。山下は同年八月に国際労働総会の日本資本家代表としてジュネーブに渡り、会議終了後は英米を経て翌一九二三年二月に帰国。しかし、帰途発病し、福岡医科大学病院に入院。末期の胃癌と診断され、手術後芦屋の自宅に戻るも、同年四月に志なかばで死去。「略歴」には、「国字改良 ヲ 志シタノワ 外交官 トシテ 海外 ニ アッタ頃、西洋 ノ 国々 ガ 簡易ナ 音符文字 ニ ヨッテ ビンソクニ シゴトヲ シテイルノ ヲ 見テ、我国 ガ 数千 ノ 漢字 ヲ 使ッテ イル フベン ヲ イタク 感ジタ 時 ニ ハジマッタ．文明先進国 ガ 軽装 シテ 進ンデ 行ク モノ ヲ、後進 ノ 日本ガ オモニ ヲ 負ウテ 行クコト ノ コンナン ニ 思イ 及ンダ ノデ アル」と説明がある。(45) 外交官としての海外経験により、文明国間の競争に勝ち残っていくためには、「国字改良」が不可欠であると悟ったということである。

こうした経験をしたのは山下に限ったことではなく、たとえば国語学者・時枝誠記（一九〇〇―一九六七）の父・時枝誠之は横浜正金銀行員としてインドやアメリカ合衆国の支店に勤務していたのだが、そこでの経験から「国語改良」の必要を感じていたといい、日本語における漢語を英語におきかえて伝達の機能をたかめるべきだと考えていたという。時枝誠記自身はうけいれることができなかったものの、こうした父の姿勢が日本語の研究へいざなわれた一因であったと回顧している。(46)

また、教育者も「国字改良」の必要性を感じていた。成蹊学園を創設した中村春二（中邨とも書く。一八七七―一九二四）はひらがな縦書きを主張して「かながき ひろめかい」を結成、一九二〇年一一月から『かな の めばえ』、後継誌『つぼみ』を刊行していた。(47) 仮名文字協会とも交流があったようである。(48) また、教育明生会という団体も、全国の新聞に掲載された国語国字問題に関する論説を収録した『国語・国字問題と世論』（一九二五年）、『第二国語・国字問題と世論』（一九二六年）を発行している。

そうしたなかで本章で仮名文字協会（カナモジカイ）に注目するのは、組織力の強さと、実務家中心のきわめて実利的な志向によって漢字廃止をうったえていたからである。

さて、日本語表記の問題について山下芳太郎がはじめてふれたのが、一九一四年の「国字の改良に就いて」であった。『時事新報』一九一四年六月三日から六日まで四日間連載されたこの文章（すべて四面に掲載）は、「国字改良の急務」（三日掲載）と「国字改良実行案」にわかれており、「国字改良の急務」では、「印字器《タイプライター》」という「文明の利器」をそのままでは日本語で利用できないので、日本が「世界の競争場裏に角逐せんと欲す、豈難からずや」と嘆き、「国字の改良は時勢の要求」である、としている。文明の利器をつかって国際競争でうちかつ、という山下の基本的発想がここですでに表明されている。そして、連載の最後に「附言」として「我国字の改良に関し同憂の士あらば、吾人は幸に実際問題として其研究を共にせんことを望む」と、山下までの連絡を乞うている。運動としての展開をすでに考えていたことがわかる。ついでながら、この時点での山下の、明治普通文的文体にも注目しておきたい。これが徐々に口語的に変化していくことになる。

なおちなみに、資本家、実業家などの海外経験からこうした主張にいたることが、この時代から増えてくる。のちにみる伊藤忠兵衛も同様な経験をしている。山下の場合、文書の効果的な印字を重視している点が特徴的である。横書きに適したカタカナ活字、カナタイプライターの製作（キーボード配列もふくむ）まで視野に入れていた。この連載ではカタカナ活字の改良の提言をしている。

なお、山下の没後一年にあたる一九二四年四月に仮名文字協会は、カナモジカイと改称した。「協会」には同音異義語があるのでカナで書くと「グアイ　ガ　ワルイ」からというのがおもな理由であった。(49)

さて、山下は、先の「国字の改良に就いて」をふまえた、仮名文字協会のマニフェストとでもいうべき『国字改良論』を一九二〇年一一月に刊行する。そのなかの「国字改良の必要」という項目では、必要性を二点あげている。ひとつが、「教育完成の為め」。これは前島密以来の、漢字教育にかける時間の無駄を説いたものであるが、二点目が「国力振興の為め」である。第一次世界大戦後の状況をふまえて「我国が世界強国の一つとして活動するには国力を増さねばならぬ」のだが、資源不足に加えて、「文明の大利器たる印字器《タイプライター》や「ライノタイプ」などを充分に使用し得ざる事」も大いなる弱点であるという。「欧米の実業界が今日の如く活動するに到つた一大原因は、印字器の利用にある」とする山下は、それが不十分な日本の文書作成状況においては、「我競争者が電話を使用しつゝある際に、我は単に飛脚によつて手紙を送る様なもので、到底競争にならない」わけであり、「印字器を用ひて、始めて欧米と対等の競争を為し得るのである」と述べていく(50)。

文明国間の競争、という視点をここに読みとることができるのだが、『国字改良論』末尾に付された仮名文字協会趣意書(一九二〇年一一月一日)は、「国家将来の為めに本邦現在の文字を何とか便利なるものに改良する事は現今日本人たる我々の前に横はれる大責務である」という一文からはじまる。そして「方針」が以下のように定められている。

一、仮名の活字を研究改良し、且つ其得たる優良の字体を以て種々の大〔き〕さの活字を製作し以て如何なる印刷にも差支なからしむる事。
二、仮名の活字の使用を勧むる事。
三、仮名文字を以て印刷せる文書を世間に拡むる事。

四、仮名文字の『タイプライター』を製作する事。

五、其他。[51]

山下芳太郎がはじめにおこなったのは「三」であった。仮名文字協会は、『国字改良論』につづいて『アヒル ノ シリフリ』を発行する。一九二一年一〇月のことであった。これは「本会ノ改良字体ノ仮名デ書イタ童謡ノ絵本。上品デ、優美デ、幼稚園、尋常一二三年位ノ子供ニ喜バレテヰマス」との宣伝文が『カナ ノ ヒカリ』にあるが[52]、北原白秋（一八八五—一九四二）と薄田泣菫（一八七七—一九四五）の童謡をカナで書き、それに名越国三郎（生没年不詳）の絵をつけたものである。裏表紙に「ニホンニハ カナ ト イフ リッパ ナ モジ ガ アルノニ、ナゼ ワレワレ ハ イツ マデ モ カンジ ヲ ツカワネバ ナラヌ デショーカ?」とあり、切手二五銭分を送ってくれれば『国字改良論』を送付するとも記されているように仮名文字協会の宣伝も兼ねていた（このころ、表記の原則はないようである）。

この「方針」を一見してわかるように、タイプライター、印刷、それにふさわしい新活字、という、少々おおげさにいえば日本語表記の機械化に特化した主張がなされている。これは必然的に事務の能率化という議論につながっていく。文明国間の競争に勝ち残っていくためには産業合理化、能率化が不可欠であって、そのためにはまずは事務の能率化からはじめなければならない、ということである。一九一五年には杉本京太により邦文タイプライターが開発され、日本書字機商会（のちの日本タイプライター株式会社）が販売を開始していた。当時としては画期的な発明であったものの、専門のタイピストの養成が必要であり（タイピストという職業は女性の社会進出のひとつの象徴でもあったが）、だれでもが使えるものではなかった。[53] したがって、だれもが使える邦文タイプの開発ではなく表記文字をカナだけにする方が効率的と考えたわけである。

山下芳太郎は左横書きを前提としてみずからあたらしいカタカナの活字字体をデザインするが、住友合資会社技師の平尾善治、内閣印刷局技手の猿橋福太郎にもデザインを依頼し、それぞれ平尾第一、第二類、猿橋第一から第四類と名付けた（のち、ポイント数のちがいで猿橋第八類まで。さらに一九二五年には字体を公募し大和幸作が一位となる。一九二八年には松坂忠則も字体「ツル」をデザインする）。[54] カナタイプライターのキー配列についても、カナ使用頻度を計算して効率のよい配列を考えたものの、製作を依頼したアメリカのアンダーウッド社のスティックニー（Burnham Coos Stickney、一八六四―一九三七）との議論（山下がジュネーブ出張後にアメリカに寄った際におこなった）を経て、スティックニーに妥協する形で変更するなどしている。[55] アンダーウッド社との最初の交渉は、仮名文字協会評議員となる星野行則（当時、加島銀行常務取締役、一八七〇―一九六〇）が一九二一年の出張の際におこなったという。[56] しかし、日本にカナタイプライターが輸入された一九二三年七月[57]を待たずに山下は死去する。

革命ではなく改革を

ともあれ、山下の議論の特徴は、実行可能性を問い、現実的であろうとする点にある。秘書官として仕えた西園寺公望がローマ字ひろめ会の会頭をつとめていたのはやや皮肉ではあるが、たとえばタイプライターを優先するのであれば、カナタイプライターではなく、一般のタイプライターによってローマ字で日本語を表記するようにすればすむ。しかし、山下は「進化的即漸進的の改革にあらざれば国字の改良は不可能である」という考えであった。つまり「日本の文字をローマ字に改めんとするは文字の革命であって、漸進的変遷でない」から失敗するだろうというのである。さらには、「日本固有の文字」であるカナはたいていの日本人は読み書きができるのに反しローマ字はそうではない、などの理由でローマ字は不採用とした[58]。たしかに、ローマ字が小学校で教育されるのは、敗戦後の一九四七年四月までまたねばならなかった。

ちなみに、星野行則がアンダーウッド社で最初にスティックニーと会ったときに、言語学者でもありカタカナについても研究していたスティックニーから、ローマ字よりもカタカナの方がよい点として、日本人すべてが読める、簡単明瞭、横に並べて下半分を隠しても判別ができる、一字一音であってタイプライターでの速記に適している、という四点を示され、星野は「我ガ国字ハ　カタカナ　デナケレバナラヌト信ジルヤウニナッタ」のだという[59]。

また、山下芳太郎の遺稿、「国字の改良」[60]では、国字改良の機が熟している理由として、明治維新以来、あたらしい術語が十分出そろってきた、口語体がさかんになってきた、学生の間で日本語の左横書きがふえてきた、新聞でルビをやめるものがでてきた、漢字制限の機運が新聞社や社会一般でみえてきた、漢字の弊害がひろく認識されるようになった、という六点をかかげている。現状認識の適否はともかくとして、理想をかかげるのではなく、現状において可能な方向性を求めていたといえる。そのうえで『カナ　ノ　ヒカリ』創刊号では山下は、漢字の「重荷」によって「文化ノ競争ニ於テ外国ニ勝チ得ル見込」がないとする一方で「我等ノ祖先ハ一千数百年ヲ費シテ磨キアゲタ世界無比ノ立派ナ片仮名ノ文字ヲ我等ニ遺シテ授ケテヲリマス。〔……〕我等ノ活路ハコレヲ外ニシテハ他ニハアリ得マセヌ」とのようにカタカナにかける意気込みを吐露していた[61]。カタカナの歴史を強調するところは「伝世的応世」といってよいかもしれない。

ともあれ、星野もふくめて、実務家・実業家による運動という側面を読みとることができる。第六章であつかう「新国字」論者が実現可能性よりも理想だけを追っていたことと好対照をなしている。現実的であるということは、革命的ではないということでもある。たとえば山下が発行者となっていた『カナ ノ ヒカリ』の三、四、五、七、九、一〇号の一頁目の中央に「メイジ テンノウ ギョセイ」がカタカナ左横書きで掲げられている。順に引用する。

ヨキ ヲ トリ アシキ ヲ ステテ トツクニ ニ オトラヌ クニ ト ナス ヨシ モ カナ.

チヨロヅ ノ タミ ヨ ココロ ヲ アハセツツ クニ ニ チカラ ヲ ツクセ トゾ オモフ.

アマタリ ニ クボミシ ノキ ノ イシ ミテ モ カタキ ワザ トテ オモヒ ステメ ヤ.

イソノカミ フルキ タメシ ヲ タヅネツツ アタラシキ ヨ ノ コト モ サダメム.

オホゾラ ニ ソビエテ ミユル タカネ ニモ ノボレバ ノボル ミチ ハ アリケリ.

ヨ ノ ナカ ノ ヒト ニ オクレ ヲ トリヌベシ ススマム トキ ニ ススマザリ セバ.(62)

漢字はカナにあらためてあるが、さすがにかなづかいの表音化はできなかったようだ。

明治天皇没後には関連本の出版ブームがあり、「御製」を冠したものも一五冊程度確認できるという。売れ行きはあまりはかばかしくなかったそうだが、そうしたなかも数百首単位で人々が接することができるようになり、やがて教訓的な歌として示されるようになっていったという。(63)『カナ ノ ヒカリ』

大正十一年八月十五日印刷納本 大正十一年八月二十日發行 （毎月一回 二十日發行） カナ ノ ヒカリ （大正十一年二月二十日 第三種郵便物認可） (1)

カナ ノ ヒカリ

ダイ 7 ゴウ

義務教育年限延長 ニ ツイテ

義務教育年限ノ延長ハ，コレマデニモ重要ナ問題トシテ唱ヘラレテ井タガ，鎌田文相ノ就任ト共ニ，世ノ議論モダンダン盛ンニナリ，當局モ重要教育問題トシテ取扱ハウトシテ居ル様子デアル。此ノ年限ノ二ケ年延長ヲ實施ショウトスレバ兒童約43万人トシテ，延長ノタメニ2万ノ學級増加ヲ要シ，一學級一教員トシテ，教員2万人，コノ俸給年額1200万圓，校舎其ノ他ノ備品ニ對シ約7000万圓，計8200万圓ヲ要スル。現在ノ町村財政デハ到底負擔ニ堪ヘラレナイ。又一方デハ教師ノ不足トイフ差支モアリ，コレガ實施ハ容易デアルマイ。

政府ガカカル難關ヲ前ニシテ此ノ エンチョウ ヲ實現ショウトスル其ノ意氣込ハ多トスルガ，ソノ前ニモット考エテ見ネバナラヌ モンダイ ガアルデハナイカ。

義務教育年限 エンチョウ ニハ多クノ費用ヲ要シ，又時ヲ要スル。全國43万人ノ兒童ニ對シ，二ケ年ノ年限ヲ エンチョウ スレバ，コノ延ベ年數86万年トイフ大キナ損失ヲ生ズル。ソコデ吾々ノ トナエル 國字改良ヲ斷行スレバ，經費ヲ要セズ，學童ノ時ヲ ツイヤス コトナクシテ實質ニオイテ ギム 教育年限ヲ エンチョウ シタノト同ジ結果ヲ生ミ出スコトガ出來ル。

國字國語 モンダイ ハ我ガ國ノ教育ノ コンテイ ニ ヨコタワル 大キナ モンダイナノデアル。文部省ニ オイテ モ 私ドモ ノ シュチョウ スル 國字カイリョウ ニ ツイテ モット モット ケンキュウテキ ノ タイド デ ナガメ，コクジ コクゴ ヲ カンタン ニ シ ヤサシク スル コト ニ ツイテ イチニチ モ ハヤク ホウシン ヲ サダメ アン ヲ タテル ナラバ，ギム キョウイク 8 ネン ノ シゴト ハ 5 ネン ナイシ 6 ネン デ タヤスク ナシ エラレル。

コクミン モ コノ ホウメン ニ ジュウブン ノ チュウイ ヲ ハライ オウイニ ヨロン ヲ オコス コト ニ ツトメ ナケレバ ナラヌ。

メイジ テンノウ ギョセイ.

イソノカミ フルキ タメシ ヲ タヅネツツ
アタラシキ ヨ ノ コト モ サダメム.

本紙第三面ニ掲ゲタ“子供ニツイテノ試ミ”ノ記事ヲ参照セラレタナラバ，ココニ論ジテキルコトガ容易ニウナヅカレルコトト思フ。

モンブ=ショウ カラ ガキ ニ タッテ

コクゴ チョウサ クヮイ デ ジョウヨウ《常用》 カンジ 2039 ジ ヲ センテイ シタ ホウシン ノ セツメイ ガ アッタ トキ，イイン カラ シツモン ガ デテ，ソレ ニ タイスル モンブ=ダイジン ノ コタエ ニ ツギ ノ ヨウ ナ コト ガ アッタ。

將來漢字ヲ全廢スルコトハ考エテ井ナイ。
常用漢字ハ小學教育ノミニ止メルガ，ソノ影響ハ中等教育ニモ及ブ考デアル。
常用漢字普及實行ノ方法ハ國定教科書ノ編纂ニ新選定方針ヲ應用スル。法律規則等ハ輿論ノ喚起ト相俟ッテ漸次實現ヲ期スル考デアル。

コレ ヲ ミルト モンブ=ショウ ノ カンガエ ワ イカニモ ナマヌルイ ト オモウ。セイフ ノ ホウ デワ コレ グライ シカ デキナイ カモ シレナイ ガ，イマ スコシ コクゴ コクジ モンダイ ヲ カイケツ スル タメ，ススンデ ヤッテ ホシイ モノ ト オモウ。

『カナ　ノ　ヒカリ』第７号（1922年８月）。「明治天皇御製」がのせられている

の場合、カナモジカイの活動のお墨付きを求めていったものと考えられる。

『カナ　ノ　ヒカリ』と稲垣伊之助

一九二二年二月に創刊された『カナ　ノ　ヒカリ』であるが、既述のように山下は同年八月にジュネーブで開催された国際会議に出席するも病を得て帰国、死去するので、発行者として紙面にどこまで積極的に関与していたかは不明である。なお編輯者として、稲垣伊之助の名前が記されている。稲垣は福岡医科大学に入院中の山下につきそい、口述筆記をおこなうなど[64]、発足時から山下、ひいては仮名文字協会を支えていた。稲垣は一八八八年に兵庫県美嚢《みのう》郡淡河《おうご》村（現・神戸市北区）に生まれ、兵庫県御影師範学校を卒業後、郷里の淡河小学校で訓導を七年つとめ[65]、その後甲南学園で八年間教員としてはたらいていた。山下没後にこの事業を継続させるための専従者が必要になったときに白羽の矢がたったのが稲垣であり、甲南学園から引きぬくには伊藤忠兵衛の尽力があったとのことである。引きぬかれて一九二四年にはカナモジカイ主事となり、一九三八年の財団法人化に際しては監事、翌年には常任理事となるも、腎臓病の悪化で一九四三年に辞任、一九四五年五月に死去する。その際、「マッタク　コノ　ジギョウ　ノ　タメニ　タオレタ　ヒト」と星野行則から評されている[66]。

仮名文字協会評議員の顔ぶれと会員数の拡大

話が先走ったが、一九二〇年の『国字改良論』初版に掲載された山下芳太郎による趣意書の末尾には「尚本会最初の評議員の撰定は私に御一任を願ひます」とある。山下の主張に共鳴する人物を評議員に選んでいったわけである。『カナ　ノ　ヒカリ』創刊号では、伊藤忠兵衛（伊藤忠合名会社社長）、金子恭輔（九州帝国大学教授）、野上俊夫（京都帝国大学教授）、星野行則、松本健次郎（明治鉱業株式合資会社社長）、水島銕也（神戸高等商業学校長）、山下亀三郎（山下合名会社社長）の七名となっている。同年七月には、森下博（仁丹本舗主）、矢野丑乙（日本防水布株式会社取締役兼衆議院議員）、矢野慶太郎（元日本化学肥料株式会社社長）がくわわり一〇名となる。[67]

この名簿をみればすぐにわかるが、錚々たる実業家の顔ぶれである。たとえば森下博（一八六九―一九四三）は森下仁丹の創業者であり、山下亀三郎（一八六七―一九四四）は山下汽船（現・商船三井）の創業者であり、第一次世界大戦時の海運好況で規模を拡大していた。松本健次郎（一八七〇―一九六三）は福岡に複数の炭鉱をもつ実業家、などなど。伊藤忠兵衛はいわずとしれた伊藤忠財閥の当主であるが、次にみるように住友財閥関係者の山下芳太郎と親しかったようである。そして星野行則とともに、芦屋自宅での山下の臨終に立ち会っている。[68]この両名を山下が仮名文字協会の後継者として選んだのは達見であったと平生釟三郎は評している。[69]

山下芳太郎の一周忌を前にした一九二四年三月には、評議員にあたらしく芦田恵之助（元朝鮮総督府編修官）、小口忠太（医学博士、愛知医科大学教授）、猿橋福太郎（印刷局技手）、塩原又策（三共株式会社社長）、西脇乃夫彦（大阪高津中学校教諭）、平尾善治（住友合資会社技師）、山下文雄（山下芳太郎子息）、Burnham C. Stickney（アンダーウッド会社技師）、星一（星製薬会社社長）を加えた。山下の依頼で活字をデザインした二名（猿橋、平尾）と、教育者に実業家（製薬会社。三共は現・第一三共）、そしてスティックニーという構成である。芦田恵之助（一八七三―一九五一）は作文教育などで著名な国語教育学者となっていく人物である。また星一（一八七三―一九五一）は作家・星新一（一九二六―一九九七）の父でもある。医学博士の小口忠太（一八七五―一九四五）[70]は眼科医として漢字の害を論じている（後述）。製薬会社社長二名の評議員への参加はこちらの流れからかもしれないが、星と、その事業を官憲と一緒になって圧迫していった塩原又策が並んでいるのは、興味ぶかい[71]。星は、従業員の福利厚生を重視し、工場内に診療所、幼稚園、図書館などを付設していたという。そこでは能率を重視した科学的管理法（後述）を実践していた[72]。

同時に会則を改正して理事職をおき、伊藤忠兵衛、日向利兵衛（東洋海上保険会社重役、一八七四—一九三九）、平生釟三郎（東京海上保険会社重役、一八六六—一九四五）、星野行則の四名を選任した[73]。平生、日向、そして山下芳太郎は東京商業学校（現・一橋大学）の同窓（卒業が順に一八八〇年、一八八五年、一八八二年）であったが、こうした、「山下氏のあとにカナモジカイの中心的な立場に立った人たちにも実際家が多かったこと」が山下の漸進的変化を継続していくことにつながった、とのちにカナモジカイ自身で評価している[74]。なお、このなかで約一〇年後の一九三三年時点でも評議員名簿に入っているのは、理事となった四名をのぞくと、小口、金子、森下、松本、矢野丑乙、矢野慶太郎、山下亀三郎である[75]。

山下芳太郎が没したときに、平生・伊藤・星野が発起人となり「ヤマシタ　ヨシタロー　氏　記念国字改良事業資金」をつのり、この利子を仮名文字協会の運営にあてることとした。寄付金は三万四〇〇〇円ほどあつまったという[76]。この金額は現在でいえば一五〇〇万円ほどになるが、この利子と普通会員の月一円の会費などをあわせて運営していくことになる。とすると、会員の獲得が不可欠となる。ここでは評議員のひとりに森下博がいたことに注目したい。森下が創業した森下南陽堂は、主力製品「仁丹」を、多大な新聞広告費、町内札と一体化した電柱広告、屋外イルミネーションなどの卓越した広告宣伝術によって売りさばいた[77]。森下はその宣伝広告術でカナモジ運動を宣伝したのである。たとえば一九二二年五月に各新聞に「国字改良宣伝」とうたう全面広告をうち、その後も折にふれて左横書きでカナガキの「仁丹」の広告をだしていった。その結果、「コノ反響ガ　ヒジョウニ　顕著ニ見エテ、其ノ広告ガアッテ後、会員ノ申込ヤ、会ノ内容ノ照会状ガマイニチ何十通トイフ　ホド　本会ニツキマス」という状態になったという[78]（分かち書きは原文のまま）。それでも、山下芳太郎一周忌を前にした一九二四年三月末時点で会員数は五〇四名であった。[79]森下は、同年五月一二日に『大阪朝日新聞』、一三日に『大阪毎日新聞』に「山下芳太郎氏の一周忌に際し　国字の改良を宣伝す」と広告をうった。そこでは「国字の改良が切要なる我国家問題たるはいまさらに贅言の要を見ず。而して之が実行上「漢字制限」「言葉の整理」等問題は多岐なりと雖も不肖夙に其楷梯として「左横書カナ交りの奨励」を即時実行可能なる穏健策として唱道せり。則ち重ねて茲にカナ書きを推奨する所以なり　カナモジ会評議員　森下博」という森下のことばのほかに、福沢諭吉の漢字制限論『文字の教』と前島密の「漢字御廃止之議」が紹介され、山下の『国字改良論』の宣伝、「国字ノ革命ニ御賛成御入会ヲ冀フ」という「カナモジ会」の宣伝がなされ、もちろん自社の「懐中薬仁丹」「仁丹のハミガキ」の宣伝がなされている。この時期は、森下仁丹のほかにも中山太陽堂、森永製菓会社、星製薬、三共製薬などがカナモジカイの新聞広告をうっており、[80]この効果か、入会者が増加し、[81]一九二四年末には一一七一人、[82]一九二五年末には二六九八人となっている。[83]

2 「説伏」されたローマ字論者――伊藤忠兵衛とカナモジカイ

伊藤忠兵衛とタイプライター

さて、山下芳太郎の臨終に立ちあった伊藤忠兵衛（精一）は、滋賀県立商業学校（現・滋賀県立八幡商業高等学校）在学中に父・初代伊藤忠兵衛を亡くし、在学中に家督と忠兵衛という名をついでいる。初代忠兵衛は縮緬石持問屋から商売をはじめた人物であったが、二代目忠兵衛は㊑伊藤本店に、卒業後の一九〇四年に入社する。その後一九〇九年から翌年にかけてイギリスに留学するのだが、その際にタイプライターに関する衝撃的な経験をする。一九五八年の回想であるが、

ある日マンチェスターに行つたところ、ホテルの隅で一人のきれいな女の人が腰掛けていた。何となく見ていると、話していることを速記して、みている間に数本の手紙を書き上げてしまつた。ボーイにあれは何かというと、ステノグラファー〔速記者〕だという。そのときはじめてステノグラファーという言葉を知つた。当時私は勉学とともに商売もやつていた。手紙の四、五本も書くということになると、半日仕事になつてしまう。非常な能率の違いだ。そのころ日本ではまだ筆と墨と巻紙を使つて、いわばかぶとで闘つているのに対して、バタバタ打つタイプライチングは機関銃で撃たれている思いだ。これではいかんと思い、そこで国字改良に対する決心をした。そこで私は最初日本の文字はローマ字にするべきだというふうに考えた。(84)

タイプライターの威力を目の当たりにした伊藤は、この引用にあるように、当初はローマ字論者であった。

山下芳太郎との議論

その後、山下芳太郎との「論争で議論にやぶれたことがキッカケ」でカナモジ論者になったのだが、よりくわしく『私の履歴書』では、

帰国後はひまがあればこの運動〔ローマ字運動〕に小さな力をつぎ込んだ。

しかし大正八年〔一九一九年〕、時の住友家専務理事の山下芳太郎さんに、フトしたことからカタカナの優秀さをうけたまわり、大正九年〔一九二〇年〕正月二日に、朝から伺って夕方まで討論した結果、どうも私のローマ字論の方が分が悪い。一夜考えたうえ、三日の朝、また伺って、二人で散歩しながら山芦屋の天神さんの境内に行き、腰を下して、話しこみ、ついに説伏されてカナモジ運動に転宗した。(85)

とある。(86) 山下芳太郎は、カタカナ横書きに反対していた日向利兵衛もカナモジ論者にしてしまったというのだが、伊藤が「説伏」された理由は、先にあげたスティックニーが、カタカナが日本語タイプライターにふさわしいとしたものとほぼ同じであった。ともあれ、一九二〇年一月三日、と細かい日付などを具体的に記憶しているというのは、正月早々何をしているのだ、と思わないでもないが、それなりに印象的だったと考えられる。数えで伊藤三五歳、山下五〇歳の正月である。伊藤はこの年に仮名文字協会創立委員となっているので、(87) この「説伏」のあと山下と協力していくことになったのであろう。そして、先にみたように、この年の一一月に山下は仮名文字協会を設立し、『国字改良論』を刊行する。

当時伊藤忠兵衛が住んでいたのは兵庫県武庫郡住吉村（現・神戸市東灘区住吉）、山下は同じく武庫郡精道村山芦屋（現・芦屋市山芦屋町）であった。歩いていくには若干距離はあるが、ご近所といえなくもない距離ではある。「国字改良」という問題で両者が近しくなったわけではなく、普段からのつきあいの延長上で「国字改良」の議論が交わされていたということであろう。

その後、伊藤忠兵衛はカナモジ運動を徹底して実践していく。その基本にはカナタイプライターの効率性があったと思われるが、一九五八年の「漢字全廃論」では、「カナタイプは英文タイプと同じようにタッチ・システムといつて原稿をみながら、キーをみないでうつことができる。その早さは漢字を使う邦文タイプの五倍から八倍である」として、

だから、今では、カナ・タイプは銀行、保険、証券会社、百貨店、薬品、電気ガス関係、水道局、税務関係などで、まとまつて使用され、今後急速に増加する傾向にある。これらは、早くて、写しが多くとれるところから、多くは伝票の作成につかわれている。〔……〕普通、邦文タイプは、〃邦文タイプ課〃とかいつて集中管理をしているが、一般事務員がペンのかわりにカナ・タイプを使うようになれば、そんな必要はない。(88)

と述べている。また、伊藤忠兵衛の設立した紡績会社(呉羽紡績)では、稟議書をタイプ課にまわさずに各自でカナタイプライターで打っており、一九五八年当時、伊藤忠商事と丸紅商事ではカタカナ文書が正式なものとされていたという。こうした実践の結果をふまえて、「能率は革新的に向上する。漢字が一字まじつていても、役割は果せない」と論じていく。(89)

別の資料によれば、邦文タイプライターが一分間に三、四〇字しか打てないのに比べてカナタイプライターだと三〇〇字は打てるという。(90)また、一九二四年から京都ガス会社ではガス料金領収書の宛先を手書きからカナモジで印刷するようにしたところ、人員が六名から二名半に削減できたという。(91)くりかえしふれることになるが、こうした事務の能率化とカナモジ論とが密接に結びついている点にも注意し

ておきたい。

ともあれ、伊藤が徹底している点は、『伊藤忠商事100年』（一九六九年）や『伊藤忠兵衛翁回想録』（一九七四年）の文章すべてを、漢字がまじるもののカタカナ左横書きで統一していることであろう。とくに後者は没後の刊行なので各界からの追悼文も掲載されているのであるが、カタカナに書きなおしている。

徹底していたとはいえ、『回想録』で伊藤は「俳句ナド　古来ノ　伝統文芸ワ　ヒラガナ、当用漢字以外ノ　漢字、歴史カナ使イヲ　使ッタ．本書ノ　ナカデモ　トクニ　漢字デ　表現スル　コトガ　ヨリ　フサワシイ　トコロワ　死語ニ　チカイ　言葉デモ　漢字デ　アラワシタ」と述べ(92)、『回想録』に収めた伊藤の俳句は、横書きではあるが、この方針にしたがっている。これは逆に実用的であることに力点を置いていることを示すものでもある。

伊藤は以下のようにも述べている。

〔……〕日本ノ　国語ヲ　ツタエテ　キタ　漢字、ナラビニ　11世紀前ノ　言葉ヲ　発音形式ニシタ　歴史カナ使イ　ナドワ、マコトニ　立派ナ　モノデ、民族ノ　アル　カギリ　ツタエル　ベキデ　アル．シカシナガラ　事務能率ト　基礎教育能率ヲ　考エルト、国民大衆ノ　タメ　ニワ〔……〕平易ナ　文字使イヲ　推進スベキデ　アル．(93)

「伝世」も「応世」も、つかいわけるというわけである。分野によりつかいわけるべきだ、というある意味では妥当な見解ではある。ちなみに、のちにカナモジカイの中心人物となる松坂忠則は、「近代的な文学は、人間の真実を探求するためのもの」であるから「的確に表現すべきもの」であるので「文字も言葉も、最も能率的でなければならない」と述べているが、これは、つかいわけをしなくてもよいという主張である。(94)

3　科学的管理法とカナモジ運動——星野行則と「能率増進」『見学余録』と『恐ルベキ亜米利加　厄介ナル欧羅巴』のあいだ

「ご近所」という意味では、山下芳太郎の臨終にたちあった星野行則も、伊藤と同じく武庫郡住吉村在住であった。星野は、旧島原藩士の子としてうまれ、大阪の川口居留地にあった聖三一神学校に入学、受洗する。加島屋広岡信五郎（一八四四—一九〇四）と結婚した広岡浅子（一八四九—一九一九）としりあい、米国留学の支援をうけ、帰国後の一八八七年に加島屋に就職。一八八九年から加島銀行勤務、一九一一年同理事、一九一八年から同常務取締役および加島信託株式会社専務取締役、一九二六年に加島銀行専務取締役となるが、一九二八年に同行は整理され、一九三七年銀行業務廃業となる。また、一九二二年から二四年まで、大阪ロータリークラブの会長（初代、二代）をつとめている。(95)

どのような経緯で星野が山下としりあったのかは不明だが、大阪の銀行の常務と大阪の財閥の理事に面識がなかったと考える方が不自然であろう。カナモジ運動に興味をもった理由はのちほど考察するが、一九二一年から翌年にかけて欧米に日本工業倶楽部英米訪問実業団の一員として出張し、第一次世界大戦で疲弊したヨーロッパと、それに反比例するかのように勃興してきたアメリカ合衆国の見聞記を刊行している（既述のように、この出張のついでにアメリカでアンダーウッド社とカナタイプライター製作の交渉をおこなっている）。『恐ルベキ亜米利加　厄介ナル欧羅巴』（一九二二年、非売品）という書名そのままの内容であるが、特徴的なのは、カタカナ左横書きで組まれ、表音的かなづかいを採用している点である。星野行則は、これ以前にも一九一〇年一二月から翌一九一一年一〇月まで、西回りで世界一周をしているのだが、その際の見聞録を『見学余録』（警醒社書店、一九一二年）として刊行したことがある。このときは当時の一般的な表記法に則った、縦組みの書物であった。トリノ博覧会の模様や、アメリカの日本人移民排斥運動の様子、美術館論など、内容豊富なものである。約一〇年をへだてた著作にみる星野の欧米認識の変化（『見学余録』には中国大陸やマレー半島などアジア地域の観察記もふくまれているが）を検討するのも興味ぶかいが、確認しておきたいのは、『見学余録』を書いた時点で国字改良への認識は乏しかった点であり、「後進国たる日本の針路」という節では英米独の産業経営方針のそれぞれの長所から学ぶべきであるというような提言がなされているなど、[96]日本は文明国と伍するにはいたっていない、という姿勢がほのみえる。

ところが、『恐ルベキ亜米利加　厄介ナル欧羅巴』では、まず冒頭に横書きとした理由がかかげられている。つまり、顔は左右に動かす方が簡単であり、目の視野も左右に動かした方が広くなり、視神経の疲労が軽減される点、外国の文字、数字を挿入するときに便利であるなどといった諸点である。この本では、農業、天然資源、製造工業、資本、教育、歴史、征服欲といった項目でアメリカの現状を紹介し、それに日本はどう立ち向かっていけばよいのかを論じていく（ヨーロッパについてはわずかにふれるのみである）のだが、教育に関して星野は以下のように述べている。

米国ノ教育ワ其実力養成ニ於テ我国ニ比較シテ一歩モ二歩モ有力ト思ワル、幾多ノ根拠ガアルガ、其レヲ別問題トシテ、仮ニ両者ヲ同等トシテモ、我国ノ児童ワ漢字ト云ウ難物ヲ消化スル為メ大事

> ノ時ニ、非常ノ苦労ヲサセラレル、漢字ヲ覚エル事ガ、非常ノ苦労デアル、英語ノ綴字以上ニ迷イ易キ、仮名遣迄脊負ワサレテ居ル〔……〕.
>
> 漢字ワ学校教育ニ大ナル祟ヲ為シテ居ルバカリデナク、産業其他一般世ノ中ノ進歩ニ、ドレ丈ノ障害ヲ与エテ居ルカ知レヌ、**タイプライタア**ヤ**モノタイプ**等ワ漢字用ノモノモ出来テワ居ルガ**アルフアベット**用ノモノト比較スルナラバ、其能率ニ大変ナ差ガアル、米国ノ事務室ニワ各種ノ**タイプライタア**ノ外計算、記帳機、製表器、住所名宛印刷機、其他色々ノ機械ガ使ワレテ、ソレガ仕事ノ能率ヲ非常ニ高メテ居ル、然ルニ我国ワ漢字使用ノ為メニ一モ此等ノ機械ヲ使用スル事ガ出来ヌ(97).

こうした実務的な観点、つまり漢字負担の削減、事務の能率革命をおこなわなければ台頭するアメリカには到底太刀打ちできないという、文明国との競争が設定されている。先にみた田丸卓郎の『ローマ字国字論』(一九一四年)では世界の烈しい競争に負けないためのローマ字化が主張されていたが、より現実的に認識するような人物が増えてきた、といえるだろう。ともあれ、「要スルニ我国ワ、漢字ヲ有シテ居ル為メ、教育上、産業上、社会万般ノ事ノ上ニ於テ、甚ダ厄介ナ重荷ヲ負ウテ競争セナケレバナラヌ立場ニ立ツテ居ル」というのが星野行則の認識であった。そうしたところから、「山下芳太郎氏主唱ノ仮名文字協会ノ新カタカナ文字ノ如キワ今日ノ我国ガ漢字ヨリ招キ居ル、不便不利ヲ除ク為メニ、頗ル考究ニ価スル企ノ一デアル」と評価するのであった(98)。

国字改良という「高尚な道楽」

業務であるとはいえ、星野が世界一周に近い移動を二度もできたのは、特筆に値しよう。しかしそれなりにそねみがあるのか、『銀行論叢』なる雑誌の「銀行界人物月旦」という記事では、大阪で「星野サンといへば其前身が牧師であつたこと丶、現にバリ〳〵の銀行家で居て而して預金利率を知らないといふ二点でも充分有名である」などと揶揄されていた。さらに、「チヨツト日本人放れのした顔付と物腰で、両手を胸の前で組み乍ら、悠つたりと語り出す所、どう見ても一厘、二厘の日歩を計算する銀行屋といふよりは、天晴れ敬虔なる羊飼ひである」とも形容されている。それでも銀行業界でわたってい
けるのは、加島銀行創業者の妻でクリスチャンであった広岡浅子の「お覚え目出度かつた」からで、「星野サンの今日の出世はキリストが取り持つ縁かいなであること、之れ亦炳乎たる事実である」と結構口さがない。そうした見方をする者からすれば、「殊に星野サンに感心してやつてい丶ことは、邦字改良といふ高尚な道楽を持つて居ることだ。此夏死んだ住友の山下芳太郎氏等と協力して夙くから国字の改良に腐心して居ることなどは、大阪の銀行屋サンにしては大分眼が上に付いて居る。こう云ふ調子だから星野サンは銀行実務に疎くても銀行界でグン〳〵勢力を占めて行けるのサ」などと書かれている。この筆にかかれば、著書『恐ルベキ亜米利加　厄介ナル欧羅巴』も「横書のハイカラな一書」という評価になる。(99) 漢字カタカナまじりの文体は、公的で硬いものという印象がつよい一方、外来語をカタカナで書く習慣が確立するのは、明治期を通じてのことと考えられるので、横書きでかつカタカナが用いられているということは、やはり「ハイカラ」な香りがしたのであろう。

『東京朝日新聞』（一九四〇年九月に『大阪朝日新聞』とあわせて『朝日新聞』となる）の記事でも、「加島銀行の常務室に這入つて見ると、金融に関するものは何もなくて、本箱から机の上に至るまで、カナモジ研究の材料ばかりである」と書かれ、金融についての質問には仏頂面だが、国字問題となると「ニコ〳〵茶を出す菓子を出す」、そして漢字の非能率について力説がはじまる、と物珍しいものでもみるよ

うな書き方をされている。[100]

たしかに、「邦字改良といふ高尚な道楽」という側面もあるだろう。余裕のある資産家の道楽といえばそれまでのことかもしれないのだが、能率向上による国際競争力の確保という志向は、一九二〇年代の風潮に即したものでもあった。

科学的管理法の導入と星野行則

星野が、アメリカのテイラー（Frederick Winslow Taylor，一八五六―一九一五）らによる「学理的作業（サイエンチフイツクマネジメント）」という主張に接したのは、一九一〇年からの世界一周の際であったようである。日本にはじめて「科学的管理法」が紹介されたのは一九一一年のことだというので、[101]星野もほぼ同時期にこの概念に接したと考えられる。一九一二年の『見学余録』では、労働者を使用する側だけでなく、「使つて居る人にもある限りの力を出させて働かせ、是迄一日かゝつてした仕事は、半日位に仕上げる様にしたい」という発想から、「工場内から事務室内に至る迄の従来の仕事振を、一変しようと企てて居る」人物として、テイラーをとりあげている。[102]帰国後の一九一三年に、星野はテイラーの著書 *The Principles of Scientific Management* を『学理的事業管理法』として翻訳出版している。これは、日本では二番目の翻訳になるが、最初のものは非売品であったので、実質的に初の紹介といってもよい。[103]

一般的には、星野行則は、仮名文字協会の評議員、あるいはカナモジカイ理事長・会長としてよりも、テイラーの翻訳者としてしられている。

少し大きな流れでとらえてみると、たとえば、経済史・文化史研究者の竹村民郎は、以下のように論じている。

〔……〕科学的管理の理念がわが国に導入されたのは、二〇世紀初頭である。当時のアメリカの管理者の考えとわが国の管理者のそれとでは大きな相異があった。労働者の賃金が比較的に高く、体系的管理運動が進歩していたアメリカでは、生産は可能な限り合理化され機械化されていた。つまり、部品の標準化と互換性がアメリカでは際立っていた。わが国では、これはまださきのことであった。しかし、一九一〇年あたりから、労資協調を目的とした産業能率運動にとり入れられて、科学的管理の理念はしだいに産業界に浸透した。農商務省は一九一九年に度量衡及工業品規格統一調査会、二二年に能率課を設置した。民間においても一九一三年、星野行則がテイラーの『科学的管理の原理』を翻訳して出版した。(104)

二〇世紀になると、日本の産業構造は変化をみせる。簡単にいえば、商工業従事者が増加し、それにともなうさまざまな問題が生じるようになってきた。労働運動のたかまりとともに、資本側は、労働管理の効率化をはかるようになっていく。こうした状況において、テイラーの科学的管理法が紹介されたのであるから、その浸透ははやかったと考えられる。一九一九年には大日本文明協会が『科学的管理法』を刊行して、この概念を紹介しており、こうしたことをふまえれば、以下の、テイラーの翻訳『学理的事業管理法』の「訳者はしがき」を十分に理解できるであろう。

近時米国に於ては、其工場より事務室に至る迄、作業上に一大革新を来しつゝあり。是れ所謂学理的管理法応用の結果に外ならず。抑も、学理的管理法は、米国工学士会前会頭フレデリック、ウィンスロー、テイラー氏の唱道する所に係り、爾来幾多の研究家相続て起り、其原理の応用は非常の勢を以て伝播し、作業力の増加の因を為し、産業界に一新生面を開きつゝあるなり。欧米の如く、技術と、労力によつて生活する多数人民の智識が進歩するときは、最小の時間と、最小の労力とを以て、最大の報酬を得ん事を希望するの念甚だ強盛となり、傭者と、被傭者の利害は益相反せざるを得ず。現時、労働組合の為め、甚だしく作業力を低下し居る事は極めて明白の事実にして、此は傭者の為にも、国家の為にも、将た又被傭者自身の為にも、大なる不幸と云はざるを得ず。テイラー氏が主唱する学理的管理法は此弊を一洗し、傭者のためには生産を大にし、被傭者のためには報酬を増加し、双方に大なる満足を与へつゝあり。畢竟するに、人と、人の働作と、時間と、機械と、方法とを、悉く科学的に研究して、各人をして其最高能力を発揮せしめ、然る後、之に相当する高報酬を与ふるに外ならず(105)。

引用の第二段落は、現在「テイラー主義」と称されているものの説明といえるが、労働組合が生産性を低下させているという星野行則の認識は、先の竹村の引用にある「労資協調を目的とした産業能率運動」の考えを素直に受けいれていたことを示している。

「能率」という翻訳語とその流行

竹村民郎がいう「科学的管理の理念はしだいに産業界に浸透した」という点について、「能率」という翻訳語の流行からみてみたい。星野は、テイラーの著作の翻訳のうらばなしを、カナモジカイ会長であった一九五四年に記している。それによれば、この著作の重要な概念である「エフイシエンシー」(efficiency)の訳語について、「それが全書の中心問題であるから、正確に訳する必要ありと思つて、友人の英語学者等に訳語の相談をして、意見をきくと、多くの字典にあるとおり、能力、作用、性能、功力など、普通用いられておる語は、だれも皆適当との考えを表明した。哲学字典に効率の語があるが、少しく一般的でないため、工場用語としては、作業力がよかろうということになり、私もその説に従つて、それを採用したのであつた」という。[106] つまり、「訳者はしがき」にもみえる「作業力」は「エフィシエンシー」の訳語ということになる。たしかに、たとえば井上哲次郎らによってあまれた一八八四年刊行の『改訂増補 哲学字彙』(東洋館)には、efficiency の訳語として「功能、霊験、実効」があるのみであった。[107]

星野行則はつづけてこう述べる。「その後間もなく、だれかが言い始めたのか、能率という語が用いられて、それが普及したので、今ではそれを用いるのがよいことは、勿論である。しかしその語のない場合は、この中心語にさえ苦心したのは、やむを得ないことであつた」[108]と。おそらく「能力」と「効率」をあわせたような用語として、「能率」が登場してきたのであろう。たとえば、後述する上野陽一(一八八三―一九五七)は一九一三年に「能率増加法の話」を書いているが、このことば自体についてとくに説明はしていない。[109] また『実業之日本』の一九一五年一月号は、巻頭言を「エフィシエンシー」と題し、「能率ノ増進」という「コノ新問題ヲ研究シ、応用シ、以テ我実業界ニ新気運ヲ拓カンコトヲ期ス」と主張し、[110] この号では「欧米に於て広く行はれつゝある科学的事業経営を紹介」する、としている。[111]

ちなみに、『日本国語大辞典 第二版』(小学館、二〇〇一年)の「能率」の項目で紹介されている『新しい言葉の字引』(実業之日本社、一九一八年)には、このことばが「最近各方面にこの語が用ひられる」

との指摘があるという。[112]

実際に、一九一〇年代のおわりから一九二〇年代にかけて「能率」を冠した刊行物が増加している。いくつか列挙すれば、『能率増進』（エフィシエンシー社、一九一七―一九一九）、『能率研究』（日本能率研究会、一九二三―一九二七、後継誌『産業能率』日本能率連合会、一九二八―一九四二）、『能率研究』（能率増進研究会、一九二三、後継誌『能率増進研究』、一九二三―一九二九）、『大阪能率研究会誌』（大阪能率研究会、一九二三―一九二九）、『産業能率研究』（日本能率技師協会、一九二六）、『システム――能率指導雑誌』（中外産業調査会、一九二七）、『逓信能率』（逓信能率研究会、一九二八―一九三四）などである。実業界では一気に定着したといえるかもしれない。

もちろん、ローマ字運動においても、「能率増進」は重要なキーワードとなっており、たとえば、貴族院議員でもあった田中館愛橘は一九二六年の第五一回帝国議会で「能率増進トカ云フコトハ官民共ニ屢々唱ヘラレル所デアル、〔……〕最モ大切ナル節約ハ精神ノ節約デアル、此精神ノ節約ヲスルモノハ文字」と述べて、小学校で日本式ローマ字の教育をおこなうよう求めていた。[113]

科学的管理法・能率増進の一環としてのカナモジ運動

こうしてみてくれば、星野にとってカナモジカイでの活動が何を意味しているのかが、あきらかになる。

星野行則は、山下芳太郎没後に『カナ ノ ヒカリ』の発行者を引きつぐ（一六号、一九二三年五月から）。それとほぼ同時期に右記の能率増進研究会（大阪の新聞記者たちが中心になって結成した団体）刊行の『能率研究』に講演録「事務能率ト用語」が掲載された。ちなみにこの『能率研究』は、表音表記ではなく、分かち書きもなされていないが、漢字カタカナまじりの左横書きで組まれていた。そこでも星野は、「我ガ国ノ状態ハ一般ニ能率ガ低イ」理由を低賃金で働かされる労働者の向上心の欠如に置き、その一因を「事務上ノ用語ヤ文字」の問題に求める。具体的には「漢字ノ為メニ米国ノ機械ハ使フ事ガ出来ナイ、コレヲ先ヅ解決スル必要ガアラウ。コノ漢字ノ問題ハ、只ダニ能率上ノ点バカリデ無ク、国民ノ教育上ニモ非常ナ妨害ヲナシテキル」と述べ、横書きが「合理的デアリ能率的デアル」という主張がくりかえされ、文体の問題にも言及していく(114)。

星野行則は、翌一九二四年にはカナモジカイから『国字問題――漢字　ヨリ　ノ　解放』を刊行する。この「自序」は、以下のようにはじまる。

> 私　ワ　専問的《ママ》　ニ、国字問題　ヲ　研究　シテ、居ル　モノ　デワ　ナイ。随ッテ　コレ　ヲ　論ズル　資格　モ　乏シイ　ガ、教育　ノ　アリサマ　ヲ　ミタリ、又　事務　ノ　能率　ヲ　高ムル　企　ヲ　シテ　ミタリ　スル　ゴトニ、我々　ワ　文字　ノ　タメ　ニ、　タイヘンナ　ワヅライ　ヲ、受ケテ　居ル　モノ　デ　アル　コト　ヲ、　深ク　感ズル　ノ　デ　アル。而シテ　ソレ　ヲ、　何　トカ　セネバ　ナラヌ　ト、考エル　ノ　デ　アル。〔……〕教育　ヲ　高ムル　為メ　ニモ、智識　ノ　普及　ヲ　ハカル　為メ　ニモ、社会　ノ　改善　ノ　タメ　ニモ、国語　ノ　拡張　ノ　タメ　ニモ、脳　ノ　重荷　ヲ　トリノゾク　為メ　ニモ、漢字　ヲ　ヤメル　コト　ワ、必要　ノ　コト　デ　アル(115)。

そして、本文では漢字の弊害を列挙していくのだが、興味ぶかいのは、「漢字　ガ　事務能率　ヲ

サマタゲ　居ル　実験」を紹介していることである。これは一九二三年七月に大阪府臨時能率養成所でおこなったもので、聴講者である高等教育をうけた実業界ではたらく成人七八人を対象として、小学校三年生にきかせても意味がわかる内容のひらがなの文章を、カナで書かせてその速度をはかり、また漢字かなまじり文で書かせてその速度と誤字の発生率をみる、というものであった。結果はカナだと一分に平均六〇字である一方、漢字をまぜると平均二〇字に落ちること、誤字が多く、漢字を全部正解したものは一人もいなかった。(116)カナを使えば効率がよく、「優勝劣敗、適種生存　ノ　理法　ガ、ダンダン　ニ　因襲　ニ　カツヨウ　ニ、ナリカケテ　居ル」状況にある、と認識していた。(117)

また、一九二五年の九月には『大阪朝日新聞』に「カナの研究とその利用」という一文を寄せ、「漢字が文字として、いかに煩わしいものであるかは、余りに明かである」としたうえで、カナガキの利便性を説き、カナを用いることは「単に能率の増進ばかりでなく、国語の改良となり、教育の普及となり、国民脳髄の重荷を軽くすること、なるのである」と主張していた。(118)『国字問題』のエッセンスといってよい。

なお星野行則は、一九三一年に国際商業会議所総会出席(119)のため欧米に出張したついでに、トルコ語表記をアラビア文字からローマ字に変更したトルコに立ち寄り、文部省の嘱託をうけていたこともあり、実情を視察して翌年に報告書を出しているのだが、(120)そこではローマ字化した利点のひとつに「機械利用の利益」をあげている。つまり、タイプライター、テレタイプ、ライノタイプなど「文字に関する外国の諸機械を利用し得ることになつた」ので、日常事務などにおいて「一国の能率増進の上より見ても実に大変に大きな利益を得ている」と論じている。(121)カナモジ化の利点を事務能率の向上からとらえるのと同様の視線でみていることがわかる。

この姿勢は、総力戦期でも当然ながら変化しない。一九三九年には、「我国ノ事務能率ワ欧米ニ比シテ大ナル遜色ガアル」にもかかわらず、「カナタイプライター　ノ応用ニヨリ、欧米以上ノ成績ヲアゲ得ラルル点」があまり認識されていない、と嘆き、「今後ノ長期建設」に際しても、「漢字ワ教育能率モ、事務能率モ、生活全般ノ能率ニモ支障ヲカモシオル実状ニ属シテ　ホーカブリ　シテ過スコトワ不忠実ノコトデアル」と述べている。[122]

さらに、敗戦後の一九五四年時点でも、

能率的に工場を測定して、各工作方式も、用具も、配置も、最高能率を収め得る規準を決定して、工員にその規準を守らすことになれば、比較的よい成果を収めらるることは、多くの人の経験することである。したがつて能率的にいえば、工場能率は挙げやすいようである。これに反して、わが国にあつては、事務能率は幾分事情が異なつておる。特に漢字による事務のことは、特別研究を必要とする。[123]

と述べている。当時カナモジカイ会長をつとめていたから、というわけでもなさそうであるが、このようにみてくると、星野行則は、科学的管理法の実践の一環としてカナモジ運動に参与し、漢字による事務能率向上の阻害について考えつづけていたことがわかる。

4　労資協調・カナモジ・福利厚生――平生釟三郎の漢字廃止論

平生釟三郎という人物

さて、山下芳太郎、伊藤忠兵衛、星野行則とみてきたが、かれらの「ご近所」として欠かせない人物が、平生釟三郎である。(124)美濃国加納藩の士族の家に生まれた平生は苦学をするが、学費がかからないという理由で東京外国語学校露語科に一八八一年に入学する。二葉亭四迷（長谷川辰之助、一八六四—一九〇九）と同期である。一八八五年に同校の露語・清語（中国語）・韓語（朝鮮語）科が東京商業学校第三部語学部として編入されたが、翌年語学部は廃止の憂き目にあう。二葉亭はこのとき退学するのだが、平生は東京商業学校に再入学し、一八九〇年に卒業する（一八八七年に高等商業学校と改称）。一八八七年に高等商業学校に入学してきた山下芳太郎とは同窓ということになるのだが、山下とは「明治二十一年〔一八八八年〕以来ノ知人、否親友ニシテ仝《おな》ジ寄宿舎ニ、ロンドンニ、神戸ニ、大阪ニ、親シク交誼ヲ続ケ」た、とみずから述べている。(125)有力企業の神戸支店長クラスの集まりである「二十日会」でも山下とは親しくしていたという。(126)山下が福岡医科大学病院に入院したときも見舞っている。(127)

平生は東京商業学校を卒業後、朝鮮王朝の要請により仁川税関ではたらき、神戸商業学校の校長をへて、一八九四年に東京海上保険株式会社に入社、ロンドン支店勤務ののちに一九〇〇年には大阪・神戸支店長となる（一九一七年に専務取締役）。このころ、平生らの居住する武庫郡住吉地区に子弟を通わせるにふさわしい学校がないということで、一九一一年に甲南幼稚園を設立、尋常小学校、中学校、高等学校と経営を手がけ、一九二六年には甲南学園理事長となる。また、産後の妻への病院の対応が不十分で命を落としたことに憤慨し、患者本位の病院の経営にも乗りだし、一九三一年に甲南病院を設立する。川崎造船の再建にたずさわり、一九三五年には貴族院議員、一九三六年には広田弘毅内閣の文部大臣となる。このとき国会で持論の漢字廃止論を述べ、話題となった（第四章参照）。翌年の広田内閣退陣とともに辞任し、日本製鉄株式会社社会長。一九四〇年には大日本産業報国会会長となり、翌年には鉄鋼統制会長に就任。一九四二年に脳血栓でたおれるものの、奇跡的に回復、翌年には枢密顧問官となるが、一九四五年一一月、東京で死去する。

カナモジカイ理事へ

社会事業にも通じた実業界の大物といってもよい平生釟三郎であるが、山下芳太郎からの影響もあり、漢字問題に関心をもっていた。平生が「漢字廃止論を唱えるようになったのは、大正十年〔一九二一年〕からのことである。きっかけはカナモジカイ《ママ》を設立した山下芳太郎のカナ文字運動の話を大阪倶楽部で聞いたことにあるようだ[128]」とされている。ただし、該当する平生の日記をみると、漢字廃止に関して、二—三年の猶予期間をおいて「公文書ハ勿論、諸学校ニ用ユル教科書ニハ必ズ仮名ヲ用ユベキコトヲ以テセバ、漢字廃止ハ忽チニ実行セラレ多少ノ障害ハ時ガ之ヲ撤斥スベシ」という考えをすでにもっていたようである。この平生の考えに対して、倶楽部では「急進的」だという指摘がなされたのだが、これに対して平生は、イギリスでうまれて三、四年の小学校教育をうけた知人の娘の知識が、同年配の日本で教育をうけたものと比べて格段に進んでいることに驚愕し「如何ニ漢字ヲ知ル為メニ日本ノ小学生ガ其精力ヲ消耗シツ、アルコトヲ切実ニ感得シ」た、日本人は外国語を習得して知識を補充しなくてはならないのに、漢字学習で余計な労力を費やしている、だから「欧米人ニ追従スルコトスラ困難ナラン」と反論したところ、「衆、大ニ感激セルモノノ如シ」だったという[129]。

とはいえ山下の活動に積極的にはくわわっていなかったようでもある。一九二三年四月七日に山下の訃報を出張先できいた平生は、日記に「噫、山下氏遂ニ逝ク、親友中ニ於ケル尤モ正直ニシテ公共的観念ニ富メル人ヲ失フコト実ニ悲シキ極ナリ」と記したうえで、この問題について討論したときの模様

（あるいは先の大阪倶楽部でのことかもしれない）を以下のように描いている。

余ハ山下氏ガ仮名文字改良ニ関シ尽力スルヲ多トスルト共ニ仮名文字ノ改良ヲ以テ漢字廃止ヲ促進センコトハ、寧ロ迂遠遅緩ニシテ寧ロ漢字全廃ヲ高調スルニ如カズ、漢字廃止セラレテ仮名文字専用トナランカ、其改良ハ輿論トナリテ必ズ改良ノ気運ハ促進セラルベシ、之レ本末ヲ誤ルモノニアラズシテ何ゾヤト。氏ハ微笑シテ、其事ヤ大ニ良シ、左レド数千年来使用シ来リタル漢字ヲ廃止センコトハ至難中ノ難事ニシテ〔……〕。但大言壮語スルノミニテ実行ニ力ヲ尽クサズンバ効果空シト。余ハ、漢字廃止ノ手段トシテハ数年ノ期間ヲ置キテ政府ガ公文書及学校教科書全部ヲ仮名文字ヲ用ユルコトニ法律ヲ以テ命令スルニ在リ、之レ尤モ簡単ニシテ実行可能ノ方法ナリト。氏ハソハ平生式ナリト言ヒタルコトアリシガ、今ヤ再会ノ期ナシ。(130)

山下芳太郎は、すでにふれたように、漸進的な変化を望んでいたものの、ここにもあるように「実行ニ力ヲ尽ク」すことが大切であると考えていた。一方で平生釟三郎は、一気にかつ法律でもって施行すべきである、との考えであった。両者の性格の相違をあらわしているエピソードのようにも思えるが、平生の、法律で決めて一気に漢字廃止を、という主張は現実には漢字廃止は不可能であることを十分に意識したものともいえ、山下の活動とはやや距離がある印象をうける。

これが一転して一九二四年三月にカナモジカイ理事になった事情については、平生の日記からはうかがえないが、伊藤忠兵衛によれば、一九二四年のある日曜の朝に伊藤邸を突然平生が訪れ、「オイ　君、オレヲ　カナモジカイノ　イチバン　高イ　地位ニ　オイテ　クレ、イヤ　星野ト　君トノ　ツギデヨイ．金ワ　星野ヤ　君ラノ　最高ノ　額ヲ　ダス　カラ　スグ　手続キヲ　シテ　クレ」と開口一番いったそうである。平生は伊藤より二〇歳年上の、数えで五九歳の年である。即断即決の平生らしい行動ではあるが、「星野ヤ　君ノ　イウ　漢字排斥ノ　真ノ　理由ガ　イマ　ワカッタ．オレワ　完全ニイマワ　ナキ　山下芳太郎ニ　頭ヲ　サゲルシ、君ヤ　星野ノ　先見ニ　敬意ヲ　表スル．ソノ　仲間ニ　入レテ　クレ」とまで頼みこんだ理由とは、知人の娘がもってきていた楽譜についていた Short Biography of Kreisler（おそらくフリッツ・クライスラー、一八七五—一九六二）のなかにわからない単語が三つあった、五〇年近く英語を学んできたのに、というそれだけらしいのであるが、それは「文字教育ニ　対スル　日本ノ　モノサシガ　不ゾロイ　ダカラダ」と平生は主張する。ややわかりにくいが、漢字教育にかける時間をなくしてその分を外国語教育にまわせ、ということであろう。これを機に、一会員から理事となりカナモジカイの運動に積極的に関わるようになる（すでに評議員であった東京商業学校同窓の日向利兵衛は、平生と議論ではかなわないと消極的であったという）[131]。平生釟三郎は星野行則が会長をつとめていた大阪ロータリークラブの理事でもあり、星野とはこうした形でも親しくしていた[132]。

平生は、「人生三分論」という哲学をもっていたという。一八六六年うまれの平生はほぼ明治とともに成長してきたといえるのだが、明治前半は第一期の「教育を受ける時期」（修行時代）、明治後半が第二期の「全力で働く時期」（自立時代）、そして明治末から大正初頭が、第三期である「社会に奉仕する時期」（奉仕時代）のはじまりに相当していた[133]。ちなみに甲南幼稚園の設立が第三期のはじまりに相当する一九一一年である。社会事業への積極的関与の一環として、カナモジ運動をとらえていたといってもよいだろう。

しかし、山下が評した「平生式」が、漸進的に漢字を廃止すべしというように変わったのかと思いきや、そうでもない。一九二四年七月二七日の日曜日に平生邸を訪問した日本ローマ字会の田丸卓郎との議論では、学者たちはローマ字がよいというが、だれでも知っているカナの方が「実行シ易キ事」である。そもそも、「漢字ガ日本ノ進歩ヲ妨止シツ、アル」のだから「漢字ハ一日モ早ク廃止セザル可カラズ」、カナかローマ字かは二の次だ、と主張する。さらに山下との議論と同様、法律の力によって教科書や法令類の公的文書での漢字使用を禁止すべきだ、という「平生式」の持論を展開した。田丸は、「言語文字ノ如キモノハ命令ヲ以テ之ヲ変更スルモノニアラズ」として、「国民ガ其非ヲ覚リ之ニ代ハル完全ナル代用物ヲ提供スルニアラザレバ行ハルベキモノニアラズ」と反論したという。結局は平行線のままおわるのであるが、「実際家タル余ト科学者タル氏トノ間ニ見解ヲ異ニスルハ止ムヲ得」ないものの、わざわざ来訪して自説を展開する田丸を好意的にとらえ、敬意を表している[134]。実際家と科学者と、あるいは、実利と学理、といってもよいだろう。先にふれた、カナモジ論者とローマ字論者の傾向の差異を、平生自身感じとっていたことがわかる。

平生はのちに文部大臣となって、まさに「平生式」が実行できる立場になるのだが、そのときの議論——今風のことばでいえば平生は「地雷をふむ」ことになる——は、そのきっかけとなった一九三〇年刊行の『漢字廃止論』の内容とともに第四章でふれることにする。

ところで、平生釟三郎の思想は、ある評伝にしたがえば、「労資（当時は労使ではなく労資）一体の産業社会を理想とするものだろう。〔……〕釟三郎の労資一体思想から実現した当時としては画期的な厚生福利政策は、医療、休職、教育面にも表れた[135]」ものであった。あるいは「大正デモクラシーの影響による経済的民本主義、日蓮宗の社会共存主義、天皇制のもとに社会的調和をはかる「日本主義」などの理念が絡み合って」平生の経営理念が形成された、ともされている[136]。資本家でもあり社会事業家でもあった平生釟三郎は、労働者を「搾取」するなどとは考えたこともない、勤勉かつ健全な人物であったといってよいだろう。ただやはり、資本家である以上は、労働者に効率よくはたらいてもらい、競争を勝ちぬいていく必要性も当然考えなければならない。無理矢理強調するようではあるが、そうした思想が、カナモジカイへの参加の基盤にあるように思われるのである。

5 「阪神間モダニズム」の一環としてのカナモジカイ

ところで、民族学者の梅棹忠夫は、ローマ字論者としてしられるが、カナモジ運動をローマ字運動との比較のなかで以下のようにまとめている。

大阪で発生したカナモジ運動は、誇らかな町人の運動であった。官吏も、教育家も、そして学者もいなかった。いまでいう文化人はほとんど加わっていなかった。この点、はじめから学者を中心にして展開したローマ字運動と、まるで対照的である。りくつを専門とする人がいないために、大阪のカナモジ運動は、はじめからなかなか実践的である。(137)

こうしたまとめ方は大筋ではまちがっていないのだが（教育家はふくまれているが）、ここまでみてきたように、さらなる中核人物は、「大阪」というよりも、「神戸住吉・芦屋」という地域的つながりをもっていたことも加味して考えてみる必要がある。

つまりは、山下芳太郎、星野行則、伊藤忠兵衛、平生釟三郎は「ご近所さん」同士であった。そしてまた、根っからの大阪人ではなかった。

カナモジカイ理事となった平生は、一九二四年六月二五日夕刻にあったカナモジカイ理事会に出席する。理事となってはじめて日記に登場する理事会であるが、そこでの報告をきいて、日本の教育の後進性をなげき、文化、科学の面でも欧米より遅れた「後進国」なのに、「我青年ハ漢字トイフ重荷ヲ負ヒテ彼等〔欧米〕ノ蹤ヲ追ハザルベカラズ」と憤慨している。ただ、ここで注目したいのは、日記に「昨夕観音林倶楽部ニ於テカナモジ協会《ママ》理事会開催。星野、伊藤、稲垣氏〔『カナ ノ ヒカリ』編輯担当〕来集」とある[138]のだが、理事三名が集まった「観音林倶楽部」という場所についてである。

観音林とは、当時の兵庫県武庫郡住吉村にある地名で、住吉村は、一九〇〇年代から関西の実業家が静謐な住環境を求めて宅地開発をして移住してきた場所である。「本格的な住宅開発は、阿部元太郎（のちの日本住宅株式会社社長）が、住吉村反高林や観音林の村有地を借り受けて借地として地上権を分譲したことではじまった。これによって住吉村・御影町の宅地化は急速に進展した」とされている[139]。さらに、移住した実業家たちは「地名に因んだ「観音林倶楽部」と称する社交団体を結成し、そのための会館を建設した。ここに移住した人々の親睦を図るというのがその目的であるが、彼らが運営する学校その他の施設の建設・運営費をそれぞれの財力に応じて拠出しなければならず、そのためには日頃から情報交換をし、意思疎通を図ることが必要であった。社交クラブはそのための不可欠な装置であり、コミュニティーの核としての機能を果たしたということができよう」としている[140]。

このコミュニティーの代表的な構成員は「住友財閥の当主住友友純、住友総理事田邊貞吉、日本生命社長弘世助太郎、野村財閥の当主野村徳七、久原鉱業株式会社の久原房之助、鐘淵紡績会社社長武藤山治、安宅商会創立者安宅彌吉、灘購買組合長那須善治、東京海上保険専務取締役平生釟三郎、岩井商店社長岩井勝次郎、伊藤忠合名会社代表社員伊藤忠兵衛、芝川商店芝川栄助、白鶴酒蔵当主嘉納治兵衛、

菊正宗酒造当主嘉納治郎右衛門、桜正宗当主山邑太左衛門、御影貯蓄銀行創立者大江市松等枚挙にいとまがない(141)」ようだ。

那須善治が平生釟三郎を通じて灘購買組合(のちにコープこうべとなる)をつくり、社会運動家の賀川豊彦の思想を活かしていこうとしたのも社交クラブを通じた交流があったためで、竹村民郎は「実業家たちは郊外という新しい生活環境のなかで、ボランティアによる共生のネットワークづくりをはじめたということである。言い換えるなら、彼らは「富国富民」の目標を掲げて、地域のコミュニティづくりの模索をはじめたのである(142)」とまとめている。かれらの活動は、鉄道網が発達し、通勤地域としての大都市の郊外が開発、拡大されていき、労働者が余暇をたのしむためさまざまな施設が建設されていくなかで形成された「阪神間モダニズム」と総称される社会・文化的な生活スタイルの「社会的基調」をなしたというのが、竹村の主張である(143)。

こうした背景をもつ観音林倶楽部の建物は一九一二年に住友本邸の北側に建てられ、一時は会員九〇名を数えたこともあり、会員の憩いの場として機能し、平生も新年会などに参加していたという(144)。この二階建の倶楽部の一室をかりてカナモジカイの理事会が開かれていたことをことさら重要視したいわけでもない。ただ、星野行則がカナモジ運動に熱心であったことを「高尚な道楽」と評した視線が一方に存在していたように、初期のカナモジカイの活動は、実業家を中心とした印象がつよく、カタカナ横書きが珍しかった当時にあって、「ハイカラ」な印象もあたえていたことはたしかである。梅棹忠夫が回想するように、京都においても菓子屋のナガサキヤが一九三〇年代にはカナモジカイ式のカタカナを包装紙などに使用していたそうであり、「とくに男の子に、カナモジで名前をつけることが流行し、そういう子どもは、「カナモジ坊っちゃん」とよばれた」という(145)。やはりハイカラでモダンであったのだろう。

そこから無理矢理に「モダニズム」と結びつけることには慎重でありたいのだが、実業家でもあるかれらは、あたらしいカナ字体のデザインをふくめたカナモジ運動と、事務革命による「能率増進」とを結びつけていたこともまたたしかである。星野だけではないが「科学的管理法」を重視し、平生のように労資協調路線を重視した経営者にとってみれば、効率的に労働させ、鉄道沿線の郊外につくられた余暇を過ごす施設などで鋭気を養わせ、ふたたび効率的、能率的に労働に従事させるためのひとつの要具としてのカナモジ運動という側面がまったくなかったとはいいきれない。もちろん、労資協調路線は平生ばかりではなく国家全体としての方針であった。頻発する労働争議をまのあたりにした政府と財界とが、事業主と労働者の協調をはかるための融和策として「協調会」を設立したのは一九一九年のことである。[146] こうした大きな流れの一環に、実業家中心のカナモジカイの運動を位置づけることは、ローマ字運動がより「高尚な」学理に流れていっていることと比べてみても、妥当なのではなかろうか。

こうした点についてはすでに一九六〇年に梅棹忠夫により指摘されている。つまり、

　大阪では、実業家たちが、いわば陽気に、そして常識的に、運動を展開していた。かれらはあまり理屈をいわないから、よくまとまり、そのあいだに運動の基礎は確立した。しかし、なんとしても理論的には弱いところがあった。かれらの思想は、近代的な合理主義ではあったが、しばしば実用という面ばかりがつよく出た。かなづかいをどうするか、字体はどれがよいか、などという点についても、ずいぶんおおまかなものだった。[147]

梅棹のこの「事務革命」という文章は「日本探検」という連載の一回分であった。[148] 大阪が陽気である、

というのはあるいは京都うまれの四〇歳の探検者としての視線なのかもしれない。とはいえ、陽気さに還元していくのはやや躊躇するし、カナモジカイの中心的人物は大阪人ではないし、かなづかいは一九二四年の表音的な文部省臨時国語調査会のものに基本的にしたがい（それはそれで「実用」の反映である）、字体についても考慮をしていたので、梅棹の指摘が正確であるとはいえないのだが、実用的であることの強さと弱さをうまく表現している。むしろ以下の引用がより的確に問題点を指摘しているといえる。

かれら〔「大阪のブルジョワ」〕はしばしば、能率至上主義にはしる。経営合理化、事務機械化を遂行するうえに、利潤追求以外の、どれほどの哲学があるかは疑わしい。カナモジ運動の開拓者たちの思想のなかにも、外国との競争をおもい、日本の将来を憂うるということはあるけれども、仕事の能率をあげることによって、おたがいに非人間的な労働から脱却しなければならぬ、という思想はあまりない。それは、大正時代のブルジョワの思想では、おおいきれなかった部分である。国際的な資本主義競争に勝つための事務革命というだけでは、健康さはあっても、今日では粗野の観をまぬがれない。(149)

それでも事務革命の意義を忘れてはならない、それを「正しく発展させなければならない」とつづく。平生釟三郎などの福利厚生の思想をどう解釈するかによるのであるが、真実の一面を指摘しているといえるだろう。こうしたことをわざわざ記すのは、カナモジ運動が決して突飛で珍奇なものではなく、一定程度の支持と情熱を獲得していた運動であったということを、ここに再確認しておくためである。

6 労働効率・就学率・近視——漢字廃止と産業資本主義

近視と漢字——カナモジカイ評議員・小口忠太の議論

先に、カナモジカイの評議員に愛知医科大学教授の眼科医・小口忠太がいることを指摘した。小口によれば、「眼科デ国字問題ヲ論ジ始メタ　ノハ明治三十三年大西克知氏」[150]によるものであったという。そして「大正九年ニ　井上達二氏、生沼曹六氏オヨビ私ガ論ジ始メマシタ」としている。大西克知は「明治三十三年」ではなくその三年前、一八九七年に漢字字体の簡略化を主張した『学生近視ノ一予防策』を刊行しているので、そちらを指す。[151]

一八九七年から「大正九年」、つまり一九二〇年までかなり時間があくのだが、生沼は「近視眼と漢字」[152]を、井上は「近視上活字ノ太サ」[153]をそれぞれ一月に発表し、これらをふまえた小口が「漢字（活字）ト視力ニ対スル研究」を『日本眼科学会雑誌』二四巻九号（一九二〇年九月）に発表した。内容としては、漢字を簡略化する一方で活字を大きくし、さらにふりがなを廃し、小さめのカタカナを活用して漢字活字を大きくした分をおぎなう、といった主張が展開されている。これは『日本之医界』一一巻九号（一九二一年二月二六日）、『日本学校衛生』九巻四号（一九二一年四月）と『児童研究』二四巻八号（一九二一年四月）に抄録が掲載され、この問題への注意喚起がなされている。小口も『日本眼科学会雑誌』掲載とほぼ同時期に内容の大略を「近視眼の原因となる漢字の改造」として『太陽』二六巻九号（一九二〇年八月）に載せた。学会誌に比べれば格段の部数がでている『太陽』に掲載されたとはいえ、反応は東京築地活版製造所の野村宗十郎からあった程度だと小口自身が述べている。[154]

一九二〇年一一月には仮名文字協会が結成されているが、愛知医科大学教授であった小口の耳にはまだ届いていなかったであろう。小口は翌年も積極的にこの問題に関する論文を発表する。一月には「漢字ト縦読横読問題」、五月には「近視眼予防ニ就テ」。前者は以下のようにはじまる。

> 国字ノ改善ハ刻下ノ急務ナリ、漢字ノ為メニ邦人ガ如何ニ苦シムヤハ既定周知ノ事実ナルガ、其ノ漢字ノ為メニ如何ニ我ガ同胞ガ近視眼トナリツ、アルヤヲ知ル人ハ少ナカラン、邦人ニ近視眼ノ多キハ欧州留学生ニ見テ彼地人ノ驚ク所ナリ、以前ハ欧字ガ近視ノ原因ナリト称シタルガ今ハ反テ漢字ガ大原因タルナリ[155]

漢字使用と近視眼との因果関係の証明は困難であるとしかいいようがないのであるが、実験データによる、活字は九ポイント以上、縦横七本以上線がある漢字は簡略化（省字）すべきだとの主張は一定の「説得力」はもつ（大西の「省字案」のなかには、「圧」「学」「蛍」など、現在もちいている字体もある。個人的には老眼になってみて、深く同意する）。小口忠太は「畢竟漢字ヲ羅馬字カ又ハ一種ノ片仮名」にすればすむ、とも述べているので[156]、カナモジカイの主張は受けいれやすかったであろう。この論文は縦書きか横書きかという問題の論争史を簡単におったものであり、眼球運動や視野に関する眼科学者や心理学者による実験の成果を通覧したうえで、結論としては「縦読ノ勝ル点ハ無ク、横読ノ利アル件多キヲ知ルベシ」ということとなる[157]。

後者の「近視眼予防ニ就テ」は前年の主張をくりかえしたものといってよく、『日本学校衛生』九巻五号（一九二一年五月）に掲載後、『児童研究』二五巻一号（一九二一年九月）に抄録が掲載されている。「漢字ト縦読横読問題」も掲載後に『日本学校衛生』九巻一〇号（一九二一年一〇月）に抄録が掲載されている。そしてカナモジカイ評議員に就任後には『カナ　ノ　ヒカリ』でこの論文の要旨が一頁つかって紹介されている（二〇号、一九二三年九月）。全四頁の時代のこととはいえ、とりわけ横書きの優位を説いた論文でもあり重要視したものと考えられる。『カナ　ノ　ヒカリ』の五〇号までの合本では「眼ノ衛生」という項目に分類されているこの文章であるが、「眼ノ衛生」に関する記事は意外に少ない。やはり事務能率に重点が置かれていたことがわかる。

『カナ　ノ　ヒカリ』ではとりあげられたものの、小口自身によれば、こうした論考を発表しても「イッコウ反響ガ　アリマセンデシタ」ということなので、一九二七年の眼科学会の総会でこの問題をとりあげるべきことを提案、翌一九二八年に開催された総会で「国字に関する眼科学的研究」として一七題の講演会がおこなわれた[158]。『日本医事新報』二九四号（一九二八年三月）に掲載された抄録には二〇題の演題が記されているが、縦書き、横書きの優劣には意見がわかれたものの、東京帝国大学医学部眼科教室教授・石原忍（一八七九―一九六三）も近視予防の観点から一九二三年にカタカナの改良をはじめており[159]、「石原式横書き片仮名文字」を披露、字体の問題、印刷に際しての問題など幅広い視点から論じられたことがわかる。小口忠太は「是等ノ研究ガ基礎ト　ナッテ　将来一層有益ナル発表ガ　アルコト　ト　思イマス」としめくくっている[160]。

『カナ　ノ　ヒカリ』に関していえば、「国字に関する眼科学的研究」の際にも報告をした満洲医科大学の佐々木統一郎の「医学的ニ　ミタ　国字問題」を一九三三年に掲載している。そこではまず横書きの利点が示され、さらに漢字よりもカナの方が読む時間が短く、「可読視野」という用語でもって、漢語可読性の不効率が指摘されていく。こうした実証的な実験がもつ意味は大きいと思うのであるが、「実用上　カナガキ文　ワ　ソノ　ハジメニ　ヨミニクク、理解モ　コンナン　デ　アル。コレワ　単ニ　習慣以外ノ　ナニモノ　デモ　ナイ[161]」と論じていく。たしかにそのとおりであって、カタカナ横書きに慣れてしまえば、とくになんの不便も感じないであろう。問題はその「習慣」がなかなか成立しないところにあるのであって、その点の解決が模索されなければならなかった。また、おなじく満洲医科大学の船石晋一「眼ノ 働キカラ ミタ 縦書横書」では「横書ワ 縦書ヨリ 早ク ラクニ 読ム コト ガ デキ 眼筋疲労モ スクナクテ スム」との結論を導いている[162]。

小口忠太は一九二九年の時点で将来有益な発表があることを期待していた。ただ、学界としてはこの問題を中心的にあつかってきたとはいいがたい。それでも一九四〇年にはおなじ『日本医事新報』九四一号（一九四〇年九月）が「漢字問題の学術的根拠と具体策」という「特別課題」をくんだ。事前に「一、漢字使用の継続、制限、廃止何れを希望されるや。／二、新興大日本には如何なる文字が最適と思惟されるや。／三、漢字の功罪につき心付きたる点。」で意見を募集した結果を編集したものであるが、比較的長い意見書を寄せた言語学者や小口をはじめとする医学関係者の意見が掲載されている。長文掲載のものを列挙すれば、石黒修《よしみ》（国語教育学）「漢字の漸進的制限」、東条操（方言学）「第二の機会」、小口忠太「漢字廃止の可否及限界と其の科学的根拠」、安井洋（厚生省優生結婚相談所長）「先決問題は言葉の整理」、福永恭助（ローマ字論者）「文字の機械化部隊」、福田邦三（東京帝大教授医学博士）「花園の雑草を刈れ」、菊沢季生（国語学者）「漢字問題に就て」、松坂忠則（カナモジカイ主事）「故に漢字全廃は可能である」、下瀬謙太郎（陸軍軍医少将）「漢字・カナの問題と支那・満洲」となっている。そのほか、葉書での短い回答も多数掲載されているのだが、医学関係者には漢字廃止ないし制限論者が多いことがわかる。ただし、小口をのぞくと、近視眼との関連でこれを主張するものは少なく、「将来一層有益ナル発表」がなされてきたとは断言できない。

就学率と労働効率

ちなみに、一九三六年時点で、義務教育である尋常小学校六年を修了して直接中学校に進学する者は二一パーセント、二一三年の高等小学校に進学する者は六六パーセント、残りが尋常小学校で終える者だったという[163]。義務教育ではなかったが高等小学校までが初等教育であったので、初等教育を修了して就労する割合がこの時点でも八割前後だったことになる。こうしたなかでは漢字の多用はたしかに生産現場の効率性の阻害要因ととらえられがちである。また、一九一九年に文部省が学生・生徒・児童の近視が増大していることに注意をうながす訓令を発している（第九号）が、国語学者・保科孝一はこれをふまえて漢字制限、字画省略、ふりがな廃止、拡大活字などで近視予防を訴えていた[164]。

ここでは、亡くなったときもカナモジカイ評議員であった[165]小口忠太を中心にとりあげたが、小口や石原忍のほかにも、近視予防の観点から眼科学者が国語国字問題に関して発言することが多かった[166]。

カナモジカイも、『カナ　ノ　ヒカリ』に、漢字を教えないようにすれば修了年限を小学校で二年、中学校と女学校で一年短縮できるという前提で、設備費・教員給与・授業料あわせて一年に約一億円節約できる、という試算を載せるなどしている[167]。

梅棹忠夫は「能率至上主義」の限界を述べた。それももちろんそうであるが、能率をあげる前提条件が変化すれば、当然能率至上主義の内実も変化してくる。つまりたとえば、カナタイプライターによって能率向上が担保されるという主張は、漢字を簡単に搭載できる器械が開発・普及した現在では説得力をもたない。また八割の生徒が教育を六年で修了することを前提とした漢字制限は、義務教育期間が九年になり高校や大学への進学率も大幅に上昇した現在では再検討されるべきであろう。能率という「応世」の思想は比較的有効期限が長いのであるが、その内容は非常に変化しやすい点にも注意を払わねばならない。

3　実業家から研究者へ――心理学および教育測定とカナモジ論

1　能率学という学問――上野陽一とカナモジ論

心理学と能率学――『人及事業能率の心理』

ここまでは初期のカナモジカイの中心的人物しかも神戸地域に住む実業家を主にとりあげてきた。かれらは資本家として、労働者の多くが完全には習得していない漢字を多用することの非効率をしり、かつ事務の機械化をすすめるためのカナタイプライターの使用などにより産業の能率化をはかることができる、と考えた。あくまでも実務的であったのだが、ここでとりあげる、東京帝国大学で心理学を専攻した上野陽一は、これを「能率学」という学問へと昇華させた。

上野は黎明期の日本の心理学を牽引した元良勇次郎（一八五八―一九一二）、松本亦太郎（一八六五―一九四三）に学び、卒業後は実験心理学の研究をおこなっていたが、一九一九年にテイラーなどの科学的管理法を参照しつつ、七〇〇頁におよぶ大著『人及事業能率の心理』を刊行する。すでに星野行則によるテイラーの翻訳は存在しており、それをしらなかったとは思えないが、参考文献には原書のみがあげられている。この著書の立場は明快で、「能率即ちエフィシエンシーは近世の社会全部を通じてのモットーである」という一文からはじまる。[168] ここでいう「近世」とは「最近」の意味である。そして、現代社会のモットーである「能率」を研究する、「能率研究の基本となるべき科学は何であるか。それはいふまでもなく心理学である」とつづいていく。[169] 簡単にいえば、すでに能率に関する研究は蓄積されているものの、それを心理学の知見にもとづいて研究をする、という著作である。「前篇　人の能率」「後篇　事業の能率」にわかれ、実験的であり実践的な内容となっている。

さらに実践的に、上野は、一九二〇年にライオン歯磨の工場で工程管理をおこない、作業の能率化をはかって成果をあげたことを手はじめに、化粧品会社の中山太陽堂などで、現在でいうところの経営コンサルタントのような仕事をおこなうようになった。先に、一九一九年に労資協調をはかる「協調会」が政府・事業主を中心に結成されたことを述べたが、協調会は上野のこうした評判をきき、一九二二年に協調会内に産業能率研究所を設置するにあたって、欧米視察から帰った上野を所長にすえている。[170] また、科学的管理によって生産現場の能率をあげるテイラー主義をひろめるテイラー協会日本支部の設立（一九二五年）に関与し、産業能率化のための労働者の規格化を論じる際には不可欠の人物である。

ちなみに、一九二三年には東京芝公園内に協調会館が建設され、本部もここに入った。一九二五年に産業能率研究所が廃止されると、設備と人員をひきついで日本産業能率研究所を発足させている。これが一九四二年に日本能率学校となり、一九五〇年には産業能率短期大学となる。そして一九七九年には産業能率大学が開設される。

カナモジカイへの接近――『能率学者の旅日記』

上野陽一の経歴と業績については、まとまった研究書（斎藤毅憲『上野陽一――人と業績』産業能率大学、一九八三年）があるので全面的にそれに拠るが、注目したいのは、一九二五年にカナモジカイに入会し[171]ている点である。山下芳太郎・星野行則・伊藤忠兵衛・平生釟三郎などのような地域的つながりがなく、入会の経緯はあきらかでないが、星野行則とは能率研究での接点があったと考えられる。[172]「上野先生ワシタシカッタ　星野行則氏ノ　勧誘ニ　ヨッテ、1925年　東京側ノ　同志トシテ　参加サレタ」との記述もある。[173]

一九二五年といえば、先にみたように森下仁丹の広告などでカナモジカイの会員が二千名をこえてきたころである。所長をつとめた日本産業能率研究所は、上野陽一の自宅に移されるまで東京芝公園にあったが、上野は同年に設置された大阪府立産業能率研究所の嘱託もつとめ、さらに大阪で指導していた企業が中心になって能率研究会が設置されたのも一九二五年である。大阪でも活躍していた上野は、広告以外でもカナモジカイをしる機会は多かったであろう。しかも、一九二五年六月に『能率学者の旅日記』（一九二一年一〇月から翌年八月までの欧米視察時のもの）を刊行しているが、まえがきに相当する「本書ノ出版ニ際シテ」のなかで「本書ヲ左横ガキニシタ理由ハ簡単デス．日本モ将来ハ　スベテノ文書ヲ左ヨコガキニセネバナラヌトイフ　意見ヲモッテヰルカラデス」と述べ、外国の地名人名を原綴で入れるときにも便利だから、とくわえていく。さらに「漢字及ビカナハ　元々　タテガキニ都合ヨク　恰好ノヨイヤウニ　作ッタモノデスカラ、横ニカクト　恰好ノワルイコトモアリマス．ソコデ　ヨコガキニ適シタ　片カナヲ　工夫シタモノガアリマス．コレガ即チカナモジ会ノ　カナデ、本書ハ之ヲ用ヒルコトニ　シマシタ」[174]としている。ここからカナモジカイとのつながりがみえてくるのだが、歴史的かなづかいであり、また分かち書きもあまり徹底していない。

このまえがきは、「大阪府産業能率研究所ニオイテ」記されたようだが、出版したプラトン社は中山太陽堂創設者中山太一の弟である中山豊三が経営する、当初は中山太陽堂の商品宣伝のためにつくられた出版社である。関東大震災を契機に関西方面に移住してきた作家などを担い手としつつ、文芸書を刊行、総合文芸誌『女性』、大衆娯楽誌『苦楽』、映画演劇専門誌『演劇・映画』などを刊行する。雑誌の表紙や挿絵のモダニズムを指摘する研究もある。[175]

先述のように上野陽一は中山太陽堂の工場合理化に関わっており、その関係でプラトン社から出版されたと考えられる。ちなみに中山太陽堂のメインバンクは、星野行則が当時常務取締役であった加島銀行であった。プラトン社は一九二二年から一九二八年までしか存続しなかったが、これは改造社の『現代日本文学全集』（いわゆる「円本」）の刊行や昭和大恐慌などによりプラトン社自体の体力が弱ってきていたことにくわえて、加島銀行の破綻が最終的な打撃となったとされている。[176] ただし、中山太陽堂自体は紆余曲折をへて大阪を本社とする株式会社クラブコスメチックスとなって現在も存続している。

上野のこの本であるが、刊行直後に『カナ ノ ヒカリ』で紹介されている。カナモジカイが注目したのは、本の内容よりも「本書ニハ 左横組デ、サルハシ9ポイントノ 活字ヲ 採用サレテイル コト デ アル」。山下芳太郎が猿橋福太郎にデザインさせた「サルハシ」の活字でもって「四六判400頁ト ユウ 大キナ 本全部ニ コノ 活字ガ ツカワレタ ノハ コレ ガ ハジメデ アル」という、カナモジカイにとって記念すべき一冊であったことがわかる。たとえば、一九二二年刊行の星野行則『恐ルベキ亜米利加 厄介ナル欧羅巴』は左カタカナ横書きであるが、カタカナの活字は一般的なものであり、分かち書きもなされていないのだから。ただし、と紹介記事はつづく。「タダ オシイ ノハ 植字者ガ コノ 活字ヲ ツカイ ナレナイ タメ 組ミカタ ニ スコシ テオチ ノ アッタ コト デ アル。サイショ ニ 一度見セテ モラエバ 御注意スル ノニ ト 思ッタ」という。[177] 上野の本の、かなづかいはともかくとして、分かち書きが『カナ ノ ヒカリ』のそれと異なるという指摘である。ただ、『カナ ノ ヒカリ』の分かち書き法も明確なものとして存在していたわけでもない。

また、左横書きについては、カナモジカイは雑誌『女性』に一九二五年からたびたび広告を出しており、また雑誌『苦楽』で外国の漫画・風刺画を翻訳掲載する際には、ふきだしのなかを左横書きにしていたというので、(178) このスタイルになじみやすかったのかもしれない。なお、上野陽一のこの本の原稿は一九二四年九月に書きあがっており、校了が一九二五年四月となっている。プラトン社が中山太陽堂の工場内に建設した自社印刷工場が稼働するのが一九二五年夏のことであり、(179) 奥付に明記されていないので、上野のこの本がどこで印刷されたのかは不明である。ちなみにカナモジカイは活字を一個一銭（ものによっては五厘）で販売していた。(180)

ともあれ、一度みせてもらえばよかったのに、という感想は、上野がまだカナモジカイ幹部とつよいつながりがなかったことを示してもいる。しかしながら、一九二六年三月にカナモジカイ東京事務所が開設されたとき、まずは内閣印刷局内におかれたのだが、のちに上野が所長であった日本産業能率研究所が入居していた東京芝公園内の協調会館に移転している。(181) この移転の世話をしたのは上野であったという。(182) また上野は、一九二八年にうまれた三男に「カズミツ」とカタカナの名前をつけているように、熱心なカナモジ論者になっていく。(183)

カナモジカイの主張を推進――『教育能率ノ根本問題』

その後、一九三〇年に『教育能率ノ根本問題』を刊行する。この本は一九二八年に松坂忠則がつくった「ツル」というカタカナ活字を用いて印刷されている。その「シオリ」では「コノ　本ハ　分別書ヲ　モチイテアル．分別書ノ　シカタハ　文法上ノ　ヤカマシイ　法則ニ　シタガッタ　モノデ　ナシニ、単ニ　ヨミヤスク　スル　ダケノ　目的カラ、場合ニ　応ジテ　自由ニ　空間ヲ　モウケタ　ニ　スギナイ」とされ、「コノ　本ノ　カナ遣ハ　文部省臨時国語調査会ノ　サダメニ　シタガッテ　イル」と明記している。[184]ここからもカナモジカイとして分かち書きの法則が当時はとくに存在しなかったことがうかがえるのだが、「本書ヲ　マトメルニ　ツイテハ　松坂忠則君ヲ　煩ワシタ　コトガ　少クナイ」と記しているように[185]、カナモジカイの松坂忠則の指導を多分にうけている。全体の章構成は以下のようになっている。「教育ノ目的ト手段／教材トシテノ漢字／漢字ト実生活／文字ト器械／日本語ニ及ボシタ漢字ノ禍／カナ遣ノ問題／書キ方ノ方向／国字ノ将来／語彙ニツイテノ自覚／方言問題ノ解決法／書方ト書取ノ反省／綴方ノ合理化／地歴ノ合理化／附録　ローマ字ノ問題」となっている（分かち書きが一定でないのですべてつめた）。「教育ノ　根本問題ヲ、心理学ノ　基本知識ノ　上ニ、能率ノ　立場カラ論ジタ　モノデアル[186]」というこの本だが、たとえば「教材トシテノ漢字」の章では、「漢字ヲ　教育スル　コト　ソレ自身ガ　不合理ナ　コト[187]」を「字数ガ　多スギル／読ミカエガ　多イ／字画ガ　複雑／似タ字ガ　多イ／トリチガイ易イ／非科学的ナ　字形／読ミチガイガ　起リ易イ／読ミ方モ　意味モ一定シナイ／眼ノ　衛生」にわけて論じている。漢字の非能率性を論じた漢字廃止論といってよい。約三〇〇頁にわたるこうした内容は、基本的にはカナモジカイの主張にそったものであるが、「方言問題ノ解決法」では標準語普及のためのカナモジ化を主張し、「文字ト器械」では「タイプライター　ノコトヲ　考ノ中ニ　オカナカッタラ、漢字廃止ノ　意義ハ　オソラク　半減サレルダロウ[188]」とタイプライターを重視している。これまたカナモジカイの主張にそった内容になっている。

時間は下るが、一九三八年に同題の「教育能率の根本問題」でも上野陽一は以下のように述べている。カナモジカイの理事であり、第四章で紹介する国語協会の理事にもなっていた上野の基本的考え方がここでもまた示されているといってよい。

漢字によつて国語がみだれていく事実、漢字によつて印刷がさまたげられている事実、漢字によつて事務能率がほとんど文明国としての形もそなえていない事実によつて、年々近視眼がふえていく事実、こうした各方面における漢字のわざわいをあげていけばほとんど限りがない。[189]

「文明化」したつもりでいても文明国間の競争に勝ちぬくための能率の問題が近視の問題とともに次にまた立ちはだかっていた、ということになろうか。そこでも漢字は障壁として存在しつづけているのであった。

上野陽一は、一九二九年にカナモジカイから三〇頁ほどの『店内掲示 ノ 研究』を刊行する。この『店内掲示 ノ 研究』は、東京の白木屋呉服店六階の児童用品売場にかかげられていた六四の案内札（異なり単語数は一四八）を、尋常小学校五、六年生男女と高等女学校一年生計二九一名に示し、漢字の読みを書かせる、という実験に関する冊子である。結果を簡単に示せば、一四八語のうち小学生の正答率は平均で五四パーセント、高等女学校では八〇パーセントとなった。小学生では案内札単位でいえば平均四〇パーセントの可読率しかなく、児童用品売場ということを勘案すれば、店側の顧客への配慮が不足していることがあきらかにされている。上野の提案は漢字を使用せず児童にも読めるカタカナで左横書き、むずかしい漢語をつかわずに表音的なかなづかいで掲示を、というものであった。

この後、上野は一九三〇年から、年に一回ほどのペースであるが、『カナ ノ ヒカリ』に寄稿をするようになる。内容は、専門である能率学に関するものがおおい。産業合理化や事務の能率化、カナタイプライターの打字速度の研究、顧客心理の研究、文章を読む速度の研究など、多岐にわたっている。

なおちなみに、産業合理化の動きは、一九二九年の世界恐慌からいかに立ち直るかという課題のなかで登場してきたものであり、「合理化」ということば自体も一九三〇年前後から普及するようになったという。産業合理化と平仄を合わせるように、雑誌『婦人之友』などで家庭生活の「合理化」という主張もなされるようになった(「家庭経営の近代化」は一九二〇年代からとなえられていたという(190))。

「能率道」の主張へ

ここではきわめて実務的な議論になっているが、のちに上野陽一は「能率道」を提唱しはじめ、一九三五年一月から刊行していた『オチボ』を一九四二年一月から『能率道』と改題し、死去の年の一九五七年一一月(通号二五八号)まで発行する(191)。「能率道」とは「正食、正坐、正学、正信、正語」の五道だというのだが、その「正語」とは「ヒト ニ ミチ ヲ ツタエテ ヒト ト ワレ トガ ミナ トモニ ミチ ヲ 成就シテ イク タメ ニワ ワレワレ ガ モチイル コトバ ト ソレヲ カキアラワス モジ トヲ モットモ タダシイ 能率的ノ モノ ニ シナケレバ ナラナイ」という考えにもとづいており、「コトバ ヤ モジ ヲ オボエル 労力ガ 極 ワズカ デ スミ タダシイ学問ヤ 信仰ヲ ヒロゲル コト ニ 全力ヲ ツクス コト ガ デキル」と信仰といったことばも登場する(192)。そして一九四一年には自宅のある世田谷区等々力に能率道場を建設した(この土地に現在の産業能率大学がある)。これは、能率五道を根本の指導方針として学問、知識をあたえ、身心の修行をあわせておこなう修養道場であった(193)。そしてついには「能率神社」をたてるなど、能率化が心身の鍛錬とむすびつき、宗教化していくのであった。

ともあれ、労働・生産の規格化とおなじ地平でカナモジ化を考えていたことを強調しておきたいのだが、カナモジカイを組織運営した側としては、デモクラシー運動の先頭に立とうというものではなく、資本主義的動員を円滑にし、競争（とくに西欧との）にうちかつためのカナモジ化であったといえるのではないだろうか。デモクラシーといった側面よりもむしろ産業界・実業界からの要請として、表記文字の効率化・能率化があったこと、やや先走っていうと、先の安田浩の指摘にしたがえば、労使間の協調・協力から、国家への奉仕にいたる道のりの整備にカナモジカイの運動が一役買うことになったといえるのではないだろうか。

また、上野陽一以外にも心理学者で能率研究にたずさわったものも少なくない。そうした点について、心理学者・佐藤達哉は以下のようにまとめている。

> 産業能率に関与した心理学者の単純な評価はできないが、劣悪な条件で低い生産しかあげえなかったものを転換したことは事実である。〔……〕だが、この時代の能率運動は、自由なだけ労働者を「酷使」できなくなった使用者のための能率化という側面があり、それがさらに作業の細分化をもたらし、労働する人々から仕事全体への見通しと関与を奪ったことは否めない。

とはいうものの、こうした能率化によって、深夜労働や婦女子労働者の保護などをめざした工場法の、一九二九年改正施行を可能にした、とつづく(194)。

2　日本民族発展と漢字廃止——漢字の抑圧の科学的証明

心理学者・田中寛一

この節では、心理学者の田中寛一についてとりあげる。田中の略歴であるが、まずは『心理学辞典』の記述を引用する。

岡山県出身。京都帝国大学を卒業後、松本亦太郎に師事し、一九一九年文学博士。東京高等師範学校教授を経て、四五年まで東京文理科大学教授。二二―二四年にアメリカ、イギリス、ドイツ、フランスに留学。わが国の教育測定学研究の創始者の一人で、田中B式知能検査、田中＝ビネー式知能検査の作成など、各種測定尺度の開発ならびにそれらを用いた知能の民族学的比較研究を通して、教育測定研究に多大の貢献をした。（奥野茂夫[195]）

文中の松本亦太郎は、元良勇次郎とともに東京帝国大学文科大学内で心理学研究の基礎を築いた人物である[196]。かれらは実験心理学を主としており、言語関係でいえば両者が国語調査委員会の臨時委員としてあらわした『片仮名平仮名読ミ書キノ難易ニ関スル実験報告』（国語調査委員会、一九〇四年）がある。これは、「精神物理学的実験」によって「片仮名平仮名ノ優劣」の判定の一助としたものである（「緒言」）。内容は、カタカナ、ひらがなの、縦書き・横書き、横読み・縦読み、それぞれについての速度を計測するもので、書字については字の印刷された金属板を鉛筆でなぞり、板と鉛筆との間に電流が一定間隔で流れるようにし、カタカナ・ひらがなそれぞれ四八字を縦配列・横配列にして、おのおのの一画ごとの速度を計測するものであった。四八字を連続してかかせる実験は一一人を対象（「大学院、文科大学、東京高等師範学校、及女子高等師範学校附属小学校ノ学生生徒等」）とし、結果としては「片仮名ヲ以テ横ニ書」くのがもっとも速かった。また、一字ごとの計測も被験者八人に対しておこなっている。読字速度の測定は、回転する円筒に文字をはりつけ、一定の時間しか被験者にみえない装置で、特定の時間にどれだけ、かつ正確に判読できたかでおこなっている。この被験者も一一人（「文科大学ノ学生、女子高等師範学校附属小学校生徒」）。これも結果は同様であった。カタカナ・ひらがなの字体の問題と、縦書き・横書き、横読み・縦読みの速度との連関や、「動眼筋肉ノ作用」も上下より左右が簡単という分析もされていて、どこまで「科学」的か判然としないが、カタカナを（おそらく）左から右へ読み・書きするのが効果的であるという結論を下している。この実験は先にみた小口忠太「漢字ト縦読横読問題」『東京医事新誌』二二〇九号（一九二一年一月一日）にも言及がある。

さて、先の上野陽一も、一九〇三年から一九〇八年まで東京帝国大学文科大学の哲学科で心理学を専攻していた（選科生ののち本科生）。一年年長の田中寛一は東京高等師範学校本科英語部を一九〇七年に卒業し、山梨県師範学校、岡山県女子高等師範学校の教諭をへて一九一〇年に心理学研究のため京都帝国大学文科大学哲学科に入学、のち一九一三年から一九一八年まで東京帝国大学大学院に在籍する。これは東京高等師範学校で教えをうけた松本亦太郎の異動先をおいかけた形になる。東京帝大では同年代の上野とは机をならべたことはなかったとしても、おなじ松本亦太郎に師事したことになる（上野が在学中、松本は講師であり、また東京高等師範学校でも教鞭をとっていた）。

田中は能率研究にも関心をもち、のちに論じるがその延長線上で漢字教育にも関心をもつようになり、カナモジカイの理事をつとめたこともある。その意味では、田中の業績を通観した『教育測定の社会史』を執筆した江口潔がいうように、「教育を能率の向上という面から考察していく田中の視点は、上野と共通している」といえる。また江口は、「上野は、自身が能率研究に取り組むようになった頃に、田中が嘱託として関わっていた鐘紡の工場に実験を見学に行ったことや、田中とともに海軍の実験を見学に行ったことを報告しているように、田中と共通した課題に関心を持っていたことがうかがえる」のだが、「上野は作業内容の分析を中心としているという点で、田中とはその研究の力点が異なっていた」という。[197]

東京高等師範学校およびその後身にあたる東京文理科大学で教鞭をとり、玉川大学長などをつとめる。田中教育研究所を設置するなど、産業能率研究所をつくった上野陽一と似通った側面もある。

能率研究から知能測定へ

『心理学辞典』の引用にあるように、田中寛一は教育測定の研究をおこない、個人の教育測定からすすんで民族間の知能測定というきわめてあつかいにくい問題も論じていた。田中はもともと、欧米人による日本人の知能検査の評価に不満をいだいていたのだが、それに関する研究よりもまずは能率研究をおこなっていた。一九二二年からの約二年間の欧米留学の目的も能率研究であったが、留学中に諸民族の比較研究に研究の重心を移していったという。[198] 留学からもどり、一九二五年には「日本民族の将来」という論考を発表する。この冒頭は「足一度此の美しい日本の国土を離れて、異つた風俗、人情に接するとき、故郷なつかしう思ふのは勿論であるが、それと共に彼我の民族性乃至文明の優劣などを比較して見たくなるものである」[199] とはじまり、民族間の比較方法について論じている。競争よりも比較となるところが実業家たちと視点の異なるところではあるだろう。

そして一九二六年には『日本民族の将来』という本を出版する。内容については江口のまとめにしたがうと、「第一編で民族興亡の諸条件をまとめ、第二編で日本人の心身の特質について論じ、第三編ではそれらをふまえて日本人が今後向かうべき指針を提言」したものであり、「科学的な研究に基づいて民族興亡の原理と日本人の特質を論じていた点」が、「従来の日本人論と異なる」という。また、「社会心理学的研究と実験心理学的方法に取り組んだ点」に特徴があり、社会心理学的研究とは「自殺、殺人、離婚等の変態的社会現象」をあつかった統計調査の結果から民族的特性をみる手法であり、実験心理学的方法とは「一般智能の度、特殊作業に於ける優劣、情意の方向及び、その強弱等」に関する実験結果から考察するものであったという[200]。

そうした『日本民族の将来』であるが、本章との関連でいえば、「本書の内容は極めて貧弱であり、尚論述すべき多くの問題を残して居る。之を内にしては国字問題、婦人問題、新附の民に関する問題等があり、之を外にしては米、露、支三国民の特質については詳論すべきであった[201]」とあるように、「国字問題」についてはふれられていない。しかし、それがふれるべき重要な課題であるという認識をこの時点で田中寛一がもっていたことはわかる。

その後、日本学術振興会や帝国学士院などの助成金をえて一九三三年から東西諸民族の心身の特徴について実験と計測をおこなった。大きくわけて、Ⅰ．身体的方面（身長・軀体長・胸囲・体重）／Ⅱ．精神身体的方面（肺活量・握力・運動速度・正確度）／Ⅲ．精神的方面（一般智能・情意的特徴・道徳的判断）の三種であり、Ⅲのなかの「一般智能」の結果についてのみ、東京文理科大学の紀要に五巻にわたって掲載した[202]。壮大な構想のなかのごく一部ということになるのだが、これだけでもかなりの分量になっている。つまりその構成は、紀要一二巻（一九三六年二月）が『東洋諸民族ノ智能ニ関スル比較研究　第1報』「第1編」で総論、分析の方法論、智能検査問題など。紀要一四巻（一九三七年三月）が『同　第2報』で「第2編　内地ニ於ケル本邦人ノ智能」として東京・名古屋・京都・仙台での調査、「第3編　朝鮮ニ於ケル本邦人及ビ朝鮮人ノ智能」として京城・釜山・大邱・平壌での調査。紀要一五巻（一九三七年九月）が『同　第3報』で「第4編　台湾ニ於ケル本邦人並ビニ本島人ノ智能」として台北・台中・台南での調査。紀要一七巻（一九三九年三月）が『同　第4報』「第5編　満洲国及ビ関東州ニ於ケル本邦人並ビニ満洲国人ノ智能」として奉天・大連・旅順での調査、「第6編　支那ニ於ケル本邦人並ニ民国人ノ智能」として天津・北京・済南・青島・南京・鎮江・蘇州・長沙・漢口での調査の報告となっている。さらに一九三七年にアメリカ合衆国でも調査をおこない、紀要一九巻（一九四一年三月）で『北アメリカ3都市ニ於ケル諸民族ノ智能ニ関スル研究』としてまとめている。[203] それぞれの地域に在住する「本邦人」も対象にしていることも特徴のひとつである。被験者はアメリカで五四七〇名、アメリカ以外の地域では、三万二五〇六名となっている（内訳：日本人二万三七六名（うち、内地在住八三三三名、外地・北支在住一万二〇四三名）、台湾人二七八二名、朝鮮人三五三七名、「満洲人」（ほぼ中国人）二七〇九名、北支・中支三一〇二名）[204]。精神的方面の比較の一要素として「B式智能検査」（後述）という知能検査をおこなった。

　そしてこの調査の目的は、

> 日本民族ノ特質ニツイテ十分ニ理解スル為ニハ単ニ日本民族其モノニツイテ研究スルダケデナク、広ク各種民族ニツイテ研究ヲ行ツテ、彼是相比較スルコトノ必要ナコトハ今更言フマデモナイ。[205]

というところにあった。

　どの調査でも日本人の偏差値がたかいという結果がみちびかれている。そうしたこともあって社会心理学者・山下恒男は、この調査について「「アジアの盟主」として植民地化を進めた日本（人）を正当化し、ナショナリズムを鼓舞する根拠としても知能テストが用いられたのは疑いようがない」と位置づけている。[206]当時（一九三五―一九三八年）田中寛一のもとで心理学を学び、教育評価法を専門とした人物は、田中の研究は「日本や東洋を愛し、その将来を想う心に焦点づけられていた」とし、この大規模調査も、「日本民族が欧米諸民族に比べて同等または同等以上の知的優秀民族であるということを見事に証明したのである」と手放しで礼賛する。[207]一方で東北帝国大学に心理学講座を開設し「満洲国」建国大学教授などをつとめた千葉胤成（一八八四―一九七二）は、田中の調査を「文部省から莫大な予算によったにもかかわらず、各民族の数もきわめて少なく、検査を日本語で行なったため徹底しない点が多く、のみならず、民族を分ける場合、漢・満といっしょにして満州人とするような大きな誤りをおかしている」[208]と批判している。ただ、千葉のこの記述に対しては、小谷野邦子が、手法の客観性に関するものであって「同じ研究方法のベースに乗ってなされる批判である。この時期、調査結果の比較の提示で終わる場合、どんなに厳密な手続きで行なわれようとも、それは現状を固定化するイデオロギー的効果をもたらすだけであろう」と指摘している。[209]

一点だけ指摘しておきたいのは、「B式智能検査」は田中寛一が作成した図形把握など言語を媒介としない調査なので言語が異なる民族間の比較に適しているとしているように、[210]言語の問題に配慮していたことである。また、「満洲国」での調査の際には中国人児童生徒に対して日本語と中国語とでテストをしたという記述があり、[211]「支那」でも「支那語」でおこなったので「少しも向ふの人が不利な位置に置かれて居ないのであります」という記述がある。[212]その他の地域についてはとくに記述がないことをみると、朝鮮や台湾でのテストは、日本語で説明がなされた可能性が高い。調査員の指示などもふくめて日本語であったとすれば、言語上のハンディキャップが成績になんらかの影響をあたえていることは十分ありうる。むろん、被調査者について田中は以下のようにも述べており、ある限界があることは認識していた。

これ等の朝鮮半島人、本島人、満洲国人、支那人は皆選ばれた者であります。向ふは義務教育でありませぬから、金の沢山ある家の子供とか或は名門の出の子供だけが学校で教育を受けて居ることになるので、劣等のものは除かれて優等なものだけが学問をして居る〔と〕いふことになり、それらをテストして居りますから、これは向ふの選りすぐつた者の智能である。から考へれば宜しいのであります。〔……〕将来教育的環境が良くなつた場合にはこれよりもつとこれ等の人々は優れて来るであらうと思ひます。その代り又今まで教育を受けて居なかつたやうな劣等の者が入つて来ますから、平均すれば大して変らずに、永久的にかういふやうな値を現はすのであらう[213]。

「限界」とはいいながらも、結局は「日本民族の優秀性」には、ほかの「東亜諸民族」は永遠においつかないという結論を補強するものでしかない。

また、検査法自体のもつ理論的問題もある。この知能検査の結果は、知能偏差値四九・八を最高として、ほかの民族がこれにつづくのであるが、佐藤達哉は「知能偏差値とはそもそも50が平均になるように整備されたものであるから、平均がそれ以下であるということは、その集団に適した知能検査ではないのである」という問題と、「そもそも個人の発達を見て発達保障をする目的で作られた知能検査の意図を歪曲して集団比較を行ったために叩き出された結果にすぎない」と検査目的のはきちがえという問題を指摘している[214]。

さらに、「自国民以外の知能を低く見積もるという点において、日本の知能検査は他国のそれと同じ機能を果たした。「客観的な知能測定による自国民の優位」を演出してみせたのである」と、知能検査が当時の優生学をあとおししていたとしている[215]。

したがって検査の結果よりもその意図をよみとることが重要になってくるのであるが、田中寛一は日本人と朝鮮人の児童生徒の「智能」差を以下のように論じる。

半島人ノ智能偏差値ガ、カク、著シイ差ヲ以テ本邦人ヨリモ劣ツテ居ルコトニ対シテハ、恐ラクハ半島人ノ社会ニ於ケル教育的諸条件ガ本邦人ヨリモ劣ツテ居ルコトヲ指摘スルコトガ出来ルデアラウ。従ツテ、将来其ノ方面ノ改善ガ行ハレ、素質開拓ニ対シテ良イ環境ガ作ラレタナラバ、全体トシテ今一層優良化サレルデアラウト推定セラレル[216]。

教育条件をととのえれば「優良化」できるという一般論であり、先の引用と若干ニュアンスは異なるものの、ここからも田中が知能検査の意図をはきちがえていることがわかる。そして、教育条件をととのえるということが日本語教育の充実というものであるとしたら、植民地言語政策をあとおしする議論にもなる。

『日本の人的資源』と『日本民族の力』

知能測定のあり方に問題があったとしても、結果として出たものは、都合よく解釈されひとりあるきをする。

田中自身はこの結果に満足していたであろうが、膨大なデータを掲載した紀要の内容は「専門家以外には興味のない記述である上に、約一、五〇〇頁といふ大部のものであるので」「平易な手ごろな形で世に出した」ものが、一九四一年四月刊行の『日本の人的資源』であった。ここでの議論により、一九二六年に刊行した『日本民族の将来』で「結論した日本民族の優秀性は、いよ〳〵確実なものであることがわかり、日本民族の遠大な理想を実現することは決して不可能ではないといふ確信を得た」という、きわめて時局に応じたものであり、さらに「実験および計測の結果を述べて、諸民族の比較をしながら、日本民族の特異性を明らかにすることにつとめた」という。[217] 章の目次のみ示すと以下のとおり。「日本人の身体／日本人の智能／日本人の気質性格／日本精神／人的資源の量的方面」。また、同年二月におこなったラジオ講座の内容を、『日本民族の力』として蛍雪書院から一九四一年一二月に刊行している。内容は『日本の人的資源』をより平易にしたものであった。「大東亜共栄圏」大での日本の勢力拡大にあわせた主張ともいえるだろう。

『日本の人的資源』において、国字問題についてふれている部分はわずかである。具体的な調査をおこなっていないのであるから当然ではあるのだが、逆にいえば田中寛一にとってはそれでも言及すべきことがらであった。引用する。

> 今一つ国民の能率問題に関係して、考へなければならぬことは国字国語の簡易化についてである。これは、また単に、国民能率の問題だけではなく、日本が大東亜の建設をするために、日本語を普及させる上にも必要なのである。私は、漢字が今まで日本の文化を高める上に尽した功績は十分に、これを認めるが、今日の日用文字としては漢字は不適当であると考へる。それと同じことが、従来

のかなづかひについてもいはれる。一般国民が、ふりがなをつけなければ新聞が読めなかつたり、注意して、なほかつ、かなづかひの誤をおかす現状は速かに、これを改められなければならぬ。しかも、わが国の国民学校における国語の教授時間数は外国のものよりも遥かに多いのである。そこで、漢字を次第に制限して、将来はカナ文字だけを国字とし、その書き方は左横がきに一定すべきであると信ずる。左横がきが書くにも読むにも能率的であるといふ科学的研究の結果は十分に尊重されなければならぬのである。[218]

『日本民族の力』にも同様の記述がある。能率を重んじ、カタカナ左横書きを主張することは、カナモジカイと同じであるが、カナモジカイ関連の資料に田中の名前が登場するのは、財団法人化した際に設置した事業部の計画委員会委員・研究部モジ科科長としてであり、[219] 一九四四年末には理事の名簿に連なっているが、[220] 一九三〇年代に積極的に活動に参加していた様子はうかがえない。

このように、田中寛一は効率・能率の側面から、漢字を廃止することでより日本民族の能力を発揮することができると考えていた。もともと優秀なのだから、漢字という障害物をとりのぞけば、より優秀になれるという論法である。

若干時代を下って、日本民族の優秀性を「科学的」に説くことは、アジア・太平洋戦争期にあってはいかにも望ましいことであった。たとえば、「大国民の底力（上）（下）」（『教育週報』八七〇号、八七一号、一九四二年一月一七日、二四日）、「日本人の冠絶せる優秀性」（『海之世界』三六巻六号、一九四二年四月）、「日本の優れた民族力」（『放送』二巻四号、一九四二年四月。前掲論文とほぼ同内容）、「日本人の優秀性」（『文芸春秋』二〇巻五号、一九四二年五月）などである。一例として「日本人の優秀性」では、まず知能検査による「日本人の優秀性」が示され、身体的特徴についても、「身長は低いが、身体中で最も大切な坐高は、どの民族よりも大であり、活力の大小を示す肺活量も、また、全身の力量を代表する握力もともに諸他の民族のよりも大である。さらに、いろいろの仕事をする上に大切な仕事の速さ、器用さにおいては世界一優れてゐるといつてよいのである」とか、「精神的優秀さ」については「日本人は自分のためよりも自分の属する団体すなはち家および国のためを図つて行動するといふ著しい特徴をもつてゐる」と述べる。正直なところ、ものは言いよう、でしかないのだが、こうした主張は、「大東亜戦争必勝の信念は、このやうな事実を認めることからます〳〵固くなるのである」というところに帰結していく。[221]あるいは、「国民が慈父と仰ぎ奉る大君がおはしまし、大君の御親任の厚い聡明果敢な総理大臣があつて、国民の向ふべきところが明らかに示され、誰一人として批評がましいことをいふものがなく、また陸海軍とも優れた統率者があつて、国民のすべてが心から信頼をかたむけてゐます。こゝに日本人は心を一つにして、大東亜戦争を戦ひ抜くことに全力を尽し得るのであります」と述べた文章もある。[222]ただ、こうしたなかで漢字の問題についてはふれていない。

とはいえ、田中寛一の漢字廃止論には、明治初期の前島密たちの漢字廃止論との決定的なちがいがあることにも注意しておきたい。明治期の漢字廃止論は、第二章でみたように欧米においつくための力を養うために、漢字教育にかかる時間をあてるべきだというものであった。一方、本章でみてきたように一定程度の文明化がなされたと自覚されてきた一九二〇年代にあっても、国際競争や産業合理化のために漢字教育にかかる時間と費用をおしむべきだという議論がなされてきた。常に劣っているという認識があったのだが、田中は、もともと日本人は優秀なのだということを「科学的」に論証したわけである。これは一九三〇年代からの風潮にのったものともいえるだろう。むろん、田中にしても漢字を廃止すれば日本民族の優秀性をよりのばすことができると考えていたので、漢字の抑圧という点は了解していたといえる。

岡崎常太郎と田中寛一

漢字がなぜ障壁になるのかという点について田中はあまり論じていない。ほぼ唯一といえるものが、「国家の将来の為——漢字制限と左横がき」という文章である。『教育週報』（七八三号、一九四〇年五月一八日、一面）に掲載されたこの文章は、「今、我国は東洋に新しい秩序をもたらさうとして、国を挙げて非常な努力をつゞけて居る」という一文からはじまる（引用元は以下同じ）。そのためにさまざまな解決すべき問題があるが、「中でも国語国字の問題の如きは先づ解決を急がねばならぬことである」と位置づける。なぜなら、「それは教育と密接な関係をもち、国民の能率、文化の向上に影響する所が多いから」である。田中自身は「国語国字問題」について「別に深く研究して居る訳ではないが、実行が容易であつて、効果の著るしいとおもはれる二つの問題について聞きかぢつたことを書きつけて見る」として、まずは以下のように述べる。

とり上げようとする問題の一つは漢字の制限を徹底させよといふことである。我等は漢字が今までに日本の文化を進める上に大に役立つたといふその功績を無視するものではない。けれども今では漢字の外に学ぶべき多くの事柄がある上に、漢字漢語が一般国民を苦しめ、印刷の能率を大変低いものにして居るのであるから、これを全廃することが将来の国民能率の増進、文化の向上といふ見地から望ましいことなのである。併しその移り行きの段階としては、さし当り漢字の数を大に制限すべきであらうと考へる。

過去はともかく、いま現在において、漢字は「印刷の能率」「国民能率の増進」「文化の向上」という視点から、制限という段階を経て全廃にすべきだ、ということである。

その論拠として、田中寛一は、「私の友人岡崎常太郎氏」の調査を紹介している。

くわしくふれるまえに、岡崎常太郎について紹介しておく。岡崎常太郎（一八八〇―一九七七）は一九〇七年に東京高等師範学校本科博物学部を卒業後、一九一〇年には学習院助教授、一九一二年から一九二七年七月まで教授をつとめ、同年四月から一九三七年六月まで東京市教員講習所講師兼視学をつとめた。昆虫学者として知られ、一九一六年から三年連続して『通俗蝶類図説』『通俗直翅類図説』『通俗脈翅類図説』（ともに東京松邑三松堂）を出版している。これは「当時の唯一のオーソドックスな手引書」と評価されている。一九三〇年の『テンネンショクシャシン　コンチュー　700シュ』（松邑三松堂）も「いわゆる昭和前期のアマチュア昆虫同好者輩出の機縁を作られた」ものとされているが[223]、この本がすべてカタカナで書かれているように、岡崎はカナモジ論者でもあり、一九二五年からカナモジカイ会員[224]（一九七一年に名誉会員）であった。全文表音式カナモジで書かれた『テンネンショクシャシン　コンチュー　700シュ』は昆虫標本のカラーページが六〇頁もある豪華なもので、初版以来版を重ね、筆者の手元にあるものは使いこんでテープで補修がなされた一九四二年一一月の一九版である。これには「ユケ　カナモジ！」という二ページにわたるまえがきがふされている。

オー、アイスル　カナモジヨ．ジブンワ　イマ　ナンジオ　ヨノナカエ　オクリダス．イヤ、ヨ

ノ　アラナミノ　ナカエ　ホーリコムノダ。サダメテ　ムジヒナ　コトオ　スルト　オモウデ　アロー。ダガ　カンガエテ　クレ。カワイー　コニワ　タビオ　サセヨト　ユーデワ　ナイカ。[225]

昆虫図鑑を買った読者に対するメッセージではない、すこし変わった冒頭のことばである。これはカナモジだけで専門書を出すことへの期待と不安が表明されているともいえる。それは「ナンジワ　モジトシテ　ハズカシクナイ　リッパナ　モノダ。セカイノ　モジナカマニ　イバッテ　カオダシガ　デキルノダ」というところにもあらわれている。その恥ずかしくない点を岡崎は、カナは読み方が一つしかない、文字の上半分をみただけで判読できる、カナモジタイプライターがある、という三点にまとめる。カナモジカイの主張とかわらない。さらにどんな日本語でも楽に書け、「セカイジューデ　イチバン　ヤサシイ　モジ、イチバン　スグレタ　モジ　ナノダ」という[226]。そのうえで、

オー、カナモジヨ。ナンジワ　ナガイ　アイダ　シナモジオ　タスケテ　オクニノ　タメニ　ツクシテ　キタ。シカシナガラ　ワガクニモ　モハヤ　トーヨーノ　ニッポン　デワ　ナクテ　セカイノ　ニッポンデ　アル。ヨワ　ラジオノ　ジダイ、ヒコーキノ　ジダイ、ソーシテ　スピードノ　ジダイデワ　ナイカ。〔……〕ナンジノ　アユミワ　ミクニノ　イヤサカオ　ハカルベキ　モノサシデ　アルゾ。[227]

としていく。かなり積極的なカナモジ論者であるといってよい。

そして岡崎は一九三三年にはカナモジカイ評議員となっておりのちに理事になる。また、第四章であ

つから、日本語表記・文体の簡易化をめざした団体である国語協会の理事を一九三七年から一九四二年までつとめている。

さて、話をもどして田中寛一が紹介する岡崎の調査のひとつめが、岡崎が「おもな新聞に出てゐる漢字の出現度数を調べた所によると、総字数三、四五六字の中、その度数の多いものから順に数へて五〇〇字までをとれば、全体の七七・三%を占めて居り、残りの三、〇四二字は度数からいへば僅かに二二・七%に過ぎないのである」というもの。ただし、三四五六から五〇〇を引いても三〇四二にならないので、転記ミスがあるのだが、田中は出典を示していない。これについては、岡崎常太郎の一九三八年の著作『漢字制限の基本的研究』を参照したと思われる。すなわち、一九三五年に発行された『大阪毎日新聞』の各月二日付、『東京朝日新聞』の各月七日付、『読売新聞』の各月一三日付、『報知新聞』の各月一九日付、『時事新報』の各月二五日付のそれぞれ社会面、政治面で用いられた漢字を、カナモジカイにおいてすべて数えて分析した結果がここに紹介されている。それによれば、延べ漢字数が四四万七五七五字で、異なり漢字数が三五四二字であった。さらに、延べ漢字数の上位五〇〇位で、四四七五七五字の七七・三パーセントを占め、一〇〇〇位にひろげると、九一・七パーセントになるという(228)。これにより、田中寛一が「三、五四二字」を「三、四五六字」と書きまちがえたことがわかる。またこの調査については、一九三九年に「新聞における漢字の調査」として雑誌『社会教育』で岡崎がより簡潔に紹介している。そこでは「漢字制限に反対する者も、賛成するものも、調査だけは、ぜひとも遂げておかねばならぬ(229)」という考えからおこなわれたことが記されている。

次に田中寛一は岡崎のふたつめの調査結果として、「東京市内の尋常小学校で卒業間ぎわの児童について書取の成績を調査した所によると、実際は一、三五六字学んで居るのに、平均して六〇〇字しか正しく書けなかつたのである」ことに言及している。これも田中は出典を示していないが、同じく岡崎の『漢字制限の基本的研究』で紹介された調査である。岡崎たちは服部時計店が設立した服部報公会から助成をえて一九三五年三月に東京市内の尋常小学校一〇校の六年生八四八名、同年四月に高等小学校二校の一年生六三一名を対象に、小学校六年間で学習した漢字の書き取り試験をおこなった。この調査には、東京市視学という岡崎の立場がおおいに役立ったと考えられる。書き取りなので、略字のあつかいや、「正しい」形の認定など、判断が異なってくる点はあるが、試験の結果、正答数の平均は六三一字になったという。一三五六字のうちの六三一字である。ただし、尋常小学校卒業後には高等小学校ではなく中学校に進学する成績のよい児童のものもふくまれること、尋常小学校も都心の学校と農村地域の学校とでの成績の差があるので、岡崎は中間数を代表とすることとし、六〇〇字を平均の書字力にした。(230)これを田中寛一は「平均して六〇〇字しか正しく書けなかつた」と紹介したのである。

こちらの調査はすでに一九三六年に概略が岡崎常太郎「義務教育修了時の書字力についての調査」として公表されている。(231)この文章は「我国では漢字を国民常用の文字としているが、このため、国民生活のあらゆる方面に、いろ〳〵のサシつかえをきたしている」という一文ではじまる。(232)しかし、「漢字を制限すればするホド、能率のたかい機械をつかうことができる」(233)わけなので、具体的に制限を考える際には、たとえば前記のような新聞での漢字の使用状況を調査したり、実際にどの程度の漢字を習得しているかといった調査が必要になるとしている。つまり、「今日の小学校教育において、義務教育の六年間の国語読本を通じて、一三五六字の漢字を教えているが、コレが、義務教育を終る際の子供に、実際問題としてドレだけ、おぼえられているか、ドノような状態で、おぼえられているかとユウことを、ぜひともツマビラカにしなければならない」というわけである。(234)この文章のなかで中間数（メジアン）について、「被験者全員、一四七九名を成績順にならべると、六〇〇字を書けた児童が、その最も中央に位置し、それより上位にも下位にも七三九人づゝの児童がナラブ」数値として紹介している。[235] しかしながら「都市特有のいわゆる、貧民窟」はこの調査に入らないし、「全国の農村を主とする小学校の成績を想像しようとするならば、ムシロこの中の劣等校を取るべきだ」ということで、全国平均は「三〇〇字から四〇〇字であろう。決して五〇〇字を越えるコトはあるまいと察せられる次第である」[236]と結論づけ、持論の漢字五〇〇字制限を主張していくことになる。『漢字制限の基本的研究』は新聞の漢字使用度数の調査と、義務教育での漢字書き取り試験の結果と、もうひとつ、一般人へのアンケート調査結果から構成されている。このアンケートとは文部省臨時国語調査会が一九三一年に修正した一八五八字の常用漢字に、国語読本中に用いられているものの常用漢字にはない七一字を足した一九二九字を表にして、そこから必要と認める漢字五〇〇字を選んでもらう、というものであった。一五〇〇人程度に配布したものの、有効な回答は四三四人分となった。この三種の調査結果を点数化して、岡崎は五〇〇字の漢字制限案を提案したのである。実際の使用状況（新聞調査）、実際の習得状況（教育状況）、使用者の意識（アンケート調査）という実態調査をふまえた制限をデータとともに提起した点で、注目すべき調査である。

最後に、岡崎自身の漢字制限、国語運動に対する考え方を示した文章があるので引用する。

真に国字問題を解決する原動力は、社会が進歩しようとする時において、おのずから社会自身の中から生れて来るものなのである。運動者は、単にこれをみちびき出す役目の者に過ぎない。この立場をわすれて運動者の力で社会を引ぱつて行くことをくわだてたトコロで、それは決してできるものでない。
トルコのような国ならイザ知らず。わが国のように高度の文化をもつ国においては、一あしとびに文字のならわしを変化させてしまうなどとゆうワケには行くものでない。〔……〕今日の社会においては、一歩一歩、制限することに力をそそぐ以外に、方法がないのである。〔……〕
わが国の文化は、今後もますます進歩すべきものである。したがつて、文字文章もまた当然ますます改つて行くのである。運動者は、これが最も早く最も円満に進行するように、そのレールを設け、その車にアブラをさすのみである。(237)

トルコ語をローマ字表記化したトルコに高度文化がないというような言辞には疑問が残るが、急進的な廃止ではなく、徐々に制限をしていくことを主張している。社会や文化の進歩とともに、おのずから制限もなされていくといった、「進歩」とともに制限が語られている点に注意したい。明治維新以降、現実的に漢字制限は徐々になされているという認識があり、近代以降の日本の社会・文化史を「進歩」ととらえるならば、必然的に生じる観点であるといえるだろう。つよいイデオロギー性をよみとることはできないのであるが、こうした漢字制限の思想は一九四二年のあるできごとをきっかけとしてはげしく論難され、岡崎自身もその考えを変化させていく。この点は第七章でふれることにする。
ともあれ、昆虫学者の岡崎常太郎を田中寛一が「私の友人」としているのは、同郷かつ同窓であったためだと思われる。つまり、同じ岡山県出身であり、一八八〇年七月うまれの岡崎が一九〇二年に岡山県師範学校を卒業し、東京高等師範学校を一九〇七年に卒業しているのに対し、学年では一年後輩になる一八八二年一月うまれの田中は一九〇三年に同じ岡山県師範学校を卒業し、一九〇七年に専攻は異なるが東京高等師範学校本科英語部を卒業している。[238] 師範学校、高等師範学校をつうじてしりあう機会は多くあったと思われる。

田中の漢字制限ないし廃止の主張が、岡崎との交流のなかで獲得されたものなのか、資料的にあきらかにすることはむずかしいが、田中がカナモジカイ会員であったこともふくめて、ひとつの可能性として記しておきたい。なお、国語問題について当時の権威的存在であった保科孝一とは東京高等師範学校・東京文理科大学での同僚ではあったが、田中の論著に保科の名前は登場しない。逆もまたそうである。

国語協会の理事となった岡崎常太郎は、会員の勧誘に熱心であったのだが、[239] 田中寛一は国語協会の会員にはなっていない。

なおちなみに、岡崎をふくむカナモジカイによる新聞の漢字頻度調査であるが、一九四八年に設置された国立国語研究所でも、一九六六年一年間の新聞三種（『朝日新聞』『毎日新聞』『読売新聞』朝夕刊の各東京版全紙面）をサンプルとした大規模な漢字頻度調査をおこなっている。その報告書によれば、延べ漢字数が九九万一三七五字とカナモジカイによるものの二倍以上になっているが、異なり漢字数は三二一三字と三〇〇〇字ちかく減少している。一九四七年に当用漢字表が発表され、実質的な漢字制限が実行されていた点などが影響をあたえていると思われるが、使用度数の上位五〇〇位までをみると、異なり漢字数の七九・四パーセントを占めており、一〇〇〇位までひろげると、九三・九パーセントを占めている。[240] 五〇〇位、一〇〇〇位までに入る漢字に変動はあるであろうが、これは先に示したカナモジカイの調査結果のそれぞれ七七・三パーセント、九一・七パーセントと大差ない。

また、田中が同じく「国家の将来の為」でかかげる、「イギリスでは小学校六年間に学ぶ単語の数は

三、九〇〇〇であるのに日本では八、〇〇〇である。しかも、国語の時間はイギリスでは毎週八時間であるのに日本では平均一一時間と二六分であるのである」という数値であるが、まずイギリスの小学校で六年間に学ぶ単語は三万九〇〇〇の誤。これら数値の典拠は示されていないが、第四章でとりあげる平生釟三郎の『漢字廃止論』に同様の数値が記載されているので、それを参照した可能性がたかい。岡崎常太郎から紹介された可能性も考えられる。

ちなみに、平生釟三郎の示す日英比較の数値に関しては、一九二五年五月に、カナモジカイ理事の伊藤忠兵衛が同会会員・森山海軍中将の紹介で海軍省白根教育局長を訪問、海軍内での左横書きや漢語整理の状況などについての現状報告、意見交換などをおこなったときに伊藤が示したものと一致する。[241]

この数値はさまざまに引用されていく。平生は『カナ　ノ　ヒカリ』に掲載されたものを利用したのであろう。さらにこの比較表は一九三二年にカナモジカイ理事でもあった下村宏（号は海南、一八七五—一九五七。元台湾総督府民政長官、元朝日新聞社副社長、貴族院議員）[242]が刊行した『世界と日本』のなかで「日本文字禍統計」として示されていく。そこでは「小学六ヶ年間に教へる読本の語彙」は「日本　八、九〇〇」、「英国　三九、〇〇〇」、「百の漢字又は単語を読むだけに要する小学校の学習時間」は「日本　二六八分」、「英国　三六分」、「文部省が割りあてゝる一週間の国語の時間」は「日本　一一時二〇分」、「英国　八時間」、「新聞（日本では振り仮名なきもの）を読むだけに至るまでの学習年数」は「日本　八ヶ年」、「英国　一ヶ年半」とあり、[243]最後の英国の項目のみ数値が異なるが、同様の数値を「或論者」の言として雑誌にも掲載していく。[244]伊藤忠兵衛のものは「英国　一ヶ年半」となっているので、下村は伊藤の数値を参照し、平生は伊藤の「英国　一ヶ年半」を「二年」として引用したのであろう（この比較表は第六章でも登場する）。

ともあれ、こうした数値をふまえて田中寛一は「この大きい違ひは主として漢字の学習といふことから来て居ることを思へば漢字の制限を徹底的にやらなければならぬと考へられる」と述べていく。さらに左横書きへの統一を主張し、漢字制限とともに「国語国字の問題の中で割合に着手し易い、この二つの事柄だけでも皇紀二六〇〇年〔一九四〇年〕の記念事業として実行に移すやうになりたいと祈るものである」としめくくっていく。

4　まとめにかえて

以上、一九二〇年代から一九三〇年代にかけての（多少ずれるところもあったが）、漢字廃止論をみてきた。ローマ字論、カナモジ論、とくに後者を重点的にみることになったが、産業能率化という時代の要請に応じる形で、実務的なカナモジ使用をうったえた点に特徴がある。関西財界の重要人物が参加し、阪神間モダニズムなどの議論もひきこみつつ、実務家ばかりではなく、国語学者ではない研究者もその主張をひきうけるようになっていく。

ただ、漢字廃止はそう簡単にはすすまない。次章では能率・効率をもとめる議論がよりもりあがっていく過程と、それに抗する議論が登場してくる一九三〇年代後半以降をみていくことにする。「能率と精神のあいだ」と副題をつけたが、能率を求める軍隊にあっても精神論は不可欠のものになっていき、カナモジカイでもその組織が拡大し政府機関とのつながりがふかまってくると、時局によりそうような主張がめだつようになってくる。

第四章　動員の思想——能率と精神のあいだ

1　日本語簡易化へのうねり

1　臨時国語調査会から国語審議会へ

本章では、まず一九三〇年代以降の文部省の国語整理事業について概観する（一九四二年の標準漢字表については第七章であつかう）。この整理事業を後援する目的で結成された国語協会の動きについても紹介する。高度国防国家をめざしていた日本では、陸軍の漢字制限など、統制ということばがこの時代を象徴するものであったが、こうした整理事業も、統制という文脈で考えることができる。

日本語の簡易化をめざすさまざまな各種簡易化団体を統制・糾合した国語協会は、必ずしも漢字廃止を主張するものばかりではなく、文部省の外郭団体であったこともありやや雑然とした構成を示していたが、一九三九年の「左翼ローマ字運動事件」（第五章参照）では国語協会の会員五名が検挙され、うち四名が起訴された。漢字を封建制と結びつけて、その廃止こそが大衆の解放につながるというかれらの主張は、社会の発展段階と言語の統一を連関させて論じる唯物論言語理論と親和していた。一九二〇年代のマルクス主義の流行は本書でことさら論じるものではないものの、こうした形で一九三〇年代後半にも根づよく残っていた。

こうした会員が存在していたことは、一九四二年の標準漢字表をめぐる思想戦において、格好の攻撃材料をあたえることとなった。ここであえて国語審議会、国語協会といった政府寄りの組織での議論と、マルクス主義とをならべて論じるのは、ともに「大衆化」をめざしていた点で共通するからである。とりわけ、国語協会の会員が検挙されたことは、動員の論理において国家によるものと、マルクス主義によるものとがさほどの距離がないことを示しているものといえる（かなり大雑把な議論ではあるが）。この構図は、総動員体制の議論とも一脈通じるものがあると考える。

さて、一九〇二年にその調査方針のひとつに漢字廃止を前提とした「文字ハ音韻文字（「フォノグラム」）ヲ採用スルコト、シ仮名羅馬字等ノ得失ヲ調査スルコト」とうたった国語調査委員会は一九一三年に行政整理の一環で廃止された。その後について、文化庁『国語施策百年史』では以下のように整理する。

〔……〕大正期に再び国語国字問題への関心が高まっていく中、大正七年〔一九一八年〕九月に成立した本格的政党内閣の首相である原〔敬〕によって〔臨時国語〕調査会が設けられたのである。原自身、〔大阪毎日〕新聞社時代には漢字節減論や振仮名論についての論説も著しており、国語国字問題への関心も強かったものと思われる。また、原のみならず、大阪商船〔現商船三井〕社長を務めた実業家出身の中橋〔徳五郎文部大臣〕や、文部次官南弘らも国語施策には積極的であった。例えば、大正八年（一九一九年）四月に南次官による部内の口語体公用文導入の通達があり、同年七月二九日に文部省の訓令第六、七、八、九号ではじめて口語体が用いられることになる。[1]

ちなみに、原敬（一八五六―一九二一）が大阪毎日新聞社社長から政界入りをするのは一九〇〇年のことであったが、同年の講演で「漢字なるものは文明の進路に横はつて大に妨害を為すと云ふことは明かであ」るから「漢字の減少を図ることを攻究して見たい」と述べていた。[2] 文明化の思想である。

このように、政治や社会においても積極的な改善にとりくむ姿勢が一九二〇年代に顕著になり、第三章でみた、カナモジカイの成立やローマ字運動の隆盛をむかえ、そして一九二一年に臨時国語調査会が設置された（―一九三四年）。会長は森鷗外であったが翌年森が死去すると上田万年が会長に就いた。平井昌夫によれば、これは「委員三十五名には新聞社の代表、学者、文芸家、教育者、評論家、印刷業者、官吏などの各方面のケンイを任じた」構成であった。[3] 新聞というメディアや印刷技術との連関のなかで「国語改良」運動が展開されていったことがわかる。臨時国語調査会は設置後すぐに総会をひらき、漢字に関する調査、仮名遣に関する調査、文体に関する調査を調査方針として決定、漢字に関する調査からはじめた。そして翌一九二三年五月に常用漢字表（一九六二字、略字一五四字）を発表する（一九三一年に修正、一八五六字に）。

メディアとの連関を示すものとして、この常用漢字表が発表されると、東京・大阪の有力新聞社二〇社が共同宣言を出し、常用漢字表にもとづいた漢字制限を九月一日から実行することをうたった。この共同宣言書の文言の「臨時国語調査会で常用漢字を定めたことは、わが国民教育の上からも、また印刷能率の上からも、きわめて至当なものであると思ひます」という部分は、とりわけ「印刷能率」ということばは、この当時の雰囲気をよくあらわしている。しかしながら、実行当日関東大震災が発災し、実行は延期となる。[4]

臨時国語調査会は、かなづかい改定案などを公表し、一九三四年一二月二一日に官制公布された文部大臣の諮問機関・国語審議会にその役割をひきわたした。国語審議会の初代会長は、先の引用にもあったとおり原敬内閣で文部次官を経験した南弘（一八六九—一九四六）であり、委員は文部大臣が任命した。[5]

翌一九三五年三月二五日に文部大臣・松田源治から国語審議会になされた諮問は、以下の四項目であったが、第一項以外は、臨時国語調査会の調査方針と同一であった。そしてこの第一項こそ、この時代を象徴する「統制」であった。

一　国語ノ統制ニ関スル件
二　漢字ノ調査ニ関スル件
三　仮名遣ノ改定ニ関スル件
四　文体ノ改善ニ関スル件

国語審議会は、臨時国語調査会の常用漢字表の再検討からはじめた。まずは漢字字体の整理をへて、一九三八年から常用漢字の選定（およびかなづかいの調査）をおこない、一九四二年には標準漢字表を文部大臣に答申する。標準漢字表とは、常用漢字、準常用漢字、特別漢字にわかれ、常用漢字一一三四字を読み書きできればよいという形のきわめて統制をきかせた漢字制限案であった。

こうした制限を可能にした背景を次節以下で紹介することにしたいが、その前に、国語審議会が設置された二年後、漢字廃止を持論とするカナモジカイの平生釟三郎が文部大臣になったときに帝国議会貴族院でおこなわれた議論についてふれておくことにする。一九三〇年代の国語国字問題の議論のたかまりを象徴するものであると同時に、思想問題として、漢字廃止論が踏んではならない、今風のことばでいえば「地雷」が当時どこにあったのかを確認することができる「事件」でもあった。

2 漢字廃止論の陥穽――平生釟三郎の帝国議会

『漢字廃止論』の射程

第三章では詳述しなかったが、平生釟三郎は一九三〇年に『漢字廃止論』をカナモジカイから刊行した。これは前年の八月に兵庫県高砂夏期大学でおこなった講演がもとになっている。現在図書館など公的機関でみることができる『漢字廃止論』は一九三六年四月の第四版がもっともふるいものになっているので、そこからの引用になるが、平生は実業家らしく、漢字の教育にかかる費用や、初等教育における「国語」教育の時間数の日英比較（第三章参照）などで、漢字使用による弊害・損失を論じていく。たとえば、「法律の文字」がむずかしくて理解できない、「かな文字タイプライター」が少しずつ普及していて「能率増進の点に於ては殆ど議論の余地がない」から漢字は能率的ではなく、「漢字を人名や地名にあてはめる」と混乱する。「婦人の教育問題」についても、「夫に対して内助の功を致し、国家に対しては婦人としての活動範囲に於て其任務を果さしめるには、教育に要する時間の短縮の外に途なかるべく」と、婦女道徳貫徹の障害として漢字をとらえている。こうなってくるとこじつけでなんでもありになってくるが、既存の秩序の根幹を変えることなく能率増進をはかるという、実業家的発想であるとはいえる。また「海外に活動する日本人」がその子どもの教育に不安をもつことがないように、漢字をもちいない日本語を設定すれば「移植民の奨励」に効果的である、としている。[6] これは、アメリカ、ブラジル、欧州をめぐった一九二四年九月から翌年四月までの旅行の途上で、「外国に生まれ育った日系の子女は日本語を知らないために日本でも外国でも職を見つけることができず」零落していくという話をよくきいたため、とされている。漢字をなくせば、より簡単に日本語が学べ、もし日本に来たとしても負い目を感じることはない、ということである。[7]

「文字は符牒であつて思想の根底をなすものではありません」とする平生にしてみれば、漢字がなくても東洋思想は理解できるわけであり、「漢学をかながき訳本を以て教授するならば、東洋思想はもつと普及せらる」ることになる。こうした状況を考えれば、「諸君にして真に国家の前途を憂へこの国難を打開せんとせば、漢字廃止の運動に心をひそめられんことを私は希望します。実に是こそは平時に於ける愛国運動であります」と講演をしめくくっていく。[8] 漢字廃止は愛国、国のための事業という認識であることが確認できる。

翌一九三一年に『東京朝日新聞』に掲載された座談会では、平生は「日本には漢字といふものがありましてこの煩ひのために非常に知識の進歩を妨げて居る」、「もし漢字といふものを廃めることが出来たならば今の尋常小学は四年で出来る」、二年短縮できれば「七千五百万円といふものは倹約になる」などと述べる。ここで平生は「小学校六年以上の学科を卒つたものは総て何か世の中へ出て職に有りつつて自ら働き自ら生きて行けるようにしたい」としており、短い期間でより効果的な教育を施すことを考えた場合、漢字教育にかける時間は無駄だ、という主張になる。[9]

平生は一九三六年三月に広田弘毅内閣の文部大臣となり翌年二月まで在任するが、就任直後の四月に、この小さなパンフレットは四版となる（それでも増刷は一千部で累計四千部）。翌五月には、講演での議論をうらづけるデータをくわえてページ数をふやした第五版が刊行されている。漢字廃止論をとなえる人物が文部大臣となり注目をあつめた結果であるが、詳細は以下でふれる。また第六章であつかう市井の一民間人も、おそらくこの『漢字廃止論』を手にとり、自身が製作したあたらしい文字の必要性をうったえる根拠としていったと考えられるので、それなりの影響力はあったといえる。

「挙国一致」「教学刷新」のなかの漢字廃止論

平生釟三郎が文部大臣になったということは、法令で漢字廃止を決めてしまえ、という山下芳太郎から「平生式」（第三章参照）と称された施策を、実行できる地位に就いたことをも意味する。

ただ、広田内閣は二・二六事件後に総辞職した岡田啓介内閣のあとをうけて組閣された、緊張感をはらむ内閣であった。当初組閣の命令が下った近衛文麿は辞退、三月五日に広田に組閣の命令が下るも、陸軍大臣候補の寺内寿一が組閣に干渉するなど難航し、三月九日に成立している。そして第六九回帝国議会（特別会）の召集はおくれ、会期は五月四日から二六日までの約三週間であった。

こうした情勢であるので、会議冒頭の総理大臣による施政方針演説には、「国政一新ノ実ヲ挙ゲムコトヲ期シ」、「挙国一致シテ積弊ヲ芟除シ、確固タル国策ノ樹立ト其ノ実行トニ邁進スベキ」、「国体観念ヲ明徴ニスル」などといった文言が頻出する。

前年の一九三五年には、貴族院議員・美濃部達吉東大名誉教授がその「天皇機関説」により議会で排撃をうけ、衆議院では国体明徴に関する決議が可決され、美濃部は地方検事局で任意のとりしらべをうけ、著書の絶版などの憂き目にあった。

こうした状況下で発生した二・二六事件後の施政方針演説であり、とくに「文教ヲ刷新シ国民精神ヲ作興スルト共ニ、国体ト相容レザル思想ヲ芟除スルコトニ鋭意力ヲ効ス所存デアリマス」と教学刷新の方針を示した[10]。この方針にしたがって文部省において編纂されたのが、『国体の本義』であった（広田内閣では完成せず、次の林銑十郎内閣時に教育現場に配布された）[11]。平生釟三郎も国会の場で国体明徴、国民精神作興の方針には同意であると述べ、知識偏重、「予備校的」な学校教育のあり方をみなおし、「人格ノ修養、健康ノ増進」、家庭教育の重視をうったえている[12]。もとより、知育・徳育・体育の三本柱は平生の教育観の根底をなしているので[13]、それを開陳したことになる。

こうしたなか、『漢字廃止論』が、平生が文部大臣になってから俄然注目をあびることとなる。この事態については有村兼彬による先行研究があるので[14]、それにもとづきながら以下紹介していくことにしたい。

まず、星野行則は帝国議会が開会される直前の『カナ ノ ヒカリ』に巻頭文を寄せる。そこでは、平生が要職に就いたので「ワレラ ノ 年来ノ 主張ガ、ココニ 最モ 妥当ナ 方法ニ 於テ 具体化セラレル コト ト ナル ト 期待セラレル 次第デ アル」と期待を示したうえで、一気呵成に法律で廃止すべしという「平生式」を念頭においたのか、「決シテ 文部大臣一人ノ チカラ ノミヲ 以テ 一挙ニ 解決セラルベキ デ ナイ」として、「飛躍的ナ 理想案ヲ 強行ショウ ト スレバ、カエッテ 反動ヲ ヒキオコシテ タメニ ナサザル ニ オトル 如キ 結果ヲ 見ル コト モ アル ノデ アル」[15]と述べていた。

しかし現実は、以下にみるように漢字に関する議論が深まるようなことにはならず、星野の危惧があたるような結果となる。

貴族院本会議　五月九日

五月九日に開かれた貴族院本会議の場で、加藤政之助議員（大東文化学院総長）が質問の場にたつ。まずは広田内閣が「過去ノ積弊ヲ芟除シテ更始一新ノ政ヲ挙ゲヤウ」としていることに賛意を示したうえで、「漢字廃止論ノ提唱者デアル所ノ平生閣下ガ文部大臣ニ就任セラレタ」ことが気になってしかたがない、という。加藤は、漢字は渡来以来長い年月がたち「我ガ日本ノ皇道、我ガ日本ノ国体、之ニ醇化致シテ、今デハ皇道、国体ノ筋肉トナッテ居ル」という認識を示し、「此ノ国体ノ筋肉デアリマス日本固有ノ漢文字ヲ廃止スルト云フコトハ、是ハ国家ノ重大問題デアル」「国家興廃ノ岐ルル所」であって、平生がいう小学児童の就学時間の短縮、教育費の節約といった「経済的見地ヲ根拠」にした立論は根拠薄弱ではないか、と問い、七点の質問をおこなった。すなわち、①一九三〇年に漢字廃止論を頒布したかどうか、②それをいまでも「名論」として堅持し行動しているか、③堅持しているとすれば文部大臣としてそれを実行するつもりか、④実行するとすれば「我ガ国ノ詔勅、勅語、勅諭ニ用ヒテ居ル漢字ハ平仮名ニ書キ改ムルノ御意思デアリマスカ」、⑤皇室典範や憲法、諸法律規則やすべての刊行物を書きなおすためにかかる「浪費」をどう考えるか、⑥伊沢修二が漢字廃止論を破棄したことをしっているか、しっているとすればどう思うか、⑦一九三三年三月の国際連盟脱退以来、アジアの国々と協調していかねばならないが「日本ト支那、満洲トハ同文同種ノ民族」なのに漢字を廃止すれば「我ガ国ノ東亜ノ国策ニ逆行スルモノ」ではないのか、というものであった。[16] 伊沢修二（一八五一―一九一七）が漢字廃止論から擁護論にかわったというのは表面的な理解であるが、[17] 当時そういう見解もあったという意味では貴重な発言ではある。ちなみに加藤はカナモジ運動とは明治時代の「かな　の　くわい」のようなものを念頭においており、ひらがな縦書きだと思いこんでいたようであり、それはそれで「われわれの努力不足」だとカナモジカイ幹部は反省している。[18]

これに対し平生釟三郎は「政府ト致シマシテハ、之ヲ直チニ断行シヨウト云フヤウナコトヲ考ヘテ居ルモノデハアリマセヌ」としつつも、内閣印刷局で職員録を印刷するのに漢字の種類が一万二四〇〇も必要であるとか、電信の際に困るとか、漢字の不便さを滔々と述べ、「日本人ガ漢字ヲ読ミツケテ居ル習慣ヲ仮名文字ニ徐々ニ移シテ行クノデアリマス」、そうすれば「国民思想ニ影響スルト云フヤウナコトハナカラウ」とつづけていく。「東亜ノ国策ニ逆行スル」という指摘については、「支那語ヲ少シ皆ンナニ覚エサセルヤウニシタ方ガ宜イノヂヤナイカ」と反論していく。[19] これに対し加藤は、質問にこたえていない、あいまいだ、とくいさがるが、平生は、漢字廃止は「自分ノ信念」であるがその実行については「考慮中」であるとかわしていった。[20]

五月一〇日付の『東京朝日新聞』（夕刊。実際は九日製作）は、一面で加藤とのやりとりを簡単に報じただけであったが（「文相の漢字廃止論／貴族院本会議」）、五月一〇日付の『東京朝日新聞』朝刊になると、勅語や勅諭の漢字をどうするか目下調査中と答弁したことに対して「恰も勅語や勅諭中の漢字を訂正につき考慮してゐるが如く解されたので」、一一日の貴族院本会議で自発的にとりけす予定だと報じられた。ただ、この記事は好意的で、平生の真意は「勅語や勅諭の御精神を大和言葉に書き直して国民によく徹底せしむるよう調査研究してゐる」という意味だと解釈している。[21] 一一日付の朝刊でも九日の貴族院での加藤との論戦の「軍配は仮名文字論を滔々とやつてのけ議場を出ると『何うだ仮名文字の方が合理的だらうが』と政府委員の誰彼をつかまへてまた一席やつた平生文相にあがつ」たが、衆議院だったら野次がとんだのでは、としている。[22]

この時点では平生はたんに自分の意見を述べただけ、という意識だったようだが、勅語問題は平生に

もこたえたようで、「ことの重大に気がついて恐懼した。かれは、一夜を殆ど一睡もせず熟考した」との指摘もある。(23)

貴族院本会議　五月一一日

一〇日付の報道のとおり、一一日の貴族院本会議の冒頭で平生釟三郎は発言をもとめ、「勅書トカ、憲法トカヲ如何ニスベキカト云フコトニ付テモ、研究中デアリマス」と述べたことが「勅書等ニ仰セラレタル漢字ニ、手ヲ著ケル積リデナイカト云フヤウナ誤解ヲ生ム虞ガアリハセヌカト思ヒマスノデ、茲ニ謹ンデ此ノ箇所ヲ取消ヲ致シマス」と発言をとりけした。ただ、日本の将来を考えたときに「国民実生活ガ此ノ漢字ノ重圧ヨリ脱スルコトノ如何バカリ緊要」であるか、とつけくわえることは忘れなかった。これに対し加藤政之助は「漢字廃止ノ問題ハ畏多クモ　天皇ノ尊厳ニ響ヲ持ツ所ノ重大ナ事柄デアリマス」としたうえで「文部大臣ハ皇室典範、憲法及現在成立シテ居リマス所ノ大東文化学院、斯文会及二松学舎ト云フガ如キ学校当事者ノ経営ニ対シテハ、之ニ容喙スル考ハ持タナイ」という点の確認をもとめ、平生は「加藤君ノ御意見ノ通リ御同感デアリマス」と答弁し、この問題はここでおわりかける。(24)くりかえしだが、漢字廃止問題が天皇制と関連させて論じられている点に注意しておきたい。

衆議院予算委員会　五月一一日

ところが、同日の衆議院予算委員会で深沢豊太郎議員から以下のような質問をうける。

深沢は、平生の『漢字廃止論』のなかで、兵庫共同信託会社が発行するパンフレットに昭和天皇即位を祝った長編漢詩が掲載されていたことを、「カヽル難解ノ辞句ヲ羅列シタルハ噴飯禁ズル能ハズ」と記している点をとりあげ、「不遜ノ言辞」だと難じた。これに対して平生釟三郎は『漢字廃止論』は講演の速記なので「筆記ヲ致シマシタ者ガ勝手ニ書キマシタ」と責任逃れともとれる答弁をし、問題の個所は気がついたので「三号位カラハ直シテアル筈」と述べる。(25) たしかに、一九三六年四月の第四版では「難解の字句を羅列したるを遺憾とし」（七頁）となっている。既述のように『漢字廃止論』の初版は公共図書館などでの所蔵の確認ができていないのだが、平生のおこなった講演原稿は甲南学園に保存されており、刊行されている。「漢字廃止論　昭和四年八月六日――兵庫県高砂夏期大学での講演」と題された講演原稿と『漢字廃止論　第四版』とをつきあわせてみると、講演冒頭の時局にふれた内容のほかは、ほぼ講演原稿のままの字句で『漢字廃止論』としてカナモジカイから刊行されていることがわかる。問題の個所は、「かかる難解の辞句を羅列したるものかなと思いまして、噴飯を禁ずる能わず《ママ》でした(26)」とある。平生のいうように、ある時点で訂正をしたのはたしかであろうが、「噴飯」と述べてはいない、というのは強弁にきこえる。

　深沢豊太郎はさらに、平生が文部大臣就任の報告を伊勢神宮に参拝しておこなったあとで「是デ兎モ角モ雑用ガ済ンダ」と新聞記者に語ったとされることをとりあげ、即位を祝う漢詩を噴飯物としたこともふくめてこうした態度は漢字廃止をとなえるところからくるのではないか、「此処デ漢字廃止ハモウ唱ヘナイトハッキリ言ッテ戴イタ方ガオ互ノ為メデアル」とつめよった。平生は「雑用」発言は記憶にないとつっぱね、漢字廃止論の撤回については「御忠告ノ点ハ謹ンデ承ッテ置キマスガ、私ガ廃止スルカ廃止セヌカハ考慮ヲ致シテ置キマス」と明言をさけた。この答弁に、深沢はややあきれ気味に「是ハ一国ノ文教ノ大問題デアリマスルカラシテ、総理ノ考ヲ以テ能ク文部大臣ニ対シテ、所謂董督ノ任ヲ尽ス」ことを願って質問をおえた。(27) 監督責任を果たせ、ということである。

深沢豊太郎は四月一四日付『報知新聞』の記事で「雑用」といったとしているが、調べてみると伊勢神宮から帰京した翌日の四月一三日に記者たちと会見した際に「兎に角これで就任後の業務も一段落したのでこれから大いに身を入れてやる積りだ、何はさて政府の声明にもある通り国体明徴の徹底が先づ第一だが」と述べている。[28]『東京朝日新聞』でも「兎に角これで就任後の用務も一段落したのでこれから大に身を入れてやる積りだ、何はさて政府の声明にもある通り国体明徴の徹底が先づ第一」と述べたと報道している。[29]「業務」「用務」とも似た発音なので、平生釟三郎はこのどちらかの単語を発したのであろう。したがって、深沢の思いちがいによる難詰といってよい。

衆議院予算委員第二分科会および貴族院本会議　五月一四日

深沢の追及はつづく。五月一四日の衆議院予算委員第二分科会において平生に「文部大臣ノ漢字ヲ廃止スルト云フコトニ依ッテ、国体ノ明徴ハ期セラル、カドウカ」と問うた。国体明徴は前年にあった美濃部達吉の天皇機関説問題を当然連想させる。美濃部は一貴族院議員でしかなかったが、平生は内閣の構成員である。場合によっては内閣が崩壊するかもしれない。漢字廃止論を国体明徴と結びつけ、「踏み絵」をせまられたといってよいだろう。それでも平生は「日本ノ国家ハ漢字輸入前カラ高遠ニ存在シテ居ッタ」から「仮ニ漢字ガアリマセヌデモ、只今ノ御考ノヤウナコトニハナルマイト私ハ考ヘテ居リマス」と述べた。ただやはり漢字廃止の主張はまだ研究中であるから宣伝することはしない、とつけくわえた。[30]なおも深沢は質問を重ね、ついに平生は「今マデノ私ノ主張シテ居ッタコトハ未熟ノ点ガ非常ニ多イト私モ考ヘマスカラ、再検討ヲ致スコトニ致シマス」とこたえた。深沢は、再検討するということは未熟なものをこれからはやらないという意味にとれるので「今マデノ漢字廃止論ハ放棄サレルト云フコトニナリマス、洵ニ国家ノ為ニ慶ブベク、又内閣ノ為ニモ平生サンノ為ニモ慶ブベキコトダト思ヒマス」と返した[31]。平生釟三郎の返答はなく、これでようやくことは収まった。

この後すぐに平生は貴族院本会議に出席、日本ローマ字会の田中館愛橘議員の質問をうけた。ローマ字の教育をおこなう用意はあるのか、などという主旨であったが、平生は「漢字ガ今日マデ日本ノ文化ニ付テ貢献致シマシタコトハ、非常ナモノデアル」と述べ、ローマ字や仮名を今後も「国語」としてもちいていくつもりか、という質問に対しては「慎重研究ヲ要シマス、私ノ意見ノ点モ尚未熟ナ点モアリマスルカラ、十分ニ再検討ヲ致シタイ」、ローマ字は英語教育のなかで教えている、などと答弁した[32]。かつておなじ日本ローマ字会の田丸卓郎と、手段は異なれども漢字廃止という目標は一致している、として感慨深く議論を交わした平生の姿はここにはない。

この日に製作された『東京朝日新聞』夕刊（五月一五日付）では、「平生文相の漢字廃止論は貴衆両院の問題となり国体明徴運動の別行動としてこれを発展せしめんとする形勢が見られ、政府に於ても事態の推移如何によつては予期せざる重大結果を齎すことがないとも限らぬといふので頗る憂慮してゐたが、文相もこの情勢に鑑み事態の紛糾を懸念」し、漢字廃止論に未熟の点があり再検討したいと答弁したことを「問題の拡大に対する予防線を張った」と報じた。未熟＝放棄ではないとしつつも、これは「取消的釈明」だとし、貴族院での田中館に対して同様の答弁をおこなったことも「注目すべきことである」とした[33]。なお『読売新聞』（五月一四日夕刊一面）では「国体明徴」ということばを出さずに「衆議院としては今後相当面倒な形勢が展開されさうなので〔……〕問題の紛糾を避ける」という表現にとどまっている。

貴族院予算委員会　五月一八日

その後、だめを押すかのように、貴族院予算委員会で金杉英五郎議員から延々と質問をされた平生は「尚十分検討ヲ致シマシテ、果シテ自分ノ考ガ誤リアリト云フコトダッタラバ、伊沢サント同ジヤウニ取消スコトニ致シマス」と答弁し、金杉はそれに「スッカリ之ヲ放棄スルト云フ御考ラシウゴザイマス、アナタノ為ニモ国家ノ為ニモ非常ニ喜ンデ居リマス」と応じた[34]。

こうして、漢字廃止論が天皇機関説のような問題になることは回避されたが、のちの新聞報道によれば、次田大三郎法制局長官は、平生釟三郎の漢字廃止論が「国体明徴問題にからんで悪気流が漂つて来るといち早く藤沼〔庄平内閣〕書記官長と相談して文相に釈明的取消を行はせて行懸りを払拭したのは鮮かだつた」と評されている[35]ように、内閣が倒れかねない危うい状況であったことは確実である。

平生は一九一三年から一九四五年まで日記を一八八冊書きのこしており、甲南学園で翻刻出版作業がおこなわれているが、文部大臣在任中のものは「書かれなかったのか、書かれたが国家の機密に関するものとして破棄されたのか、戦時中の混乱に紛れて失われたのか、不明である[36]」というので、一連の国会での議論をどう感じていたのかをうかがいしることは困難である。

『国学院雑誌』「漢字廃止論批判」

さて、国会の場では収まったはずのこの問題に関し、『国学院雑誌』は「漢字廃止論批判」特集号を一九三六年七月に急遽刊行する。「漢字廃止論者に与ふ」と題された巻頭言（進藤刀水による）は漢字廃止および左横書きの主張を「浅見短慮」「好事家」「衒学的」「打算的」「功利的経済的教育観に出発するもの」「一知半解」のものにすぎないと評する。そして、漢字廃止論、突如として帝国議会の議に上る。説く者は文相其の人、我等は最初真偽を疑ひ、再度其の真なるを聴くに及んで、啞然として言ふ所を知らなかつた。痴人夢を説くにも似た此の言説、今や現実の問題として我等の眼前に横はつて居る。之を検討し之を批判して其の是非可否を汎く知悉せしめるのは、学徒としての我等の正しき使命であり責務であると信ずる。(37)

このように記し、国学院大学教授陣による漢字廃止論批判を展開していく。著者と題目を以下にかかげる。

市村瓚次郎「漢字廃止問題の再検討——特に平生文相の反省を促す」
高橋龍雄「漢語と国語との音節関係に就いて」
沢田総清「漢字廃止論を駁す」
松尾捨治郎「漢字廃止論の妄」
小柳司気太「漢字廃止論に反対す」
今井時郎「国字更改の社会的意味」
小野祖教「漢字廃止は非常識」
藤野岩友「漢字問題小感」
飯島忠夫「漢字廃止論に就いて」
今泉忠義「反対」

森田鋕三郎「漢字廃止論について」
尾崎久弥「国字問題雑感」
新田興「釟三行　並序」〔漢詩〕
進藤刀水「平生文相の漢字廃止論を検討す――漢字廃止即片仮名左横書国字論」
「第六十九帝国議会に於ける漢字廃止問題論議」〔速記録〕

帝国議会速記録をのぞくと五八頁なのでそれぞれの分量はそう多くはない。講演の速記もふくむのでことの緊急性がわかるのであるが、ローマ字論者の「田中館博士の如き学者の意見なら笑つて過すも差支ないが、苟も文教の責任の地位に立つ文相が漢字廃止論を唱へて議会の問題となつた以上[38]」、再検討し反省を求めるのは当然、という市村瓚次郎の立場を共有しているようである。

国語学者・高橋龍雄（一八六八―一九四六）は、漢字廃止の問題が明治初年から生じてきたことを指摘し、そのときは「恰も日本人種改良論さへも提唱されてゐた時であつた。而して日清戦役後支那を負かしてから、漸く喧しくなり、明治三十七、八年〔一九〇四、〇五年〕の頃が最も此の論の盛んな時であつた」とする。そして「当時廃止論の根拠となつたのは、先づ第一にタイプライターが打てないといふのであつた。されど今日は已に邦文タイプライターが発明され、此の根拠は勿論今日では覆されてしまつた」という。邦文タイプライターがどれほどの効率性、機能性をもっているのか高橋は十分に検討していないきらいはあるが、つづけて「次は漢字を使ふと世界の進歩に遅れるといふのであつたが、之亦、漢字を用ゐない欧米諸国が次第に凋落し、漢字を用ゐてをる日本が世界の指導的立場に立つて居る現状から見て、漢字廃止論は一顧の価値もないこと〻なつたのである」という認識を示す[39]。平生釟三郎たちとの認識の差異はいかんともしがたい。欧米でローマ字をつかっているから日本でも、という主張に対しては「天皇機関説が世界の諸国家に適合するとしても、日本国家にとつては全然適用されない如く」意味がないと論破していく[40]。漢字の造語力を重要視する高橋は、「漢字は初め学習するのに困難であるといふが、一たん記憶してしまへば、これ程重宝なものはない」とし、「漢字の音節が、国語の音節に調和して、全く日本の音節となつてしまつてゐるので、日本人が漢字を使ふのは、当然過ぎる程自然の結果」だと結論づける[41]。

高橋龍雄にしてもそうだが、漢字はすでに日本のものだ、という前提がここにある。その前提を共有したうえで「漢字は東洋諸国に於ける一種のエスペラントである」とする論者もいるが[42]、ともあれ「伝世」としての漢字であるから、平生たちのいうような現実的な不都合についてかえりみることはない。そして、ひとたび獲得したリテラシーをすすんで放棄することはない、という論者——大学教授であれば最高度の漢字リテラシー保持者といってもよい——たちの無意識をみることもできる。

そして漢文学者の沢田総清は、平生釟三郎は帝国議会で漢字廃止論を撤回したが「個人としては今なほ、漢字廃止論者と推測」したうえで、平生の『漢字廃止論』の批判をおこなうのだが、教育における非効率という点について「漢字は一見、非経済的のものゝやうではあるがやはり決してさうではない。今日の漢字は国民精神を構成培養する主因たるものであつて、且つわが国民文化の源泉である」し、そもそも「むづかしいものを征服し理解するやう努力する精神」を学校教育の場で養うためにも漢字教育は必要だ、としている[43]。精神論でしかないのであるが、沢田は軍隊での漢語使用についても「軍人は士気を重んずる」からこれを廃止することはできないとし、さらには漢字廃止論の最大の弊害として「恐るべき社会改造を誘発する」と述べていく[44]。これは第五章そして第七章の議論にもつながる。

平生釟三郎はもちろん、カナモジカイにしても国体の変革などまったく考えていないことは明瞭であるのにもかかわらず、国体明徴の流れのなかに漢字廃止論が位置づけられてしまうと、こうした「恐るべき社会改造」ということばまでも引き寄せてしまうのであった。勅語・勅諭の問題がからむと結局はこうした議論が登場せざるをえないのであるが、一九四二年になるとより鮮明化し、ここで紹介した論者たちが再登場することになる（第七章参照）。

漢字廃止論をめぐる議論が示すもの

ローマ字運動がもりあがり、カナモジカイが組織されていった一九二〇年代の時代状況は一九三〇年代になって政策にも反映されようとしていったが、その一方で「伝世」的議論は対抗的に力をみせるようになってきた。一九三〇年代後半からの社会状況の全体主義化、日中戦争に起因する総動員体制の深化のきざしとして、平生文相の漢字廃止論をめぐる騒動をとらえることができる。

ともあれ、漢字に起因する負担といった「応世」的視点は議論の俎上にのせることなく、「伝世」そのものである国体とからめることによって議論を封じていく前例がここに定まったといってよい。一九三九年には第五章であつかう左翼ローマ字運動事件がおこり、さらにはこうした構図が第七章でとりあげる標準漢字表をめぐる思想戦の伏線となっていくのである。

一連の騒動から一ヵ月後、『国学院雑誌』の特輯よりは前になるが、カナモジカイの上野陽一が「漢字引退は当然」という文章を『東京朝日新聞』に発表した。そこでは明快に「平生文相の漢字廃止論に対し、ことさら正面から議論することを避けて、みだりに触れてはいけない事柄をもちだして、問題にしようとしてゐる人のあるのは、なげかはしい」と果敢にも事の本質をついていく。漢字を抹殺せよなどとはいっていないし、現実に漢字は徐々に用いられなくなっているではないか、と教育漢字の数が減少している点、そして小学校六年の義務教育でおわるのが九割だという現状をふまえた対策を講じることが必要だと論じている[45]。さらに上野は、世のなか「いきなりカナばかりをつかつても、すこしもサシつかえない部分がある。マズそうした方面からドシ／＼能率のたかいカナモジタイプライタをつかってユクことにすれば、それだけでもどんなにか生活改善になるか知れない」という主張を同時期に発表している[46]。さしつかえない範囲で、つかえるところからどんどんと、ときわめて実践的である。また上野は『カナ　ノ　ヒカリ』で、この件に関して世間の関心がたかまったのであるから、この問題の「指導団体トシテノ　使命ニ　忠実デ　アリタイ　トノ　念願デ　ミタサレテ　イル」とも述べている[47]。

カナモジカイからの援護射撃として、上野陽一のほかに、伊藤忠兵衛のものをあげておく。伊藤は『大阪朝日新聞』に寄稿し、漢字使用は漸減傾向にあるので「世の中は漢字廃止の道すぢをたどつてゐることがわかる」とし、平生も議会では漸減といっているではないかと反論する。「古典と芸術」と「日常の実務」をわけて考えるべきであり（それでも「漢学は何も漢字によらなくとも通じる」とも述べているのではあるが）、日常使用での不便をなくすことこそが肝要であると主張していく。「漢字廃止に反対する人は漢字を多く知つてゐる人」であって、「国民の九割は小学校の教育で終つてしまふ」のだがそれでも小学校で教える漢字一三五六字のうち平均で六八一字しか書けなかったというカナモジカイの調査結果（第三章参照）にもとづき、「漢字の使用は、まづ国民の多数が読み書き出来る程度に引き下げることが急務」であり、これこそが「漢字廃止の真義」であると論じていく[48]。

『カナ　ノ　ヒカリ』では、平生の議会答弁への世論の反応についてふれている。そこでは、「国字問題ワ　社会全般ノ　自覚ヲ　マッテ　ハジメテ　完全ナ　解決ヲ　ミル　コトガ　デキル」とすれば、今回のことが社会全般の注目をあつめたのはよかったとしている。[49]その一例として『日本評論』の座談会でもとりあげられ、参加者の菊池寛（一八八八―一九四八）が将来的には廃止の方向に、と述べたことが引用されている。[50]また、カナモジカイ主事・稲垣伊之助は、漢字廃止は漸進的であり、古典・趣味・学問としての漢字は廃止しない、あくまでも「実用文字　トシテノ　漢字ノ　不便不都合ヲ　説ク」のだという平生ひいてはカナモジカイの立場を強調した文章も発表している。[51]そして注目をあつめている この機会に、この立場を広く理解させていくことがカナモジカイ会員の使命である、とも述べる。[52]

この主張は妥当のように思われるが、上野陽一がいうような「みだりに触れてはいけない事柄」と漢字廃止が直結されたことにもっと危機感をいだくべきだったのではないだろうか。勅語云々ということに関して『カナ　ノ　ヒカリ』で議論された形跡はない。お互いに「みだりに触れ」なかったのかもしれないが、「能率」という「応世」にほとんど頼りきって拡大してきたカナモジカイにとって、「動員」の時代をむかえると、それが「能率」と不可分であるにせよ、「動員」の目的が「国体」とからんでくる場合に、このような大きな問題と直面せざるをえなくなるのである。

その後現実の政策は、義務教育年限延長問題とからめて、新聞の使用漢字の種類を現状の三五〇〇字程度から二五〇〇字程度に減らす一方、義務教育で学習する漢字数を約一三〇〇字から二五〇〇字程度に増加して「国民常識の向上」をはかる、という漢字増加の方向に舵を切った。ただし、読めるだけでよい漢字と書けなければならない漢字とを設定し、約七〇〇字とする後者の教育は確実におこなう、という方針を示した。[53]有村兼彬は義務教育で教育する漢字数を増加させることは「それまでの平生の主張を見てきた我々には実に奇異に聞こえる」[54]としているが、平生釟三郎としては漢字制限の緩和ともそうでないともとれるあいまいな形を示しておきたかったのであろう。

平生釟三郎の在任時にはすでに国語審議会は発足していたが、一九三七年までは漢字字体の整理を中心的におこなっており、広田内閣ではこの方針は実現することはなかった。国語審議会が常用漢字の選定を開始するのは、内閣かわって、翌一九三八年からのことである[55]。直接的な影響はなかったともいえるのだが、読めるだけでよいという発想は中間報告時に二五二八字であったこともふくめて、国語審議会の一九四二年の標準漢字表に間接的に影響をあたえているととらえてよいかもしれない。

有村兼彬の指摘によれば、平生は文部大臣辞任後も一九四一年二月まで、日記には漢字問題についてふれるところがなかったという[56]。しかしそれでも、『カナ　ノ　ヒカリ』の一九三八年一月号には、「ワレラガ　永年　カナモジ運動ヲ　ツヅケテ　イルノワ、日本語ヲ　ソコネヨウト　スル　漢字　ノ　害ヲ　トリノゾキ、日本語　ノ　健全　ナル　発達ヲ　ウナガソウ　ト　スル　精神ニ　ホカナラナイ[57]」と明確に記している。そう簡単に沈黙しないということではあろう。

ところで、第三章で、一九四〇年に『日本医事新報』が「漢字問題の学術的根拠と具体策」を「特別課題」として問うたことを紹介した。ハガキ回答を求めた人物のなかに、平生がいた。「一、漢字使用の継続、制限、廃止何れを希望されるや。／二、新興大日本には如何なる文字が最適と思惟されるや。／三、漢字の功罪につき心付きたる点。」という問いに対して平生は、「一、漢字制限。二、カナ文字。三、東洋文化の輸入せる功績、日本文化の発達の阻碍。」と回答している[58]。国内では漢字制限としているので、平生の従来の主張からすれば後退となるが、完全に沈黙していたわけではない。また「新興大日本」を「大東亜共栄圏」ととらえれば、共栄圏内はカナモジ日本語で、という平生釟三郎「大東ア　ヲ　ムスブ　カナモジ」『カナノヒカリ』二五一号（一九四二年七月）での主張と同様になる。ちなみに、上野陽一も回答を寄せているのだが、「漢字全廃を希望す」としつつも「使ふ字の数をダン〳〵

少くして」いく方法を提起している。「二」に関しては「カタカナがよい」とし、「三」に関しては「漢字がアマリ不便なのでカナを発明するに至らしめたのが漢字の功一級である。罪はあげて数ふべからず」と、カナモジカイの主張に忠実であった。[59] 別のところで上野陽一は、「新東亜の開拓にはゼヒ新式のカナを」と、日本内地はともかく「新東亜の天地」には表音式かなづかいのカタカナで、と主張していた。[60]

時局に応じるカナモジカイ

ともあれ、平生の国会答弁を通じて漢字廃止論にとってなにがふれてはいけないことなのかを確認したかもしれないカナモジカイは、「応世」が何かをみきわめつつ、国体にふれることをさけながら、活動を継続していくことになる。

たとえば、日中戦争がはじまった一九三七年、第一次近衛文麿内閣は戦争遂行のために国民精神総動員運動を展開した。これをふまえて、稲垣伊之助は「ココニ　総動員　ニ　アタリテワ　カナモジ運動ノ　動員ヲ　オコナッテ　一段ト　運動ノ　ヒノテガ　サカンニ　ナリ、国字改良ガ　促進サレル　ヨウ　ツキススムベキ　突撃路ヲ　発見シテ　ユカナクテワ　ナラナイ」[61] と国民精神総動員運動にカナモジ運動を位置づけようとし、その翌年に代表理事・星野行則は「支那事変ノ　タメ、ワガ国民精神　ワ　緊張シ、非能率ニシテ　弊害　オウキ　アラユル　国民生活ヲ　ヤメテ　有効適切ナル　モノヲ　撰ブ　革新　ノ　気ガ　ミナギッテ　オル．国字改良　ノ　ゴトキワ、モットモ　真率ニ　考慮サレナケレバ　ナラヌ　自然ノ　大勢ヲ　現出シテ　オル」[62] と述べている。戦争に動員するために非能率が排されるから、そこで革新の機運が増し、「国字改良」も同様に注目されるのだという論理である。また、別の理事（池田敬八）は、日本精神の涵養には日本語の愛護が不可欠であり、日本語の愛護には「国字ヲシテ堅実ナル発達、適切ナ改良ヲトゲサセルコトガ緊要デアリマス」という論法をくみたてている[63]。

2　戦争と漢字制限

1　高度国防国家建設と漢字制限——もうひとつの「応世」

国会の場では漢字廃止を天皇制とからめた論戦がなされていた一方で、戦争という場では勅語の漢字がどうこうといった議論は意味がなく、より現実味のともなう問題として漢字制限が真剣に検討されていた。命令は迅速で的確に伝えられなければならなかった。作戦の失敗は当然ながら国家の存亡に関わる。その意味では能率・効率こそ軍隊で重んじられるべき思想であった。しかし一方で軍隊は不条理がまかりとおる場とも化していた。そもそもなんの権利があって武力をもちいて人の命を奪わねばならないのか。その不条理を不条理と感じさせないためには精神論による洗脳もなされねば軍隊は機能しない。両者が対立することなく共存するのが軍隊なのかもしれないが、精神論が、能率・効率をもとめる合理主義を圧倒していくようになると、軍隊ひいては国家の行く末はみえてしまうことになる。

まずは、若干時間を先送りして、太平洋戦争さなか戦況が不利に向かう時期に能率・効率をもとめる議論がどのような形であらわれてきたのかをさぐってみたい。一九四二年四月一八日に最初の東京空襲（ドゥーリトル空襲）があったころの話である。

国語審議会が常用漢字の選定作業を一九三八年からはじめていたことはすでに述べたが、国語審議会第五回総会（一九四二年三月三日）に提出された「漢字ノ調査ニ関スル主査委員会委員長報告要旨」（著者所蔵、以下「要旨」）では、漢字制限の必要性について、以下のように述べている。

〔……〕コトニ高度国防国家ノ建設、日本語ノ海外進出、ソノ内デモ占領地ヘノ進出トイフ国運ノ興廃ニ関スル国策ノ完成ニツイテノ切ナル要望ガアリマスル今日、コレニ伴フ生産力ノ拡大及産業ノ合理化、教育ノ整備、国民生活ノ簡易化合理化等、カウシタ重大国策ノタメニ、国字ノ機能ヲ十分ニ発揮スルヤウニイタサネバナラヌ、ソレニハ、漢字ヲドウ扱フカトイフ、ソノ問題ヲ解決イタスコトノ急務ヲ痛感スル次第デアリマス。（「要旨」一一丁裏―一二丁表）

「日本語の海外進出」も漢字制限を必要とする要素のひとつになっていたことに、あらためて注目しておかねばならないが、「高度国防国家の建設」「生産力の拡大」「産業の合理化」ということばにも注意したい。

そして、以下のようにも述べる。

タヾシ一面ニオイテ漢字ガ我国ニ行ハレテ年久シイノデアリマスカラ、ヨク過去及現在ノ実情ニモ深イ考察ヲ加ヘ支障ヲ来タサヌヤウニイタス必要モマタアリマスル〔……〕（「要旨」一二丁表）

ここからもうかがえるが、国語審議会は漢字の廃止までは視野に入れていなかった。このことは、第六章でとりあげることになるが、「優良文字タル理想条件ヲ具備シ各分野ニ亘リテ応用自在ナル補字ノ調査ヲ国家ノ事業トナシ国字ノ改善断行ニ著手セラレタシ」[64]という一民間人からの国会への請願（漢字でもカタカナでもひらがなでもない新たな文字――「優良文字」――をつくること）を、国語審議会がまともにとりあつかうことがなかったことからもわかる。

2　陸軍兵器名称簡易化

国語審議会にとって心づよかったのは、「高度国防国家」への要請とも合致するのだが、陸軍で一九四〇年二月二九日に「兵器名称及用語ノ簡易化ニ関スル規程」を制定して、陸軍一般に通知していたことであった（陸普第一二九三号）。兵器用語は二〇〇〇以上になるとされるが、この第二条に「兵器名称等ニ使用スベキ漢字ハ兵器取扱ノ一般化ヲ徹底セシムルノ趣旨ニ基キ平易ニシテ尋常小学校ヲ卒業シタル者ガ之ヲ読ミ且書キ得ルヲ目途トシテ」とあるように、兵器用語には制限した漢字（一級漢字九五九字（尋常小学校四年修了程度および五・六年の平易なもの）、二級漢字二七六字（一級以外の尋常小学校修了程度および用途の広いもの、使用する場合はフリガナをつける）の計一二三五字）を用いるようにし、同年五月一七日にこの規程に基づいた『兵器用語集（其ノ一）』を作成し、通知した（陸普第三三三一号）[65]。さらに翌一九四一年三月一九日には「兵器名称及用語ノ簡易化ニ関スル規程中改正ノ件陸軍一般へ通牒」（陸普一八〇一号）でかなづかいも表音的なものに変更した[66]。

陸軍がこうした兵器用語の簡易化をおこなった背景には兵士の識字レベルが一定ではなかったことがある。たとえば、この時期の普通の青年男子が、どの程度漢字を書くことができたかについては、徴兵検査と同時におこなわれた、文部省と陸軍省による学力調査（国語・数学・理科・修身などにわかたれた、

壮丁教育調査）から断片的にうかがうことができる。(67)

たとえば一九四三年度の壮丁教育調査では、「僕も入営以来いたつて□□《げんき》で□□《ぐんむ》に服してゐます」のふりがなのとおりに漢字を書け、という設問では、両者正答率平均五一・六パーセント（母数五八万一二二五人）である。学歴では「不就学」の正答率二・八パーセントから、「中等学校在学中及半途退学」の九一・二パーセントまでばらつきはある。「早く行つて□《テキ》を□《オ》ひはらへ」は平均三六・九パーセント、「わが領土は明治天皇の□□《みよ》に大いに□□《くわくちやう》された」は、平均二四・五パーセント、「中等学校在学中及半途退学」でも六六・四パーセントの正答率しかない。(68)

これでも現場が混乱しなければ問題はないのかもしれない。しかしながら、陸軍省兵器局少佐・荘司武夫は中国戦線（南京、徐州、武漢、漢口）に投入されたとき陸軍歩兵大尉であったが(69)、そこで経験したこととして「第一線から、ある部品の要求が来ても、確実に後方からその部品を補充することが出来ない、かえって間違ったものを補充する。或は第一線での要求が確実に後方に伝らない、そうゆうことが再々起ったのであります(70)」と講演で述べている。また、陸軍省技術本部総務部第三課長・大村亀太郎によれば、兵器用語に使う漢字を五〇〇字に制限する案も検討されていたという(71)。

また、本書第一章でも登場した陸軍工兵大佐・河野巽は同時にカナモジカイ会員であったが、「陸軍ノ　文字　文章」を『カナ　ノ　ヒカリ』（二八四号、一九三七年二月）に寄せている。これは陸軍の国語国字問題史とでもいうようなものであるが、資料的にも興味ぶかい。まず、一九三四年四月二一日にはカナモジカイの代表が陸軍教育総監部を訪問して、軍用語の平易化の建議書を提出したこと(72)が紹介されている。また、陸軍用語が難解であるという指摘を十分に承知してはいるものの陸軍用語の簡易化に否定的な言説——「単に自分が分り難いとか、一二度使つて分り易かつた等と云ふ事を基準とせず、また局外者の此の様な単簡な論旨に動かさるゝ事なく、深き考察と実際の経験とを土台として考へる事が必要である」[73]――が紹介されていたり、次に述べる軍隊でのカナタイプライター使用実験に関する論考などが紹介されている。

河野巽の指摘によれば、カナタイプライターの使用については、一九二五年に近衛師団で「仮名字打機二台」を購入、「字打兵」を養成し演習などでその効果をはかるなどしていたという。実験をおこなった陸軍少将清水喜重は「漢字を混入することは能率に大に影響ある」のでこれを避けるためにカナタイプライターの使用を推奨していた[74]。

このように陸軍では一九二〇年代から戦場での文書作成の機械化をめざす動きがあったようで、山田尚勇の研究によれば、参謀本部で委員会を組織し、カナタイプライターとの比較を経て、一九二七年に特注の邦文タイプライターを採用することになったというが、詳細な資料は残っていないようである。陸軍では邦文タイプライターを使用するようになったのだが、この延長に兵器用語簡易化を位置づけることができるのか不明ではあるものの、小さなタイプライターでは漢字数を三〇〇字にまで制限したという。数カ月の訓練を受けた兵士であれば、一分間に九〇字程度の確実な打字能力を身につけることができたそうだが、それでも英文の半分程度であった[75]。

海軍については、第三章でも登場した伊藤忠兵衛の回想録によれば、一九二〇年代のはじめから、カナモジ化の動きがあり、水雷機関学校などが教科書を横書き、カタカナ、アラビア数字で作成して教育をした結果、三年の教育が二年半ですむようになったとしている。

また、伊藤によれば時期は不明だが、陸軍の大阪、姫路両師団が対抗演習をおこなったときに双方がカナタイプライターで一分に二〇〇字以上打字できる下士官の「字ウチ」が数人いて、命令書をうち、

飛行機で配布したり、伝令で手渡しをしたりしたという。(76)

3 陸軍と国語審議会

さて、『兵器用語集』が出た翌月、一九四〇年六月二五日に、文部大臣官舎において、文部大臣、国語審議会委員、そして陸軍省兵器局長をはじめとする陸軍将校八名(このなかには先の荘司武夫もいた)が参加した懇談会がおこなわれた(「陸軍側、国語審議会懇談会報告」(77)、以下「報告」)。国語審議会の南弘会長は、漢字とかなづかいの教育ばかりに時間がとられるが卒業後は大部分忘れてしまう、と述べたうえで「国民ノ多クガ学校ヲ出テモ手紙一本満足ニ書ケヌトイフコトデハ将来我国ガ列強ニ伍シテ世界ニ優者ノ位置ヲ占メテ行クコトハ困難」だとする(「報告」三―四頁)。そのなかで陸軍が兵器用語の漢字制限を断行したことは国語審議会がめざす「国語ノ整理簡易化」にとって「正ニ百万ノ援軍ヲ得タヤウナ心地」であるが、「国語改良ノ事業ハ容易ナ事デハアリマセン」から「軍部ニオカセラレテモ国家ノタメ十分御尽力御支援ヲ賜ランコトヲ」と協力を要請している(「報告」五頁)。その後、陸軍省兵器局長・菅晴次少将が『兵器用語集』の要点を説明していくのだが、「漢語ハ何トナクイカメシク威厳ガアルヤウナ感ジガスル」ので、軍隊のなかでしか通用しない、漢語を多用する「兵語、軍隊語」ができあがってしまっていたが、日中戦争後には日常用語との乖離がより問題となってきたと述べている。「何シロ普通ノ兵士デハ兵器ノ名前モ満足ニ書ケナイ始末」であり、そのために兵器名称の簡易化をおこなったのだということ(「報告」六―七頁)。そして、「何トカシテ国民教育ニオケル文字ノ負担ヲ軽クシテ、ソノ余力ヲ科学知識ノ涵養ニ向ケルヤウニシテイタヾキタイト思フ」としめくくる(「報告」一二頁)。同様の発言は、教育総監部課員・服部卓四郎中佐(一九〇一〜一九六〇)もおこなっている。いわく、ドイツの機械化部隊が戦果をあげたとしたうえで「兵ノ科学知識ヲ高メルコトガ何ヨリモ先決問題」であり「国民教育ノ合理化」のために「文字ノ負担ヲ軽クシテ余力ヲ科学教育ニ向ケル必要ガアリマス」としている（「報告」一九―二〇頁）。服部みずから「自分ハ着任日尚浅イノデ十分ナコトヲ申上ゲラレナイ」といっているようにこの前年のノモンハン戦争（ハルハ河戦争）では関東軍作戦主任参謀だったが、作戦の失敗により教育総監部に左遷されてきたので、着任日浅いわけである。ノモンハン戦争でソビエト軍の機械化部隊に惨敗した服部ならではの実感のこもった発言とみることもできる。日露戦争以降、資源小国・日本がいかにして大国と伍して戦うことができるか、という軍人たちのさまざまな議論は片山杜秀『未完のファシズム』で展開されているが、[78]「持たざる国」を「持てる国」へと転換させていくための手段のひとつに、機械化・合理化があったので、軍隊での漢字制限もその一環ととらえることができる。要するに、陸軍にとっては切実な課題なのであった。

しかし、片山が指摘するように、こうした議論が結局は精神論へと収斂していったことが暗示しているが、たとえば国語審議会が選定した標準漢字表における漢字制限の思想も、第七章で詳述するように、精神論によって骨抜きにされていくことになるのであった。

それはともかく、服部卓四郎は国語審議会との懇談会の直後の一九四〇年一〇月に参謀本部作戦課に異動、のち作戦課長となり無謀なガダルカナル作戦や、大陸打通作戦を立案することになる。敗戦後は『大東亜戦争全史』の執筆に関わったことでもしられる。

こうした服部の履歴を考えると、漢字制限以前にまともな作戦をたてることが先決だとは思うのであるが、戦闘が、兵器のせいではなく文字のせいでまともにできないのであれば「高度国防国家」もあったものではないということになる。また、「科学的知識」の獲得のためにも漢字制限が必要だという議論がなされていたことにも注目したい。

この懇談会では国語審議会の前田捨松委員（元・誠之小学校校長）が、軍は必要に迫られて改正ができたから「力強イ」と評価し、増田義一委員（実業之日本社社長）はこの改正で「吾々ハコレカラ仕事ガヤリヤスクナツテ来マシタ」と国語審議会の追い風になると歓迎していた（「報告」一八頁）。

陸軍との会合はこの一回にとどまらず、一九四〇年七月二二日の予備的会合をへて、七月二七日に国語審議会（保科孝一）、国語協会（岡崎常太郎）、カナモジカイ（星野行則、松坂忠則）、文部省と、陸軍省、教育総監部の出席者で陸軍省において会合をおこなっている。これはカナモジカイと国語協会が、学校教育での発音かなづかいの教育、漢字制限を要望するためには「軍部ノ　理解ヲ　モトメル　コトガ最モ　有力デ　アル」という意図で企画されたものであった[79]。軍隊、とりわけ陸軍と積極的に連携していこうとする姿勢をうかがうことができる。

国語審議会とも関係が深い国語協会も、機関誌『国語運動』の巻頭言で「われわれは久しい間、軍隊用語は軍隊とゆう別社会のものと考えて来た。それを、軍民一致、戦線・銃後が一体となって支那事変の解決、東亜新秩序の建設にマイシンする今日、軍当局が進んでこれを簡易化し、国民に親しみやすくしたことに対して、特にわれわれは心からの敬意と讃辞を表せずには居られない」と高く評価し[80]、カナモジカイと国語協会が共催して大阪の阪急百貨店で開催した「国語国字展覧会」でも陸軍の兵器用語簡易化について紹介している[81]。

また、先にも引用した、国語審議会第五回総会（一九四二年三月三日）に提出された「漢字ノ調査ニ関スル主査委員会委員長報告要旨」によれば、陸軍が一九四一年三月一九日に兵器に関する仮名遣を発音式に改めるように通達を出した（「要旨」六丁裏）ことをふまえ、「漢字ヲ多ク用ヒルト用ヒナイトハ皇軍ガ大ナル戦果ヲ挙ゲマスル、ソノ戦力ノ上ニ非常ナ関係ガアル」としたうえで、「カウシタ偉大ナ実戦ノ結果カラ来タ尊イ教訓ガ主査委員会ノ調査ノ上ニモ影響ヲ与ヘマシテ、常用漢字ヲ少クスルコトニ更ニ努力イタシマシタ」と述べている（「要旨」七丁表）。国語協会としても、「わが国語国字の現状がいかに複雑で不合理なめんどうなものであるか、従ってこれがために国防の上にも、産業の上にも、あるいはまた文化の上にも国民の日常生活の上にも非常な障害を与えて居る」という認識であった[82]。第五章でとりあげる高倉テル（一八九一—一九八六）も、一九四四年の著作でこの陸軍兵器用語の簡易化にふれ、兵器用語が「カン語からふつうのニッポン語にかえった」と喜び、「こうして、ニッポン語を一つのニッポン語に清めあげることは、すぐに、ニッポンの生産力を高め、軍隊を強くすることと、かたく結びついている」と称賛している[83]。

くりかえすが、漢字制限は軍隊にとって死活問題であった。兵士を総動員しなければ戦えないほど戦線をひろげてしまった以上、できるだけ簡易化して効率をあげなければ戦闘そのものも十分にできない、ということである。戦線の拡大がまねいた、漢字制限への追い風といってもよいだろう。したがって、標準漢字表が決定答申された翌日の『東京日日新聞』（一九四二年六月一八日）に「日本精神を育む——準常用・特別漢字の意義　陸海軍の深い関心」というみだしのもと、陸軍報道部および海軍報道部のコメントが掲載されたが、ともに常用漢字の制定を歓迎する内容となっている。ただし、陸軍報道部は「常用漢字制限によつて日本語の本質を失ひ象形化することは注意すべきであらう」と注意している。

4　防諜と漢字廃止

もう一点、陸軍と漢字について補足しておく。

陸軍中佐・大坪義勢《よしとき》の漢字廃止論である。主として講演集『国家総力戦　防諜講話』で展開されている。以下簡単にみてみる。

大坪は国語審議会とは関係ないが、「漢字がある為に、日本の国力がどれだけ阻害されておるか分りません」、「日本の知識階級わ知つている漢字の数が多いだけです」、「漢字おあまり勉強するのわ、風呂敷ばかりお立派にして、内容がないのと同じことです」と主張は明快である。(84) その根拠としてあげているのは、やはり伝達の効率の問題である。つまり、指揮官の命令をタイプしてそれが下部にまで伝わるのに時間がかかり、それでは「日本が若し漢字おやめないならば、ドイツと戦おしたら必ず負けます」といわれたことがあるという。そのうえで「斯様に漢字がありますと、いざとゆう時戦争に勝てないばかりでなく、それお習うことに一生懸命になる為に、国民の思想お鍛錬する暇がありません。日本の文化が進歩しません。ですから私わ漢字わ撤廃した方がいゝと思います」と述べる。(85) 戦場での効率、教育での効率を前面にうちだした議論で、動員を円滑におこなうための漢字廃止論であり、総力戦下にあっては当然登場してくるものであった。上からの動員という構図でいえば、第三章でみた、産業資本主義のための動員と異なるところはない。

大坪は、かなづかいも、引用のように徹底して表音主義でこの本を書いている。「この世界情勢に処する為文部省わかゝる問題について何おなさんとしているのでしょうか。無駄の排除わ衣食住ばかりでわありません」(86) と文部省へも批判の矢をむける。外国の宣伝戦や秘密戦への防備が不足している、との認識のもとこうした講演をくりかえしており、外国の宣伝戦は、一九二二年に来日したマーガレット・サンガー（一八七九―一九六六）の産児制限をふくめてユダヤの謀略であると決めつけている。(87) ちなみに、第七章でみるように、漢字制限こそがユダヤの謀略であるとの批判もあるので、とすれば大坪の立場はどっちつかずになる。かように「ユダヤの謀略」とは非常に都合のよいレッテルであったのだが、大坪のこの書物には、防諜の重要性を説くのはよいにしても、その効果をあげるためには国民は情報をしる必要はない、なぜなら情報を知ればその機密度に関係なくべらべらとおしゃべりをして、無意識のうちに敵を利することになるからだ、といった考え方が根本にある。陸軍幼年学校から陸軍士官学校（三六期）、陸軍大学校（四八期、一九三六年卒）という経歴の職業軍人である大坪義勢にとっては、ごく当然の認識だったのだろう。嫌味をこめていうが、女性が外ではたらく必要はないといった大坪の論調もふくめて、二〇一二年の第二次安倍晋三内閣発足後の政府の傾向とたいしてかわりのないことが延々とこの書物には書かれている。

　情報や事実をしる必要がない、という大坪の認識が明瞭にあらわれたのが、一九四二年四月のドゥーリトル空襲後に空襲体験者の報告に軍当局が答弁するという形で出版された『四月十八日　敵機空襲体験記録』（教育出版社）のなかにおいてであった。これは山中恒『暮らしの中の太平洋戦争』で紹介されている。大坪いわく、「弾丸《タマ》はタマにしか当らぬから弾丸という。その弾丸に当るのは、よくよく前世に悪いことをしたと考えてもらいたい」と笑えないダジャレをいいはなち、空襲被害の程度をしりたいという質問についても日本人はおしゃべりだから「真相は発表すべからざるもの」なのだとにべもない(88)。

　漢字を制限あるいは廃止していくことが、めぐりめぐって高度国防国家建設のためになる、という議論のいきつく先はこういうことでもあった。あるいは高度国防国家の本質をはからずも暴露したともいえるだろう。ただ、大坪はしるすべもなかっただろうが、米軍に捕まった日本兵が、皇居の建物配置から零戦の性能、戦艦大和の構造、軍需工場の内部までしゃべっていたことがあきらかになっている(89)。これでは防諜もなにもあったものではない。

ちなみに、大坪は日中戦争に従軍、その後東部軍司令部付防衛参謀となる。防諜講演をくりかえしていたのはこの時期のことである。そして中部軍参謀などをへて中部軍司令部付となっていたが、一九四五年一月五日に名古屋陸軍病院で大佐として病没している。(90)

3 漢字制限への政策的あとおし

さて、一九四〇年の陸軍兵器用語の簡易化につづいて、国語審議会が心づよく感じたであろう出来事は「国語国字ノ整理統一ニ関スル閣議申合事項」(一九四一年二月二五日)であった。具体的には、

国語・国字ノ調査研究並ビニ整理統一ヲ図ルハ、国民精神ノ作興上又国民教育ノ能率増進上、更ニ東亜ノ共通語トシテ醇正ナル日本語ノ普及上、現下極メテ喫緊ノ事ナリ、故ニ政府ハ之ヲ重要ナル国策トシテ左ノ申合ヲナス
一、文部省ニ於テ国語国字ノ調査研究並ビニ整理統一ヲ促進シ、内閣及ビ各省ハ之ニ協力スルコト
一、前項ニ依リ整理統一セラレタル事項ハ閣議ノ決定ヲ経テ内閣及ビ各省速カニ之ヲ実行スルコト

とある。(91) この閣議申合事項がなされたのは、次に述べる国語対策協議会と関連がある。

国語対策協議会とは、一九三九年六月二〇日から二三日にかけて、日本語教育に関する諸問題を協議するために開催された文部省主催の会議で、朝鮮や台湾、「満洲国」などの関係部署の官僚や国語教

育・日本語教育従事者を集めておこなわれた[92]。各地域の政策主体に関連のある組織が一堂に会した、とみてよい。

最終日に文部大臣荒木貞夫宛になされた建議は、「国語ノ調査統一機関設置ノ件／日本語教育連絡機関設置ノ件／日本語指導者養成ノ件／標準日本語辞典編纂ノ件」など六件であった。前二者が示すように、普及すべき日本語と、政策調整とを求めたのである。

この結果、文部省図書局に国語課が新設された（一九四〇年一一月二八日）。さらに、一九四一年一月二〇日から二三日にかけて開催された第二回国語対策協議会の三項目の希望事項にも「国語ノ整理統一機関拡充強化ノ件」があげられ、国語課が新設されたことを「洵ニ慶賀ノ至リニ堪ヘズ」としつつも、時局の進展による重要性が増大しているので、「宜シク其ノ機構ヲ拡充強化シテ国語ノ調査研究並ビニ整理統一ノ促進ヲ期セラレタシ」としている[93]。この第二回国語対策協議会で「日本語教育連絡機関」の設置も要望され、外務省外郭団体として日本語教育振興会が設立された（のちに文部省外郭団体となる）。日本語教育振興会では、雑誌『日本語』、日本語教科書『ハナシコトバ』などの刊行、日本語教師の養成・派遣事業などをおこなっている。

日本語教師を育成して「東亜の共通語」として普及させるためにも「国語の整理統一」は重要な国策であるから、各省庁もこれに協力してほしい、というのが先の閣議申合であるから、国語対策協議会の建議・希望事項への反応と考えてよいだろう。もちろん、国語審議会にとっても、願ったりかなったりのものであったはずである。

しかし、カナモジカイの稲垣伊之助がこれを「政府は国語国字問題の整理統一を重要国策として取上げることに決定した[94]」と期待をこめて評してはいるものの、実際には「閣議申合」は、内閣の意思を決定する「閣議決定」やさらにすすんだ「内閣告示」に比べると影響力はつよくなかった。以下に述べる国語協会がこうした動きをいかに支えていたとしても、現実に政策化となると、一筋縄ではいかなかった（第七章参照）。

4 国語協会の成立

1 簡易化団体の糾合

文部省を後援する国語協会

一九三〇年代以降も文部省で漢字制限に向かう動きは高まりつづけていた。こうした文部省の国語調査事業を後援・促進し、国語の整理統一を目的として国語協会が組織された[95]。一九二九年九月に世話人会を発足、一九三〇年一月に発足した。南弘が西園寺公望の賛同を得て、西園寺の推薦によって近衛文麿を会長にむかえた[96]。カナモジカイからも下村宏、日向利兵衛、池田敬八らの理事が世話人会に入り、「カナモジ運動　ニ　サキダッテ　漢字ノ　森林ヲ　キリタオシ、文体、カナ　ヅカイ　ノ　地ナラシ　ヲ　スル　コト　ワ　カナモジ　ノ　種子ヲ　マク　ニ　都合ガ　ヨイ」と協力関係を結んだ[97]。そうしたこともあり、国語協会とカナモジカイは共同で「文字文化展覧会」を開催したり（一九三五年七月一九日〜二九日、東京三越。「会期十日間日々五千から一万の来観者」があったという[98]。同じ展示内容でカナモジカイ大連支部主催で一〇月一七日〜二〇日は大連の満洲日日新聞社講堂で、同月二七日〜三〇日にかけて「奉天」の満蒙毛織百貨店でも開催した[99]）、また「国語国字問題大講演会」を東京、大阪、名古屋、金沢で開催したりした[100]

（近衛文麿は首相となる）。しかし、機関誌も事務所もなく、活動停止状態となった。

しかし一九三七年五月に、国語愛護同盟と言語問題談話会を吸収合併する形で活動を再開した[101]（六月に会長の近衛文麿は首相となる）。国語愛護同盟（機関誌『国語の愛護』全八号、一九三五年四月―一九三七年五月）は、特定の立場に偏向しない広い視野での国語改良をめざした団体として一九三二年に発足し、内部は法律部・医学部・教育部・経済部にわかれ、それぞれ具体的な研究をおこなっていた。なお、国語協会との合併後に婦人部が創設され、さらに一九三九年一月に文芸部も創設された。言語問題談話会（機関誌『言語問題』）は英語学者・岡倉由三郎（一八六八―一九三六、岡倉天心は兄）が一九三五年に組織したもので、言語問題、とりわけ基礎語彙の研究などをおこなっていた。

要は、日本語の整理統一をはかる団体を吸収合併して活動を再開したわけである。カナモジカイなどとの協力関係も継続していた（たとえばカナモジカイの上野陽一は国語協会の理事をつとめた）。会長の近衛がいうように「出来るだけ政府の整理事業に御力添を致したい」とすると同時に「国語国字に整理統制を加へて之を純化し、大に国語に対する尊重愛護の精神を啓培することに努力」する組織といってよいであろう[102]。そして機関誌『国語運動』（一九三七年八月―一九四四年一一月〔終刊不明〕）を刊行する。この機関誌は書店にならべずに会員に頒布する形のものであった。

権威づけとしての天皇「御製」

ところで、こうした言語運動がその正当性を示すために、天皇の力を借りてもいることを指摘しておきたい。国語協会に合併した国語愛護同盟はその機関誌『国語の愛護』第一号（一九三五年四月）の扉に「明治天皇の御製」五首を掲げている。

しばかりに　いとけなきより　いづるこは　まなびのみちに　いるひまやなき
うるはしく　かきもかかずも　もじはただ　よみやすくこそ　あらまほしけれ
よきをとり　あしきをすてて　とつくにに　おとらぬくにと　なすよしもがな
ものごとに　うつればかはる　世の中を　こころせばくは　おもはざらなむ
ききしるは　いつのよならむ　しきしまの　やまとことばの　たかきしらべを

国語協会の機関誌『国語運動』創刊号（一九三七年八月）の扉にも、このうちの二首目と五首目が掲げられている。明治天皇の「御意」にそった運動であることを示している。[103] 戦略的に利用したという意識はなかったであろうが、「伝世的応世」の側面をここによみとることも可能であろう。

カナモジカイの一九三〇年代――駅名左横書き問題と国語協会への参加

第三章でふれたが、『カナ　ノ　ヒカリ』は当初、明治天皇の和歌をかかげていた。そのカナモジカイも国語協会には協力していったのであるが、一九三〇年代の活動について簡単にふれておきたい。[104] 当初事務所は関西だけに置かれていたが、一九二六年には『カナ　ノ　ヒカリ』の紙面を八頁に倍増、同年三月東京事務所を開設、翌一九二七年六月に専任事務員を配し、一一月に東京主任として松坂忠則を採用した。東京に事務所を置くのは山下芳太郎の望んでいたことでもあった。のちの総括になるが、東京事務所設置までは、「カンジノ　ガイヲ　トウ　コトニ　シュガンヲ　オイ」た活動であったが、これでは「ウンドウワ　カガクテキニ　ミテ　イササカ　タヨリナイ」感を会員にあたえていたという。

しかし、東京事務所設置後は、質的にも量的にも運動は発展し、第三章で紹介した漢字理解度調査にもとづいた五〇〇字制限案の提案などがなされるようになる。そうしたところから東京事務所設置をカナモジカイの運動の転機とする見解もある。[105]

ともあれ、このほかにも全国主要都市と海外にも支部が開かれた（一九三六年時点で一八カ所）[106]。正確には「海外」ではないが、「カナモジカイ　ケイジョウ　シブ」（京城支部）が『訓読全廃論』を刊行している[107]。会員数は一九二七年一一月に一万名を数え、一九二九年末には一万三千名、一九三六年四月一日現在では一万九千名をこえた[108]。

一九二七年末に会員が一万名をこえるようになったのは、「鉄道駅名問題ノ　反動ト　シテ　カナモジ会員　急ニ　増加」したからだとされている[109]。ことの経緯をおってみると、カナモジカイ理事の日向利兵衛などの鉄道省へのはたらきかけ[110]によって、一九二六年末に「全国鉄道局旅客係長会議」で駅名のカタカナ左横書き（いわゆる旧仮名遣い）が決まり、専用のカナのデザインも決まっていた[111]。これは鉄道省幹部、印刷局長、大阪商工会議所会頭、田中館愛橘、石原忍、臨時国語調査会の委員などが調査を重ね、井上匡四郎鉄道大臣（若槻礼次郎内閣）の決裁を得たものであった[112]。

これをふまえて、一九二七年四月七日の「鉄道掲示例規」で「発音式左横書きカナづかいの採用を部内に通達[113]」となった。この「鉄道掲示例規」（鉄道省達二九六号）では、かなづかいは臨時国語調査会の定めるところによる、とされていたので（第三条）、表音式であった[114]。

五月一日から実施されていたにもかかわらず、同年四月二〇日に鉄道大臣が小川平吉（田中義一内閣）となった直後の五月四日に突然これを廃止した。これは、小川鉄道大臣の「国粋保存の一念は駅名札の左傾的書式にとどめをさして右傾的弾圧を敢行するの結果となつた次第である」と評されている[115]。左横書きが「左傾」であるという認識があったことには注意しておきたいが、このような強権的な変更については、小学生でも駅名が読めるようにと、三年をかけて、しかるべき手続きで決定された事案を個人の意見でくつがえすのはおかしいのではないか、という新聞社の批判もあった[116]。

ことの経緯をカナモジカイが「鉄道掲示例規」の資料などとともに紹介した際のタイトルが「国字改良　事業　ノ　一受難——コノ　受難　ガ　オウキナ　進展」（『カナ　ノ　ヒカリ』六六号、一九二七年六月）とされているように、順調に活動していたカナモジカイにとってひとつの試練ととらえられており、鉄道大臣宛に請願をおこなうように会員に呼びかけている。

また新聞も、「あらしの如き禁止反対の声」にもかかわらず小川大臣は、カナモジカイの会員のなかに「たとひ原〔敬〕君が居ようが西園寺〔公望〕さんがゐようが、そんな事で無駄に金は使ひたくない」と「あごをなで」た、というように小川を横暴な人物として描いており[117]、実際に小川自身も「左様な大切なことを鉄道省といふ客を扱ふところの商売、平たく申せば客商売をして居る役所が議論をして之を左から書いたが宜いといふ議論で直ちに変更することは穏当ではない」と述べていた[118]。

カナモジカイだけではなく、同時期にローマ字ひろめ会のメンバーらが駅名のローマ字表記をヘボン式から変更しないよう鉄道大臣に建議（一九二七年二月）、一方の日本のローマ字社はヘボン式から日本式に変更するよう建議をしている（一九二九年一二月）[119]ように、この問題はひととき注目をあつめた。

この間の経緯および新聞の論調などは、『駅名　左ガキ問題　ノ　イキサツ』[120]にまとめられている。第三章で星野行則の『恐ルベキ亜米利加　厄介ナル欧羅巴』（一九二三年）が左カタカナ横書きであることが「ハイカラ」と称されていたことを紹介したが、横書きの歴史について論じた国語学者の屋名池誠は、この一九二七年の駅名左横書き問題によって「右横書き＝日本の伝統」、「左横書き＝欧米の模倣・

モダン」という図式が公の場で示されたということに注目している[121]。

「モダン」なイメージがどれほど影響したかはわからないものの、会員をふやしていったカナモジカイは、漢字の弊害について具体的な調査をおこなうようになっていく。くりかえしになるがたとえば、岡崎常太郎が中心となって、新聞の漢字使用頻度の調査や小学校での漢字習得調査などをおこない、漢字制限の基礎となるデータをあつめ、「五〇〇字制限案」を出している。また、この小学校の漢字習得調査結果や、一九三六年の徴兵検査時に文部省によっておこなわれた壮丁教育調査の結果などで漢字識字がなされていないことを指摘した『国民教育上　ノ　重要問題』を一九三七年に刊行する。著者の星野行則は、

> 現在　国際競争ノ　モットモ　サカンナ　時ニ　国民ニ　タイシテ　非能率的ナ　不必要ナ　重荷ヲ　オワセテ　ダイジナ　知能発育ヲ　オクラシ　オル　コト　ワ　由々シイコト　デ　アル[122]。

とし、壮丁教育調査の結果がかんばしくないのは義務教育で教える漢字のせいぜい半分の六〇〇字程度しか覚えられていないからで、だとすれば「新聞　ソノ他　社会ノ　漢字使用程度ヲ　指導スル　必要ガ　アル」ということになり、「義務教育ニ　オイテ　漢字ノ　重荷ヲ　カルメ、カナヅカイ　ノ　ワズラワシサ　ヲ　ノゾキ、ムダナ　負担ヲ　ナクスル　ナラバ、国民ハ　現在ヨリモ　モット豊富　明確ナ　知識ヲ　トリイレ、常識ヲ　高メ　国民教育ノ　水準ヲ　ヒキアゲル　コトガ　デキル」と主張していく[123]。なお、その後もカナモジカイによる漢字習得度調査はくりかえしおこなわれている[124]。

こうしたなかで、国語協会と協力関係をむすんでいったカナモジカイは、大阪の実業家のあつまりか

ら大きくその性格および規模をかえていくことになる。創立一五周年を機に、安定した資産による会の運営をめざして一九三五年の総会で財団法人化が議決され、一九三八年六月に実現する[125]。さらに一九三四年からの国語審議会には、理事長の星野行則が委員として参加するなど、国の言語政策への関与の土台もつくりあげていった。これがカナモジカイの一九三〇年代であり、それは先にもみたように国家をとりまく状況に適応し、カナモジカイの目的を同調させていくことでもあった。

象徴的ではあるが、財団法人化が実現した直後の会員総会で理事長の星野行則は「支那事変」を国情の転回期とみなし、総動員体制下で「東洋永遠　ノ　平和」をうちたてるためには永年の悩みである文字の問題に覚醒しなければならない、とうったえている[126]。

ところで、国語協会が創設当初から文部省の補助金を得ていたかは不明である。財団法人化をめざしていたようではあるが[127]、国語協会第二回総会でなされた会計報告（一九三七年六月―一九三八年三月）で収入七八三〇円二五銭のうち、会費収入が三二八八円六七銭、「寄附金」が四二二七円一〇銭となっている[128]。「寄附金」の内訳がないのでよくわからないのだが、翌年の第三回総会では、金額明細は示されずに、収入の項目として「会費」「文部省下附金」「寄附金」があることが示されている[129]。したがって、すくなくとも一九三八年度からは文部省の補助金をえていたことは確実である。一方で財団法人となったカナモジカイの一九三八年末の資産は有価証券を中心に約一〇万五千円であり[130]、会員規模と歴史のちがいがあるとはいえ、安定感がある。国語協会機関誌『国語運動』が一九四四年一一月までの刊行しか確認できていない反面、『カナ　ノ　ヒカリ』は雑誌統制の対象とはならずに継続発行がみとめられ[131]、一九四五年四月の二八一号まで刊行でき、敗戦後も同年一一月の二八二号から刊行を再開している。

国語協会の隆盛

ともあれ、国語審議会の会長に国語協会の副会長となる南弘が任命され、国語協会の理事一五人のうち七人までが国語審議会のメンバー（総数三七人）であった（また理事のうちカナモジカイ理事が三人）ことからも、政府の整理事業との関連の深い組織であったことがわかる（なお、活動を再開した際の国語協会の理事二〇人・幹事三人のうち一〇人が国語審議会のメンバー。理事のうち五人がカナモジカイ評議員[132]）。

また、第七章でも述べるが、国語審議会を主管していた文部省の図書局長および国語課長が国語協会の会員となっていたことも、文部省外郭団体としての国語協会という側面を示している。

国語協会の最大会員数は一九四四年四月末時点の二六一六名であった[133]。カナモジ論者、ローマ字論者、漢字制限派など「国語整理」に関する立場もさまざまであり、『国語運動』には、各種論調があふれていた。そのためか、カナモジカイと協力して国語国字問題の重要性を認識させるために宣伝映画を軍の協力のもとで作成したものの、「内務省と文部省が、右翼の動きをおそれて、これを公開することを許さなかった[134]」という事態を招いたという。

2　映画『国語ハ　ススム』

この映画についての保科孝一の回想は敗戦後のものなので、どの程度正確かわからない。実際に『国語運動』の記載を追ってみても、具体的な軍の協力は不明である。映画の台本の内容によっては、撮影に際して軍隊の協力を得たということかもしれない。ただし、公開されなかったとはいえ、完成形ではなかったようだが、映画『国語ハ　ススム』は一九四三年五月の国語協会総会において試写されている[135]。

ここで、この映画事業の経緯について記しておくことにする（引用巻号は『国語運動』のもの）。

カナモジカイと合同で映画製作の相談が「国語の愛護尊重の宣伝映画の筋書の懸賞募集」としてはじまったのが一九三九年一一月であり（四巻一号、一九四〇年一月、四九頁）、一九四〇年八月に映画筋書募集をおこなった。[136]「複雑なわが国語国字における障害を除くことに取材し、これを整理し、国民一般に尊重愛護する精神を養うに足る内容を有するもの」という条件で「文化映画」とし三〇分以内とされた（四巻九号、一九四〇年九月、表紙裏）。一九三九年に施行された映画法の施行規則三五条によれば、「文化映画」とは「国民精神ノ涵養又ハ国民智能ノ啓培ニ資スル映画（劇映画ハ除ク）」というものであった。[137]この映画法では台本と完成フィルムの検閲が定められている。

結果として八七編の応募があり、優秀篇三人、佳作三人、選外佳作五人を選んだ（五巻一号、一九四一年一月、三頁）。一九四一年二月に、優秀篇のうち、村山英治（一九一二―二〇〇一）の『国語はすゝむ』で台本作成を依頼することを決める（五巻四号、一九四一年五月、四六頁）。村山は国語協会の会員（一九三九年三月入会）であり、映画製作会社の芸術映画社（一九三五―一九四三）に勤務していた（一九三七年入社）。この点は選考に有利にはたらいたかもしれない。

一九四一年一一月には、芸術映画社の石本統吉監督（一九〇七―一九七七）らと台本について協議している（六巻一号、一九四二年一月、三四頁）。石本は前年に記録映画『珠江』を演出するなど、活躍していた監督であったが、陸軍宣伝班に徴用されて一九四二年からジャワに赴いてしまう。[138]

その後は、一九四一年一二月に芸術映画社を創設した大村英之助（一九〇五―一九八六）、のちにアニメーション『桃太郎の海鷲』（一九四三年）、『桃太郎　海の神兵』（一九四五年）を製作することになる瀬尾光世（一九一一―二〇一〇）、そして村山英治と台本の検討をおこなっている（六巻二号、一九四二年二月、三二頁）が、一九四二年五月の国語協会第六回総会での報告によれば「何分にも国語問題を題材とした特種の映画であるため、製作に非常な手数を要し、その上映画監督者が応召等のため、幾度も交替しなければならぬ事情に立ち至ったので、とかく予定通り進行しかねて居る状態である。〔……〕台本作製もやがて完了して撮影に取りかかる手はずになって居る」という（六巻八号、一九四二年八月、二二頁）。どうやら一九四二年末まで台本の修正をくりかえしていたようであり、翌年五月の第七回総会で「台本の書き改めを数回くりかえしたが、とかく不十分なので、当初の計画を改変して、苦心の末、一応台本を作成〔……〕国策に副うようなものを作りたいと念願し、努力した」と報告されている（七巻八号、一九四三年八月、一三頁）。

総会のまえの一九四三年二月の理事会でも「映画作成進行中との報告」がなされている（七巻四号、一九四三年四月、二六頁）。そして、一九四三年五月七日に、映画『国語ハ　ススム』が「一応まとまったので〔……〕下見をした。なお、文部省の〔阿原謙蔵〕教化局長、〔松尾長造〕図書局長、大岡〔保三国語〕課長、中田技師、吉田〔澄夫〕調査官も御同席くださった」とある（七巻七号、一九四三年七月、三一頁）。この記事には保科孝一もともに下見をしたとある。ここで文部省側からどのような意見がだされたのか不明だが、教化局長と技師以外は国語協会の会員でもあるので、そう厳しいコメントはでなかったのではないだろうか。これをふまえて、同月二六日の第七回国語協会総会で未完成ではあるものの試写された（七巻八号、一九四三年八月、一三頁）。その後、会員の意見をきいて最終的に完成したのかは定かではない（保科の回想を信じれば完成したことになる）のだが、試写から一年近く経つ一九四四年三月の理事会でも「映画の件」が内容は不明なものの、話しあわれている（八巻五号、一九四四年五月、八頁）。理由はともあれ、公開にいたらなかったことは確実であろう。

なお、製作を依頼した芸術映画社は戦時統合によって朝日映画社となるが、台本を書いた村山英治は敗戦後に理研映画社、三井芸術プロダクションなどを経て、一九五五年に短編・記録映画製作会社「桜映画社」を設立する。また一九七〇年には新宿書房も設立する。そして、「村山英治　作品譜」には、この『国語ハ　ススム』は記載されていない。[139]

3 「大東亜建設に際し国語国策の確立につき建議」

こうした映画製作のほかにも、各種講演会を開いたり、さまざまな出版物を刊行するなどして、国語協会の規則にいうところの「国語の整理と改善をはかり、国語を愛護する」目的のための啓蒙活動をおこなっていた。また、一九三四年に開催した「文字文化展覧会」を内容もあらたに一九四〇年六月一一日から一六日まで、大阪の阪急百貨店で「国語国字展覧会」として開催した（大阪朝日新聞、昭和奉公会後援）。毎日七、八千人、最終日には一万四千人の来場があったという。[140]

また、一九四二年五月、国語協会はカナモジカイとともに「大東亜建設に際し国語国策の確立につき建議」を東条英機内閣総理大臣宛に出している。「日本を盟主とする大東亜共栄圏を建設するためには、各地の諸民族の間に日本語を通用語として普及せしめねばならぬ」という一文からはじまるこの建議は「わが国語は極めて複雑かつ不規則であるから、この際思いきった整理改善を加えて、これを簡易化しなければ、大東亜の通用語として、ひろく普及せしめることは、とうてい望めない」という立場から、「すみやかに大東亜におけるわが国語国策の根本方針を確立され、かつ直ちに、その実行に必要な諸般の処置をとられんことを望んでやまない」として六点の方針を掲げている。列挙すれば、「文体はすべて口語体とすること」「わかりやすい言葉を用いること」「発音を正しく統一すること」「文字はカタカナとすること」「かなづかいは、字音・国語とも発音式にすること」「左横書きと分かち書きをすること」であった[141]。日本語の海外普及にも目を向けた組織でもあったことを確認しておきたいのだが、国語協会の主張を実現させるために、「大東亜戦争」といったある意味での「外圧」を利用しようとしたと解釈することもできる。

やや一九四〇年代に偏って紹介したが、一九三〇年代後半において国語協会がはたした役割は決して小さくない。簡易化をめざす国語運動諸団体を糾合して『国語運動』という議論をたたかわせる場を提供していたことは注目してよいだろう。そしてまた文部省の外郭団体であったことは、当時の文部省の国語問題に対するとらえかたを示してもいる。なお、国語協会の解散時期ははっきりとしないが、敗戦後も組織として健在であり、敗戦後の「国民の国語運動連盟」(第八章参照)に参加している[142]。

4 カナモジカイと時局
中国大陸での日本語普及への協力

また、国語協会とともに「大東亜建設に際し国語国策の確立につき建議」をおこなったカナモジカイは一九三八年に『皇軍慰問　ニッポン　ノ　コトバ』を編纂している。これは中国大陸にいる日本軍兵士をつうじて、中国人に簡単な日本語を教えてもらうという趣旨で編纂された日本語の会話集であった。『カナ　ノ　ヒカリ』に掲載された趣意文には、

ココニ　忠勇ナル　ワガ陸海軍ノ　勇士　ニ　タイスル　慰問　ノ　コトバ　ヲ　オクル　ニアタリ、コレニ　ソエルニ　カナ　ヲ　モッテ　ツヅリタル　若干ノ　日本語、会話　ヲ　アツメテ小冊子十万部ヲ　印刷シ　コレヲ　現地ニ　オクリテ　国語ノ　愛護発展　ニ　タイスル　再認識

ヲ コウトトモニ、アルイワ 陣中 ノ 小閑 ヲ サイテ 皇軍 ノ 労役ニ シタガウ 良民 ノ 訓練 ニ 利用シ、アルイワ 戦火 オサマル ノ 鎮城ニ オイテワ 安民保全ノ 撫育ニ 配布シタナラバ、コノ 冊子 ワ キワメテ 意義 ノ アル 活躍ヲ ミル コト ガ デキル モノト イイエマショウ[143].

とある。慰問用であるのだから兵士に休息をとってもらうべきものであるはずなのだが、「陣中 ノ 小閑」を割いてでも、中国人「良民」の「訓練」や「撫育」に使え、というやや調子のよいものである。これがどの程度「活躍」したのかは定かではないが、「皇軍慰問 日本ノ コトバ ノ 評判」という記事が『カナ ノ ヒカリ』一九九号（一九三八年五月）、二〇一号（一九三八年七月）に掲載されている。こちらにはカナモジカイ主事で出征中の松坂忠則がこれをもちいて日本語を教えている写真もある（一六頁）。

戦時期の『カナ ノ ヒカリ』の日本語普及論を紹介した田中寛によれば、二四三号（一九四一年一一月）の裏表紙に、初版一〇万部をすでに戦地におくり、第三版を慰問袋に入れておくるようすすめる広告が掲載されている。その文言には、秀吉の朝鮮出兵とからめて、現地のことばを学ぶよりも現地の人びとに日本語を学ばせようとすることの「偉大サ」が記されている。さらに二五一号（一九四二年七月）では、この小冊子の異なり語数が三八四語で、のべ語数が一一九三語になることが語彙リストとともに紹介されている（「大東ア ノ 共通語 ニッポン ノ コトバ ノ 語彙」[144]）。

この『皇軍慰問 ニッポン ノ コトバ』をふまえて、カナモジカイは中国でカタカナの日本語を普及させる事業をたちあげようとした。当初は興亜院、文部省と協力する形ですすめようとしたのだが、文部省から表音的かなづかいでの教育は認められないといわれ、カナモジカイ独自ですすめることとなり、一九四〇年に『ニッポン　ミンコク　ジテン』という日中辞書の編纂をはじめた。中国語については、東京外国語学校支那語部学生の泉興長たちが担当した[145]。最終的には『ニッポンゴ　ノ　ジビキ』という約二五〇〇語収録のクロースの表紙に銀文字をいれた、一五×七・五センチのポケットサイズのものとして一九四一年一月に刊行された[146]。また、『皇軍慰問　ニッポン　ノ　コトバ』が会話書であったのに対し、教科書的な『ニッポンゴ　トクホン』も編纂刊行している[147]。

泉は南満洲鉄道株式会社の関連会社である華北交通会社に入社、その鉄路学院（天津）で日本語教育を見学し、この『皇軍慰問　ニッポン　ノ　コトバ』を示したところ、子どものために便利であるとよろこばれたという[148]。現物は未確認ではあるが、カナモジカイが日本語普及事業にも具体的にたずさわっていたことになる。また、一九四二年に昭和奉公会からの寄付（二万円）で国語協会と分担しておこなった「大東亜共栄圏内に日本国語国字普及」の事業には、『皇軍慰問　ニッポン　ノ　コトバ』『ニッポンゴ　トクホン』『ニッポンゴ　ノ　ジビキ』の印刷、「カナ印刷活字母型製作費」、カナタイプライター用カナ活字製作、などがあげられている[149]。

能率の精神化

本章の副題を「能率と精神のあいだ」とした。第二節では能率が重んじられてしかるべきはずの軍隊における漢字制限と、文部省の漢字制限に呼応する民間団体の糾合について論じてきた。一見、能率重視の流れで漢字廃止の前提となる（あるいはならないにせよ）漢字制限が政策的にもおしすすめられていったようにみえる。しかし、第一節の後半でみたように、国体明徴の議論とからめて漢字に手をふれさせないような動きの予兆がみえだすのも、一九三〇年代とりわけ後半からの状況であった。能率的な流れをおしとどめようとする精神論、というと単純な構図になってしまうのであるが、能率を重視したはずの軍隊にあっても結局は精神論がまさっていくことになり、加害もふくめてとめどない犠牲をうむことになっていく。[150] カナモジカイはそもそも能率重視の実業界が軸となってはじまったあつまりである。それが規模を拡大し、国家の言語政策を論じる場に関与するようになったのも一九三〇年代半ば以降のことであった。となれば、時局に連動する主張をすることになれてくることとなり、時局が能率よりも精神論一色になれば、能率重視という当初の立場を堅持するのがむずかしくなってくる。これもまた「応世」的である。一方で、第三章でふれた上野陽一が主張する禁欲的に能率をきわめていく「能率道」は、両者の距離が存外はなれていないことを示してもいる。[151] 上野が「合理的精神主義者」と評されていたのは故なきことではなかった。[152]

右にみた中国大陸での日本語普及への積極的な関与も、第一章で若干ふれた「大東亜共栄圏」内の諸言語のカナモジ化という事業（実現性はともかく）も、カナモジの存在感を示すという目的はあるにせよ、きわめて「応世」的な流れにのったものである。[153] ほかにも、失明軍人へのカナタイプライターの教育などもあげることができる。[154]

実務に徹すること

時勢に応じた主張はくりかえしなされる。

カナモジカイ第八回総会は日中戦争開戦後の一九三八年に開催された。その場でなされた理事・星野行則の「実務　ト　国策」という講演では明確に、

今後ノ　ワガ会ト　シテワ　従来ヨリモ　国策ノ　線ニ　ソウテ　突進スル　必要アル　コト　ワモウス　マデモ　ナイ．要スルニ　ワガ　大日本帝国ノ　無限ノ　発達ヲ　期スル　タメ　ニワ国字ノ　改良ガ　必要デ　アリ、国字ノ　改良ワ　カナモジ　ヲ　窮局ノ　目標トシテ　ススマナケレバ　ナラヌ．コレガ　タメ　社会ノ　実務方面カラ　ススンデ　最高国策トシテ　ワガ国　文化ノ　最大問題　解決ノ　タメニ　奮闘スル　ノガ　ワガ会ノ　使命デ　アルト　信ズル　モノデ　アル．(155)

国策の線にそって突進する。高らかに宣言されたこの方針は、以後も継続する。一九四〇年は「紀元二六〇〇年」であるが、カナモジカイ理事長となった星野行則は、それに応じて以下のように述べる。

国字問題ノ　解決ニワ　困難ガ　アル．シカシ　ソレワ　民族文化ノ　根底ヲ　支配スル　ホドノ　重大ナ　問題デ　アル．イマワ　東亜　100年ノ　基ヲ　キズイテ　イル　時デ　アル．マタ2600年ト　ユウ　ナガイ　準備ヲ　モッテ　民族文化ヲ　意識シタ　重要ナ　時期デ　アッテ　コノ　問題ノ　解決ニワ　最モ　ヨイ　潮時ニ　ノッテ　イル．(156)

「紀元二六〇〇年」というある種のナショナリズムが高揚している時期を「潮時」、つまり好機ととらえて、従来の主張の実現をめざそうというものである。従来の主張とはいっても、一九二〇年に山下芳太郎が「仮名文字協会趣意書」で述べていたのは、第三章でも引用したが、以下のもののみであった。

一、仮名の活字を研究改良し、且つ其得たる優良の字体を以て種々の大〔き〕さの活字を製作し以て如何なる印刷にも差支なからしむる事。
二、仮名の活字の使用を勧むる事。
三、仮名文字を以て印刷せる文書を世間に拡むる事。
四、仮名文字の『タイプライター』を製作する事。
五、其他。(157)

この主張の実現のためには、国策でもなんでも利用する、ということになるのであろう。山下芳太郎が生きていたとしても星野とおなじようなことを述べたかもしれない。国策が「正しい」かどうかは判断しない。そうであればこそ、第八章でも検討するように、敗戦後もあらたな国策にのっておなじ主張を継続することができたのである。

ことはカナモジカイだけではない。たとえば「生活の合理化」の思想にもとづき、羽仁もと子（一八七三―一九五七）は国家への奉仕をとき、『婦人之友』愛読者の「友の会」では一日一銭の醵金活動と出征者家族慰問を中心におこなっていた。(158) 総動員体制とはそうしたものだ、ともいえる。

決戦下のカナモジカイ

それはともかく、一九四〇年ごろ、カナモジカイは潮時にのっていた。

既述のようにカナモジカイの機関誌『カナ　ノ　ヒカリ』は一九四五年四月まで刊行され、敗戦をはさんで同年一一月に刊行を再開した。その一一月号の巻頭は無署名の「レキシノ　ツジニ　タチテ」というものであった。その冒頭を引用する。

ワガ　コクゴ　コクジノ　フゴウリワ、シナ‐ジヘン　イライノ「ヒジョウジ」ニ　デアッテ　カク　ホウメンニ　ソノ　ワザワイヲ　カモシダシ、ヨウヤク　ヒトビトノ　ハンセイ　スル　トコロ　ト　ナリ、タイヘイヨウ　センソウノ　ハジマル　ココロ　ナドワ、コノ　ブン　ナラバ　アンガイ　ハヤク　カイケツ　サレル　ダロウ　ト　オモワレタ　ノデ　アッタ[159]。

敗戦後の文章であることを差し引く必要はあるが、太平洋戦争がはじまるころには国語国字問題の「解決」がみえるような状況であったというのである。

日中戦争がはじまる一九三七年以降、総動員体制となって報道や言論の統制がきびしくなっていく、というのが一般的な解説であるが、カナモジカイの認識としては、そうした統制をもたらす「非常時」だからこそ国語国字の不合理がひろくしられるようになった、ということになる。国語国字問題のもりあがりの程度をここにみることもでき、さらにこの問題そしてカナモジカイの時局親和性をみることもできる。

しかし、「ハンタイ　ウンドウ」によってもうすぐ解決という流れがこわされていく、とこの文章はつづくのだが、その運動については第七章でくわしくあつかう。

このような「非常時」に応じた議論として、松坂忠則は一九四三年に以下のように述べている。

セケン　ニワ、カンジワ　デントウ　ダ　カラ　トウトブ　ト　ユウ　モノガ　アル．イマ　ワガクニ　デワ、センゾ　ダイダイノ　ショクギョウヲモ　フリステテ　タタカッテ　イル．ムカシカラ　アル　モノヲ　スベテ　トウトブ　トキ、クニワ　ホロビル．マモルベキ　モノ、ステルベキ　モノヲ　エラバナケレバ　ナラナイ．マシテ　カナモジ－ニッポン　ウチタテノ　ドリョクヲオシミ、カンジヲ　マモル　コトガ　ニッポン－セイシン　デ　デモ　アル　カノ　ヨウナ　ヘリクツヲ　コネッテ、ヨノナカヲ　マドワス　ヤカラワ、ニッポン－セイシン　トワ　オヨソ　エンドウイ　モノデ　アル[160]．

漢字を守ることは日本精神ではない、と断言する。であるからか、漢字を一切もちいない文章となっている。一九四五年一月にも松坂忠則は以下のように述べる。

タタカイワ　イマヤ、ヒコウキヲ、ダンガンヲ、ドレダケ　ツクルカ　ノ　セリアイニ　ナッタ．スベテノ　サンギョウワ「ジム」ニ　ヨッテ　クワダテラレ、ウナガサレ、クミタテラレル．スベテノ　ジムワ　モジニ　ヨッテ　サバカレル．ジムノ　キカンジュウ「カナモジ－タイプライタ」ノ　コトワ、アマリニモ　シレワタッテ　イルカラ　ココ　ニワ　クリカエサナイ[161]．

と、すでに勝敗は決しているようではあるのだが、決戦段階における事務能率の重要性を指摘し、松坂自身の四年の従軍体験から「テキノ　ザンゴウノ　ナカエ　ツッコンデ　ユク　ヘイタイノ　オウクワ、ショウガッコウ　ダケノ　ガクレキデ　アッタ．カレラワ　シンブン　サエモ　マンゾクニ　ヨメナカッタ．シカシ　ソノ　タメニ　カレラノ　コクミン　セイシンガ　トボシカッタ　ト　ユウ　ジジツヲ」みたことはない、と断ずる。漢字は国民精神とは関係がないというわけである。そして、これまでカナモジカイに反対してきた側は、「能率」という点には反論ができないので、能率主義は便宜主義だといって批判をしてきたと述べ（詳細は第七章参照）、しかし、「「ベンギ　シュギ」ワ、ソノ　ヨシアシワ　イカヨウ　ニモ　セヨ、トモカクモ　イクサニ　カツ　タメ　ニワ　ゼッタイニ　ヒツヨウナ　ノダ」と論じていく(162)。

また、一九四五年二月の文章で稲垣伊之助は、

戦争ガ　深刻ニ　ナルニ　ツレテ　虚礼ガ　ノゾカレ、マタ　伝統ノ　名ニ　オイテ　玉石イリマジリニ　尊バレテ　イタ　モノガ　再検討サレ、最低生活ノ　必要ワ　合理化ノ　真意義ヲ　サトラシメテ　キツツ　アリマス．マサニ　ワレラノ　運動ニ　トッテ、イワユル　千載一遇ノ　トキデ　アリマス(163)．

と、「決戦型ノ　活動」が可能になった背景を説明し、カナモジカイの理事・評議員に「日本ノ　各方面ノ　代表的ナ　方々」が就任していることは「カナモジカイノ　現在ノ　アユミノ　大キサガ　ハッキリ　示サレテ　イル　デワ　アリマセンカ」と自賛していく(164)。ちなみに一九四四年末に改選・再選された役員は、下村宏（貴族院議員、日本放送協会会長）を会長にいただき、理事長を星野行則、常務理事が松坂忠則、理事二一名、監事四名、評議員九七名というかつてない大規模なものであった。国会議員（貴族院二二名、衆議院八名）、大学教授、大政翼賛会総務、産業界、実業界からなどと多岐にわたり、放

送、新聞、出版関係者は一〇名にのぼる。(165)評議員七名からはじまったカナモジカイは、ここに最大の隆盛をむかえたことになる。むろんこうした役員がみなカナモジカイの理念を体現した人物であるわけではないだろう。したがってカナモジカイの主張がこうした人びとそして社会にそのまま受け入れられたということでもない。ここでみるべきは、こうした多岐にわたる有力者たちをあつめることができる存在になっていた、ということである。

翌三月の「指導者タチノ　反省ヲ　モトメル」という刺激的な題目の文章では、各新聞で難解な漢語がもちいられていることを指摘し、政党の影がうすくなったいま、官僚がはびこり、それでは一般国民の信頼をうしなうと指摘したうえで以下のように述べる。

「一億特攻隊」トカ「根コソギ動員」トカノ　アイコトバガ　シメス　ヨウニ、国民全体ノ　結束ヲ　モトメル　コト　今日ノ　ホド　必要ナ　トキワ　ナイ．一般国民ワ　歯ヲ　クイシバリツツ、タダ、国家ガ　命ズル　道ヲ、指導者ガ　シメス　方向ヲ、ヒタムキニ　進マント　シテ　イル．世ノ　指導者タチガ、ホントウニ　コノ　時局ノ　重大サヲ　自覚シタ　ナラバ、ワレラガ年来主張シテ　キタ　国字問題ワ、カツテワ　100年　200年ヲ　要スル　ト　思ワレタ　ミチノリ　ヲモ　ヒトイキニ　突破スベキ　ハズデ　アル．(166)

指導者が時局をただしく認識できれば、「非常時」なのであるからカナモジカイ年来の主張も実現にいたるであろう、ということである。

しかしながら、圧倒的な物量の差は、精神も能率も総動員したところで、いかんともしがたいものであったことはいうまでもない。

ここまでは、「国策」にそうことを明言して活動してきたカナモジカイについてみてきたが、次章では、「国策」にそわない形で漢字廃止を主張していった人びとに焦点をあてていくことにしたい。

第五章　革命の思想——マルクス主義という「応世」

1　高倉テルの言語論

1　その思想

ここまでカナモジカイや国語審議会、そして国語協会について記したのは、国語協会がはばひろく日本語の簡易化に賛同する団体や個人の参加を募った点に着目したからである。そして、本章であつかう封建制と漢字との結びつきをとなえる人物も、国語協会に関与していたのであった。

そうした人物として、まずは、共産主義者から一九三四年に転向した高倉テルをとりあげる。入会の時期は定かではないが、高倉も国語協会の会員であった。

高倉の最初の検挙は長野県の教員赤化事件（一九三三年）であったが、勾留中に佐野学・鍋山貞親の転向声明をきき転向したためか、一九三四年一〇月三一日の東京控訴院の判決で懲役二年、執行猶予五年の判決をうける。しかしながら「共産主義思想ヲ清算スルニ至ラス」[1]、のちに述べる左翼ローマ字運動事件（一九三九年）でも検挙され、一九四二年にはゾルゲ事件に関与したとして検挙、二カ月後には釈放されるが、一九四四年には八王子久保田農場の指導をしたという理由で逮捕されるも、逃亡。哲学者・三木清（一八九七―一九四五）の家に泊まったことから、三木も逮捕・投獄され、敗戦直後獄中で死亡したことはよくしられている。ちなみに三木清は国語協会の普通会員にもなっており、そのときの紹介者が高倉テルであった。(2) 高倉は三木の死後三日目に釈放された。

高倉の詳細な年譜は、山野晴雄作成のものがインターネット上に公開されている。(3) そして高倉に関する研究もいくつかある。(4)

たとえば、魚津郁夫の論文では高倉は「農民運動家、創作家」「大衆運動家」と位置づけられ、言語問題についても「国語・国字問題を庶民の使う標準語で統一することによって解決する」ために、「大衆」の視点から漢字制限をとなえたとされている。このことがとりわけ転向後に「日本人の民族的自覚」を強調することにもつながり、「ファシズムへの傾斜」や「ファシズムとの共通要素を生み出しながら、なおファシズムにぶつかって行く」という「アンビギュイティ（多義性）」をもつ人物としてえがかれている。(5) ややわかりにくいが、魚津はこう述べる。

しかしタカクラは、決して一義的にファシズム体制に奉仕し、戦争に協力したのではなかった。彼は農業生産力を高めることが、望ましい社会をもたらす途であると信じて疑わなかった故に、彼の当面の目標は、なにがなんでも農村の生産力を高めることに他ならなかった。しかも彼は、そのための途を日本民族の過去の遺産から汲みとろうとした。ここから、彼の農村における水利問題の研究が始まる。(6)

こうした構図が高倉の日本語への視座と共通していることはのちに確認する。

さて、高倉は一九三七年六月に開催された国語協会の初総会に出席しており(7)、国語協会への要望として、「現内閣 に 働きかけて、少くとも 発音式カナずかい、漢字制限 お 小学の 教育 に 実行 させ、公文書 お それ に させる」ことなどを記している(8)。

2 日本語史観と漢字観

縦の分裂と横の分裂

ここで国語協会に参加する前後の高倉の議論をみてみる。たとえば、一九三七年七月に『中央公論』に発表された「日本語再建」では、「未開な 封建制」によって、日本語は地方によって、および階級によって、つまり横にそして縦に分裂してしまった、と主張する。

縦の分裂の例として種類の多い人称代名詞と敬語をあげているのだが、以下のように論じる。「話しかける 相手 の 身分 に よって 云い方 お 変えなければ ならない と ゆう ワズラワしい 習慣 わ、ピレネー山脈 地帯 の 蛮族 の ことば で ある バスク語 の 最も 大きな特色 で あり、また 中央 アジア の 蛮族語 に その 痕跡 お 残して いる もの だ。〔……〕日本語 の 敬語 の くり返し わ 正しく これ と 一致する(9)」。ここでいう「敬語のくり返し」とは、たとえば「あなた が 飯 お 食った」と敬意をこめるのが「あなた」だけであってはだめで、「あなた が 御飯 お お上り に なられました」でなければならない、というようなことを指している。未開だ、野蛮だなどは、発展段階論に規定されているためにでてくる侮蔑表現でしかないのだが、代名詞が複雑化したのは、「日本・封建制 の 支配者」が「支那 の 代名詞 お輸入した だけ で なく、彼ら の 独占した 漢字 を《ママ》 勝手に 組み合して 「貴殿・貴公・貴君・拙者・小生・僕」 その他 実に 無数の 代名詞 お 作り出した」からだという。[10]

阻害要因としての漢字

そこで封建制と漢字の問題が登場する。高倉はいう。

　アジア の 封建制 でわ、支配者 で ある 武士 が 一さい の 知識 お 独占した。知識 が 大衆 に 普及する 事 わ 直ぐに 封建制 その もの の 基礎 お 危く した。知識 の 基礎 で ある 文字 が むづかしい 表意文字 の 漢字 で ある 事 わ その ために 絶対に 必要 で あつた。[11]

表意文字の漢字の弊害とは、支配階級があたらしいことばをつくるときに日本語の音を無視して漢字をつかっていった点にあるという。その前提として日本語の音韻は複雑から単純へと移行してきたと高倉はとらえている。

　徳川期 に 入る 前 に、日本語 わ 音韻 の 単純化され 平易化され 統一されて いる 点 で 世界 でも 最も 進化した ことば の 一つ に まで 発達して いた。所が、そ こ え 音 お 無視した 無数 の 「漢語」お 持ちこむ 事 に よって、せっかく それ

までに　進化して　いた　日本語　お　メチャクチャ　に　して　しまった。[12]

こうした、日本語は「進化」しているのに漢字のせいで乱されてしまった、という議論は第二章でふれた加藤弘之のものと相似しているが、直接の影響関係はないだろう。ともあれ、先にみたように、高倉にとって複雑であることは野蛮なことであった。そしてまた社会の発展とことばの「進化」とは軌を一にするとも考えていた。たとえば以下のように。「不統一な　野蛮語　が　統一された　近代語　に　進化する　事　に　よって、未開の　社会　が　近代社会　に　成長した」と。ではその日本語を進化させてきたのはだれだったのだろうか。封建制下の支配階級は漢語漢字をもてあそんで日本語の進化を阻害してきたので、当然「日本語　お　発展させた　もの　も　生産者大衆　の　意志」だということになる。[13]したがって、先にふれた日本語の横と縦との分裂を統一して標準日本語を確立するためには、『万葉集』や『源氏物語』の時代の日本語を基礎にするのではなく、いま現在の、しかも「生産点　に　ある　大衆　の　日本語　が　最も　進んだ　日本語」であるから、そこから出発して「もー　一度　日本語　お　再建しなければ　ならない」とこの文章を結んでいく。[14]

なお、この「日本語再建」と同様の論旨で、前年に「現在の国語・国字おどーすれば好いか（国語・国学革新のための新方針）」『教育・国語教育』二一巻五号（一九三六年五月）を発表している。また、外来語についても「生産点」の立場から論じている。つまり、漢語が「殆ど　全部　生産点　から　離れた　封建制　の　支配者たち　の　手で　輸入せられた　もの」であるので廃棄すべきであるとする一方、外来語でもラジオやランプ、ミシンなどは「生産的な　必要　から　必然的に　日本語　に　輸入せられた　もの　で　あり、その　輸入　が　すぐに　生産的　又　文化的に、日本　の　社会　お　高め

て いる。だから、これ こそ が、よしんば元わ 外国語 で あっても、本当の 日本語 だ」ということになる。[15]

3 「標準日本語」の確立へ
「ひとつの日本語」の問題

この「日本語再建」という論考の前年に高倉は岩波書店の雑誌『思想』に「日本国民文学の成立」を寄稿し、「生産者大衆の「口語」」を基礎として「将来の標準日本語お確立する」ことを主張していた。そこでは、その表記をローマ字とするべき論拠として「生産者大衆の言葉わ、常に口から耳えと伝わる。だから、それわ、言葉の本質である「音」おキソとしている」ことをあげている。[16] また、同年にはおなじく岩波書店の雑誌『教育』に「綴り方教育の根本問題」を寄稿している。『思想』寄稿論文とほぼ同様の主張――標準日本語の確立、生産点のはなしことばを基礎にせよ、など――を学校教育とからめておこなっているが、「すべての教育わ、原則として、善い生産者お作るためのものだ」[17]という一文は印象的である。

縦（階級）と横（地方）と、それぞれに分裂している日本語を統一しなければならない、という「ひとつ」へと向かう意思が高倉にはあった。そして、その「ひとつ」とは「生産点」つまりは「生産者大衆」のことばを基礎としたもの――封建的な漢字や漢字語とは無縁のもの――にするべきだというのが高倉の主張である。しかし、実際にそのようなことをしようとすれば、「生産者大衆」の話すことばの、気の遠くなるような多様性に直面するほかはないのであるが。

長編小説『大原幽学』の問題

しかしそうした問題には自覚的ではなかった。むしろ反対に、「昭和十二年に、初めて、私は、ゆるがない、ホウシンを、打ち立てることが出来た。そこで筆を取った」結果完成したのが、一九四〇年刊行の長編小説『大原幽学』であった。[18] 大原幽学（一七九七―一八五八）は農業協同組合のさきがけといえる「先祖株組合」をつくった人物としてしられる。高倉の主義主張に合致した人物である。

ここでいう「昭和十二年」にうちたてた方針とは、先にみた「日本語再建」での議論のことと考えてよいだろう。とすれば、「生産点 に ある 大衆 の 日本語 が 最も 進んだ 日本語」なのだから、そうした日本語によってこの長編小説が書かれるべきなのだが、実際に高倉が宣言したのは以下の通りであった。

作品を読んでもらう前に、次のことを、読者に、告げておかなければならない。

一、この書の「カナずかい」は、大正十三年にきまった、文部省、「臨時国語調査会」の「新カナずかい」に、よっている。

二、同じ「調査会」のホウシンに、もとずき、むずかしい漢字や、わかりにくいコトバを使わないために、できる限りのホネを折った。

三、この作品の人物は、すべて、同じコトバで、話す。これまでの文学にあった、武士・町人・百姓・バクチ打ち・ゲイシャ、その他による、コトバのちがい、つまり、日本語の、歴史的、地方的、身分的、差別を、私は、この作品で、全く、なくしてしまった。〔……〕みな、今の東京の学生のようなコトバで、話す。

これらは、すべて、全日本民族を、ただ一つのコトバで結びつける、正しい、清らかな、「ヒョウジュン日本語」を、打ちたて、その上に、「日本民族文学」のキソをおこうとする、私のクワダテに、ほかならない。[19]

たしかに、「じ・ぢ」「ず・づ」の書きわけをせずに「じ」「ず」で統一したり、「通り（とおり）」を「とうり」と書くなど、臨時国語調査会の「仮名遣改定案」にしたがっている。また従来高倉は助詞の「は」「を」を発音どおりに「わ」「お」と書いていたが、調査会の改定案にしたがい「は」「を」としている。長編小説でもあり「誤植」もみうけられるが、なぜ「生産点にある大衆の日本語」が「東京の学生のようなコトバ」になってしまったのかの説明はない。「大衆」を観念的にとらえるために、その多様性をみることができない、ということではあろうが、[20]イデオロギーを優先するあたりが、魚津のいう「ファシズムとの共通要素」とつながっていくとも考えられる。道場親信は、敗戦後もぶれない高倉の国民文学論および標準日本語論を検討したうえで、「戦時期から戦後にかけて一貫して民衆のための文学・言語の創出に一身を賭した一人のポピュリスト」であると評する。それを可能にしたものとして、天皇制の廃止をほとんどかかげていなかったこと、植民地の問題が視野に入っていなかったことをあげている。[21]このあたりが、共通した評価のようである。

また唯物論研究会の機関誌『唯物論研究』にも「国字国語運動の意義」を一九三五年に寄稿している。そこでは、「一日でも早く国民全体がローマ字がきになる日」を望み、「言語文字がもっとも重要な生産手段の一つだとゆう事実」を確認したうえで、日本語の合理化をもとめる運動が「日本語発展のための運動として最後にエスペラントの運動と結びつく最も重要なもの」だと主張している。[22]

転向をしたとはいえ、唯物論研究会の機関誌に寄稿し、「生産者大衆」などといった用語を用い、そこに基礎を置いた標準語論からは、マルクス主義者のよそおいがみてとれる。

4　国語協会機関誌『国語運動』での論調

「日本語は進む」ほか

こうした主張をもつ高倉テルではあったが、『国語運動』に寄稿する際には「生産者大衆」や「封建制」といった用語は避けている。たとえば、一九三七年一〇月号には、自己紹介に似た文章を寄せているのだが、そこでは高知に生まれて愛媛の宇和島中学を経て第三高等学校、京都帝大文学部へなどという経歴から、自分の名前の「輝」が何度校正しても「輝」のままだったという話や、「キ」と読まれてしまうという話（よって「テル」と書くようにしたのであろう）をしながら、自身の最終的な目的である「文学の大衆化」のために、国語国字問題を通じて地ならしをする必要がある、ということを主張していく。そもそもプロレタリア文学を「どーも　百姓たち　が　好まない。小林多喜二　の　「不在地主」など　お　読まして　見ても、さっぱり　面白がらない。第一、よく　分からない　と　云います。〔……〕その　中に　百姓　の　知らない　ことば　や　文字　が　無数に　出て　来る　事　が　第一　の　原因　だ　と　ゆう　こと　が　分かりました」という。それが先にみた「生産者大衆のはなしことば」への注目となるわけだが、のちに「東京の学生のようなコトバ」で小説を書いてしまう。さらに高倉は、日本ローマ字会にも加入（一九三六年五月ごろ）していることを明かし、「漢字　の　はいせき／発音式　カナズカイ／漢語　の　整理／分け書き　の　実行」を主張する点で国語協会の方針と一致する、と述べていく[23]。

また、自分の子どもに語りかける形で書かれた「日本語は進む」は、「日本語は、ちょっとの間も休まないで、絶えず、りっぱな日本語へ、りっぱな日本語へと進んでいる。書き方も、それに合して進めて行かなければならない。そうでないと、日本語が進むジャマになる」という内容の短い文章である。[24]

高倉テルは、一九三九年一月に設置された国語協会文芸部においても活躍するのだが、「文芸部創立記念号」（一九三九年五月号）に「文芸と国語問題」という一文を寄せている。そこでは「文学者は、表現の手段として、もっとも進んだ言葉や文字を持った時に、初めて最も進んだ作品を生みだすことができる」というテーゼを出している。[25] それはつづけて表明される、文学者が社会に対する指導性を発揮しなくてはならないという思いともつながっていく。そしてここでも、「ひとつの日本語」への志向が語られる。つまり、

「話す言葉」が一応文化の標準的な国語にはなっているけれども、その「話す言葉」のうちには、まだ非常に多く古い「書く言葉」のカスが残っている。「漢語」はその代表的なものであり、その「漢語」をつらねるものはやはり古い死んだ「書く言葉」で、ただ文章の終りだけが「である」と今の「話す言葉」の形になっているような文章は、今の日本の至る所に見いだすことができる。[26]

という認識を示したうえで、「「話す言葉」として標準日本語がまだできあがっていないとゆう問題」を指摘する。なぜこれが問題なのかといえば、「すべての日本人は一つの日本語で結びつけられなければならない」からであり、現状では「発音的にも、文法的にも、語彙的にも、まだ確立されていない」というのである。その確立が急務なのは、日本語がいまや「大陸を第一の足場として、広く日本人以外の

人人にも話される言葉となろうとしている」からでもある。そうした、「「話す言葉」は、まず新しい「書く言葉」として確立されて、初めて真の標準日本語のキソを置く」のであるから、「それをあらゆる日本人のあいだへ浸み通らせる仕事は、文学者の力によらなくては、とうてい出来る事ではない[27]」という文学者の役割を示す。高倉は「「書く言葉」から「話す言葉」へと完全に成長しきれない一つの実例として「漢語」」をとりあげているのだが、漢語は漢字の基礎のうえになりたつので、「今の日本の文字は、単に文字としての働きだけでなく、日本語そのものの正しい成長を大きく妨げている。そして、それは、第一に日本の文化の発達に根本的なエイキョウを与え、また、深く日本の生産力・国防力の発展の非常な妨げとなっている」としていく。こうした点で、「国語国字の問題は、今の日本に於ては、もはや決して単なる言葉と文字との問題ではない。それは日本人ぜんたいの「生活」と実に重大な関係をもっている」と述べていくのであった[28]。

要するに先に引用した魚津の指摘に収斂するのではあるが、生産者大衆のはなしことばにもとづいた「ひとつの日本語」を標準語として設定する、その際には封建制と結託してきた漢語、ひいては漢字、はたまた煩瑣な敬語は極力使用しないようにする、そうしてこそ、「日本の生産力・国防力の発展」につながる、というのが高倉の国語問題への視座であった。このように、「伝世」の要素を徹底的に排除し、「生産者大衆」のはなしことば、という「応世」的要素に最大の信を置くという構えの議論であった。

「沖縄県人の姓」と漢字

ここでくりかえし注意したいのは、漢字は中国のものであるから排除の対象とするというよりも、日本の封建制とともにあって日本語の「正しい進歩」を阻害するからこそ排除の対象になる、というところに力点をおいていることである。封建制批判と漢字批判を結びつけるのは、唯物論、マルクス主義の用語を用いた、きわめて「応世」的な漢字批判、漢字廃止の思想である。漢字を排除しようとするのであれば、同時代的にはカナモジカイなどの主張も耳にしていたはずであるが、すでにみたようにカナモジカイはもともと資本主義的動員を円滑におこなおうとする実業家たちがつくった側面がある。しかし、この点に高倉が自覚的であったようには思えない。

また、沖縄において展開されていた改姓運動（内地人には読めないから、たとえば金城を「カナグスク」とは読ませずに「キンジョウ」としていくこと）[29]についてふれた文章では「日本の封建制」を表には出さずに、この運動に反対意見を示している。つまり、

一たい、内地の姓でもそうだが、沖縄の姓は、特に深く地名と結びついている。姓はかえても、地名はそうたやすく変えるわけに行かない。姓だけ変えることは、姓の歴史を無視することになり、ひいては、沖縄の歴史を無視することになる。先祖から長く伝わっている姓を変えるとゆうような事は、決してそう簡単にやってはならない。[30]

という見解である。その解決法として「沖縄では、姓名も、地名も、一さいの固有名詞をカナで書くことにして、それを公の場合にも認めさせる事」をあげている。「歴史」を重視しつつ、漢字をつかわせないという「伝世的応世」の視点である。内地の地名・人名のカナガキについて何もふれていないので、この主張の非対称性をあげつらうことは簡単であるのだが、ここで指摘したいのは漢字の封建制に重点をおかずに、「沖縄はかつて支那の属国のようになっていた事がある。士族はみな漢字の名をつけた。

その習慣が今もそのまま残っている。〔……〕沖縄の言葉は日本語の古い形を残したもので支那語とは何の縁もない。したがって、漢字で書くより、カナで書くほうが、ずっとよく当てはまる」[31]と、漢字を中国のものとして、そこから切断して日本にひきつけるためにカナガキを唱えている点である（「支那の属国のよう」という認識には問題はあるが）。ここにも、「ひとつの日本語」に沖縄も包摂していこうとする高倉の意思をよみとることもできる。

高倉の文章は、この一九三九年七月に発表された「沖縄県人の姓」を最後に『国語運動』から姿を消す。それは次に述べる左翼ローマ字運動事件で一九三九年六月五日に高倉が治安維持法違反で検挙され、同時に検挙された一一名のうち、高倉テル、平井昌夫、大島義夫（高木弘）、鬼頭礼蔵、黒瀧雷助（黒瀧成至、青江有因、新井正史、カッコ内は筆名）の五名が国語協会の会員[32]であったので、国語協会は一九三九年七月二六日に臨時理事会を開催し、この五名の除名を決めているからである[33]。ただし、除名の理由は記されていない。なお検挙されたなかで高倉テル、黒瀧雷助、大島義夫、平井昌夫の四名が起訴され、一九四一年一二月二六日にくだされた一審判決では、ともに懲役二年で執行猶予は高倉・黒瀧が五年、大島・平井が三年であった[34]。以下、判決文をもとにこの四名の主張を軸にみていくことにしたい。

2　左翼ローマ字運動事件

1　検挙の理由

言語運動に関与した者が、最高刑が死刑である治安維持法で検挙されるとはやや尋常ではない。しかしながら、漢字に封建制をよみとり、生産者大衆に依拠するためにそれを廃棄しようという唯物論的あるいはマルクス主義的言語観は一九三〇年代にあってはきわめて「応世」的な理論である。それを「国体ヲ変革」（治安維持法第一条）することとみなして処断する側は、国体護持という点でいうまでもなく「伝世」の側にあった。この両者の対峙を、左翼ローマ字運動事件にみることができるので、ややくわしく紹介していくことにしたい。この事件については、かつて平井昌夫との関わりで論じたことがあるが[35]、加筆のうえ本節の一部に使用していることを断っておく。

さて、この事件の名称であるが、『特高月報』に記載された検挙時の「犯罪被疑事実」は「革命的ローマ字運動」となっているものの、起訴時には「左翼ローマ字運動」となっているので、こちらで呼ぶこととする。ただたんに漢字を使用せずにローマ字やカナモジ使用を主張するだけでは、治安維持法違反に問われることはない。カナモジカイ結成時に色濃かった、労働者の資本主義的動員の効率化という観点は、むしろ国家権力にとっては好ましいものであっただろう。ただ、敗戦後のカナモジカイの伊藤忠兵衛の回想によれば、「かつて私がカナ文字運動に参加したころは、人は、私を奇人、狂人扱いにした。当時の仲間には、共産主義思想の人が多く、後に、共産党の大立者になつた人もあり、社会からだいぶ誤解もされた[36]」とある。「共産党の大立者」は高倉テルや黒瀧雷助などのことかもしれないが、これは一九三〇年代の様相をまぜこんだ回想といってよいだろう。

ともあれ、形態としてはそうかわりがないのに左翼ローマ字運動事件として検挙されてしまうのは、漢字と封建制とを結びつけて漢字廃止を主張し、ローマ字とマルクス主義とを結びつけて労働者大衆の団結を図る、という明確な構図があったからである。

まず、この左翼ローマ字運動事件とはどういう事件であったのだろうか。

『特高月報　昭和十四年四月分』の「共産主義運動の状況」のなかに次のような記事がある。

二、言語運動関係治維法違反事件の検挙と取調状況

山形県当局に於ては、予てより東北帝大庶務課雇齋藤秀一を中心とする国語国字ローマ字化運動に付き鋭意内偵中に在りしが、各種出版物、国際労農通信、国内同志との連絡通信関係等仔細に検討したる結果、巧に合法を擬装せる共産主義運動の一翼たるの容疑濃厚となりたるを以て、客年十一月十二日齋藤を検挙し、厳重取調べたる処本名を中心とする言語運動は、マルクス主義言語理論に立脚せる、所謂無産階級解放運動の一翼たるの任務を持つプロレタリア文化運動の一分野としての国語国字のローマ字化運動なること判明せり。(37)

ここにでてくる、一九三八年一一月に検挙された齋藤秀一《ひでかつ》（一九〇八―一九四〇）とは、雑誌『文字と言語』（一九三四―一九三八年）を主宰し日本の言語政策をエスペランティストとしての立場から批判していた人物であった。(38)この齋藤秀一の検挙がきっかけとなり、先にふれたように一一名が検挙された（ちなみに齋藤は『国語運動』にも一本だけ寄稿していたが、「横書における数字の書き方」（三巻一号、一九三八年一月）というテクニカルな文書である）。

さて、起訴された四名に対する判決文が「高倉輝等に対する（唯研、言語運動関係）治安維持法違反被告事件第一審判決」と題されているように、被告たちは『文字と言語』あるいは『唯物論研究』に寄稿していた。

唯物論研究会とは、吉川弘文館『国史大辞典』の記述（梅田欽治筆）から適宜引用すると次のような

団体であった。「一九三〇年代の日本で、唯物論の理論・方法を研究し、その普及活動を行なった学術団体」であり、一九三二年一〇月に東京で結成された。発起人は「戸坂潤・岡邦雄・三枝博音・小倉金之助・永田広志・服部之総・本多謙三・伊豆公夫など四十名で、創立時の幹事には長谷川如是閑・小泉丹・羽仁五郎・林達夫なども加わり、唯物論に関心を持つ広範な研究者の組織として出発した」。「哲学・自然科学・社会科学の各分野で研究会活動を行なったが、唯物論哲学・自然弁証法の理論的解明、「日本精神の哲学」などという反動思想に対する批判などが主な課題であった」。機関誌として一九三二年七月から月刊で『唯物論研究』を一九三八年三月まで六五冊発行、最盛期には数千部に達したが、当局の弾圧を避けるために一九三八年二月に自主的に研究会を解散し、学芸発行所として再出発し、雑誌『学芸』を一九三八年四月から一一月まで八冊刊行した。また、一九三五年から刊行した「唯物論全書」、「三笠全書」計六六冊は著名なもので、「統一的な計画であらゆる分野を包括した百科全書で、反戦・反ファシズムの意思表示として影響を与えた」というような評価がなされている。このような団体ゆえに、検挙される者が絶えなかった。雑誌『学芸』の九冊目は製本屋で警察に押収され、活動は強制的に終息させられた[39]。

一方、判決文によれば、唯物論研究会は、「自然科学社会科学及哲学ニ於ケル唯物論一般ノ研究及啓蒙ヲ標榜シ基本的ニハ理論活動ノ分野ニ於テ共産主義ノ基礎理論タル弁証法的唯物論ヲ研究シテ所属会員等相互ノ理論水準ヲ昂ムルト共ニ一般大衆特ニ知識層ニ対シ其ノ啓蒙ヲ為スコトヲ当面ノ任務トシ、窮極ニ於テハ「コミンテルン」及「日本共産党」ノ目的達成ニ寄与セントスル文化団体」と位置づけられていた[40]。したがって、高倉テルたちを治安維持法違反の罪に問うにはこの結社との関係をあきらかにしなければならないことになる。言語研究の態度そのものは罪に問えないだろう。

2　司法のみた高倉テル

司法側は、高倉の主張をどのようにとらえていたのだろうか。判決文から引用する。

まずは略歴だが、高倉は第三高等学校をへて一九一五年に京都帝国大学文学部英文科を卒業、すぐに同大学の講師（山野晴雄の年譜によれば、嘱託）となり「言語学及ロシヤ文学ヲ専攻シ、トルストイ、ドストエフスキー等ノ作品ヲ研究シ其ノ基調タル人道主義ニ共鳴シ次テ創作ニ専念セントシテ」、一九二〇年に辞職、一九二三年から長野県小県郡別所村に住み、著述業のかたわら当時長野県を中心にさかんであった自由大学の講師をつとめるなどし、さらに「人道主義的立場ヨリ同地農民ノ窮状ニ痛ク同情」し、農民組合に加入、農民の啓発につとめていく一方、一九三〇年ごろから「深ク共産主義ヲ信奉スルニ至リ」、『赤旗』、『無産青年』（日本共産主義同盟機関誌）の配布網の確立につとめたという。こうしたなかで一九三三年二月に最初の検挙、翌年一〇月に執行猶予付きの判決をうける。その後東京に転居し、

〔……〕著述ニ従事スル傍ラ言語学ノ智識ヲ基礎トシテマルクス主義ノ立場ヨリ言語ノ理論及運動ニ付研究ヲ続ケタル結果元来言語及文字ハ生産ノ必要ヨリ発生シタル一ノ重要ナル生産手段ニシテ社会ノ発展ニ並行シ唯物弁証法的発展ヲ為スヘク従テ生産者大衆ノ口語並ニ之ヲ最モ簡明ニ表記シタル文字ヲ以テ最モ進歩シタルモノト為ササルヘカラサルニ不拘現資本主義社会ニ於テハ支配階級ハ既存ノ言語文字ニ神秘性ヲ有セシメ其ノ呪物性ヲ利用シテ之ヲ愚民政策ノ具ニ供シ自己ノ支配ヲ容易ナラシムルト共ニ言語文字ノ正常ナル発展ヲ阻止シ、現ニ我国ニ於テモ支配階級ハ愚民政策ノ必要ヨリ難解不合理ナル漢字、漢語、旧仮名遣等ヲ墨守シ居ルモノナレハ最モ進歩的ナルローマ字ハ将ニ支配階級ニ対スルプロレタリアートノ有力ナル武器タルト同時ニ其ノ真ノ発展ハプロレタリ

アート独裁ノ実現ヲ前提トシテノミ可能ナリト確信スルト共ニ言語文字運動ヲ中心トシテ左翼運動ヲ展開スルコトハ支配階級ニ対スル有力ナル新闘争方法ナリトシ〔……〕己ノ関係セル文化運動ノ分野ニ於テ前叙マルクス主義言語文字理論ノ普及徹底、大衆ノ共産主義意識ノ昂揚等ヲ図リ之ヲ通シテ前記両結社〔日本共産党とコミンテルン〕ノ目的達成ニ資スルトコロアラント欲シ〔……〕(41)

各種雑誌に論考を発表していった、とつづく。(42) ここまでとりあげてきた論考の内容とほぼ同じであるが、マルクス主義による言語理論、言語の「唯物弁証法的発展」、ローマ字はプロレタリアートの武器、プロレタリアート独裁の実現、などといった文言は治安維持法違反を問うために強調した表現ともいえる。ともあれ、漢字を支配階級のものとし、プロレタリアートのローマ字へ、という議論は、マルクス主義という一世を風靡した「応世」の議論にもとづく漢字廃止論といえるだろう。

3 プロレタリア・エスペラント運動とローマ字運動

先に引用した高倉テルの「国字国語運動の意義」(一九三五年)に、日本語のローマ字化がエスペラント運動にいきつく、といった趣旨の文章があった。日本語がなぜエスペラントとなるのか、一見不可解である。高倉は詳細には論じていないが、これはプロレタリア・エスペラント運動とよばれたものである。

以下この論理構成をおうことにするが、まず、エスペラントは、ロシア領ポーランド生まれのユダヤ人、ザメンホフ(一八五九—一九一七)によって一八八七年に提唱された人工言語であるが、日本にも紹介され、一九〇六年には日本エスペラント協会が創設されている。

エスペラントを学ぶエスペランティストは幅が広く、戦後のある分類によれば、以下のようになる。①自然科学者、②「自由主義者、人道主義者、広い意味での社会主義者」、③ナショナリスト、とくにウルトラ・ナショナリスト、④「語学的興味で学んでみるという人たち」、⑤「切手収集家を代表とする実益者の群れ」[43]。最後のものは、エスペラントによる外国との文通によって切手をあつめることだろう。「群れ」ということばに、この分類をした側のエリート意識を感じるのだが、ここでは措いておく。プロレタリア・エスペラント運動とは、②に分類される、プロレタリア文化運動の一翼を担うものであった。

同時代的な評価も示しておくと、プロレタリア作家であり俳優であった佐々木孝丸（一八九八―一九八六）[44]が『国際文化』に連載した「言語に関する若干の考察」は、「根本的に云つて煩鎖な仰々しい慣用語や、一々字引を引かなければ覚えられぬ画の込み入つた漢字などは、プロレタリアにとつて無用である」[45]という立場を示した論文であるが、エスペラント運動について、三つの類型を提示する。ひとつが、ザメンホフのいうエスペラントと平和主義や人道主義とむすびつける「人類人主義」（ホマラニスモ）を主張するものである。ただ、かれらは「意識的無意識的に支配階級の政策に加担し、階級闘争をぼやかさうとする者」で「プロレタリアートの闘争に公然と反対してゐる」と佐々木は批判する。ふたつ目が、「言語としてのエスペラントそのものの普及に努力すると称し、〔……〕エスペラントを以て帝国主義的侵略の道具に使はふとする軍人や実業家共」。最後が、「エスペラントを階級闘争に役立て、闘争の為の一武器として之を利用しようとする運動、即ちプロレタリアートのエスペラント運動」だとする[46]。

佐々木は階級闘争の武器のひとつとしてエスペラントを位置づけるものを「プロレタリア・エスペラント運動」としている。それと日本語のローマ字化とはどういう関係にあるのだろうか。

たとえば、一九三九年に竹内次郎検事によって書かれた「プロレタリア・エスペラント運動について」という報告書では、以下のように解説がなされている。なぜローマ字運動が治安維持法違反容疑の対象となっていくのか、その理屈がわかる。

ローマ字運動も唯物論言語理論実践の第一歩である。即ちその理論に依れば、共産主義社会に到る過渡期のプロレタリア独裁社会に於ては、ブルジョア民族語はプロレタリア的な発展を遂げ社会主義民族語となつて開花し、国際補助語たるエスペラントに人類の共通生活に取つて必要な要素を供給することに依つてエスペラントの内容を豊富化し、之を真に共産主義社会の言語即ち世界単一語に発展せしめると云ふにある。ローマ字運動は右プロレタリア独裁期に於ける社会主義民族語即ち大衆語の完成を目指すものであり、此の基礎的工事の完成こそが、エスペラントの世界単一語への発展の前提条件を為すものであると云ふのである。而して現在の日本の漢字仮名混りの文字組織は難解、習得困難にして、プロレタリアートのものではなく、支配階級の政治支配の手段となつて居り、民族語としての自由な発展を妨げる枷となつてゐるから、先づこれを平易にして国際的共通性のあるローマ字化さ《ママ》ねばならないとするのである。そして此のローマ字運動も亦他の文化運動と同じく其の社会の政治的経済的条件に制約せられ、プロレタリアート独裁政治の下に於てのみ成功的に遂行せらるるものであるから、その社会即ち共産主義社会、段階的にはプロレタリアート独裁社会実現の為に革命的プロレタリアートの政治運動の一翼たらねばならないと為すものであつて、以上の見地に立つ時プロ、エス運動とローマ字運動とは密接不可分、相互依存の関係にあるものと云はねばならぬ。[47]

このように「唯物論言語理論」とローマ字運動との関連づけがなされているのであるが、これは竹内次郎検事がでっちあげた理論ではない。

高倉テルはエスペラントの使い手ではなかったようだが、一九三九年に高倉と同時に検挙され起訴されたエスペランティスト・大島義夫（一九〇五―一九九二）が高木弘の筆名で『唯物論研究』に寄稿した文章のなかでは「唯物論言語理論」を以下のように示している。つまりそこでは、言語の弁証法的発展を「民族語→民族語＋国際補助語→世界語の言語発展[48]」と規定し、それぞれの段階が「封建社会→資本主義社会→共産主義社会」と対応するとしている。この図式のなかの「資本主義社会」において、「民族語」と「国際補助語」との自由な交流のために「民族語」のローマ字化が必要になり、そこにローマ字運動の関与する余地が生じる。その際にローマ字化すべき「民族語」の基盤が、「生産者大衆の言葉」とされるのであった。ここでいう「世界語」はエスペラントを念頭においたものであるので、日本語のローマ字化がゆくゆくはエスペラントへの合一となる、しかもそれは世界の共産主義化と軌を一にする、という論理構成であった。

この「唯物論言語理論」は大島の独創ではなく、大島義夫と山崎不二夫（一九〇九―一九九四、農学博士。戦後、東大教授）が訳したE・F・スピリドヴィッチ『言語学と国際語[49]』にまとめられたものが、指針となっていた。一九三二年に大島・山崎のペンネームである高木弘・井上英一名で日本エスペラント学会より翻訳刊行された同書では、

〔……〕次のように言語の歴史のピラミッドお図式的に示すことができる：

（1）自然経済時代――口言葉（俚語と方言）の時代：
（2）交換時代（資本主義がその最高段階）――民族的文語：
（3）共産主義えの過渡期――民族的文語＋国際補助語：
（4）共産主義時代――普遍語：[50]

という形が示されている。この本ではザメンホフは階級闘争をしらなかったプチブルとされているが、「多様から統一えの言語発展の過程、言語の個人的創造の代りに集団的創造の重視、言語における人工性のヨリ大なる発展への過程」を唱えた点が「マルクス主義の主要テーゼと完全に一致している」と評価している。[51] さらにザメンホフの「内的思想」である「ホマラニスモ」（人類人主義）のかわりに、「新しい社会主義社会の建設者とする現代の社会的発展の推進力」を「内的思想」にすることによって、プロレタリア国際語運動が成立するのだとも主張している。[52]

3　大島義夫とプロレタリア・エスペラント運動

この大島義夫は、判決文で先のスピリドヴィッチの研究をふくめて「言語問題ヲ捉ヘテ階級的宣伝煽動ヲ為スト共ニ国際語エスペラントノ階級的普及実用ニ努メテ一般大衆ノ共産主義意識ノ啓蒙昂揚並ニ世界プロレタリアノ国際的連帯性ノ強化ヲ図ル等専ラ文化運動ヲ通シ」、共産党、コミンテルンの目的達成に資そうとしたと断じられた。

その具体例のひとつとして、プロレタリア・エスペラント運動の全国的組織、「日本プロレタリア・エスペランチスト同盟」（略称ポエウ）を一九三一年一月に結成し、一〇月ごろまで中央常任委員兼国際部長をつとめたことがあげられている。[53] この「日本プロレタリア・エスペランチスト同盟」の前身は、一九三〇年五月に成立した「日本プロレタリア・エスペラント協会」（略称、ポエア）である。この協会は、プロレタリア科学研究所内に一九三〇年に設置されたエスペラント研究会（『プロレタリア・エスペラント講座』全六巻、鉄塔書院を編集、講習会などを開催）が中心となったものであった。日本最初のプロレタリア・エスペラント的団体は、一九二八年に東京で設立された「柏木ロンド」（大島義夫、比嘉春潮など）であり、サート（全世界無民族協会）の影響下にあったものの、官憲資料によれば「インテリ集団の域を出ていなかった」とされている。[54]

なお、日本プロレタリア・エスペラント協会主催のプロレタリア・エスペラント講習会に、一九三〇年の七月に三週間（一週三回、新宿）参加した当時中学五年生（現在の高校二年生に相当）だった人物の手記は、その様子を以下のように記している。

〔受講者は〕労働者と職業婦人とで学生は私一人きりでした。活気があつて面白かつたのですが、途中からその活気はルンペン的な活気に過ぎない事に気がつきました。態度の野卑で露骨なのには、私の様に白紙だつた者には段々不愉快になりました。一二三人の人達は（大人です）プロ・エスの理論はザメンホフ博士の神聖を汚すものだ労働者にも教育するのは、悪くなくともこんなテキストを故意に使ふのは良くないと言つて途中で止めました。テキストの筋は百姓の子が都会で労働者になり、ストライキを起して首になる、そしてプロ・エスに入つて世界の同志と通信すると云ふ筋でした。それから会場の空気は変に浮ついたものになりました。[55]

この文章は治安維持法違反被疑者として検挙された学生に書かせた手記・調書を文部省学生部が学生指導の参考のために編集したマル秘資料であるから、脚色の可能性を考えなければならないものの、参加者の構成や、「プロ・エスの理論はザメンホフ博士の神聖を汚すものだ」といった議論、テキストの恣意性など、貴重な記録ともいえる。

ともあれ、「日本プロレタリア・エスペランチスト同盟」は、雑誌『プロレタリア・エスペランチスト』（一九三一年三月—）、同年一〇月からは後継誌『カマラード』などを発行、大島義夫も頻繁に寄稿していた。一九三二年七月現在で、ポエウは全国九支部、一三六名の参加者を数えたという（一九三四年消滅）[56]。

大島は言語問題と階級問題とをからませた議論を、先に述べた唯物論研究会が企画した唯物論全書『言語学』として高木弘の筆名で一九三六年に発表した。この間も、フロント社を設立し、『国際語研究』を一六号（一九三六年七月）まで編集刊行していた、日本でのプロレタリア・エスペラント運動の中心的人物であった。

大島の三笠全書『言語学』では、当時ソビエト言語学の主流とされていたニコライ・ヤコヴレヴィチ・マル（一八六五—一九三四）の提唱する「ヤフェテード理論」[57]や右記のスピリドヴィッチの所説を引用し、「将来の人類共通社会が成立し、民族性と国際性の対立が止揚されるとき、世界語は民族語と国際語の対立を止揚して、成立する」[58]という結論をみちびいている。[59]なお、マルの理論は一九五〇年にスターリン「言語学におけるマルクス主義について」において否定されるまで主流でありつづけた。言語は上部構造に属するもので、それを支える「土台」がかわれば上部構造に属する言語もかわっていくという議論である。スピリドヴィッチの議論と容易にむすびつくことがわかるであろう。

4 唯物論言語理論の可能性と限界

先の高倉テルが執行猶予付判決をうけたのちに一九四四年に北原出版から刊行した『ニッポン語』は、このソビエト言語学をふまえて日本語を論じたものであった。もちろん、ソビエトの「ソ」の字も出てこないが、日本語の階級的分化と地域的分化が封建的なものだと指摘し、それが交通の発達とともに統一された日本語になりつつあるのだ、という議論が展開されており、社会制度の変化が言語に影響をあたえる、というソビエト言語学の影響をみることができる。[60] ここでは統一された日本語とは「交通が開け、身分制がなくなり、ニッポン語がブンレツする原因は、今は何にもなくなった。今こそ、ニッポン語が、単一な民族語として、全ニッポン民族を結びつける時がきた。〔……〕コトバは民族の血だ。血はあくまでも清くなくてはならない。清ければ清いほど、その民族は強い[61]」という、排外主義と紙一重の文脈で語られ、漢字・漢語を封建制の残りカスとみる高倉は、軍隊用語から漢語が少なくなっていることを次のように賞賛している。「ニッポン人を動かすには、やはり、祖先の血のつながっているニッポン語でなくてはならなかった。〔……〕ニッポンの生産力を高め、軍隊を強くすることと、かたく結びついている[62]」と。こうした言辞は、出版のための方便かもしれないが、案外本気でそう思っていたかもしれない。[63] かりに方便だったとしても、高倉は、この『ニッポン語』刊行後、最後の検挙をうけるのだが、「ニッポンの封建制を批判し、天皇制に反抗するものとして、この本を起訴の理由に取りあげられた」ので、方便としての効果はなかったといえよう。[64]

ところで、先にみた竹内次郎検事も、「弁証法」的な解釈は、〔正〕「民族語の時代」（方言が割拠、封建制社会）→〔反〕「民族語＋国際語の時代」（方言が各民族語となり、ローマ字化された形で国際語（エスペラント）を通じて交流、資本主義社会）→〔合〕「世界単一語の時代」（共産主義社会）という発展段階をふむ、と理解していた。[65]

こういう考え方を応用すれば、「民族語」のローマ字化による自由な発展が保証されなくてはならないのであるから、たとえば齋藤秀一は植民地や「満洲国」において「日本語」や「国語」を強制し「民族語」を抑圧するような日本の言語政策を批判し、「自由な発展」のための植民地言語のローマ字化を提唱していた。[66] さらに齋藤は、ローマ字化されることで「本国語」と「植民地語」との支配・被支配という関係は解消され、相互の交流はエスペラントによって、同等な形ですすむとしたうえで、「esp.〔エスペラント〕に民族語から必要な要素お吸収することおたやすくさせるために、民族語の正字法とesp.の正字法とお一致させるのが望ましい」とする。[67] 日本語のローマ字化に際しては、ヘボン式ではなく日本式の方がより日本「民族語」の音韻にのっとっているので、「民族語の音韻とesp.の音韻とがある程度まで歩み寄れば、esp.式R.〔ローマ字〕によって総ての民族語の正字法おesp.の正字法に統一することもあながち空想でわなかろー。それの近ずきお早めるために、いわば、〈過渡期〉における日本式の採用わ真のesp.式R.の採用のために欠くべからざる前提でわなかろーか？」ということになるのであった。[68] 同様の主張は、国字運動とエスペラント運動の関係について、以下のようにも語られている。

第一に、学習上から見て、我が国の文字がたやすくなり、日本語が合理化されれば、これまで日本語の学習に費された莫大な時間・費用・精力に余りを生ずるから、これを esp. の学習にふり向けることが出来る。第二に、国字の改良は主に国内に関して知識の普及をたやすくし、esp. は主に外国に関した方面で知識の普及をたやすくする。第三に、国字の改良は日本語の合理化を促すが、この日本語の合理化も esp. も言語拝物主義への闘争だという点で共通する。第四に、国字改良は日本語を人民に解放し、esp. は植民地、半植民地の言語を支配国の言語から解放する。第五に、esp. は民族語から必要な要素を吸い取りながら次第に世界共通語に発達するが、国字改良は日本語の健全な発達を促し、その吸い取りをたやすくする。第六に、国字運動も esp. 運動もどちらも言語運動だから、運動の方法に互に似通った点が多い。第七に、国字運動、esp. 運動が本当に進歩的である為には、それぞれ直接の目的に向って努力する以外に、社会的な制約を取り除くことをも自分の仕事に含めなければならない、この点で二つは共通する。(69)

日本式ローマ字については、第三章でもふれたが、国際連盟の学芸協力委員会において田中館愛橘が中心となって提出し、一九三〇年七月二八日に決議された「ローマ字の国際的採用に関する件」のなかに「夫々の国語の性質に適合した綴り方に統一すべき事を慫慂する」とあったように、「国語の性質に適合した綴り方」として国際的に認知させようとしていたものでもあった。日本語に適したつづり方が、エスペラント化への一段階とみなされていったのである。

そうしたわけであるから、齋藤秀一は、日本語以外の言語のローマ字化にも興味をもっていた。一九三六年八月に、中国語のローマ字運動に関する葉籟士（一九一一—一九九四）や魯迅（一八八一—一九三六）

など中国人の論考を翻訳（おそらくは日本留学経験のあるエスペランティストの葉籟士が中心になったと思われる）して編集した『支那語ローマ字化の理論』を印刷発行するのだが、その「編輯を終へて」において、この冊子がどのように役立つかを、以下のように述べている。

> 第一に、支那語ローマ字化の理論から必要な要素を採入れて、日本の国字論を豊かにし、これを正しい方向に導くことが出来る：第二に、これを知つて支那の運動を助けることが出来る、それはたゞ義侠的に力を借す《ママ》のではない：ローマ字化によつて支那民族の解放を早めることはその儘日本人民の解放を早めることである。従つて支那のローマ字運動の力添へは我々自身のための仕事である。[70]

ローマ字化によって民族解放がはやまり――それは中国の場合、当然、「日本帝国主義」からの解放でもある――、それが日本と相互関係にある、という観点は、ここまでみてきた唯物論言語理論と同一線上にあることがわかる。また、この『支那語ローマ字化の理論』には之光「民族解放とローマ字」（『北平ローマ字』一〇号、一九三六年一月）という文章も翻訳掲載しているところからも、齋藤自身の中国への視線を読みとることができる。さらにまた「支那のローマ字運動の力添へ」という点では、齋藤が主宰していた『文字と言語』誌上で「民族解放運動のひとつの翼」として「活発な活動を始めた支那ローマ字運動」への寄付金をつのっていた。[71]

このように、漢字を廃止しローマ字化を主張することが、エスペラントという単一の「普遍」へといたる、きわめて「応世」的なものであると解釈することもできる。

しかしこの場合、「民族語」も「世界語」へと止揚されていくので、帝国主義的な植民地言語政策への批判にはなりえても、そうした言語を保護する議論にはなりえない。この点は、この議論の限界として注意しておかねばならない。それはまた、徹底的につきつめられた「応世」的議論のいきつく先であったともいえる。

5 黒瀧雷助と「国定日本字」

起訴された三人目は黒瀧雷助である。判決文によれば黒瀧は神奈川県立師範学校を一九二七年に卒業し、小学校の訓導となった。一九三二年九月に日本共産党に入党、一一月に検挙され、翌年六月に治安維持法違反により懲役二年執行猶予四年の判決をうける。その後は東京で塾を経営するなどしていたが、一九三五年末ごろに高倉テルが紹介する「マルクス主義言語文字理論」の論文を読み、翌年から高倉と面識をもつようになって直接教えをうけるにいたったという(72)。そこで「国語国字運動ハローマ字論者カ主流トナリ日本ローマ字会ヲ中心トシテ展開スヘク之ヲ左翼的ニ指導セサルヘカラサル旨」高倉からいわれ、一九三六年に日本ローマ字会に入会、その「左傾化」をはかり、さらにカナモジカイ、国語愛護同盟そしてその後身の国語協会に入会し、「黒瀧成至」「青江有因」「新井正史」などの名で寄稿していた(73)。

そうした点では高倉の主張とそう大差はないが、日本式ローマ字のつづり方を「「内でわ自国語お守り育て、国際語にわ中立語で」とゆう正しいエスペラント運動ともピッタリする」として擁護し、ヘボン式支持者やエスペラント運動に目覚めない日本式支持者を批判する点が特徴的である。[74] その後も、一九三八年一一月の「日本語の発展と統制」という文章では、文部省に設置された臨時ローマ字調査会（一九三〇―一九三六）の答申にもとづいて一九三七年九月に訓令として公布された、いわゆる内閣訓令式（日本式に近似）のローマ字つづり方を「国定日本字」と称して、これでもって日本語をつづることをつよく主張している。[75] 高倉テルよりもローマ字運動に熱心であったといえる。こうした少ない文字で書きあらわせる「日本語のすぐれた点をさらに進めて、ほかの民族語はもちろん、人類のかがやかしい産物、国際語エスペラントや国際音声記号にまで改良をうながし、言葉を進歩させることによって文化を高める土台を作ることは、それこそ日本と日本人との世界史的な役目なのだ」[76]と主張していく。表現はあいまいになっているが、唯物論言語理論と近似してはいる。

この点を別の資料でも確認しておく。黒瀧雷助は、教育面に力点を置いて議論を展開する傾向があるが、前記「日本語の発展と統制」のなかで参照指示がなされている、黒瀧の単著『国語の発展と国民教育』では、漢字教育の非能率性を説いたうえで、漢字制限の必要と発音式かなづかい、左横書きの教育が主張される。この本では、こうした主張はすべて「健康な標準日本語の打ち建て」のためであるとされ、「現在の口言葉が今までで最も進んだ言語であり、さらに、もともと生産の手段である言語わ生産点でこそ最も正しく生かされ進歩していると言う事実をカラダで理解することが必要だ」[77]と、高倉とほぼ同じことを述べている。[78] エスペラントについては、「日本の外国語教育わエスペラントに代えられる必要がある」として、「この進歩した人工語と接触して、日本語おさらにミガき、完全にして行くことも出来、また、現在ヨーロッパ語にかたよっている国際語に、東洋語の特色おウッシ入れて、完全な人類の共有物に仕上げて行くべき」であり、これは「新文明を生み出す上に、日本の持つ世界的な使命なのだ。国語合理化とEsp.運動とわ別物でわない」と断言する。[79] 齋藤秀一の先の主張とあわせてみたとき――「esp.は民族語から必要な要素を吸い取りながら次第に世界共通語に発達するが、国字改良は日本語の健全な発達を促し、その吸い取りをたやすくする」[80]――、この文脈で「新文明」が何を意味するかはあきらかであろう。

また、第三章でもみたが、ローマ字化することでもともとの日本語を回復する、という主張とも通じるところがある。

黒瀧雷助が『国語の発展と国民教育』で展開した議論は、翌年の『生活主義言語理論と国語教育』において詳述されることになる。この本には日本ローマ字会会長・田中館愛橘への献辞があるのだが、学校教育における読み方、綴り方の問題の改善を提案したものであり、「生活主義」という立場から、話し方、聞き方教育の方法を提示していく。「国際的には国際語で」とエスペラントを外国語教育として導入すべきだとし、日本語表記は「漢字手びかえ∧振りがな廃止∧新カナ使い∧右行き進み書き∧カナモジ∧K・N・R」[81]という段階をふんで最終的に「K・N・R」すなわち「国定日本〔ローマ〕字」にいたるようにすべきだと主張していく。

国語協会機関誌『国語運動』への寄稿では、文芸家は「耳で聞いてわかるやうな、漢字を知らなくても読めるやうな、ほんとうの意味で進歩した文学をメザ」すべきであり、「芸術的な言葉が、基本的な国民の生活に根ざした口言葉の中から、改めて練りあげられる」ことを望み、「日本語・日本字の合理化に努力する」べきだと主張している。[82]「口言葉」への注目は高倉とも共通する。

黒瀧はエスペランティストというよりも、日本式ローマ字表記論者であり、教育の場での実践を考えていた人物であったといえる。

6　平井昌夫

四人目は、平井昌夫。平井昌夫は、黒瀧雷助と同様、エスペランティストでも、プロレタリア・エスペランティストでもなく、高倉のように「生産者大衆」のことばに無限の信頼を置くものでもなかった。そもそも、平井は「話し言葉と話し――口語文と口語――とはともかく別個の成立過程をもっている」し「言文一致体はあくまで文章の一種としての言文一致体であって、談話でも会話でもない」という区別をしていた人物であった。(83) それと同時に「漢文・漢字は当時における優位にある者の言葉となってしまい、一般庶民からは遠く離れた存在になってしまった」ので、それゆえに尊いものとされ、「呪物的傾向」を帯びるようになったと説明しているように、(84) 漢字と封建制とを結びつける傾向ももちあわせていた。

判決文によれば、平井は東京帝大在学中にエンゲルス『空想から科学へ』などの「各種左翼文献ヲ渉猟シタル結果遂ニ共産主義ヲ信奉スルニ至リ結社「コミンテルン」及「日本共産党」ノ本質目的、任務並ニ其ノ関係〔……〕ヲ知悉シ乍ラ之ヲ是認支持シ」、唯物論研究会の創立事務を援助したという。言語問題に関しては、

〔第八高等学校在学中から〕興味ヲ有シタル日本語ローマ字化運動ヲマルクス主義的立場ヨリ研究シタル結果昭和九年〔一九三四年〕夏頃ニハ我国ノ如キ漢字使用国ニ於テハ漢字ノ難解不合理延イテハ

其ノ呪物性ヲ利用シテ支配階級カ之ヲ愚民政策ノ手段ニ供シ居ルモノナレハ、ローマ字ノ真ノ発展ハプロレタリア独裁ヲ前提トシテノミ可能ナリ、従テ日本語ローマ字化運動ハ共産主義運動ノ一翼トシテ展開セラルヘキモノナリト確信スルニ至リ茲ニ言語文字問題ヲ捉ヘテマルクス主義的観点ヨリ其ノ階級的本質ヲ解明シ自己ノ所属スル日本ローマ字会員並ニ一般ノ共産主義意識ノ啓蒙昂揚ニ資シ之ヲ通シテ前記両結社〔コミンテルン、日本共産党〕ノ目的達成ニ協力スルトコロアラント欲シ〔……〕

と判断されている。[85] 漢字の呪物性、支配階級による愚民政策の手段、といった主張は、高倉テルや大島義夫と共通する。

また平井は、『日本開化小史』などでしられる田口卯吉（一八五五―一九〇五）の国字改良論を検討したなかで、以下のように述べている。

国字改良運動は、その根底にはつきりした歴史観と前途を見ぬく思想がなくては、成功を齎らす事はおぼつかないのである。ローマ字運動にせよカナ文字運動にせよ、更にまた国際語運動にせよ、それらの「運動の本質」が鋭く反省されようとしてゐる時、明治の生んだ優れた教師の言説を知ることは、実り多い結果を与へるであらう。[86]

国字改良運動には思想性がなければならないからである。「はつきりした歴史観と前途を見ぬく思想」、「思想性」が不可欠だというのである。もちろんその歴史観、思想性の内実が問われなければならないのだが、まさに平井昌夫の歴史観、思想性が問われたのが、この検挙・起訴であったといえる。

判決文によればその「主張」を『唯物論研究』や『文字と言語』などに寄稿[87]し、その集成として、一九三八年に三笠全書の『国語・国字問題』を出版したことも「罪状」にあげられている。ちなみにこの本に大幅に加筆したものが、本書でしばしば引用する『国語国字問題の歴史』（昭森社、一九四八年）である。

平井は旧制八高時代から学校内のローマ字クラブで活動していたローマ字論者であった。ローマ字論者であったことは確かだが、「日本語ローマ字化運動ハ共産主義運動ノ一翼トシテ展開セラルヘキモノナリト確信」していたかどうかは明らかでない。むしろ、ローマ字で文学を書くことの可能性を語り[88]、運動には「強力な大衆性」が必要であると述べる[89]など、平井の論文を読むかぎり、当時のほかのローマ字論者からさしてかけはなれた主張をしているわけでもない。その「思想性」にマルクス主義を無理矢理あてはめたのは検察側であったように思われる。唯物論研究会への関与から（そして日本式ローマ字を主張していた点もふくめて）、やや強引にくみたてられた論旨にみえるのである。

執行猶予がついたわけだが、その後の平井の論調には若干の変化がみられる。たとえば、検挙前、一九三七年四月に『唯物論研究』に掲載した「言語意識と民族意識」では、「国語を国民精神の発現とする言語意識は、国民精神を超批判的な信仰対象とする流行にならつて、国語をも超社会的な優越的存在と解し、国語の発展をも人為的な工作を拒絶する自然的自己発展と考へてしまう[90]」として「国語と日本精神」とを結びつける論調を批判していたのであるが、一九四二年には、これまで『唯物論研究』や『文字と言語』への執筆時に使用してきた筆名・頼阿佐夫をやめ、平井昌夫の名で「現代日本語の発達」を発表する。そこでは、冒頭から「民族意識と言語意識とには切つても切れない密接な関係がある[91]」と、

五年前の主張をあっさり撤回し、末尾では、

従来の国語意識は日本語の愛護・尊重・反省といつた問題だけで事たりたかも知れなかつたが、現在の国語意識はそれにもう一つの新しい要素が加へられてゐる。即ち、外地の諸民族に日本の「八紘一宇」の精神を知らしめ日本文化の優秀性を教へる必要上当然起つたことだが、日本語のこれまでのやうに単にわれわれ日本人の「自国語」とのみ考へてゐた事情が一擲されて、われわれの日本語が初めて一個の「外国語」としての取扱ひを受けるやうになつたことである。〔……〕日本語は、それを受け継ぎそれを育て上げてきた偉大な日本人の精神的媒介物として、真に偉大であり崇高であるが故にこれを愛護・尊重しまたそれ故にこそこの優れた日本語を通じて優れた日本精神と優れた日本文化とを大東亜の諸民族に宣布するといふ態度でなければならない。(92)

と無前提に「優れた日本精神・日本文化をになう日本語」という構図を肯定する。そのうえで、「八紘一宇」の精神のもとでの「外地」日本語普及への態度について論じているのであった。これで「共産主義理論を清算」したということになるのだろうか。

7　ことばの革命とは

前章で、国家の言語政策を後援する目的で組織された国語協会を論じた。国語協会は一九三〇年代に

もりあがった「国語改良」運動のひとつの受け皿となっていた。文部省は国語調査委員会以来の施策の実現を狙っていたということができるだろう。その背景には、日中戦争以来の帝国の拡大があった(93)。

そうした運動を進めていくために、さまざまな団体の統制と動員が求められたことは想像にかたくない。そうした動員はさまざまな背景をもった人びとをもとりこんでいくこととなる。本章であつかったプロレタリア・エスペラント運動の支持者もそこにふくまれる。国語協会にあつまった人びとの多くはことば通りの「革命」は考えていなかったであろうが、真に「革命」を望んでいた人びともいなかったわけではない。その点については本章後半で考えてみたが、「革命」とまではいわずとも「唯物論言語理論」を唱えた人びとの思いは、漢字廃止と密接に結びついていた。現在の視点からみれば、漢字廃止の説得的な理由になるとは思えず、起訴された人たちの議論をみても、漢字廃止の論拠はどこか現実味に欠ける。しかし、「プロレタリア革命」ということばのもつ魅力がなかったとはいいきれないだろう。現実味に欠け、方向としても「ひとつ」に収斂させようとする問題はあるにしても、漢字を障害とみなして、その問題を解決しようとしていたということは記憶にとどめておくべきだろう。

つづく第六章では、こうした「国語改良」に関する議論――「唯物論言語理論」はのぞくが――を市井の一民間人がどのようにうけとめていたのかを検討することにしたい。

さらにつづけて第七章では、一九四二年に国語審議会が文部大臣に答申した標準漢字表をめぐる議論をあつかう。この内容をめぐり、国語審議会、国語協会、そして左翼ローマ字運動事件で起訴された人たちもふくめて、「伝世」側からの「思想戦」にまきこまれることになる。そこでは漢字と封建制とを結びつける議論もふくめて漢字を削減しようとする議論も、すべて「国体の変革」を連想させる「国語の変革」思想として排撃されていくのであった。

第六章　草の根の思想――「昭和文字」の射程

1 「新国字」論の歴史と思惑

本章では、仮名専用論でもローマ字専用論でもなく、この両者をも拒否する「新国字」をめぐる議論をとりあげる。漢字廃止は当然の前提としてあるのだが、それがどのような背景のもとで構想されてきたのかについて考えていくことにしたい[1]。

とりわけ、いままでとりあげられることのなかった、市井の一市民が考案し一九三〇年代に公表した「昭和文字」に込められた意図にふれつつ、「新国字論」のもつ「応世」性を確認していくことにしたい。はたからみれば実現性も現実性もないようなあたらしい文字の創造であり、現在こうした主張がなされることはほぼないので、「新国字」ということば自体耳なれないだろう。しかし、近代日本言語史をふりかえると、それなりの数が考案され、狭い分野ではあるが、一定の認知はなされてきた。

具体的な「新国字」については、紀田順一郎『日本語大博物館――悪魔の文字と闘った人々』（ジャストシステム、一九九四年。ちくま学芸文庫、二〇〇一年）の第七章、第八章で写真をまじえつつ紹介されており、あらましを理解するには手ごろである。このなかで紀田は「新国字」の主張に、「違和感」「無理がある」という表現をもちいている。もちろんこれはまちがってはいない。ただ、ここではその非実現性をとりあげてあげつらうことを目的とはしない。むしろ、創製する側がなにを思い、なにを目的としていたのか、つまり漢字廃止でなにがえられると考えていたのかに焦点をあててみたい。

紀田も指摘するように、創製者について、ほとんどが文字をつくったこと以外に知られる業績はない。したがって資料もけっして豊富ではない。そしてまた文字の創製にうちこむあまり職をなげうつ場合もおおい（本章であつかう「昭和文字」創製者もそうであった）。たとえば、一九一九年に、二〇年来の「国字の改良、国語の整理」の結果をまとめた稲留《とうる》正吉は、二〇年間「常にこの事のみに心を奪はれ、いつしか道楽が嵩じ、果ては畢生の事業と覚悟して、後顧の憂なく、先づ妻帯を見合せ、己一人は兎も角も、老母も同じ運命に陥れ、つひに職業を拋ち、生計を顧ずして、漢字に生れた、新日本の不幸に打勝つべく、自から進んで国字の犠牲となり、命懸けで漸く出来あがつたのが、この本の内容である」という「著者申す」からはじまる、『漢字に代はる新日本の文字と其の綴字法　附日本の羅馬字と其の綴字法上巻』（文字の革命社、一九一九年）を刊行している。身をもって漢字の犠牲となったというのである。残念ながら、その尊い犠牲が報われたとはいいがたい。

こうした個人的情熱をささえていくために、紀田が「とくに新国字論者はファナティックなところがある」[2]というような、たんなる好事家のおあそびともいえない側面があらわれる場合もある。「ファナティック」な代表例として紀田は、大原萃洞の「山水文字」（一九三〇年、『国字改良論』大日本誠之会）をあげる。漢字やアルファベットから神の啓示により適当に選んだという。発想が「神がかり」的なのだという。

ファナティックといえば、一九六九年に東条博（一九二〇年うまれ）という人物が発表した『新国字として考案された〝やまともじ〟と新しい観点よりみた国語音声』の議論もあてはまるだろう。この文字自体は「ローマ字やカナをベースに速記体風書体を作」ったものである[3]が、東条博という人物は戦前に大阪商科大学（現・大阪市立大学）にあった「皇道研究会」（皇道経済をとなえた東条の指導教官・田崎仁義が主宰）に所属していた。この思想を東条は堅持し、一九八〇年には「世界唯一の天皇を元首として仰ぎまつる皇道国体を、あくまでも保持」している日本は「世界の永久平和と繁栄を保障する世界連邦結成の礎」となるべきだという主張からなる『日本人の価値観』を刊行している。ここでは「やまともじ」には直接ふれていないが、こうした皇道をひろめるためにも「外国人が習得しやすく、理解しやすい外国向け新国字を開発することが要請される」とうったえている[4]。この「やまともじ」が比較的あたらしい「新国字」である。

また、カナモジ運動やローマ字運動などと異なり、「新国字」が運動化したことはない。創製者がいかに「合理性」をいいつのっても、本人にしかあたらしい文字の体系が理解できない、という身も蓋もない前提となっている。これはまたあたらしい文字が普遍性をもたないことを示すものでもあるのだが、創製者自身の孤独をもあらわしているようにも思える。

本章でとりあげる米田宇一郎が創製した「昭和文字」は、米田自身の努力にもかかわらず、やはり孤高なままであった。それでも、前章まででみてきたような「国語改良」という問題意識が、一般の人びとにまで共有されていたことを示す貴重な事例である。

2 「新国字」とは

1 「新国字」概説と批評

まずは「新国字」についてだが、国語学会編『国語学大辞典』をみると、「漢字廃止論」の項目のなかに「新字論」という小項目があり、以下のように説明されている。

【新字論】現在用いられている漢字・仮名・ローマ字に代えて、より理想的な新しい文字を採用するというので、新国字論ともいう。仮名・ローマ字の字形の改変・増減と新文字の創案によるものに大別できる。〔……〕〔歴史〕明治七年（一八七四）、清水卯三郎の「平仮名ノ説」（『明六雑誌』）に「文字ヲ改メテ通用ニ便セント欲シ（中略）或ハ新字ヲ作ラント云」とあるので、以前から新字論があったようである。文献的には明治十八年（一八八五）に発表された平岩愷保の『日本文字の論』（神代文字を修正したもの）、翌年の小島一騰の「日本新字」（ローマ字風の）が最初で、井上哲次郎の「新国字論」（『東洋学芸雑誌』明治二十七年〈一八九四〉）、菅沼岩蔵の『文字文章改良論』（同二十八年〈一八九五〉）、田中秀穂の「新式発明日本字」（同三十年〈一八九七〉）、白鳥鴻幹の『新国字論』（同三十一年〈一八九八〉）、石川倉次の「明盲共通字」（同三十三年〈一九〇〇〉）、伊沢修二の「視話文字」（同三十四年〈一九〇一〉）、小森徳之の「自由仮名」（同三十五年〈一九〇二〉）などがあり、大正から昭和にも稲留正吉の「新日本文字」（一九一九年）、浜田弥太郎の「日本字」（一九二二年）、古谷栄一の

「比喩的形象主義之世界文字」〔一九二五年〕、高橋武雄の「新乙姫文字」〔一九二九年〕、神谷辰五郎の「明昭文字」〔一九二九年〕、中村壮太郎の「ひので文字」〔一九三一年〕、安藤龍雄の「昭和文字」〔一九三〇年〕、大原萃洞の「山水文字」〔一九三〇年〕、河邨百合人の「新日本文字」〔一九三一年〕、増田乙四郎の「維新文字」などがあり、石原忍は「新国字」（後に「あたらしい文字」）（昭和十二年〈一九三七〉）を発表、昭和三十五年（一九六〇）あたらしい文字の会を設立して会誌『あたらしい文字』を発行した。近くは昭和四十四年（一九六九）に東条博の「やまともじ」の発表がある。〔付記〕新字は便利で理想に近いようでも、普及、実用に困難がある。しかし、所論は国字改良に示唆を与え、間接に役だつものがある。(5)（〔 〕内は引用者補）(6)。

この項目を執筆した石黒修《よしみ》（本名・修治《よしはる》、一八九九―一九八〇）は、国語教育学者であり、エスペランティストでもあった（第七章も参照）(7)。戦前は第四章であつかった国語協会の常任理事をつとめるなど、言語文字の変革を肯定的にとらえていた人物であるからか(8)、「新国字」についても、引用のように「国字改良に示唆を与え、間接に役だつものがある」と好意的に論じている。しかし、具体的にどれがどのように役だつのかという指摘はない。逆にいえば、そうした形でしか評価されない営みであった。

また、戦前に国語国字運動の歴史をまとめた書籍を数冊あらわしていた日下部重太郎も「仮に新字説の目的が画餅に終るとした所で、新字説が国字問題に与へる間接の利益を認めねばならぬ。新字説は仮名よりもローマ字よりも便利な文字を用ひたいと云ふのだから、仮名説やローマ字説の方では、新字説の精神を察し、その所説を参考して、なるだけ自説の文字を善く用ひ得る方法を考へるのが可い」と述べている(9)。別のところでは「恰も錬金術が化学を発達させたやうに」とも評している(10)。「間接」にしか影響をあたえることしかできないのが「新国字」なのである。石黒修が記述の際に日下部重太郎のこの論を参照した可能性もあるが、どちらにせよ、やや気の毒なあつかいではある。

2　第一の山

「新国字」はここであげられたものがすべてではないが、一八九〇年代後半から一九〇〇年代にかけて発表されたもの[11]と一九二〇―三〇年代に発表されたものが多いことがわかる。そして創製した人物について、伊沢修二や石原忍などごく一部をのぞいて、くわしい経歴などがわからない点も特徴的である。「新国字」が多様に発表される時期のふたつのゆるやかな山は、それなりに意味はある。つまり、一八九〇年代後半から一九〇〇年代とは、日本が近代国民国家として形をととのえるのと並行して植民地の獲得により領土拡大をおこなっていた時期に重なり、第二章であつかった議論とも時期的に重なる。そうした状況にふさわしい「国語」のあり方が議論されていた。たとえば、一八九五年四月の『早稲田文学』八六号に掲載された「新文壇の二大問題」は、早稲田文学記者（＝坪内逍遥）の手になるものだが、そこでは、

日清和議已に成り、我が大日本の版図膨脹し、国運いよ〳〵興隆す。〔……〕新国文壇の事業として、急に（但し慎厳なる）稽査を要すべき二大問題あり。こは今日にはじまれる問題にあらねど国家の新膨脹は其の確答を促すこと、更に急なるを加へたり。所謂二大問題とは何ぞや。曰はく、将来の国語法は如何にすべき、曰はく将来の日用文字は今日のまゝにて不利なしや、多少改正を加ふるか、若し「く」は新文字を創作するの必要なきか、是れなり。[12]

とある。ここでいわれる「二大問題」のひとつは「新語法論」としてしばらく文壇をにぎわすのだが、これと翌八七号（一八九五年五月）の「新国字論について」（早稲田文学記者）とあわせて当時の「新国字」の諸議論を紹介している。しかし『早稲田文学』の論調としては、従来の表記文字体系で十分機能しているという立場であり、「新国字」の議論には否定的であった。[13]

ともあれ、この議論のたかまりを、『帝国文学』（一八九五年六月）では、「近時囂々たる国字問題は、思想を発露する符号を最簡便にし、学習に困難なる従来の文字を改良せんとするに起因するものなり。新領土に於ける言語の議論之か誘因たるは疑なきとなれども、是亦百科学術進歩の今日、固より当に起るべき事にして且最急務たるは論なし[14]」とまとめている。「新領土」が念頭におかれていることはくりかえし指摘しておきたい。「百科学術進歩」の時代だから文字も改良しなければという論理も、近代的ではある。

「新国字論」は、一連の表記論のなかのひとつとして議論されていた。よく引用される、東大初代哲学教授・井上哲次郎（一八五六―一九四四）の「国字改良論」（一八九八年）では、国字改良論を分類して、「漢字節減説／仮名説／羅馬字説／国語一変説／新国字説／諺文説／速記字説／視話法説[15]」としている。位置づけとしては、「諺文説」以下三種に近いものとして認識されていたようにも思われる。というのも、国字改良論の全体としては、具体的な文字の創製よりも、既存の文字をもちいてどのような表記システムをつくるのがよいのかという議論に集中していた状況であったからである。

したがって、というべきか、井上のこの論文が出たのと同じ年に、国字改良に力をそそいだ国語学者・岡田正美（一八七一―一九二三）は、「新国字論！あゝ古《フ》りにけりな、新国字論！世人は最早新国字論には厭きたるならむ、世人は最早新国字論といふ名をすら聞くことを欲せざるならむ[16]」とはじまる文章を書かざるをえなかったのである。それでも岡田のこの文章では、あたらしい文字に適した条件[17]を論じていくものとなっており、具体的にあたらしい文字を考案したりするものではなかった。結論としては、「活版に適応せむ文字を選んで以て日本国字とせむとせば、ローマ字第一選たるべく、仮字第二選たるべし。漢字は選に入るへからさるものなり」という漢字廃止論であった[18]。

先の日下部重太郎も引用しているが、三宅雄二郎（雪嶺、一八六〇―一九四五）は一九〇〇年に、「新字説と言つた所で、畢竟出来難い事である。世界第一の完全なる文字を造るのならば宜しいが、斯様なことは到底望むべからずである。また日本だけの文字として新文字を拵へて威張つた所で、つまらない[19]」と述べている。また、少し時代は下るが、一九〇七年に仏教学者の高楠順次郎（一八六六―一九四五）は「新字創定論者に対しては、非常の反省を乞はねばならぬ、文字進化の学理を弁へずして妄りに新字を創造せんとするは、甚しき危険に陥るものである」と釘をさす[20]。一方でこれは、わざわざ言及しなくてはならないほどの注目をあつめていた証左であるともいえる。

ともあれ、こうした「新国字論」をふくむ国語国字問題のたかまりの帰結として、一八九七年に東京帝国大学に国語研究室が設置され、すでにふれたが、一九〇二年に文部省に国語調査委員会が設置される。学術的かつ政策的な研究の基盤が固められていったのがこの第一の山の時期であった[21]。

3　第二の山

もうひとつの「新国字論」の山が一九二〇―三〇年代にあるが、これもまた第三章、第四章でみたような国語国字問題のたかまりと関係がある。くりかえすが、とりわけカナモジ運動（カナタイプライターの導入）は、産業合理化・能率化により利潤をあげて国際競争に勝ちぬく、という文脈に位置づけることができる。

競争という観点は、「新国字」をつくる側もおなじである。たとえば、稲留正吉は「日本が世界の舞台に現はれて、新参国ながらも一等国の待遇を受けてゐる以上は、国際上の関係や、外人との接触が次第に密度を加ふるにつけ、文字の鎖国は到底末永く保てるもので無く、文字の仲間外れや、食はず嫌は言つて居られぬ時期が早晩逼つて来るに違ひない」と一九一九年に述べていた(22)。「一等国」として世界の舞台に立つ日本にふさわしい文字を、ということであろう。

文部省の政策としても、既述のように国語調査委員会の流れを引く臨時国語調査会が一九二一年に組織され、常用漢字表などを発表、漢字制限の指標を示した。そして一九三四年に国語審議会に改組されるが、漢字制限の方向に変化はなかった。第四章でみたように、こうした文部省の国語整理事業を支援するために国語協会が一九三〇年に組織された。社会的に表記文字改良への機運がたかまっていたのがこの時代であった、とまとめることができる。「文明化」のため、という理由が時代をへてより具体化していった、ともいえるだろう。

3 「昭和文字」とは

1 「昭和文字」に関する資料

ようやく本題である。本章では米田宇一郎《こめだういちろう》（一八七五―?）という人物が一九三七年に発表した「昭和文字」を紹介する。ただし、「昭和文字」という名称の文字は、米田宇一郎考案のもののほかにすくなくとも二種ある。ひとつは、先の『国語学大辞典』にもあった安藤龍雄『昭和文字』(一九三〇年六月、高橋書店)。全二三頁のものだという。[23]また、国語協会とカナモジカイが共同主催をして一九三五年七月に東京でおこなわれた「文字文化展覧会」で、クロセニロウという人物の「昭和文字」が、「国語審議会出品ノ　新国字、改良字体文献」のひとつとしてあげられている。[24]どちらもこれ以上の情報はない。

そして、米田宇一郎の「昭和文字」である。のちにみるように、その必要性を説く論理にはさほどあたらしいものはない。しかし、当時のさまざまな主張をとりいれたものであり、市井の一個人が、先にみたような国語国字問題のたかまりのなかでその解決法を模索していたことがわかる。米田もまた職をなげうち「昭和文字」を考案したのであるが、その広範な普及のためにとった行動が、帝国議会への請願であった。

米田が残した資料は多くないのだが、そこでなにをめざしていたのかを、みていくことにしたい。依拠する資料は次の二点である。

①米田宇一郎『救国百歌』大日本救国補字会(仮事務所)、一九三七年三月(私家版)[25]。本文五〇頁。発行所の「大日本救国補字会」の住所は奈良県生駒郡富郷村。著者・発行者である米田宇一郎の住所は大阪市東成区鶴橋北之町となっている。なお、米田宇一郎の号は空天。米田の「昭和文字」がいままでしられてこなかったのは、ひとつにはこの本のタイトルにもよるのではないかと思われる。

②「国字改善ニ関スル請願書（米田宇一郎）」（国立公文書館蔵[26]）。後半に「国字改善ノ資料ニ提供スル補字ニ就キテノ概説」を付す。あわせて約一万七千字。「函館市役所」の名がはいった罫紙に手書きで記されている。国立公文書館デジタルアーカイブで閲覧可。引用の際は、パソコン画面に表示されるコマ数に左右を付して示す。米田の生年月日、一八七五年一月一一日は、本資料四一コマ左の記載に依拠している。

2 『救国百歌』とは

①の『救国百歌』からみる。冒頭に明治天皇御製四首がかかげられている。

世の中の人におくれを取りぬべし進まん時に進まざりせば。
うるはしく書きもかかずも文字はただ読み易くこそあらまほしけれ。
朝のまにもの学ばせよをさな子にひるは暑さにうみはてぬべし。
おのが身をかへりみずして人のためつくすぞ人のつとめなりける。

明治天皇の和歌は、一九二二年に『明治天皇御集』全三巻に年代順にまとめられ文部省から刊行されている。この四首も当然掲載されており、詠まれた年と題詞を順に示すと、一九〇七年「行」、一九〇五年「書」、一九〇八年「夏朝」、一九〇九年「義」となる。異同だが、『御集』では、「夏朝」の「をさな子に」ではなく「をさな子も」、「義」の「おのが身を」ではなく「おのが身は」となっている（表記も若干異なる）。

この四首からは、文字はよみやすく、子どもの教育にも慈愛を、そしてわが身をかえりみず進みつづける、という明治天皇の姿勢がうきぼりにされるが、それはまた米田自身の自覚でもあったのではないだろうか。とくに二首目は、文字改革の正当性を明治天皇の意思に求めることができるためか、第四章でもふれたように、国語愛護同盟機関誌『国語の愛護』第一号（一九三五年四月）扉の「明治天皇の御製」五首、国語協会機関誌『国語運動』創刊号（一九三七年八月）の「明治天皇の御製」二首のうちにも選ばれている。

ページをめくると、還暦をすぎている米田宇一郎の近影が掲載されている。丸メガネをかけ、額ははげあがっているが口ひげをたくわえ、長いあごひげはあまり手入れがなされていない印象をあたえる。

さらにページをめくると、国字問題に関心をもつようになった経緯と問題意識が書かれている。米田については不明な点が多いので、貴重な記述である。全文引用する。

著者は今より約三十年前、三重県立富田中学校に奉職中、偶々名古屋に旅行して古書をあさる内に、国字に関する著書を得て一読し大に感を深くせり、家庭の都合に依り退職し郷里に帰りしも、間もなく里余の地にある奈良県立畝傍中学校に職を捧《ママ》じて再び教鞭を採ることゝなり、在職十四ヶ年間ひそかに文字につきて研究を継続し、茲に常用文字として漢字と歴史的仮名遣ひの仮名は学生を苦め学科の進度を著しく妨ぐるものなるを体験し、国民一般の蒙る損失の大なるを痛感するに至れり、こゝに意を決して職を抛ち文字の創作に力を致し、其間種々の障害に遭遇するも屈せず十三ヶ年の後漸く自己の理想を実現するに至り、これが題名を救国補字と名づけたり、この新字は作定の当初、我国の歴史と伝統を尊重する意味にて漢字を省約して作られし仮名を更に省約して作りし新字にて、云はば漢字の大省約によりてなれる新字なりと云ひ得べき極めて簡素なる字形にして表示上の便利と記憶上の容易なることゝ使用上の効果等に於て現在の我国及欧米の文字に対比して何等遜色なき良質なる文字と自認し不肖多年の宿望こゝに全く貫徹せるものと信じて爰に発表し猶ほ今より余生の許す限り文字の改良と補字の普及運動に奉仕せんとするものなり。

引用文中の「三重県立富田中学校」は一八九九年に三重県立第二尋常中学校として設立、一九一九年から富田中学校と改称されている。一九四八年に学校統合により三重県立四日市高等学校となり現在にいたる。また「奈良県立畝傍中学校」は一八九六年に奈良県尋常中学校の分校として設置され、一八九九年に独立、一九四八年に奈良県立畝傍高等学校となり現在にいたる。それぞれの学校の創立百年史をみると、米田宇一郎は富田中学校には一九〇三年二月から一九〇八年二月まで[27]、畝傍中学校には一九〇八年一〇月から一九二三年三月まで[28]在職していたことがわかる（たしかに「在職十四ヶ年」である）。富田中学校在職中に名古屋の古書店で購入した「国字に関する著書」については明確にできないが、先にみたように一九〇〇年前後に国語国字問題がたかまりをみせ、幾種類もの「新国字」が誕生したのだが、そうしたなかで刊行された書籍を一九〇〇年代半ばに、たまたま買い求めた、ということになる。それに触発されて、第二の山である一九三〇年代にあらたな「新国字」を発表したということになる。

内容からすると、米田は国語科の教師のようにも思えるのだが、図画の教師である。漢字やかなづかいに悩まされる学生の姿をみて、それを教えこまねばならない国語の教師ではない立場から、その「損失」をなくすために教職を辞し、あたらしい文字の創製につとめることになったのであろう。辞職してから一三年、一九三六年になって完成したのが「救国補字」であった。ちなみに②の請願書では「俄然教育界ヲ辞シ居ヲ屢々転ジテ私交ヲ避ケ」文字の創製に専心したという（五〇コマ左）。『救国百歌』の最後のページにも「永年こんな研究に没頭してゐまして自然皆様方へ御無沙汰申してゐました事を爰に厚く御詫び申上ます。どうか御寛容のほど御願申して置ます」とあえて記しているように、人との交流を避けて文字の創製にいそしんでいたことがわかる。肝心の「救国補字」についての説明は『救国百歌』の末尾になるのであるが、漢字を省略してつくった仮名をさらに省略してつくったので「我国の歴史と伝統を尊重」している、という論理は伝統主義者を意識したものだろう。その一方で「我国及欧米の文字」に対比しても遜色がない、というところに、米田宇一郎の自信をうかがうこともできる。

さて、先の引用文末尾に「補字の普及運動に奉仕せん」とあるが、これ以降米田は「普及運動」に邁進していくことになる。この本に「帝国議会の開催中にこの冊子を印刷したいと思ひまして取急ぎました[29]」という部分があるが、かろうじて第七〇回帝国議会（一九三六年一二月二六日―一九三七年三月二五日）の会期中に刊行されている。なぜわざわざ帝国議会が登場するのか、についてはのちにふれることにする。

さて、米田が文字創製の経緯について記したページのとなりには、図画教師だった米田らしく、「文字の早認識《はやわかり》」と題して欧米各国（アルファベット）、中華民国（漢字と注音字母）、日本（漢字、字音かなづかい、国語かなづかい、変体仮名、カタカナ、ひらがな、ローマ字）の文字負担の重さを、それぞれの人物がかかえる荷物のおおきさに変換して示している。

さらにページをめくると、「日英伊の小学児童の比較表」があり、初等教育で学習する語彙数、漢字百字・英単語百語獲得にかかる時間数の比較などがなされている（イタリアについてはほとんど情報が記されていない）。具体的には、「小学校六ヶ年間に教ゆる読本の単語の数」が「ニッポン　八千九百語」「イ

ギリス　三万九千語」、「小学校で漢字百と英語の単語百と理解に要する時間」が「ニッポン　四時間廿八分」「イギリス　三十六分」、「小学校の一週間内に教ゆる国語の教授時間数」が「ニッポン　十一時間廿分」「イギリス　八時間」、「普通新聞記事（ふりがなを取除きて）たゞ読むだけの小学校学習年数」は「ニッポン　八個年（高等二年修了）」「イギリス　二個年（尋常二年修了）」（ここに「イタリー　一個年」が加わる）などとなっている（この日英の比較表については第三章でもふれた）[30]。これらの数値は、「聞くところに依れば、イタリアでは小学校へ壱ヶ年余り行けば、新聞が大体読めるとのことであります」というコメントとともに右のように日英を比較した、一九三〇年刊行の平生釟三郎『漢字廃止論』を参考にしたと考えられる[31]。

米田はさらに「日本文字の比較概表」を掲載し、漢字・カタカナ・ひらがな・ローマ字の活字数を比較、「救国補字」がなんと活字一五種で済むことを強調する。そして「救国百歌と補字につきて」という章では、漢字かなまじりの表記体系が「日本人の無駄な習慣道楽」であり、「国家及国民全体に、金銭と、時間と、労力等に、莫大な損失を与へ、教育進捗の遅鈍、修学行程の苦難、父兄出資の過重、教育費国庫支出の膨脹、日常執務の渋滞、事務能率の遅延、人材養成の抑減等々の、多大の害悪を蒙らせてゐる」と批判する。世界の「生存競争」が「弱肉強食」の度合いを深めていくなかで、こうした「不便厄介な悪質文字」をつかっていては「国費、生活費中の無駄な費用や、無益の労力」がかさむばかりであって「文字を善処することが、国民更生の基礎であり、庶政一新の第一歩」であると主張する[32]。義務教育の年限延長よりも、「優良なる文字」によって効率よく教育を授ける方がよい（この主張をする際に、盲教育では初等教育六年間の内容を三年で教育できる、ということ——漢字を使用していないこと——を根拠にしている。本章4節の3も参照）とか、国債の個人負担額の多さを示し、「吾々は国家の前途と子孫の将来を考慮せなければならない」ので、「今は欧米の文字よりも便利の点に於ても修得の容易なる点に於ても優越して、合理的に統制された時代に適合する最も進化した文字」が必要だ、と論じていく[33]。赤字国債を漢字廃止によって削減するという論拠はいまでは思いつく人すらいないかもしれないが、数値をもちいつつ徹底して合理的・効率的であることを求めているのが特徴的である。このように、さまざまな議論を参照しつつ「昭和文字」が必要な根拠をつくっていった。先の「文字の早認識」に「支那も漢字の良くないのを知つてか中華民国の九年十二月に新字注音字母を制定し国語読本に用ひた」と記しているように、中華民国の文字改革にも目を配っている。また②の請願書でも「隣邦支那ニ於テ、已ニ去ル中華民国九年十二月ニ政府ハ注音字母ト称スル、表音的文字ヲ制定シ、之ヲ児童ノ教育ニ、試ミシハ、其意気ヤ我等ノ大ニ学ブベキモノ、彼等ハ唯漢字ノミヲ使用シ、又我等ノ漢字ヨリモ、優ニ便利ニシテ、平易ナルニ、彼ハ漢字ノ不利ナルヲ痛感シ、新字ノ採用ヲ、試ミタルニ非ズヤ。我等ハ反省スベシ」（四九コマ右）とあるが、正確には「民国九年」ではなく「民国七年」（一九一八年）の一一月である[34]。

この『救国百歌』は、本文五〇頁のうち、「救国百歌と補字につきて」が一一頁分、漢字の問題点をよみこんだ自作の狂歌百首に二一頁分、カナモジカイ理事の平生釟三郎が文部大臣のときに漢字廃止の自説をとなえた第六九回帝国議会貴族院の議事速記録（一九三六年五月九日、第四章参照）からの引用に四頁分を割き、最後に「救国補字」の解説を付している。名称についてだが、「現下非常時に際して特に官民全般の留意を喚起したい」ため「救国」をつけたのだが、「先々は昭和文字と称へる方が妥当」と記している[35]。

「救国補字」の説明よりも狂歌百首で半分近くを占めているので『救国百歌』と題したのであろうが、やわらかく国字改良の必要性と「救国補字」の利点を伝えようとする姿勢をうかがうことができる。たとえば、狂歌の「七十一番」は「新聞や、書籍も安く、賤が手に、補字の公徳は、漢字らる仮名[36]」。「感じらるかな」が「漢字らる仮名」と表記される面白さ(?)は漢字をしらなければわからないという大いなる矛盾をかかえており、さらに「補字」がどういうものなのかが最後までよまないとわからないという構成上の問題もあるのだが、それは細かいことに属する。ともあれ「補字」を元号と同じ名称としようという自負はあった。その根拠は、「現在使用されて居る殊に外国の文字も真似の出来ない種々の働

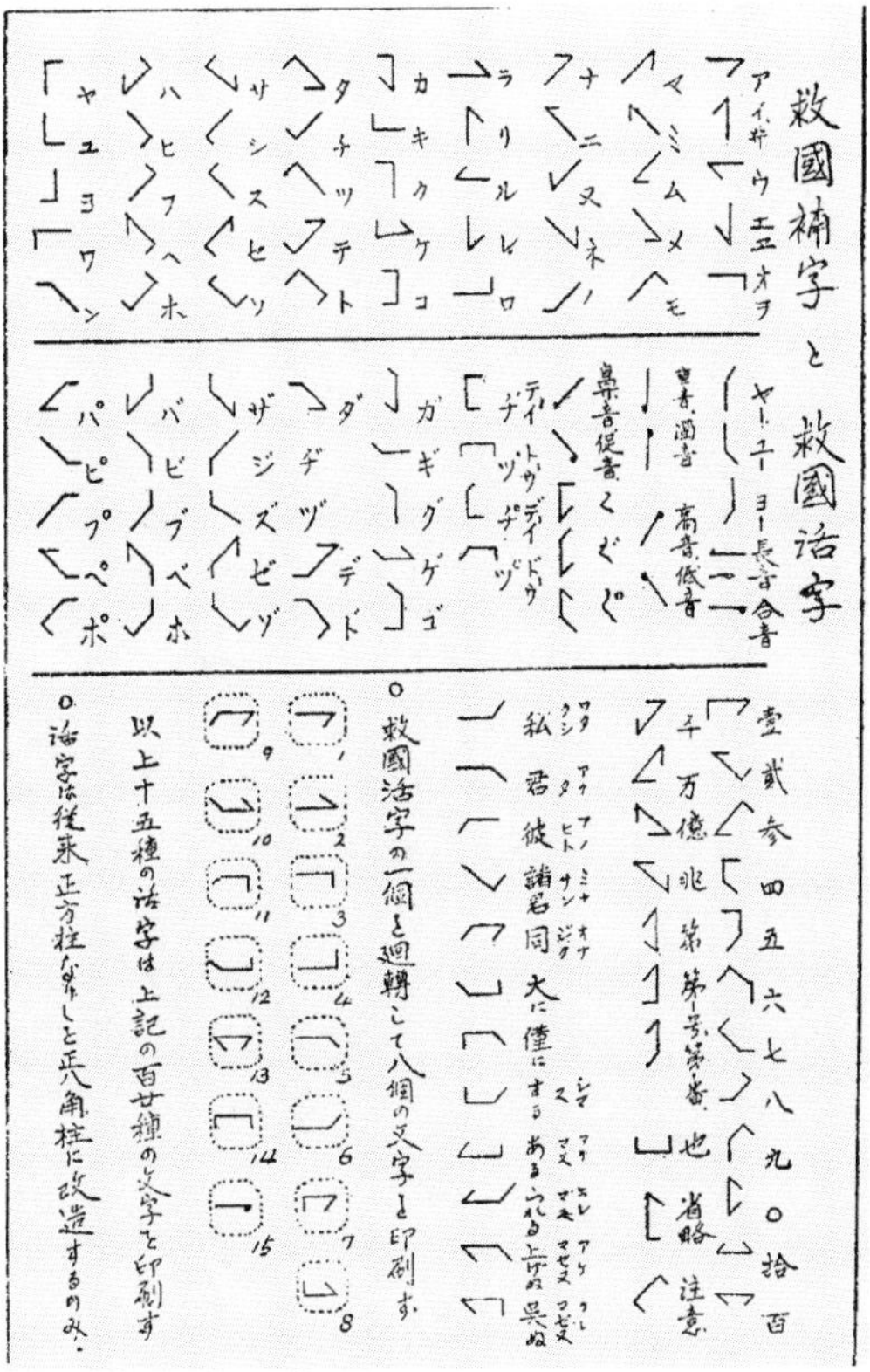

米田宇一郎『救国百歌』1937年、41頁（一橋大学附属図書館所蔵）

きある文字であつて、合理的に統制した、最簡素な、記憶のし易ひ〔ママ〕文字である」からなのだという[37]。

具体的な救国補字であるが、一見速記文字風であるものの、先の引用にもあるようにカタカナをさらに簡略化したものである。縦横斜めの四種の長い線を「字母」とし、その両端から短い線を二本書き加えたもので構成されている（図を参照）。この図は一部であり、簡素であることはわかるが、「記憶のし易」いものかは判断できない。ただ、特徴的なのは、活字を正八角柱として、ひとつの活字を四五度ずつ回転させることで、一五種の活字で一二〇種（八×一五）の文字の印刷ができる、と計算している点である。しかし、八角柱の活字を組むことの不便さについては考えていないようである。

米田は、「救国補字を習得したいとか、或は研究して見たいと云ふ団体は御申越下されば、御集会人員に依り日を約して著者は喜んで御招きに応じます。なほ報酬は戴きません」とも記し、この文字の普及に全力を尽くす姿勢を示している[38]。

3 「国字改善ニ関スル請願書」「国字改善ノ資料ニ提供スル補字ニ就キテノ概説」

「救国補字」の普及に全力を尽くすとはいえ、個人の活動では限界があると感じたからか、米田宇一郎が次にとった行動は、教育審議会への請願であった。先の資料の②である。

教育審議会とは一九三七年一二月一〇日の勅令第七一一号「教育審議会官制」によって、「教育ノ内容及制度ヲ審議シ其ノ刷新振興ヲ図ラシムル」ことを目的とした内閣総理大臣の諮問に応じるために設置された審議会であった（一九四一年まで）。ときは第一次近衛文麿内閣。広田弘毅内閣時の平生釟三郎文部大臣がとりくんだものの実現できなかった義務教育を六年から八年に延長すべきであるという答申や、小学校を国民学校に変更すべきだという答申などをおこなった。近衛の新体制運動と連動して総力戦体制に即した教育制度を設計した審議会とされている。義務教育延長はならなかったが、この教育審議会の答申にこたえる形で一九四一年四月からは国民学校制度が施行された。

教育審議会官制によれば、審議会は総裁一名、委員は六五名以内で構成され、臨時委員を置くこともできた（第二条）。また、教育審議会議事規則によれば、答申ばかりでなく、委員五名以上の賛成によって内閣総理大臣に対して建議をすることもできた（第七条）。国語国字問題関連では、第一〇回総会（一九三八年一二月八日）において、「国語ヲ尊重シ之ヲ適当ニ整理スルハ極メテ緊要ノ事ニ属ス政府ハ速ニ之ガ実現ヲ図リ一層国民教育ノ効果ヲ収ムルニ力メラレンコトヲ望ム」という建議をおこなっている。[39]ちなみに、建議を提出した五名の委員のひとりにカナモジカイ、国語協会の下村宏がいた。

米田宇一郎が『救国百歌』を刊行したのが一九三七年三月。教育の刷新振興をはかるという審議会の目的に感応したのであろうか、官制公布の翌月になる一九三八年一月一八日に、教育審議会荒井賢太郎総裁宛に「国字改善ニ関スル請願書」を送っている。請願は「政府ニ於テ補字ヲ調査シ国字ノ改善ヲ国家ノ事業トシテ断行セラル、コトニ就テ貴会ノ会議ヲ尽シ之レニ努メラレンコトヲ謹ンデ茲ニ請願スルモノ也」というものである。ちなみに荒井賢太郎総裁は一八六三年うまれだが、一九三八年一月二九日に死去し、後任の総裁は原嘉道枢密院顧問官（一八六七―一九四四）となっている。

この「請願書」の内容は、『救国百歌』のなかで補字の必要性を論じたものをより子細にしたもので、米田の研究の成果をもりこんだものといえる。例によって教育予算や教育時間などの不効率をあげ（たとえば「或ル人ノ調査ニ依レバ、我国ハ漢字ヲ廃シ、仮名ヲ用ヒンカ、府県市町村ノミノ教育費ニ於テ、年々金弐億円ヲ軽減スト云フ」（四六コマ左））、ローマ字専用論やかな専用論などの「国語改善」の歴史を概観しつつ、「漢字廃止」の機運がたかまっているものの、肝心のあたらしい「優良文字」が定まっていないと嘆じる（四八コマ右）。また、「明治天皇の御製」も計三首（『救国百歌』のものと同じ）引用し、国語審議会幹事の保科孝一が昭和天皇に国字問題に関する「御進講」をおこなった際に、天皇がこの問題に関してつよい興味を示したことを新聞記事から引用[40]（五〇コマ右）するなど、天皇をもちだして国字改良の正当性をうったえる。

『救国百歌』とのおおきなちがいは、一九三七年七月七日の盧溝橋事件によって全面化した日中戦争をふまえて、「現下非常時我国軍資ト国防ニ莫大ナル金員ヲ要スルニ非ズヤ、殊ニ日支ノ戦局ハ、長期ニ渉ルノ大覚悟ヲ要スルニ非ズヤ、先ヅ国字ヲ改善シ、後言文ヲ統一シテ、我等ノ義務教育ノ年限ヲ短縮シテ層一層学業成績ヲ挙ゲ、教員ト生徒ノ労苦ヲ救ヒ、其冗費ハ省キテ軍資ト国防費ニ充当シ、過剰ヲ来ス教員ハ他ノ有要ナル事業ニ又研究ニ或ハ軍務ニ転用シテ過剰ノ校舎等ハ有要ナル方面ニ利用センカ、国力ハ充実、民力ハ強化スベシ」（四六コマ左）と論じている点であろう。さらに、

我国今ヤ千歳一遇ノ非常時ニシテ我等ノ忠勇ナル皇軍ハ隣国ニ奮戦シ国外ニ連捷セルニ非ズヤ、銃後ヲ守ル国民ノ我等ハ大ヒニ猛省シテ我国民ノ緊張セル好期ヲ逸スルコトナク我等ノ永年ノ内憂ニシテ国患タルモノ之レ現在ノ国字ニシテ、無益ノ労苦ト最大ナル損害ヲ与フル仮名漢字先ヅ之ヲ善処シテ早ク義務教育年限ヲ短縮シ其ノ効果ヲ拡大シ此ノ無益ノ勤労時間ヲ善用シ智育ヲ進メ徳育ヲ高メ体育ヲ奨メ以テ人物ヲ作リ又技ヲ練リ研究ヲ深メ発明ト発見ニ努メ有要ナル生産ヲ興隆シ、海外ニ拡メテ富源ヲ培ヒ、又一面、之レガ冗費ヲ転用シテ、軍備ト国防ニ充当シ、国民ノ生活費ヲ軽減シ、国家ノ経済ヲ祐富ナラシムルコトハ、民力ト国力ヲ共ニ強化セシムル所以ニシテ、我等銃後ノ国民ノ、第一着ニ断行スベキモノニ非ルヤ、予輩ノ願フ所ノ国字改善ハ、従来ノ漢字廃止論トハ、

其趣キモ異ニス、唯ダ最モ修得ノ平易ニシテ、使用ニ易ク、便利ノ多キ文字ヲ国字トシ、以テ児童ヲ教育シ、普通教育、即チ義務教育ヲ行フニアリテ、不利ナル漢字仮名及ビ「ローマ」字ノ如キヲ遠ザケ、我等ノ児童ヲシテ、彼ノ欧米ノ児童ト均等、或ハ、夫以上ノ恩沢ニ浴セシメント、念願スルモノナリ、斯シテ遂ニ、現在我等ノ受クル苦痛ト、損害ヲ免カレシメントス（五一コマ右―左）

ともいう。要するに、国字改良で義務教育年限を短縮し、浮いた金を国防・戦費にまわし、国力増強をはかる、という理屈である。ただし、中等教育以上では随意科目として「国文科」あるいは「外国語」などをもうけてもよい、とする（五一コマ左）。

もう一点は「請願書」の後半に付された「補字ニ就キテノ概説」（五三―五八コマ）中で、「朝鮮、台湾、満洲」で日本語を教育する際にもこの「救国補字」をもちいれば、その「児童ヲモ、ソノ恵沢ニ浴セシムルハ、公正日本ノ採ルベキ道ナラズヤ」（五五コマ右）と日本語普及と連関させて論じている点である。時局にあわせて自説の補強をはかる姿勢をよみとることができる。

「補字ニ就キテノ概説」では文字や八角活字の説明のほか、「示字器」「廻字盤」といった「補字」教育のための器具や、マッチ棒やテープをつかった教育法、「絵画ノ骨線ヤ図案ノ資料」としての活用法などが、丁寧な図とともに示されている。

精魂込めた渾身の請願書であったはずなのだが、教育審議会の議事でとりあげられることはなかった。そもそも個人の請願をうけつけるような機関ではなかったので当然といえば当然であるが、かりに請願をうけつけたとしても、先にふれた建議に関する議事録をみるかぎり、国語審議会の議論をあとおしすることに眼目がおかれており、国語審議会が「新国字」をとりあつかわない以上、米田の請願がかえりみられることはなかったであろう。

ちなみに、カナモジカイの稲垣伊之助が一九四三年にあらわした『国字問題の現実』は国字問題の歴史を概括したうえで、「国民の文字生活のなやみ」を九つにわけて議論している。つまり「教育の重荷／事務のさまたげ／印刷能率の大敵／目の衛生上の害／読めない書けない地名／人名のなやみ／海外発展の障害／日本語をカタワにする／日本精神の純正を保つに」というのが「漢字の禍害」なのだという。[41]「国防」をのぞけば、米田の論拠とさほど異なるところはない。

4　帝国議会への請願

1　請願のシステム

教育審議会への請願はかえりみられることはなかったが、米田はくじけない。教育審議会への請願と同時期に、米田は第七三回帝国議会（一九三七年一二月二六日—一九三八年三月二六日）の衆議院、貴族院に「国字改善ニ関スル件」を請願した。

まず、帝国議会への請願とは、葦名ふみ「帝国議会衆議院における建議と請願」[42]にもとづいて概要を記すと、大日本帝国憲法で「両議院ハ臣民ヨリ呈出スル請願書ヲ受クルコトヲ得」（第五〇条）と規定されたもので、衆議院規則、貴族院規則により様式などの規定がある。かならず議員の紹介を要し、皇室への不敬の語の使用や、司法および行政裁判、憲法改正に関するものは認められないなどの条件があったものの、臣民の意見を政府に伝える重要な手段であった。受理された請願書は、各議院の請願委員会に配布される。請願委員会のなかの省庁別の分科会で紹介議員からの説明や政府委員の答弁などがなされ、採択の可否について論じる（請願委員会の総会で議論する場合もある）。採択すべきとされた請願は、請願委員会総会で判断を確定したのち、請願委員長から、請願書の要旨などを記した意見書（案）とともに議長宛に報告がなされる。そして本会議で採択された請願は意見書とともに内閣総理大臣宛に送付される。そこからさらに主管官庁の判断により、閣議決定での採否がきめられた。葦名によれば、第一回から第九二回までの帝国議会において衆議院の請願受理数は七万九九二七件におよぶ。採択率は当初は低いものの、徐々に高まっていく。これは「請願においては実行不可能であっても採択するべきであるという先例が慣例化した」のも一因であるという(43)。一方で、建議は、各議院の議員三〇名以上の賛成者を必要とした。各議院で可決された場合の意見書の流れは請願の場合とおなじである。

2　米田宇一郎の請願

請願委員会の分科会や総会での議論は、「国立国会図書館　帝国議会会議録検索システム」（http://teikokugikai-i.ndl.go.jp/）で閲覧できる速記録によって確認することができる。まず、一九三八年二月二日、第七三回帝国議会衆議院請願委員会第四分科会で米田の「国字改良ニ関スル件」の請願が審議された。意見書に請願書そのものは付されないので、国立公文書館所蔵の資料では確認できないのであるが、議事録に記された用語などから、おそらく教育審議会への請願書と同様のものを米田は使用したのではないかと思われる。

このときの紹介議員は八木逸郎（一八六三―一九四五）。医師から奈良町会議員、市会議員、県会議員をへて一九〇八年の第一〇回総選挙で当選後、連続一〇期つとめた。当時は立憲民政党の議員であった(44)。

数えで七六歳となる八木のことばをきこう。

一寸紹介者デアリマスカラ申上ゲマスガ、国字改良ニ付テ、私ノ国ノ人デ非常ニ熱心ニ多年考究シテヤッテ居ラレテ、サウシテア、云フコトヲ請願シテ呉レト言ウテ頼マレタノデアリマス〔……〕アノ内容ハ読ミマセヌノデス、少シバカリ読ミマシタケレドモ能ク分リマセヌガ、併シ是ダケ熱心ニヤッテ居ルノダカラ、御採択願ヒマシテ文部省ニ送ラレタナラバ、文部省ハ大イニ参考ニナラウト斯ウ云フ意味デ紹介致シタノデアリマス〔……〕(45)

ベテラン議員でもあり、頼まれる請願の数も多いのであろう。米田が長年熱心にとりくんでいるのだから、内容はよんでいないからわからないけれど、とりえず採択してほしい、ということである。これをうけた政府側出席者の内ヶ崎作三郎文部政務次官も、「マダ文書其モノハ拝見シテ居ラナイ」と認めてしまう。そして「文部省ニ於キマシテハ、国字ノ改善即チ国字ヲ改メルト云フコトニ付テハ目下考ヘテハ居ラナイノデゴザイマス」と、文部省では米田の請願にこたえる用意はないと断言する。となると八木の面目まるつぶれになるのだが、八木は「少シバカリ私読ミマシタガ、字ヲスッカリ変ヘテシマフト云フ意味デナクテ、何ダカ大変細カイ良イコトガ書イテアルヤウニ思フ」(46)ので、文部省で調査してくれと述べ、中身について何ら検討がなされないまま分科会での採択にいたる。少しよめば、字をすっかりかえるものだということはわかるはずだが、ベテラン議員は老獪である。あるいは請願制度が形骸化している側面を示しているともいえようか。ともあれこの後、請願委員会（二月四日）で採択が決定され、本会議をへて衆議院議長から内閣総理大臣に意見書が送付された（三月二五日）。意見書には「右請願ノ要旨ハ国字ノ簡易化ハ国民ノ智識生活ヲ能率化シ以テ教育ノ振興並国力ノ充実ニ資スルコト多大ナルモノアリト信ス依テ政府ハ速ニ我カ国多年ノ懸案タル国字問題解決ノ一端トシテ優良文字タル理想条件ヲ具備シ各分野ニ亘リテ応用自在ナル補字ノ調査ヲ国家ノ事業トナシ」という文言がある。[47] 米田の意図をくんだものといえるが、「一端トシテ」までの部分は一九三三年三月一八日の「新国字研究ニ関スル請願」への意見書とほぼ同文である。[48] 石原忍らによるこの請願についてはのちにふれることにするが、文書行政とはこうしたものなのだろう。ともあれ、この後、内閣からこの場合の主管官庁である文部省に回付され、回答を得ることになるのだが、資料としては確認できない。ただ、先の文部政務次官の答弁が暗示するように、閣議決定がなされることはなかった。

いいかげんなあつかいなので、米田に同情するほかはないのだが、米田は衆議院と同時に貴族院にも請願をおこなっていた。こちらの議論をみると、遠藤柳作議員（一八八六—一九六三）が紹介をしている。遠藤は東京帝国大学法科大学卒で朝鮮総督秘書官や青森、三重、愛知、神奈川県知事などをつとめ、満洲国国務院総務庁長なども歴任した官僚出身議員であった。[49] 遠藤の説明は短いながらも、米田の請願書（「水平字母線」「左傾字母線」などの用語を遠藤がもちいているので、おそらくは教育審議会に出したものと同様のもの。そしてまた貴族院へのものも同様だろう）をきちんと読んだうえで、問題背景から補字の様態までを要約した内容となっている。[50] しかし衆議院のときと同様に内ヶ崎文部政務次官が文部省の立場を説明し、この請願は本会議へ付さないこととなった。[51]

それでも米田宇一郎はくじけない。つぎの第七四回帝国議会（一九三八年一二月二六日—一九三九年三月二五日）にも、請願をした。衆議院の請願委員会分科会では前回と同様、八木逸郎が説明をおこなう。「此ノ請願ハ昨年モ御採択ヲ願ツタノデアリマス」としたうえで「実ハ私ハ其ノ内容ニ付テノ是非善悪ハ腹蔵ナク申上ゲレバ分リマセヌノデアリマスガ、非常ニ其ノ事ニ熱心ナ私ノ知人ガ細カク調ベマシテ、サウシテ請願ヲ致シタノデアリマス」と述べる。結局、一年たってもよんでいないことがわかるのだが、熱心な「知人」の調べたものなのだから、とにかくよろしく、というわけである。八木が「此ノ請願ノ外ニ或ハ其ノ局ニ当ル役所ニモ出シテ居ルサウデス」と指摘しているのは、教育審議会への請願を指すのだろうか。[52] 結果的としては前回同様、本会議に付され内閣総理大臣宛に、前回とほぼ同文の意見書[53]とともに送付されたものの、閣議決定にはいたっていない。貴族院にも請願するが、分科会で不採択となる。

それでも米田宇一郎はくじけない。第七五、七六、七九回、八一回帝国議会と毎年、衆議院および貴族院におなじ請願をくりかえした（第七七、七八、八〇回は会期が数日の臨時会）。結果は同じで、衆議院では内閣へ送付されるものの閣議決定にはいたらず、貴族院では請願委員会分科会でかならず不採択であった。文部省は国語審議会の活動を支える形で表記簡易化をすすめていた。第七章で詳述するが、国語審議会は一九四二年七月に「標準漢字表」という形であたらしい漢字制限をおこなおうとしており、あたらしい文字を採用することはまったく考えていなかったので、米田の請願の結果は、当然といえば当然である。衆議院についていえば、第七六回帝国議会までは八木逸郎が紹介していた。第七五回帝国議会でも八木は請願書の内容は理解していないが米田の「熱誠ニ感心」しているから採択を、と姿勢をかえることはなかった。[54] 第七九回からはおなじ奈良県選出の福井甚三（一八七四―一九四五）が紹介をおこなっている。

また資料的には、第七九、八一回帝国議会で内閣に送付された意見書に対する文部大臣からの回答が残っている。ともに「「昭和文字」ノ調査ヲ国家事業ト為スノ意志無シ」とされている。[55]

第八一回帝国議会は一九四三年三月二五日に閉会しているが、その後の米田の請願は敗戦後もふくめて確認できない。このように、アジア・太平洋戦争開戦前から、日本軍のガダルカナル島撤退直後まで、六年にわたり請願活動をつづけていたことになる。八木逸郎にくりかえし「熱心」であると評された米田の執念とみることもできるだろう。

3　石原忍の請願との関連

先にふれたが、新国字に関する請願は、米田宇一郎によるものがはじめてではない。第六四回帝国議会（一九三二年一二月二六日―一九三三年三月二五日）の衆議院と貴族院それぞれに、石原忍ほか二四名が「新国字研究ニ関スル請願」をおこなっている（一九三三年二月一日呈出）。経過としては、衆議院では採択され内閣総理大臣宛に「音標文字ヲ基礎トスル新国字ノ研究ヲ開始セラレタシト謂フニアリ」という意見書が送付されるが[56]、担当の文部省では不採択、貴族院では請願委員会の分科会の段階で不採択となる。米田の場合と同様であった。この請願書と同時に石原たちは鳩山一郎文部大臣宛に建議書も出している。請願書および建議書に名をつらねたのは、帝国大学教授や陸海軍軍人など、錚々たる人物である。

この文書は、保科孝一が主宰していた月刊誌『国語教育』に掲載されたので、米田が目にした可能性はなくもない。ここに掲載された建議書の小見出しを列挙すれば「時勢は文字の簡易化を要求する／漢字は不幸にして世界に比類なき困難な文字である／漢字はさらに忘れ易く、さらに国民的大衆的教養の具たるに適しない／国民の約八割は小学校教育を受けるに止まる／如何なる文字を以て漢字に代えるべきか／新国字の研究を望む」となっている。米田が述べることになる根拠の一部とそうかわりはない。また、建議書で「我国における盲唖児童が仮名の点字によつて受ける結果、四ヶ年にして終り得る義務教育が、健全児童が漢字交り文によるため、実に六ヶ年を要すると云ふ変態的な事実[57]」とあることの影響もあってか、米田の請願書では、「目の見《ママ》エル児童ノ六個年間ニ修得スル小学国語読本ノ事柄ヲ目の見《ママ》ヘザル盲生ハ、約三個年間ニ修得スト云フニ非ズヤ」（四六コマ右）とさらに誇張された形で記されている。『救国百歌』にも同じ指摘がある。

盲教育では漢字をつかわないから効率がよい、という言説がどこから発生したのかは不明だが、はやくは一九二五年の資料で確認できる。そこでは、東洋海上保険株式会社常務でカナモジカイ評議員でもあった日向利兵衛が「点字ハ　カナ　ノミ　デ　デキテ　イル　ノデ　アリマス　カラ、盲人ハ一切漢字ヌキデ　カナ　バカリ　デ　教育ヲウケル。ソノ結果トシテ　普通教育ハ3年デ修了スル　ト　キイテ　イマス。ワレワレ　目明キ　ノ　完全ナ目ヲ　モッテ　イル　子供ハ6年　カカリ　マス」と述べている[58]が、典拠は不明である。この言説はくりかえし引用される。たとえば平生釟三郎は「ある盲学校長の談に「盲学校では、目明の学校の子供が、小学校六ヶ年の課程として用ひてゐる十二巻の読本を約三年で習ひ覚えてしまひます」と[59]」としている。米田は直接的には平生のこの『漢字廃止論』から引用したものと考えられる。そしてカナモジカイ常務理事の稲垣伊之助が一九四〇年に出した冊子にも「盲学校の校長さんに聞けば、「私の学校では、目あきの学校の子供が六年かかつて読む十二巻の読本を、三年ほどで習いおぼえてしまいます。」とおっしゃっています。盲人は点字（カナモジと同じくアイウエオの音符文字）ですから漢字を習いません」と記している[60]。こうした言説が一定程度流通していたことはわかる。稲垣は「盲学校の生徒全国で四、八三〇人」としているが、これは一九三四年の数値と一致する[61]。ちなみに、であるが、盲・聾学校への就学義務化は、ようやく敗戦後の一九四八年から学年進行で開始され、一九五六年に完成している。

さて、この建議書が『国語教育』で紹介されたあと、文部省図書監修官の佐野保太郎から反論が寄せられた。盲学校の現実をふまえないこの言説への批判はその通りではあるのだが、佐野の議論の根底には、「今の盲学校の国語教育が振はないのは、生徒の能力も低く、教へ方にも欠陥がある」[62]などという差別意識が横たわっていることを指摘しておく。

ともあれ、請願という手段をどこでしったのかはわからないが、石原たちが一回しかおこなわなかった請願を、教育審議会に一回、貴衆両院に五回ずつ、計一一回も米田はたったひとりでくりかえした。そこで展開される「応世」的言辞に米田の孤独な執念をみることができるだろう。

5　草の根の思想のゆくえ

その後の米田宇一郎の消息は不明である。国語協会に一九四三年一〇月以降に入会したことが確認できるくらいである[63]。この時点で大阪在住となっている（『救国百歌』に記された東成区鶴橋かは不明——ここは一九四五年六月一五日の第四次大阪空襲で甚大な被害をうける[64]）。米田は、国語協会の存在をしらなかったわけではないだろうが、国語協会では新国字の議論はしていないのでそれまで入会していなかったのかもしれない。ちなみに、既述のように一九三四年にカナモジカイと国語協会が東京三越で共催した「文字文化展覧会」が内容もあらたに一九四〇年六月一一日から一六日まで大阪の阪急百貨店で開催（大阪朝日新聞、昭和奉公会後援）されているので、米田はこれを参観して国語協会の存在をしった可能性もある。

六年にわたる請願でも政府をうごかせなかった米田は、それまでの孤軍奮闘から、国語運動団体とともに運動を継続していこうと若干の方向転換をしたのかもしれない。とはいうものの、戦争の激化により、国語協会機関誌『国語運動』は、一九四四年に入ると毎号八頁のものしか出すことができなくなっていく（第四章でふれたように、同年一一月まで刊行の確認はできるが、終刊は不明）ので、あらたな活動の場としては、不十分きわまりなかったであろう。

「昭和文字」の射程とはなんだったのだろうか。漢字が悪質な文字であって無駄が多いから、それを廃し「優良なる文字」を採用することで冗費を抑えて効率化をはかる、というところだろうか。ただ、効率化した冗費を軍事費・国防費にまわす、という主張は、便宜的なものの可能性はあるとはいえ、時代の要請のなせるわざであった。これもまた「応世」的といってよい。しかしながら、国家の事業としての研究を請願した時点で、米田が教育の現場に立って感じていた、漢字とかなづかいが学生を苦しめていると『救国百歌』で示した認識は、後景に退かざるをえない。教育の現場で感じた素朴な思いを「草の根の思想」と大げさにいうのも気がひけるが、素朴な思いを公的に表現していこうとしたときに、言説の場で流通しているさまざまな議論を借りておこなわざるをえなかった、ということでもある。

くりかえしになるが、漢字を廃止しようとする議論は、往々にしてその時代時代の先端的思想をとりこんでいく傾向がある。社会進化論しかり、テイラー主義しかり、唯物論しかり、民主主義しかり（第八章参照）。漢字が「伝統」であるゆえにこうした傾向が生じるのだろうが、時代時代の「先端」をとりこむだけでは、瞬間的な影響力を発揮しうるにしても、思想的蓄積をおこなうことはできない。いくら「優良なる文字」であっても、漢字の「伝統」とは別に、普及にいたらない本質的な限界がここにあるように思えてならない。

第七章　総力戦下の思想戦——標準漢字表をめぐる攻防

1　思想戦としての標準漢字表

1　思想戦の構図

「国語の危機」

太平洋戦争開戦三カ月後の一九四二年三月から同年一二月にかけて、「漢字をめぐる思想戦」と称してもよい一連の出来事があった。ときは東条英機内閣（一九四一年一〇月—一九四四年七月）。ことの発端は、文部大臣の諮問機関である国語審議会が諮問「漢字ノ調査ニ関スル件」について、中間報告として発表した標準漢字表にあった。

一連の出来事については、簡単に紹介する文献もすでにいくつかある。[1] それにしたがえば、標準漢字表によって漢字制限を強力に実行しようとした国語審議会の思惑が世論の反対——たとえばのちにみるが雑誌『大法輪』や『公論』、『原理日本』、『国学院大学新聞』、『東亜文化圏』、日本文学報国会など

――にあい、また日本国語会の結成にいたるなどで頓挫した、という話である。具体的には、当初の国語審議会答申とは異なる形で漢字数を大幅に増加（二六六九字）して文部大臣・橋田邦彦（一八八二―一九四五）が標準漢字表を定め、閣議決定された（一九四二年一二月四日）。

二〇〇六年に文化庁が編纂した『国語施策百年史』がいうように、この一連の出来事については「国語施策が政治的に翻弄されていくという過程を「標準漢字表」は如実に示している」(2)という書き方で十分なのかもしれない。むろん施策である以上、政治からはのがれられないのではないか、といいたいが、ひとまずおいておく。

あえてわざわざ「思想戦」などといって話をおおげさにしなくてよいのかもしれないのだが、一九四三年に発表されたある文章では、この一連の出来事について、

> 今思ひ出しても戦慄を禁じ得ないのは昨年の国語の危機であつた。畏くも米英に対する宣戦の大詔は渙発せられ、億兆一心国家の総力を挙げて征戦の目的に邁進してゐる時に、独り国語審議会に巣喰ふ国語変革派のみは、奇貨措くべしと、店晒し案を矢継早に発表して、明治初年以来の彼等の野望を一挙に達せむと企んだのであつた。〔……〕今回の如く国語変革の野望を閣議に依つて権威附けむとする卑劣な策謀は未だ嘗てなかつたことで、大東亜戦下所謂国語問題のみが活潑に論議せられ、朝野の識者がその成行を憂慮したのも尤もなことであつた。〔……〕閣議の決定は変革派の策謀に対する一大鉄槌となつて下り、「国語は民衆が支配する」との前提に立つ所の、皇室を敬遠し奉らむとする悪逆思想が吹飛ばされて了つたのである。(3)

との総括がなされたような事態ととらえる人たちがいたことに注目したい。治安維持法などでもちいられている「国体ノ変革」を念頭においた「国語変革」ということばでもって、国家転覆にも匹敵するかのような書き方をしている。

引用文末尾で「悪逆思想が吹飛ばされ」たとあるが、その後「国語変革派」がどうしたかというと、この文章では、

例へば、嘗ての共産主義者高倉テルは再び地下に潜入した模様であり、万国エスペラント協会日本総代表石黒修は転向を偽装し、真摯なる研究家元学習院教授東京市視学岡崎常太郎氏は永年の悪夢より醒めて転向を声明するに至つた。(4)

とつづけていく。地下潜入と偽装転向と転向。「共産主義者」とならんでエスペランティストがあげられていることにも注意しておきたい。「エスペラント＝ユダヤ＝功利的・亡国的」なる連想をはたらかせる人たちがいたのである。ここに名前があげられた人物について、第三章で岡崎常太郎を、第五章で高倉テルをとりあげた。高倉はこのころゾルゲ事件で検挙され釈放されたあとであった。「地下に潜入」ととらえられても仕方ない。第六章で名前をあげたが、石黒修は、国語教育学者であり、ここでも示されるようにエスペランティストでもあった。そして石黒は、たとえば「漢字廃止わもはや時期の問題である。われわれの今日なすべきことわ、いかにしてその時期をはやめ、漢字の長所をのこして、短所をのぞき、文字生活を理想にちかづけるかとゆうことの考究にある(5)」と述べていたことが示すように、戦前は第四章であつかった国語協会の常任理事をつとめるなど、言語文字の「変革」を肯定的にとらえて

いた。

石黒修の「偽装転向」が具体的になにを指すのか明示されていないのだが、おそらく一九四三年七月に刊行した『美しい日本語』における議論であろう。そこで石黒は、「今日の日本語は、ひとり日本の国語であるばかりでなく、大東亜の共通語である。わたくしたち日本人一億の日本語は、大東亜共栄圏十億の人たちの手本となり、模範となるところのものである必要が生じた。国民全体のことばのしつけ、たしなみの重要性が一段と加へられた[6]」などと主張しており、かつて展開していたような文字論は一切登場せず、かなづかいも大勢にしたがっている。それを「偽装」とする根拠は不明であるが、安藤のこの文章は、それでも転向をしないとする稲垣伊之助（カナモジカイ前常務理事）の新著『国字問題の現実』（弘文堂書房、一九四三年）を痛罵する書評である。この本では標準漢字表の文字数が増加したことは「遺憾である」としながらも「国家が、漢字を一定の数に限定したことは、国字問題の歴史の上に注目すべき事実である」と表面的には賛意を示している。しかしながら、二六六九文字もの標準漢字を「国民の九〇%のもの（義務教育未了のものは除く）に、まちがいなく書かせることは、永久に出来ないことであると断言する」のであった。そもそも「国字は国民共通のものであるとゆう点を、私は主張する。漢字は文字として尊重するが、国字としての資格をそなえていない点を区別して考えている」というのであるから[7]、安藤のいう「転向」とは無縁の人物ともいえる。第三章でふれたように、稲垣はカナモジカイの前身である仮名文字協会設立以来の会員であり、『カナ　ノ　ヒカリ』の編輯や会の事務に専従するために甲南学園の教職を辞し、初代会長の山下芳太郎をささえた人物である。カナモジカイが一九三八年に財団法人となると監事になり翌年に常務理事となったのだが[8]、標準漢字表をめぐる思想戦がなされる直前の一九四二年春には病をえて辞任[9]しており、論争に直接は参加していない。それでも、安藤が批判する著書を上梓する程度には回復し、「漢字制限ニ　反対スル　モノワ、「大法輪」等ノ　雑誌ニ　寄稿スル　キワメテ　少数ノ　モノ　ダケデ　アル」し、かれらが大学教授やらの「名士」であったとしても国字問題についての「根底ガ　ナイ」から、「国字問題解決」への動きを止めることなどできない[10]と意気軒高であった。しかし一九四五年五月に没している。[11]

「ユダヤ的」ということ

稲垣を批判した安藤信夫という人物についての詳細はわからない。『軍部の主張と無任所大臣』『新党樹立運動の新展開』[12]というパンフレットを著しており、政治ジャーナリストのような立場にあったと思われる。安藤はさらにつづける。

今では国語変革派の思想および運動は「ユダヤ的」の一語に尽きる。彼等は内に向つては機構の核心に白蟻のやうに喰込んで行き、外に対しては言論機関等を悪用して巧に欺瞞宣伝の挙に出る。[13]

「反ユダヤ主義」は、日本ではとりわけ一九二〇年代からさかんになった論調であった。[14]具体的なユダヤ人差別につながることはほとんどなかったそうだが、たとえば、陸軍軍人であった四王天延孝（一八七九—一九六二）は『猶太思想及運動』（内外書房、一九四一年）、『四王天延孝清話』（報国社、一九四二年）などでユダヤ謀略説をくりかえし流布させていた。[15]こうした確信犯的な論者はともかく、定型化されたレッテル貼りの道具のひとつになっていたことはたしかである。[16]

安藤によれば、稲垣伊之助は「大正十年」つまり一九二一年が漢字制限の実行の機運がたかまりはじめた年である、としている。つまり、この年に第一次共産党（コミンテルン日本支部準備会）が結成され、産児制限を主張したマーガレット・サンガーが来日したのは翌一九二二年であった。また、戦艦・航空母艦の保有比率をさだめたワシントン会議がはじまったのは一九二一年であり（ワシントン海軍軍縮条約は翌一九二二年に締結）、一九二二年にはじめての陸軍軍縮（山梨軍縮）、一九二五年には宇垣軍縮がおこなわれている。安藤は、これ以降国語運動は「主義者の影響を受けて多少なりとも左傾又は民主化し、カナモジカイ・国語協会・国語審議会を主流とする国語変革派の一団を形成して現在に至つてゐる」[17]と断じている。「ユダヤの謀略」であり、主義者の巣窟。安藤の指摘にしたがえば、まさに思想戦の様相を呈している。[18]

超国家主義に抑圧された国語審議会という言説

カナモジカイ、国語協会、国語審議会についてはすでにふれたところであるが、安藤が指弾する国語審議会で中心的な立場にいた保科孝一（国語審議会幹事長、東京文理科大学名誉教授）は、こうした一連の事態にいたったのは、「軍国主義や超国家主義から抑圧をこうむった結果に外ならない」[19]と敗戦後に述べている。しかし、軍国主義と超国家主義に抑圧されたのが国語審議会だ、という保科のようなとらえ方も一面的である。

第四章でもふれたが、総力戦体制化の高度国防国家建設に際して軍隊は合理化をはかることにより効率的な動員と運用（戦闘）をはかる必要があったために、漢字制限によって効率化をめざしていた。「超国家主義者」たちが指弾した、国語審議会の「皇室を敬遠し奉らむ」とする思想というものは、審議会の委員のなかには存在しない。超国家主義の定義にもよるが、たとえば「八紘一宇」というような志向を指すのだとしたら、保科も超国家主義者といってまちがいではない。

ちなみに保科は一九三一年六月一八日に「明治維新前後から今日に至るまでの国字改良運動の大要」を昭和天皇に「御進講」している。内容は教育負担を考えた漢字の節減とかなづかい改訂が中心的内容であった。国字問題に関する進講ははじめてのことで、保科のことばによれば「一大センセイションを引起し」、この問題の社会的認知度が高まったという。[20] 皇室に対する敬愛に満ちていただろうし、国語に日本精神が宿る、と信じていた。[21]

国語の変革組織として指弾されたカナモジカイで理事をしていた平生釟三郎は、第四章でふれたように広田弘毅内閣文部大臣在職時（一九三六年）に、持論の漢字廃止論を述べて注目をあつめたが、この平生も一九三八年に「日本民族ノ　血デ　アリ、民族ヲ　ムスビアウ　強イ　紐デ　アル　日本語ヲ　ハグクミ、コレガ発達ノ　タメニ、ヒゴロ　ワレラガ　多大ノ　努力　ヲ　ハライツヅケテ　キタ　ノ　ワ　トリモナオサズ　日本精神発揚ノ　根本的方策デ　アルカラデ　アル」と日本語に日本精神が宿ることに疑いをはさんでいない。そして「ワレラガ　永年　カナモジ運動ヲ　ツヅケテ　イルノワ、日本語ヲ　ソコネヨウト　スル　漢字　ノ　害ヲ　トリノゾキ、日本語ノ　健全　ナル　発達ヲ　ウナガソウ　ト　スル　精神ニ　ホカナラナイ」と述べている。[22] 日本精神の宿る日本語の健全な発達にとって漢字が害をなすから除去するのだ、という論理であり、日本語への愛があふれている。

また安藤信夫が痛罵してやまなかった稲垣伊之助にしても、やや時代はさかのぼるが、「支那の字を借りて、天皇とか天子とかいふ字を使ふやうになり、すめらみことを支那の天皇天子の思想を以て判断するやうになつた為めに不祥なる事件が起る。すめらみことの思想で眺めるならば、決して危険思想などは起る筈はない」と説く伯爵・二荒芳徳（一八八六―一九六七）の主張を肯定的に紹介している。[23] 漢字により尊王思想がねじまげられてしまう危険を、稲垣伊之助はいいたいのであろう。こうした議論は、いわば「伝世的応世」ということもできる。

要するに、おなじような者同士がレッテルを貼りあっているわけではあるが、思想戦をたたかったという図式をともにもっていたとはいえる。しかし、かれらの「思想」は日本語の伝統と純粋を信じる点では、そうかわりのないものであった。

「反動」だったのか

その意味では、敗戦後に中国語学者・倉石武四郎（一八九七―一九七五）が、この一連の出来事について次のように述べている点には注意しておく必要がある。

〔……〕国語審議会が戦争中に標準漢字を決定したとき、好機いたれりとばかり反撃ののろしがあがり、大日本国語会という団体が一夜のうちに結成され、その派の闘士たちがたとえば大法輪などという右翼雑誌に拠って国体擁護の旗じるしのもとに随分はなばなしい活動をしたものである。そのために政府でも捨ておけず、国語審議会の決定した漢字に若干数の漢字を加えて、国体擁護にさしつかえないような外貌を作って一時をごまかした。〔……〕戦後に常用漢字が発表されたとき、もはやそうした運動は見られなかった。〔……〕一度そうした叫び声があがったことが、結局ふたゝびそういうことを起こさないようにと教えてくれたことになる。反動はむしろ正常な運動を促進した結果にさえなったのである。(24)

若干の事実誤認はおくとして、また、倉石は漢字廃止・節減の主張をもって敗戦後の国語審議会に関与していくのでこうした論述になるという留保は必要であるものの、「正常」と「反動」という構図でこの一連の出来事をとらえている。しかしながら、本章ではこういう図式ではなく、この一連の出来事のなかに、近代以降、漢字をめぐってなされてきたさまざまな主張が凝縮されており、そうした主張の根底には、時代時代に即応する思潮が流れている、という観点から、やや丁寧に読みといてみたい。(25)

思想戦とは

さて、思想戦とは、文字通りにいえば「思想と思想の戦い」であるが、情報局編纂の『思想戦読本』では、(26)

大東亜戦争は、米英の支配した東亜の旧秩序を変革して、日本の理想とする新秩序を建設することがその目的である。米英の支配した旧秩序は、いはゆる民主主義、国際主義の思想に基づく米英的秩序であつた。しかるに日本の理想とする新秩序は、八紘為宇の皇道原理に基づく日本的秩序でなければならない。従つて大東亜戦争は米英の民主主義、国際主義に対する皇道開顕の一大思想戦とも考へることが出来るのである。(27)

とされている。そうしたなかで、この一連の出来事を「思想戦」と位置づけたのは、作家の森本忠《ちゅう》（忠八、一九〇三年うまれ）であった。すでに一九四二年には「思想戦といふ言葉があるが、この思想政策は米英の謀略或ひはコミンテルンの策謀があるのではないかと云ふ気さへする」(28)という文脈で国語審議会の答申に疑念を示し、二年後には国語問題とは思想問題であり、「殊に大戦のさ中に提起せられた場合、言ふまでもなく国内思想戦の相貌を呈する」とも述べている。[29] 森本は、この『思想戦読本』に沿うかのように、「民主主義」と「皇道原理」とのたたかいを、標準漢字表をめぐる攻防のなかにみてとろうとしていた。これは冒頭で引用した安藤信夫の構図と同じである。

漢字の制限や廃止を主張する議論は本書でみてきたように明治維新前後から断続的に存在しているが、それが「民主主義」的であり「国際主義」的であるとは一概にはいえない。反対派からそのようなレッテルを貼っておとしめたいと思わせるような流れが存在した、ということである。

「漢字をめぐる思想戦」の発端となった標準漢字表だけをみていても、その「思想性」は明確にならないのだが、これに強く反発した人たちの主張を通じて、どういった「思想」が問題とされ、それが「思想戦」ととらえられたのかを、うかがいしることができる。

ということで、この標準漢字表への反対の主張をみていくことにしたい。

2 「国語変革情勢を憂ふ建白書」

長い引用で恐縮だが、『国学院大学新聞』(一九四二年八月二〇日)に「国語変革情勢を憂ふ建白書／文相に善処要望の烽火／学界思想界の十六氏から提出」の見出しのもと、以下の「建白書」が掲載された。直接的には一九四二年六月一七日に決定答申された標準漢字表を念頭においているものの、発端は三月に出された中間報告にあった。その内容が、見出しにあるような「国語変革」であり、「国体非違思想」のあらわれだ、と断言するのである。

国語の問題は鞏固なる国体観念に照らして講究せざるべからず。功利便益を旨として千古の言語文字の変革を企つるが如きは断じて許すべからざる所なり。

国語審議会が一派の専断によつて会議を進め正論を抑止して発表したる漢字制限案はその準常用字及び特別字の取扱態度に於て断じて許すべからざる国体非違思想を表明せるものと謂ふべし。

文部大臣は大日本国文教の府に長たる責務に鑑み右国語審議会の答申を慎重に検討し、昭和十六年二月廿五日閣議申合せによりこれを実行に移さんとする前に天下に真実の声を聴き学問と実際に照らして右答申案採定を留保せられんことを要望す。

右　建白す

理由

一、国語審議会決定答申案にいふ特別漢字七十一字を以て畏き辺りの御事をも限定し奉らんとするが如き由々しき結果を将来すべし

一、国語審議会決定答申案を見るに、準常用漢字の項の説明に『国民ノ日常生活ニ関係ガ薄クマタ一般ニ使用ノ程度ノ低イモノデアル』とあり。更に同審議会幹事長保科孝一氏が日刊新聞紙上に公言せる説明に『準常用漢字は将来段々なくしてしまふ』とあり。然らば準常用漢字は国民とは日常親しからず又将来消滅せしめらるゝものとなすべきに、何ぞ図らんこの中には国民が日常奉体すべき教育勅語を始め皇室典範、帝国憲法、歴代天皇御追号、勅諭、詔書の文字多数を含むを如何と為す、国定教科書に奉掲せらるゝ日本臣民の必要なる文字を『関係薄ク程度低シ』となす理由如何。況んやこれを消滅せしめんとする思想根拠如何。断じてこの非違の制限案を実施せし

むることあるべからず
一、国語審議会委員の選定に疑惑無き能はず。委員中に就き『カナモジ会員』『ローマ字会員』『仮名遣変革論者』『左横書き論者』を殊更に集結せしめたる跡を見るべし
一、国語協会なるものあり。文部省より年々国庫の補助を受けつゝ、その為す所を機関誌「国語運動」に就いて見るに漢字の否定、仮名遣の変革、表音文字左頭横書きを会の目的とし且つ実行し、現行国家教育に背反する思想並に行動を執りつゝあり
一、国語審議会委員を検討するに、右の如き主張を有し国家教育背反の国語運動を為す国語協会の役員は挙げて審議会委員に任ぜられたりといふも過言に非ず、即ち同協会副会長は同時に国語審議会の会長を兼ねて議事を決定し、同協会理事及び監事十余名は同時に審議会委員たり
一、国語審議会委員中に国語学者、国文学者、文章家なし、故にこの調査には学問的根拠乏しきのみならず衆を恃めるカナモジ会員等の発言盛にして国民に代つて正論を吐露する一二委員は、事毎に発言抑止に逢へるもの ゝ如し、国家の公的機関を私党的一派を以て固め、全国的に沸く制限案反対の声の存在を否定し、恰も漢字廃止は、国民全般の要求の如く装ひ特に昭和十六年二月廿五日閣議申合を楯にして一挙に実行に移さんとす、漢字は応神天皇の御代に国家公用の文字として採用せられ永く日本の国字としてこの使命を尽し来り現に生成発展して日本国家国民の性命と不可分のものたり。これが生成を止めこれが使用を否定し抑止せんとする制限思想は、嘗て日本を毒したる産児制限論、軍備制限論等と相関連するところあるに非ずや
一、国語審議会が自ら私党化を悔悟し、真に学問と実際とに照らして公明なる国語審議を進むるに

非ざればその決議は国民の信奉を繋ぐに足らず。国民の信奉なくして政治的手段のみを以て解決し去らんとする現状は誠に国家文教の危機、国体蔑視の第一歩といはざるを得ず。
一、国家教育を攪乱する国語協会は断乎として解散せしむるを要す。
一、雑誌『国語運動』の発売を停止せしむるを要す。
一、エスペランチスト、ローマ字論者、カナモジ論者の過去及び現在の思想言動を調査し国語運動に名を藉りて行はれたる非国家思想の有無、思想謀略の存否如何を明確にせんことを要す。
昭和十七年七月十八日
　頭山満／今泉定助／市村瓚次郎／松尾捨治郎／小林秀雄／藤塚鄰／森田銕三郎／高崎正秀／小柴値一／安藤圓秀／葦津正之／西角井正慶／堀江秀雄／千家尊宣／今泉忠義／杉本政七
文部大臣　橋田邦彦殿(30)

アジア主義者の巨頭である頭山満（一八五五―一九四四）、神道思想家といわれる今泉定助（一八六三―一九四四）、東洋史学者の市村瓚次郎（一八六四―一九四七）、国語学者の松尾捨治郎（一八七五―一九四八）、文芸評論家の小林秀雄（一九〇二―一九八三）など、著名な人物が名をつらねている。第四章でとりあげたように、平生釟三郎の漢字廃止論が国会で話題になった時に『国学院雑誌』が批判特集をくんだが、そこに寄稿した松尾、市村、森田、今泉忠義の名前を確認できる。

冒頭で引用した保科孝一がいうように「軍国主義、超国家主義」としてくるには、頭山満をのぞくと、やや難がある構成である。

そもそも、建白書を起草したのは、ここに名前は出ていないが、第一章でも登場した島田春雄（一九

○六年うまれ）という人物であった。自身の著書『国語論集 日本語の朝』に「建白書草案」としてほぼ同様の文書をおさめているところからわかる（ただし、国語協会解散と『国語運動』発売停止を求めた項目はない）[31]。島田春雄は、漢学者島田重礼（一八三八―一八九八、昌平黌に入り、のち助教。一八八一年から東京帝国大学教授）を祖父にもち、書誌学者の島田翰（一八七九―一九一五）[32]の次男である。赤坂中学校、国学院大学に学び、冨山房、朝日新聞社などに勤務し、標準漢字表の一件のあとは国学院大学教授兼図書館長、同大学新聞学会長、日本大学でも教壇に立っていた[33]。この本に「序」を寄せた森本忠によれば、島田がこの建白書草稿を書いたのは、標準漢字表の決定答申が出された約一カ月後の七月一七日夜のことで、徹夜で仕上げ、翌朝から「各名士の賛同を求め」、「いの一番に国士頭山満翁が大筆署名し」、全一六名の署名をえて、ただちに文部大臣に提出したという[34]。したがって、建白書は島田自身の意見書ともいえる。

また、文部大臣に提出した建白書の写しを添えて、国学院大学新聞学会は、以下の文書とともに各界に配布、意見を求めた。

謹啓

今般頭山満先生始め十六名の連署を以て別紙の如き建白書提出せられ候に就而は右憂国の趣旨に対する御高見拝聴仕度候間折返し御一報賜度此段御願申上候也

昭和十七年七月二十日[35]

建白書に賛同する各界の人士（著名なところでは、作家の吉川英治、保田與重郎、阿部次郎、国語国文では山田孝雄、久松潜一、沢潟久孝など）のコメントや大東文化協会の建言書、国士館大学の答申などを建白書とともに二面にわたって掲載したのが、この『国学院大学新聞』一九四二年八月二〇日号であった。

3 国語審議会と標準漢字表

標準漢字表制定の経緯とマスメディア

さて、この建白書が「非国家思想」「思想謀略」などというおだやかではない文言でやり玉にあげている国語審議会、国語協会などなどの、いったいなにが問題とされたのだろうか。

まずは、国語審議会がこの標準漢字表作成にいたる経緯と背景を考えたい。

国語審議会については第四章で若干ふれたが、一九三五年に文部大臣からなされた諮問のひとつ「漢字ノ調査ニ関スル件」にもとづき、諮問の翌月一九三五年四月に開催された国語審議会第一回総会において「右諮問事項中第二ノ漢字ノ調査ニ関スル件ヨリ審議ヲ進ムルコトトシ、主査委員九名ヲ選ビ、先ヅ漢字ノ字体整理ニ着手セリ。之レ社会慣用ノ字体頗ル区々ニシテ統一ナク、為ニ社会上及ビ教育上少カラザル支障アルヲ認メタルニ依ル」[36]と、まずは諮問第二項からはじめることとなった。[37]国語審議会の前身である臨時国語調査会が作成した常用漢字表（一九二三年発表、一九三一年修正。一八五八字）の再検討という形からはじまり、主査委員会がくりかえし開催され、常用漢字一一三四字・準常用漢字一一三四字・特別漢字七一字、計二五二九字からなる標準漢字表を中間発表する（この三区分については後述）。これを報じた『朝日新聞』（一九四二年三月四日付）は「国語に新起源」というみだしをつけた。その後関係方面の意見をきくなどして微調整をおこない、常用漢字一一三四字、準常用漢字一三二〇字、特別漢字七四字の、計二五二八字とし、一九四二年六月一七日の国語審議会第六回総会で標準漢字表を決定答申した。ここにいたるまで、主査委員会は一〇九回開催された。翌日の『朝日新聞』は「国語審議会選定の／標準漢字本極り／閣議決定後正式に発表」（三面）のみだしで報じ、「各官庁が率先使用することにより懸案の漢字制限が実現されるわけだ」と肯定的である。『東京日日新聞』も「消える難解文字／読み易く書き易く本極り」（三面）のみだしで、いまにも実行されそうに報じている。

もちろん、答申は閣議決定されて各省庁に通知されなければならないのであるが、新聞社は毎日大量に活字をくむ必要もあって、ルビの制約もふくめて、漢字制限には協力的であったため、こうした報道になったのであろうし、審議会の答申がくつがえされることはほぼないと考えていたのではないだろうか。そもそも『朝日新聞』は、三月の標準漢字表の中間発表のときに、新聞紙面で漢字表を掲載したが、六月の決定答申のときに、漢字表すべてを掲載せずに中間発表の修正表を掲載しただけであった。決定版がすぐに出されるとふんでいたのであろう。

国語協会の機関誌『国語運動』も一九四二年三月号の巻頭言で、四月の国語審議会の次回総会で「正式に決定、閣議の承認を経て、これを公布することになって居るとゆう」とし、「発表とか希望だけにとゞめず、ある程度強制してこれを使用させる様にしたい」と積極的な実施を希望していた[38]。

一方で国語協会とカナモジカイ理事であった上野陽一は、中間発表を念頭においたのかは不明であるものの、『カナ　ノ　ヒカリ』一九四二年四月号で、漢字廃止・制限論者と反対論者とのあいだの「理論闘争ワ　オソラク　イツマデモ　ハテシガ　アルマイ」と悲観的な立場を示している。それではどうすればよいかといえば、「現状維持ノ　動機ガ　利己的デ　アル　ノニ　対シテ　改良論ワ　アクマデ　衆生無辺誓願度　ノ　大衆仏心ノ　ウエニ　タッテ　イル　コトヲ　ワスレテワ　ナラナイ．問答ヤ　議論ワ　イッサイ　無用．国家ノ　タメ　子孫ノ　幸福ノ　タメニ、ワレワレワ　カナモジ国字論ヲ　主張スル　ノデ　アル」と完全に達観してしまっている[39]。「能率道」をとなえて宗教化していたこの当時の上野陽一らしい言であるともいえるが、理論闘争ははてしない、という指摘は標準漢字表をめぐる思想戦を暗示している。

とはいえ「国家ノ　タメ」ということばは必殺である。研究者にしても、たとえば「位相」という概念を日本語研究に導入した菊沢季生〔一九〇〇―一九八五〕は、「現下の切迫せる状況にかんがみ、大東亜共栄圏への進出を考慮する時は、漢字の使用にも制限を加へ、ムダな文字を廃し、国語の整理を断行する事は、甚だ必要な国策の様に思はれる(40)」と肯定的にうけとめていた。

先に、島田春雄が「建白書」を七月一七日に徹夜をして書いたとの森本忠の言を引用したが、決定答申が出てから一ヵ月もたって起草したのは、ひとつには、以下の新聞記事の影響があったのではないかと思われる。

今年も役所は半休廃止／次官会議　励行申合せ
十六日の定例次官会議は午前八時より官邸に開会、星野〔直樹内閣〕書記官長〔一八九二―一九七八、満洲国総務長官、企画院総裁など歴任〕より本年も各官庁とも暑中半休をなさざる方針を確実に励行するやう提議し、改めて次官会議の申合せとなし、ついで菊池〔豊三郎、一八九二―一九七一〕文部次官より標準漢字に関する説明あつて同九時散会した(41)

夏休みもまじめにはたらくように、という内閣書記官長からのお達しがわざわざその日の夕刊に掲載されるのは戦時下とはいえやや牧歌的ではあるが、各省の事務次官があつまる会議で標準漢字表について説明があったということが、島田に行動をうながしたのではないかと考えられる。ちなみに、一九四二年六月三〇日付で文部次官から内閣書記官長ほか二六カ所に、各官庁の公用文書、専門用語は原則として標準漢字表によるべきことなどの内容の照会がなされ、各官庁から回答があったのだが、そのうち賛成ないし意見なしが一三省庁、条件付賛成ないし文字の追加を希望したのが一四省庁であったという。(42)

標準漢字表の思惑――日常生活との関連の濃淡および皇室

さて、六月の国語審議会総会の決定答申作成時に書かれた「標準漢字表選定経過報告書」（著者所蔵）によれば、「国民教育ナラビニ社会生活ノ能率増進、高度国防ノ完成等各方面ヨリ考察シテ、コレヲ整理統制シ、現代ノ社会ニオイテ使用スベキ漢字ノ標準ヲ示スコト」が方針とされていた（一丁裏）。この「能率増進」「高度国防」というキーワードは重要である。「能率増進」に関連した用語が一九二〇年代から漢字制限、カナモジ専用運動で用いられてきたことはすでに述べた。

標準漢字の選定方法については、「新聞社、印刷会社、邦文タイプライター会社ニオケル活字ノ等級調査、内閣印刷局、カナモジカイソノ他ノ発表ニカカル使用頻度数ノ調査ヲ始メ、各種ノ材料ヲ広ク集メテ調査資料ニ供シタ」（一丁裏―二丁表）とあり、建白書が批判する「学問的」ではない、という点とは異なる。(43)標準漢字は常用漢字、準常用漢字、特別漢字に分類されたが、その基準は以下のようになっていた（漢字字体は原文通り）。

〔……〕常用漢字ハ國民ノ日常生活ニ関係ガ深ク、一般ニ使用ノ程度ノ高イモノデアリマス。教育上ニオイテハ、國民学校全課程修了者ガ必ズ正確ニ讀ムコトヲ得、マタ正確ニ書クコトヲ得ル様ニ学習セシムベキモノデアリマス。従ツテコレヲ全部國民学校ノ國語読本中ニ提出シ、カツ書取練習ニハコノ範囲ノモノヲ課スベキモノト認メマス。

準常用漢字ハ常用漢字ヨリモ國民ノ日常生活ニ関係ガ薄クマタ一般ニ使用ノ程度モ低イモノデアリマス。教育上ニオイテハ、國民学校全課程修了者ガ読ムコトヲ得レバヨイノデアッテ、コレヲ書ク場合ニハ、仮名デ書イテモ差支ナイモノデアリマス。マタ國民学校ノ教科書ニ提出スル場合ニハ振仮名ヲ付ケルコトガアリマス。

特別漢字ハ皇室典範、帝國憲法、歴代天皇ノ御追号、國定教科書ニ奉掲ノ詔勅、陸海軍軍人ニ賜ハリタル勅諭、米國及英國ニ對スル宣戰ノ詔書ノ文字デ常用漢字、準常用漢字以外ノモノデアリマス。

特別漢字ナラビニ常用漢字、準常用漢字中ノ前記法典、御追号、詔勅ニ用ヒラレテ居リマス漢字ハ國民ニトッテ重要ナル文字デアリマスカラ、完全ニ読ミ得ル様ニ学習セシメ、書ク場合ニハ字典等ニヨッテ誤リナク書ク様ニ注意ヲ与ヘテ置クベキモノト認メマス。

将来他ノ詔勅ノ新タニ教科書ニ奉掲セラレル場合ニハソノ漢字ハ当然考慮セラレルコトトナリマス。

ナホ標準漢字中ニ簡易字体ヲ採リ入レル必要ヲ認メ、審議ノ結果、別冊標準漢字表ノ通リ、決定致シマシタ。

タヾシ皇室典範、帝國憲法、歴代天皇ノ御追号、詔勅ヲ印刷マタハ書寫スル場合ニハ簡易字体ヲ使用セヌノデアリマス。（二丁表—三丁裏）

手書きの場合の「簡易字体」の定着——たとえば「当」、「書」、「体」など——はこの文書からでもわかる（この文書で使用されている「簡易字体」はほぼ「別冊標準漢字表」の簡易字体と重なる[44]）。

文中に出てくる「国民学校」とは、一九四一年四月から国民学校令により小学校が改称されたものである。これは義務教育であるので、常用漢字はだれでも読み書きできるもの、準常用漢字は、とりあえずよめればよいもの、という区分である。そのことは、中間報告を報じた『朝日新聞』（一九四二年三月四日）でも、常用漢字を「日本人としては自由に〝よみかき〟出来ねばならぬ」もの、準常用漢字を「日常生活と関係が薄く〝よめる〟だけでいゝ」と紹介している。

簡易字体の設定は、敗戦後の字体整理（当用漢字表）とつながっていくのだが、簡易字体を使用してはいけない領域を設けていることは、特別漢字が今後増える可能性に言及している点とあわせて、天皇制と漢字という観点から注意しておきたい。一方で、特別漢字の増加について言及しているので、厳密にいえば、「建白書」の理由の第一にかかげる特別漢字によって「畏き辺りの御事をも限定し奉らん」という批判はあたらないだろう。

ともあれ、読み書きできればよいという漢字数を一一三四字まで制限できたことは国語審議会にとって大きな成果であったはずである[45]。

実行への期待

閣議決定にもちこむことは、国語審議会にとって大きな目標であった。

第四章3節で「国語国字ノ整理統一ニ関スル閣議申合事項」を紹介したが（「建白書」でも言及がある）、国語審議会がこの標準漢字表の翌月、一九四二年七月に答申した「新字音仮名遣表」（漢字の音仮名を表音的に表記しようとしたもの——現在のものに近い）を、文部省が「内閣及ビ各省ハ之ニ協力スルコト」とあるこの閣議申合にしたがって閣議にはかるために各省庁の意見をきいたものの、実行されることはなかったという。[46]「閣議申合」では、よわいのである。

こうしたこともあり、国語審議会側は閣議決定のあと内閣訓令という形で官庁での制限徹底を期していた。国語審議会幹事長・保科孝一は、標準漢字表の中間報告が出されたあとの新聞の取材に対し、以下のように述べていた。つまり、かつて臨時国語調査会が出した常用漢字は「各新聞社で熱心に実行されたが、官庁側はあまりそれに関係しなかつた、これでは困るといふので、今回は内閣の方にやつてもらはねばいけないといふことになつたわけである」と、政府のイニシアチブを求め、さらに「内閣訓令によれば各官庁の用語は今後段々この漢字の範囲でやるといふことになつて行くと思ふ」という観測を述べている。[47]

要するに、常用・準常用・特別漢字の約二五〇〇字で済むように官庁側に努力してもらいたい、それが徐々に民間にも浸透していくわけであるから、ということである。

ただ、第四章でも紹介した「漢字ノ調査ニ関スル主査委員会委員長報告要旨」（一九四二年三月三日第五回国語審議会総会）では「ナルベク少ナイ漢字数デ事ノ足リルヤウニシヨウ、マタ、ナルベク難シクナイ漢字デ、用ヲ弁ジテ行カウ、スナハチ政府ノ各役所ヲ始メトシ社会一般、イヒカヘレバ官モ民モ、スベテ一体ニアラユル方面ニオイテ使ヒマス漢字ヲ、コノ表ノ字数ノ内デヤッテ行カウトイフ趣旨」であることが強調されている（三丁裏）ように、制限に積極的に官民ともに協力してもらうことを期待したものであった。

一方で、民間の漢字使用に罰則という形で制限をかけるわけでもないので穏健なものともいえる。また、漢字の選択の基準という問題はあるにせよ、必ず読み書きできなければならない漢字と、とりあえずよめておけばよい漢字の線引きをしたことは、人びとの日常生活の実感にある程度沿ったものといってよいだろう。それは、読めるけれども実際に書いてみようとするとあやふやな漢字が多い、という現在の実感とも相通じる（もちろん、文字は「書く」ものから「打つ」ものへと筆記具が変化したことも大きい）。

とはいうものの、敗戦後に国語審議会が答申した当用漢字表や現代かなづかいは、一九四二年に国語審議会がめざした通り内閣告示となって、法令や公用文書、新聞雑誌などで使用する漢字の制限のめやすを示すこととなった。もちろん、罰則などはないのだが、この「めやす」に「自主的」に従うようになっていった。戦前の国語審議会がめざした過程が実行されたといってよいだろう。

さまざまな意味で時局に合致した国語審議会の答申であったと思われるのだが、先にみたように「建白書」では「国体非違思想」といわれてしまったのはなぜだろうか。

4 漢字制限と「国体非違思想」

準常用漢字の陥穽

簡単にいえば、「建白書」の「理由」の二番目に掲げているような、将来用いないようにする「準常用漢字」のなかに皇室関連の漢字（「特別漢字」だけでは当然不足する）がふくまれていることはけしからん、これは国民と皇室との関係が薄くても構わないという「国体非違思想」のあらわれにほかならない、というところにある。

たしかに、準常用漢字は国民の日常生活と関係が薄く、使用の程度も低い、という文言は国語審議会の出した標準漢字表の説明に書かれている。しかし、将来的に使わないようにする、ということは、中間報告を報じた『朝日新聞』（一九四二年三月四日）に「準常用漢字は漸次使用せぬ方針のもとに減らして行くはず」という記事（「『常用漢字』本きまり／一千百十二字に限定」、三面）と、先に引用した国語審議会幹事長・保科孝一の発言、「準常用漢字は千三百四十六字あるが、これは将来は段々なくしてしまふ。用ひないやうにして行くべきものであるが現在の過渡の時代として用ひることを認める」（『朝日新聞』一九四二年四月五日、四面）というものである。個人の発言であって国語審議会の総意ではないともいえる。

ただ、国語審議会の議論のなかでも先の「漢字ノ調査ニ関スル主査委員会委員長報告要旨」で準常用漢字のなかに「将来ハナホ減ラシ得ルモノガ相当ニコノ内ニアルト思ハレル」と主査委員長の簗田欽次郎が述べている（七丁裏）。主査委員長の簗田は中外商業新報（のちの日本経済新聞）の社長をつとめた人物であり、漢字制限には積極的であったといってよく、国語協会の理事長をつとめた時期もあった。公開されない資料ではあるが、この主査委員の報告がなされた国語審議会第五回総会会議報告をみても、報告要旨に対する否定的反応はない。全体としてこうした流れを容認していたと思われる。そのことは委員の下村宏が以下のように、

漢字ノ数ヲ制限スルコトハ国内問題トシテ必要デアルコトハモチロンデアルガ、特ニ南方へ日本語ヲ普及スル上カラモ、コレヲ強化スルコトガ必要デ、〔……〕大東亜共栄圏ノ新文化確立上カラ、マレー、フィリッピン等ノ程度ノ低イ人々ニモ適用出来ルヤウナ、モット徹底的ニ漢字ヲ制限シタモノガ、別案トシテデモヨイカラホシイ。（「国語審議会第五回総会会議報告」、三丁表）

と述べ、日本語の海外普及とからめて（しかし、「程度の低い」とは差別意識丸出しである。これはみずからが漢字にどっぷりつかったエリートであることに無自覚であることをも意味する）[48]、さらなる漢字制限を求めてい

たことにもあらわれている。さすがに、南弘会長から、同感ではあるが、「現地ノ国語政策ハコレトハ別個ニ考ヘルベキモノト思フ」（同前、三丁表―裏）と釘をさされている。

ともあれ、とりまとめ役の幹事長・保科孝一の新聞に掲載された発言であるから、影響力は大きい。やや不用意であったと思われるが、あるいは、いままで述べてきたような国語審議会への追い風にふと安心して本音を漏らしてしまったのかもしれない。

漢字と国体――ベトナムの漢字

漢字をなくすとどうなるか。ベトナム語のローマ字表記について、「強ひられて西欧民族の左横書き表音文字を学んだ安南は、言語謀略による白禍の大東亜最初の犠牲だつたといへよう(49)」と述べたのは島田春雄であった。漢文とベトナム語とを混同しているきらいがあるのだが、漢字を廃したことによって文化的断絶が生じてしまった、しかもフランスの植民地になってしまっている、という理屈である。しかも、左横書きをも諸悪の根源としている。国語協会の会員であった太田正雄・東京帝国大学医学部教授（一八八五―一九四五。詩人・劇作家の木下杢太郎）は一九四一年五月から七月まで、日仏交換教授としてフランス領インドシナに滞在していた(50)が、ベトナムの言語問題に関する概説的な文章を『国語運動』に寄稿している。そこでも、「安南が安南人の手にあったなら、安南語がコック・グウ〔ベトナム語のローマ字表記法〕の綴りで統一されるなどと云うことはなかっただろう。〔……〕安南では全く被動的に国字が統一したのである。安南はその独立を失った代償としてコック・グウが普及した」という見解を示している。これをふまえて太田は、「非常に強い政治力をもってしなければ、改革が成就するものではない」から、日本の「漢字制限も罰則を設けた法律までに発展」させなければならない、と主張していく。[51]

島田にしろ太田にしろ、日本からの視点でのみとらえているといえるのだが、表面的ではないベトナム理解も実はなされていたことは付記しておきたい。とりわけ植民地朝鮮出身で、一〇年にわたるハノイでの研究歴をもつ金永鍵（一九一〇—？）は日本語でベトナムの歴史に関する著述を一九三〇年代から四〇年代にかけておこなっていた。[52]

ともあれ、一九四五年以降、ローマ字化したベトナム語の識字率をあげることで大衆を動員し、長い戦争をへて独立と統一をはたしたベトナムが「社会主義共和国」となったのも、島田からすれば「西欧の謀略」になってしまうのであろうか。

5　文部省図書局と国語協会

さて、「建白書」では国語審議会と国語協会の密接な関係について批判を加えていた。

たしかに、すでにみたように、国語審議会のメンバーのうち国語協会会員の占める比率は低くはないのだが、国語協会が文部省の外郭団体であったわけであるので、さほど驚くにはあたらない。この点をもうすこしみてみる。

標準漢字表の論争があった時期に国語審議会を主管していたのは、文部省図書局国語課であった（正確には一九四〇年一一月—一九四三年一一月）。国語課長は大岡保三であり（大岡は国語課長となった翌月に、国語協会の参事となっている[53]）、その上長となるのが、図書局長の松尾長造（一八九一—一九六三）であった。

松尾は、一九三九年に公布された宗教団体法が作成されたときの文部省宗教局長としてしられる。歴代の宗教局長が東京帝国大学法科大学卒で高等文官試験合格者であったのに対し、松尾は東京帝国大学文科大学心理学専修で高等文官試験をうけていないという異色の存在であった（卒業論文は「読書に関する心理学的研究」[54]）。第八高等学校や日本大学で教鞭をとった経験もあり、宗教局長のあと図書局長（一九四〇年四月―一九四三年一一月）となり退官、大日本育英会理事をへて広島女子高等師範学校設立と同時に校長就任（一九四五年四月）。広島で被爆。敗戦後、文部省の教育職員適格審査委員会[55]の審査をうけるが、宗教局長時代に宗教規制となる宗教団体法をつくったこと、図書局長時代に軍国主義的教科書を編纂したことなどにより、教員不適格とされ、広島女子高等師範学校を離任する。公職追放が解除されたあとは一九五三年から二松学舎大学教授となり、在職中に没している[56]。

この松尾図書局長も国語協会と関係がふかかった。宗教局長から図書局長に異動した翌月の一九四〇年五月に、保科孝一の紹介で会員となり[57]、理事となっている。理事への就任は図書局長ゆえのことと思われる。事実、図書局長を辞めたあとの一九四四年一月には理事を辞任し、図書局の廃止にともない国語審議会を主管することになった教学局長の近藤寿治（一九三九年九月から国語協会普通会員）が理事となっている。『大法輪』などで批判する側は見落としていたのかもしれないが、国語審議会を主管する文部省の人間が国語協会の理事でもあったという点は、かれらがいう国語審議会と国語協会の一心同体性を象徴している。国語協会が文部省の外郭団体であるから当然なのかもしれないが、標準漢字表を発表する以前のことではあるが、現に松尾自身「文部省、国語審議会および国語協会の三者は常に三位一体の関係を保ち、相依り相援けてこの大目的の達成のために進んで行きたいと考えるのである」と述べている（「この大目的」とは「国語の整理ならびに海外普及の事業」[58]）。また、日本語の海外普及のための統合的組織である文部省外郭団体の日本語教育振興会（第四章参照）の理事長も職務上、松尾はつとめていた。松尾は、日本語の海外普及を肯定的に、なおかつそれが「新しき構造を持った独自の東洋文化圏を確立する地盤となる」[59]と論じる。また、第二回国語対策協議会（一九四一年一月、第四章参照）のあいさつでは、「国語の伝統を無視した浮薄な便宜主義は極力排除しなければなりませんと共にそれと同時に、国語の生々発展に眼を蔽うて、何でもかでも古きに拠らねばならないとする固陋偏狭な伝統主義も亦清算されねばならないと思ひます」としたうえで「伝統主義の下に立つて、国語・国字を簡易化しつゝ、醇化統一の実を挙げるといふことを忘れてはならないと思ひます」としている。[60]同様のことを、「純潔を保持しつつ「優生学的にこれ〔国語〕が改良を図らねばならないと思ふのであります」とも表現している。[61]「優生学」的に改良を、という時代の雰囲気を反映した発言があることも指摘しておきたい。

そして一九四三年の「共通語としての日本語」という文章で松尾は「日本が権力をもつて日本文化を押しつけるとか、大東亜を文化的に征服するとかいふやうなことは断じてあり得るものではない」としたうえで、「国語の本然の姿に於ける純粋無雑な日本語」は、「たゞ優秀性あるのみでは他民族をひきつけることは出来ない」ので「道義に導かれ推進されつゝ、堅忍持久、努力を重ねる中に自らその優秀性は順調に他民族の受けとる所となるであらう」と述べている。[62]具体性のない内容ではあるが、文部省の見解を示したものといえる。

もう一点つけくわえれば、この時期の文部次官であった菊池豊三郎（在任、一九四〇年七月二九日―一九四四年七月二八日。第二次近衛内閣から東条内閣までとほぼ同期間）も、国語協会の会員であった（保科孝一の紹介による）。[63]松尾が国語協会の理事であったのとは異なり、普通会員であるのでさほど注目する必要はないだろうし、保科とのつきあいで入会した程度のことと考えるべきだろうが、こうした国語運動にすくなくとも反対の立場ではなかった、とはいえるだろう。

文部次官、図書局長、そして国語課長。いずれもが国語協会と関係があった。かなり密接なつながりがあるといってよい。文部省は国語審議会の標準漢字表を実行したかったと考えてよいだろう。

こうした密接な関係があることが、島田春雄たちは度しがたかったのであろう。なぜならば、島田が「建白書」において「現行国家教育に背反する思想並に行動を執りつゝあり」と考える人物が国語協会の会員であったからである。これは、除名されたとはいうものの、第五章でとりあげた高倉テルらの言語思想を指していると考えられる。「建白書」の論理にしたがえば、国語協会はけしからん、その国語協会の主要メンバーが国語審議会の主要メンバーと重なる、したがって国語審議会はけしからん、ということになるだろう。

また本書での議論とはずれるが、国語審議会は左横書きも提唱していた。この点、カナモジカイの影響もあるだろう。いまとなってはなぜわざわざ左横書きを宣言しなければならないのか理解できないかもしれないが、「建白書」でも違和感が示されているように、左横書きは西洋かぶれであるという批評もあった。国語協会では「横書問題研究委員会」[64]がパンフレット『横書するなら左から』を一九三九年に刊行している。左横書きを主張する根拠として「遥かに、自然であると共に、また読む上にも、活字に組む上にも、遥かに便利である」という点と、「学術上、並びに実務上、左横書きは、必要な場合が多いので、現に相当広く、わが国に、普及して居る」点をあげている。[65]左横書きの歴史については先行研究があるが、[66]こうした思想戦にふれることはない。新聞雑誌などには、両者が混在している不便さを訴える記事が掲載されており、[67]現実問題としてどちらかに統一する必要性があったと思われるのであるが、そこに過剰な意味づけをしたがった人びとがいたことを指摘しておきたい。

2　思想戦本番

1　日本文学報国会での議論

さて、先にふれた森本忠は、一九四二年四月一八日の東京へのドゥーリトル空襲をひきあいに、国民が結束していれば「たとひ全日本が焦土とならうとも」「絶対に不敗」なのだが、この標準漢字表は「国民伝統の信念を揺がし結束を乱す」ものだと述べている。(68) 明言はしていないが、準常用漢字を将来的になくしていくのだ、という先の保科の発言を念頭に置いているといってよい。余談だが、ドゥーリトル空襲の三カ月前に情報局編『写真週報』(二〇四号、一九四二年一月二一日)の「時の立札」のページは、「もし、空襲があるならば　それは日本本土の爆破を目的とはしてゐない　諸君の心を破壊しようとしてゐるのだ　そんなことで僕等の大和魂が揺ぐものか」というコピー文であった。(69) 森本の心境を予言するかのようである。

くりかえしになるが、森本はこの一連の出来事を思想戦ととらえていた。つまり、国語問題とは思想問題であり「殊に大戦のさ中に提起せられた場合、言ふまでもなく国内思想戦の相貌を呈する」というのである。(70) たしかに、新聞報道をみてみると、中間報告を報道した『朝日新聞』(一九四二年三月四日)のみだしは「『常用漢字』本きまり／一千百十二字に限定」とあるのみで、「閣議決定とともに公布された新常用漢字は直ちに各省で使用を励行、全国新聞雑誌界でも協力の線に沿ふはず」という記事は、なされていない閣議決定ということばを使用して、すぐにでも実施されるかのような誤解をあたえる。こうした報道がなされたのを、森本は「〔国語〕審議会一部委員とその追随者たる国語変革論者、及び戦争以来特に臆病無批判となつた事大主義の言論機関の所為であつたといへる」としている。(71) 情報局の『思想戦読本』では、文脈によって宣伝戦を思想戦とほぼ同様につかっているので、(72) 報道を通じた宣伝戦という意味で森本の指摘は妥当であろう。

標準漢字表の中間報告が報じられた一九四二年三月以降、森本のいう思想戦がはじまったのだとすれば、それに対抗する動きのもっとも活発だったものが、『大法輪』での議論である。この雑誌は、特定の宗派に偏らない宗教雑誌として一九三四年に大法輪閣から刊行されたものである（現在も刊行中）。ただ、『大法輪』の議論を紹介する前に、日本文学報国会での議論を紹介しておきたい。

一九四二年八月に、日本文学報国会において標準漢字表に関する議論があった。日本文学報国会とは一九四二年五月に情報局指導のもとに成立した、徳富蘇峰（一八六三―一九五七）を会長とする組織であった。文学者の一元化をはかり、国策の周知徹底、宣伝普及に尽力するものとされた。(73) この日本文学報国会の標準漢字表に関する議論の場に文部省の松尾長造図書局長が参加している。新聞記事にもなっているので、引用したい。

囂々たる非難沸く／文学報国会で 国語問題を論議

日本文学報国会では国語審議会の常用漢字制定と字音仮名遣ひに対し態度を決定するため二十六日午後四時から麹町区永田町の同会で懇談会を開いた

久米正雄、柳田国男、山本有三、土屋文明、久松潜一、高橋健二、谷川徹三、金田一京助、佐藤春夫、橋本進吉、折口信夫、宇野浩二の諸氏出席　文部省松尾図書局長、情報局から斎藤属の出席を

求めて開会
松尾図書局長より審議会案を実施しようとするに当り協力を求めると述べれば、柳田国男氏は協力するには疑義を残しては出来ないからと質疑をはじめ、松尾局長に対し出席会員から質疑が発せられたが、審議会案に反対の意見多く、その主なる点は左の如きものであつた
同案は余りに便宜主義に走りすぎてゐる、日本語の問題にふれずして機械的に漢字ばかりを制限しても困る、その文字の持つてゐた思想を如何にして表現するか、標準漢字の使用によつて難解な熟語の使用を避けようとするといふが、生硬な熟語を新造するのは役人に多い等で、これに対し松尾氏はこの案の狙ひ所は文学、哲学の世界の微妙な方面はさておき一般大衆の日常生活の便宜を狙つたものだと答へれば、久米氏はすかさず
その微妙の微の字が使へないんですよ、僕の造つた言葉の微苦笑も駄目です
と各自実例を挙げて論議、松尾局長は退席したが、結局同会としては小説、評論、短歌等の各部会でこの問題をとりあげて研究し会としての総意を取りまとめて当局へ参考として提出しようといふことになり八時過ぎ散会した
(『朝日新聞』一九四二年八月二七日、三面)

同日の『読売報知』でも「文学報国会一問一答」というみだしで同様の内容が報道された。松尾図書局長は、常用漢字は永久不変のものでも、強制的に使用させるものでもない(ただし、公文書、初等教育教科書では使用)などの説明をおこなっているが、議論は平行線のままだったようである。見方をかえれば、文部省側が標準漢字表の実施に積極的であったことを示す資料でもあり、国語審議会の決定答申後に各界での準用を依頼する根回しのような色彩を帯びている。もともと標準漢字表は、一般での使用

を規制するものではなかったので、日本文学報国会といった大きな組織での協力を求めたと考えてよいだろう。しかしながら、当日参加していた森本忠の回想によれば「大がいの人が黙ってゐるのが不満であった。意見が全然ないのか、あるひは無関心、日和見なのか分らなかった」という雰囲気だったという。[74]ただ少なくとも、明確な形で協力をとりつけることはできなかった。

2 『大法輪』での議論

「天下憂国の識者に愬へて漢字制限反対の所論を求む」

さて、日本文学報国会で標準漢字表への反対が表明された一九四二年八月よりまえ、同年四月に大法輪編輯局が、標準漢字表の中間報告をうけて漢字制限に反対する論考を募集した。その主意書では「支那事変より、大東亜共栄圏建設の大事業に巨歩を踏み入れた吾々大和民族は、その内面的に於いて熾烈なる勢を以て燃やしてゐる漢字熱、漢文熱の姿を愈よ外面的にはつきり現はし得る時代が直前に到来したのを感激するものである」という前提で「国民精神」を培ってきた漢字を削減することなどもってのほかである、とする。漢字制限を唱えるものは「漢字の効用と歴史に目を掩うてゐる或る一角の偏見者と、英米崇拝の自由主義思想者と、自家営利の御都合から出発した功利主義者」なのだ。[75]

ものはいいようで、英米崇拝の自由主義者が具体的にどういう人物を念頭においているのか定かではないが、効率性を求めること——カナモジカイなどはその典型である——が「功利主義」とされ、さらに、

文化は、究極に於いて天理の発顕である。だから反く者は亡び、叶ふ者は必ず興る。人為的に漢

字制限をするのは、日本文化の興隆進展を抑圧するものにあらずして何ぞやである。科学万能を叫ぶべからず、精神の修養を第一とせよ、といふのが、国民の一般的輿論ではなかつたか。日本は、科学で強いのではない。精神で強いのだ。そしてその精神は、遠く漢字によつて培はれてきてゐる。(76)

と「科学万能」よりも「精神修養」を重視していく。現実に応じて陸軍が兵器用語を簡易化しているなかで「精神修養」をとなえることは、その後の竹やりで本土決戦という主張と通底する。

さて、この募集に応じた論考を列挙していく。原稿応募が掲載されたのと同じ号から論考が掲載されている(判明するかぎりでの情報を追加する。肩書きは掲載時のもの)。この雑誌に注目したのは、標準漢字表の中間報告がでた翌月の一九四二年四月から掲載がはじまり、決定答申のでた六月からは掲載本数も増加し、文部大臣への「建白書」が提出された七月、日本文学報国会で漢字制限への非難がなされた八月をへて、漢字制限色がなくなったあたらしい標準漢字表が文部省から発表される一二月の直前まで、論考を掲載しているためである(なお、本文のほとんどの漢字にルビが付されている)。また、一九四二年九月には雑誌『公論』(五巻九号)が「特輯国語国字問題批判」と題して有識者からこの問題に関する回答を掲載している。

『大法輪』論考リスト

【九巻四号、一九四二年四月】

高田真治(文学博士、東京帝国大学教授、一八九三―一九七五)

「漢字制限と亡国思想」

【九巻五号、一九四二年五月】

塩谷　温〔文学博士、東京帝国大学名誉教授、一八七八―一九六二〕

「大東亜共栄圏と教育の刷新」

後藤朝太郎〔日本大学教授、一八八一―一九四五〕

「文部省の漢字撲滅案に就いて――南弘会長と穂積重遠副会長へ具申す」

林竹次郎〔号は古渓、歌人、漢文学、立正大学教授、一八七五―一九四七〕

「正しきを守れ」

高田集蔵〔宗教家、一八七九―一九六〇〕

「支離滅裂の標準漢字表」

麓　重遠「卿等も亦草莽の臣ならずや」

岡田道一〔医学博士、一八八九―一九八〇〕

「願はくば我が一生に恋といふ字を使ふをば封ずる勿れ」

高原一策「日本語の低俗化でありユダヤ化である」

【九巻六号、一九四二年六月】

服部嘉香〔国語学、詩人、早稲田大学名誉教授、一八八六―一九七五〕

「漢字制限果して可能か」

鬼塚明治「民主主義的国語観に出発した漢字制限」

今井秀雄「国家の前途に禍するもの」

山田有秋「思想戦と漢字制限」

物集高量〔作家。国学者物集高見の子、一八七九―一九八五〕
　「国語審議会の人々に呈す」
井上廣一〔広島県木製品統制連盟主事〕
　「時弊匡救のために――漢字制限に反対す」
那須坦道「漢字制限管見」
新垣淑明〔成城高等学校〕
　「個人本位の便利主義に立脚せる漢字廃止論」
岸本美之留「漢字制限は凡ゆる分野に於ける進展を阻害する」
石原有政「漢字への再認識」
茂木耕三「一片の欠点《あら》探しでは無い」
【九巻七号、一九四二年七月】
鬼塚明治「白か黒か！国語問題の危機――注目すべき思想内容と政治策動」
林　古渓「言語問題管見録」
物集高量「なむしはけむしの大将なり」
岡田道一「発音式仮名遣を排す」
北野五郎「漢字全廃するも尚安堵ならず――教育の根本的反省が急務」
加藤行吉「伝統精神を破滅する暴挙」
伊藤曹山「禅と漢字制限」
【九巻八号、一九四二年八月】

鬼塚明治「国体の尊厳と国語の尊厳――天下憂国識者の明察を仰ぐ！」
市村瓚次郎〔文学博士、東京帝国大学名誉教授、一八六四―一九四七〕
「慎重事に当れ」
林　古渓「字の問題」
沢瀉久孝〔文学博士、国文学、京都帝国大学教授、一八九〇―一九六八〕
「日支提携と『文字の教養』」
大和田肇「産児制限・軍備制限と漢字制限」
岡田道一・後藤積・茂木武夫・川出麻須美
「漢字制限及び発音式仮名遣を難ずる歌」
【九巻九号、一九四二年九月「国語・国字擁護論輯」】
大西雅雄〔音声学者、歌人、法政大学教授、一八九七―一九九四〕
「国語審議会の廃止を要望す」
藤田徳太郎〔国文学、浦和高等学校教授、一九〇一―一九四五〕
「国体と国語問題」
鬼塚明治「憂ふべき国語変革と国語審議会の性格」
高田集蔵「国家の伝統を無視する字音仮名遣の改定」
林　古渓「国語変革問題漫筆」
上司小剣〔小説家、一八七四―一九四七〕
「言霊幸国をどうする」

中岡孫一郎〔奥羽電燈社長〕
「仮名遣は七日で覚える」
【九巻一〇号、一九四二年一〇月】
鬼塚明治「国語変革の不逞思想」
岡田道一「漢字制限の根本精神を解剖して教育者に与ふ」
須田修造「青少年の清き声」
林　古渓「日本語の特色を発揮せよ」
【九巻一一号、一九四二年一一月】
大西雅雄「日本国語の大道――国語問題解決の根本理念」

「東亜文字」としての漢字――日本精神を体現しつつ

著名な人物からさほどそうでもない人まで、さまざまな執筆陣であるが、タイトルをみただけでおおよその内容の見当がつくものも多い。大きく分類してみれば、漢字はすでに日本の「国字」で日本精神を体現するものである一方で、「東亜文字」でもあるといった漢字のあり方をめぐる議論と、国語政策とりわけ国語審議会の現状に対する非難とにわけられる。後者は、制限をくわえることを非難する論調や、審議会委員の「思想的偏向」を論難するものなどがふくまれている。

たとえば、前者については、四月号の高田真治「漢字制限と亡国思想」のみだしをいくつかひろってみると、以下のようになる。「無自覚なる西洋崇拝者／漢字はすでに日本の国字／国体認識を欠く漢字制限論者／警戒すべき文章の大衆化運動」などとなっている。高田はまた、「民族精神の現れとしての漢文訳読法」、「堕落せる現代支那の口語文体」（「三民主義」を生んだという認識）なども論じており、日本文化および東洋文化を保持してきた漢字・漢文（それは「現代支那の口語文体」ではない）をこそ尊重するべきであり、口語や大衆化に対しては否定的である。明確にこう述べている。「全てを口語文化さうとする運動の如きは、最も慎しむべきであつて、それは全てを大衆化せんとするデモクラシーの思想と共通するものを有し、大いに警戒を加へなければならぬものが有るのである」[77]。また、塩谷温は自身が漢文学者であるからか、「東亜教育の振興は漢文から／漢文と日本精神の涵養／無意味なる漢字制限」といったみだしをたてて論じている。「大東亜共栄圏」においても、漢文や「支那語」でもって「華僑と親善を結んで新天地を開拓すればよい」と述べ、「漢字こそは東洋文化の精粋であり、又実に東亜に於けるエスペラントである」し「支那人以上に正確な字を書き、支那人以上に立派な詩文を作れば、支那人は頭を下げる。支那人が頭を下げないで、どうして東亜の指導が出来よう」と結んでいく[78]。「エスペラントは亡国的でユダヤ的」という根拠のない偏見でもって国語審議会を批判するものもいたが、この場合のエスペラントとは、共通語という位置づけであろう。

後藤朝太郎も「漢字の性格は今日では、日本支那の区別など必要でなく、専ら之を東亜文字と見ても差支へないのだ」とする[79]。「東亜同文」論である。また、『万葉集注釈』で著名な国文学者・沢瀉久孝も、「大東亜戦争の大業を完うする為には、何と云つても日支の提携が中心になるべきものだと私は信ずる。然もその為には日本人がもつと正しい漢字の知識があつてよいのではないか」と述べる[80]。そうした観点からは、漢字の負担を主張する「能率論者」は批判の対象となるのであった。漢字が日本精神を体現する、という主張と漢字が「東亜文字」であるという主張とはかみあわない点もあるのだが、制限をくわえることに反対する点では一致する。「日支提携」という「応世」的要素を示しつつ「伝世」としての漢字を擁護するという点では、「応世的伝世」といってもよい議論である。

これはまた、日本文化の精華が漢字にこめられているのであれば、それを制限することはみずからの首をしめるようなものだ、という論理でもある。それは必然的に日本語表記を簡易化することによって漢字圏以外もふくむ「大東亜共栄圏の共通語」たらしめようとする主張とも対峙することにもなる。第二章でもふれたように、一九世紀末、漢字は「遅れた」中国のものであるから使うべきではないという議論がさかんであったがそれと対照をなしている。

功利的、民主主義的国語観批判——産児制限・軍備制限・漢字制限

それでは、制限をくわえようとすることはどのように解釈されていたのであろうか。たとえば、高原一策という人物は、「日本語を徒らに平易を旨とし、或は能率至上主義からして、現在使用してゐる漢字のあるものを抹殺せんとするのは、日本語の低俗化でありユダヤ化ですらある」と主張する。合理化・能率化がなぜ「ユダヤ化」なのか、理解しにくいところであるが、「漢字制限論は総べて功利的実用的な見地から出たユダヤ的論」としているところから、[81]「功利的＝ユダヤ的」ということなのだろう。高原はふみこんではいないが、「ユダヤ的＝謀略」という思想戦の構図がすけてみえる。

また、制限派を「民主主義的国語観」に立脚したものとし、それに反対するものは「皇道主義的国語観」に立脚している、としたのが鬼塚明治である。前者は「国語を破壊するもの」で、後者が「国語を愛護するもの」とみなしているのだが、[82]民主主義と皇道主義の対立というのは、先に示した情報局『思想戦読本』と共通する。さらに、「世界の日本として大東亜に日本語を普及せんが為には、どうしても国語をやさしくしなければならぬといふ、余りにも浅薄な意見が時を得顔に横行する時代をにがにがし

く思ふ」と述べる新垣淑明は、「私は漢字廃止を唱へる人達の心の底を流れる西洋文化謳歌、日本文化蔑視思想に対しては実に憤懣の情に堪へないものがある[83]」と語る。別の論者がいうように、そうした、「外国人に分りにくいからといふやうな、本末を顛倒した誤れる考へや、只眼前少時の利害打算によつて制限し破壊し、不正にするのは、実にこの欧米の思想戦の手に乗つて、我と我が生命を絶つ、愚にして不忠なる政策といふべきである[84]」といった主張にもつながる。欧米の思想戦の手先に、国語審議会の委員がなっている、という論法である。

制限という点については、大和田肇「産児制限・軍備制限と漢字制限」が以下のような書き出しになっているところが示唆的である[85]。

日本の国を毒する思想として新マルサス主義による産児制限論と米英の謀略たる軍備制限論が横行したことを忘れてはならない。
両者はいづれも生成発展するものに人為的制限を加へようとする動機に於て一致し、功利、唯物思想を基調としてゐる点に於て一致してゐるのである[86]。

本章冒頭で引用した安藤信夫のところでもふれたが、マーガレット・サンガーの来日がひとつの契機となって産児制限の主張が注目されるようになったのであるが、女性の多産による貧困や不衛生が問題であるというきわめて人道的な主張に耳をかたむけた当時の知識人は「自ら膝を曲げて異国の女の所説に傾聴し、且つその実行を天下に勧めた[87]」と、大和田は非難する。もちろん、マーガレット・サンガーの通訳をつとめた山本宣治（一八八九―一九二九）[88]が、その後日本での産児制限運動をにない労働農民党代議士として活躍したこともふまえてのことだろう。人間も兵器も減らしてしまった産児制限や軍縮の悪影響が、総力戦下の当時の日本にあらわれているという論調である。そのことと相似するものとして、大和田は漢字制限論を位置づける。そして制限論者の主張は以下の点に留意しつつ判断しなければならない、としていく。つまり、

一、制限論を唱へる者の国体観念如何
一、論者が外国の学問思想の持主か、或は日本歴史に徹した人であるか否か。
一、その論拠が功利思想、便利改良等経済的観念にあるか否か。
一、宣伝方法として暴露戦術をとつてゐるか否か。
一、その論が歴史と伝統を無視せず、更に国家百年の大計として成立するか否か。(89)

そのうえで、漢字制限論者をみてみると、「真実の国語学者、歴史家、歌人、作家に共鳴者なく」、「多くは『国語政策研究のために外国に留学』〔保科孝一を指す〕したもの或はエスペランチスト、ローマ字論者、カナモジ会員、計数を真理と見る実務家達」であって「日本国体の尊さを宣布し、神ながらの道を説いてゐる様な真日本学の人は少しも見当らない」とする。これまで本書でとりあげてきた人物、運動はすべてここにはいることになる。

また、「暴露戦術」に関しては、国語審議会が、答申段階の標準漢字表をあたかも閣議決定したかのように公表した点をあげ、国語協会やカナモジカイと国語審議会の結びつきの強さを強調している。(90) さらに、保科が準常用漢字は将来的になくしていくと述べたことは「暴論」であり、「漢字を用ひたわが

祖先を罵るが如き態度は、日本人として極めて不可解なことである。歴史的実在を無視し、文化の低下を目指す事は、産児制限の如きユダヤ思想と同列である」としていく。[91]「建白書」ではエスペランティストの過去の思想を明確にせよ、とも書かれていたが、これはひとつには「国を失へるユダヤ人の創めたエスペラント意識[92]」、というエスペラントを創始したロシア領ポーランドうまれのザメンホフがユダヤ人であったことを執拗に強調していることと関連する。もうひとつは、第五章で紹介したような唯物論とむすびついたプロレタリア・エスペラント論との関連なのだが、『大法輪』の議論のなかでは明示されていない。ちなみに、『産児制限の意義――新マルサス主義』（日本パンフレット発行所、一九二一年）や『産児制限の意義必要結果方法』（大島義晴発行、一九二二年）などで産児制限を主張していた石本静枝（一八九七―二〇〇一。加藤シヅエ）は国語協会会員であった（一九三九年三月入会。『国語運動』三巻五号、一九三九年五月）。無理矢理話をつなげなくてもよいのだが、大和田のいう「制限」つながりである。

もちろん、国語協会会員だからといって同一の思想傾向をもつわけではない。現に『大法輪』にも論考を寄せた岡田道一は国語協会の会員になっている（『国語運動』三巻五号、一九三九年五月）が、九巻一〇号の「漢字制限の根本精神を解剖して教育者に与ふ」は

漢字制限、発音式仮名遣の思想は自然科学に対する反抗的思想である。又個人主義的思想、ユダヤ的思想、英米追随的思想である。[93]

といった文章ではじまっている。国語協会批判へと舵を切ったのだろう。

鬼塚明治と大西雅雄の議論

ともあれ、大和田の構図に乗って批判を展開していったとみてよいのが、鬼塚明治の一連の文章である。再度並べてみる。

「民主主義的国語観に出発した漢字制限」(九巻六号)
「白か黒か！国語問題の危機――注目すべき思想内容と政治策動」(九巻七号)
「国体の尊厳と国語の尊厳――天下憂国識者の明察を仰ぐ！」(九巻八号)
「憂ふべき国語変革と国語審議会の性格」(九巻九号)
「国語変革の不逞思想」(九巻一〇号)

これらの文章では、ここまでみてきたような構図や用語をつかって、漢字制限派を罵倒していく。鬼塚によれば、カナ専用論者の一部が「国語共産党一派」と呼ばれていたようであり(この点、第五章でも引用したが伊藤忠兵衛が「かつて私がカナ文字運動に参加したころは、人は、私を奇人、狂人扱いにした。当時の仲間には、共産主義思想の人が多く、後に、共産党の大立者になつた人もあり、社会からだいぶ誤解もされた[94]」と回想していることと合致する)、これについて「敵国たる米英の思想謀略に陥つて国語を破壊し、以て八紘一宇の顕現を妨害する」ものとした(九巻七号、一六頁)。また、国民の九割が小学校卒の学歴しかないことをふまえて、官庁から出される文書はなるべく義務教育(初等教育六年間)で教える漢字で書いてほしい、というカナモジカイが貴族院および衆議院に一九三五年に出した請願書についてふれ、「「国民の九割」に理解させる為には他の一切を犠牲にしても構はないといふ態度である。プロレタリアートの為の共産主義運動と頗る似た点がある」としている（九巻八号、一八頁）。また、一九三四年に転向して出獄した高倉テルが「嘗ての共産主義者」であって、国語協会に関係していたと指摘する（九巻九号、三六頁）。第五章でふれたが、左翼ローマ字運動事件の被疑者の一人として検挙され、国語協会は一九三九年七月二六日に臨時理事会を開催し除名を決めている。[95]

ともあれ、鬼塚は、「民主主義的国語観は「言語は大衆が支配する」といふ前提に出発してゐる」（九巻一〇号、六八頁）からけしからん、というわけである。大衆に根ざすのが共産主義であるからだ、と。

とにかく、漢字制限派を「アカ」としたいがための議論がくりかえされている。なお、この鬼塚明治という人物の経歴の詳細は不明だが、貴族院速記技手として二〇年以上勤務したので一九四五年一二月に従七位に叙任されている。[96] また、一九四二年には国会議事録にあらわれる漢語の音節の傾向を調査し、かりに漢字制限をする場合はこうした傾向を考慮すべきだという論考を音声学協会の研究会で発表し、論文にまとめている。[97]『大法輪』に論考を寄せている音声学者・大西雅雄とはこの研究会で面識をもったようである。敗戦後は国立国会図書館に異動し、受入整理部印刷カード課長となり、日本フォークダンス連盟の理事長もつとめた。[98]

そしてこの大西雅雄についてであるが、

「国語審議会の廃止を要望す」（九巻九号）

「日本国語の大道——国語問題解決の根本理念」（九巻一一号）

の二本を『大法輪』に寄せている。実は、大西は国語協会の前身のひとつである言語問題談話会の会員であったため、そのまま国語協会の会員になっている。一九三七年六月にひらかれた国語協会の初総会に参加しており、[99]機関誌『国語運動』にも寄稿していた。たとえば、国語審議会が基本漢字表を公表する直前の一九四二年一月号には、「基本漢字の理念」を寄稿し、漢字使用の「共通率」の調査が重要であり、諸種の漢字制限案は、提案するそばから破られていくと嘆いている。[100]大西には漢字の使用頻度などを調査した『日本基本漢字』（三省堂、一九四一年）などの著書がある。そうした観点から国語審議会の基本漢字の選定の仕方が「科学的」ではないと批判している。[101]しかし大西は『大法輪』へ寄稿したように、漢字制限反対へとその主張をかえた。この点は、甲斐睦朗が「大西雅雄氏の変貌」として指摘している。[102]

激高する島田春雄

ちなみに、先にふれた『大法輪』九巻八号に「産児制限・軍備制限と漢字制限」を書いた大和田肇は、島田春雄であると思われる（『大法輪』は筆名での投稿も可としていた）。なぜなら、これとほぼ同様の内容を「細戈千足の国（くわしほこちだるのくに＝武器が大量にある国）」の題名で、島田の著書『国語論集 日本語の朝』（第一公論社、一九四四年）におさめているからである（著書ではこの初出を『大法輪』九巻九号としているが、該当するものはない）。題名には軍備制限への批判がこめられているとみてよい。

島田は漢字廃止ないし制限論者を心底嫌悪していたようである。それでも、一九四一年までに書いた論考をまとめた『明日の日本語』は、「語法」を中心とする日本語論に徹したものであった。一九三六年に漢字廃止を持論とする平生釟三郎が広田弘毅内閣の文部大臣となったときに、その持論が国会でとりあげられたことについても、速記録を著書に引用し、「読者と共に両論（「漢字廃止論と反対論」）の姿態を省察して見たいと思ふ」と記すのみで[103]、強い調子の反対論を展開しているわけではない。

こうした抑制した論調をかなぐりすてて攻撃的な論調になるのが、一九四二年三月に国語審議会が標準漢字表の案を公表してから、ということになる。つまり、たとえば第四章でふれた大坪義勢については「防諜講話の漢字論を駁す」で批判をおこなう（『国学院大学新聞』一九四二年六月、『国語論集 日本語の朝』（第一公論社、一九四四年）所収）。これは大坪の『防諜講話』の書評を読んでの感想という形であり、大坪の本を読んでのものではないという誠実な姿勢ではなく、この本が講演記録の形であることもあり、大坪の漢字廃止論は「大坪中佐の筆に非ずして何人か為にする者が加筆した箇所であると見ざるを得ない。またさうでありたいと願ふものである」と、「文字を物質視し歴史的事実を否定する一派の人々」による改竄を想定しており、悪意に満ちている[104]。漢字廃止ときくと敏感に反応するようである。また、『国語論集 日本語の朝』におさめた「国語変革と国民思想」の初出は『公論』の一九四二年九月号（五巻九号）であり、『大法輪』での議論の時期と重なる。このなかで島田は漢字廃止や制限を主張する人物の思想調査をおこない、「戦時下に国民思想の分裂混乱をもたらすやうな国語観が横行し、国語変革運動者の中に今まで鳴りをひそめてゐた自由主義者、民主主義者、ニヒリスト、コムミユニストが隠見出没する[105]」と述べている。具体的には五人の言辞があげられている。雑誌『公論』掲載時は、かれらの名前はもちろん、その言辞の掲載誌・紙についても伏せられ、たんに言辞のみが引用されていたのであるが、単行本収録に際して、掲載誌・紙の情報が追加された。それにより発言者を確定すると以下のようになる。

○「我々の御先祖に馬鹿がゐて漢字などと変な外国語を採用したので苦しみぬいてゐる」と述べたの

は、市川六郎。「断片」『航空朝日』（二巻九号、一九四一年九月、一四六頁）より。在フランス日本大使館付武官の肩書きがある。

○「ここ百年か二百年位で地球が火星とでも衝突して無くなるとか、日本がつぶれてしまふといふやうな事ならば、今まで千年もの永い間使つて来た漢字をやめるといふ様な面倒な事をしなくてもよい。〔……〕日本は天壌と共に窮り無き国でありますから、今から幾万年幾億年も続く国である。過去の千年が大切か、或は今後の幾万年幾億年が大切かといふ事を以て考へなければならぬ」と述べたのは、カナモジカイ会長の下村宏であり、下村の発言を紹介しているのは、同じくカナモジカイの稲垣伊之助である。これは『中外日報』一九四一年三月一六日に掲載された「国語国字問題／ペン光る座談会」でのもの（六面）。

市川と下村の発言をひいて、島田は「両者の表明した歴史観が紙一重の差を以て何と隣りしてゐるかを考へねばならない」としている。[106] 島田は歴史を捨ててもかまわない、という論調であるから、「国体ノ変革」をめざしていると位置づけたいのであろう。さらにつづく。

○藤森成吉「三瀬周三　第七回」『科学ペン』六巻六号、一九四一年六月。これは医師・蘭学者の三瀬周三（一八三九―一八七七）に関する連載評伝であるが、連載をまとめて『若き洋学者』として一九四二年に日新書院から刊行された。島田がかみついたのは、外国人の日記という形で掲載されたこの号の文章のなかに、「国語国字否定論」が巧みにえがかれている点であった。[107] つまり、「ニッポンの言葉や文字がこれほどおぼえにくい、いや、厄介きはまるものだとは、つゆ知らなかつた。〔……〕尠くも科学的な書物がよめるまでには、五千乃至六千の漢字を記憶しなければいけないといふ。これが、どのくらゐニッポンの科学の発達や知識の普及を邪魔するかは、これも明瞭だらう」（二七六—二七七頁）といったあたりが問題だというわけである。この著者・藤森成吉（一八九二—一九七七）は「左翼運動の盛んな頃ナップ系のメンバーとして活躍した著名な人である」と島田はいう。[108] たしかに藤森は小説家・劇作家で、島田のいうように、一九二八年にナップ（全日本無産者芸術連盟）の初代委員長となっている。漢字の不便をいうのは共産主義者である、という図式をここでも示している。

○天野英夫「国語の自壊作用（二）——国語の崩壊」『国語運動』三巻五号、一九三九年五月。ここから島田が引用する部分には、「文字を大衆のものとすることが、国語を救う唯一の残された方法である」といった文言がある（三六頁）。『国語運動』はいうまでもなく国語協会の機関誌であり、島田たちが諸悪の根源とみなしていたものである。著者紹介によれば、天野は国語協会の雑誌編輯委員であり東京日日新聞学芸部勤務とある。島田は某省勤務だとしているが、なにかの勘違いであろう。この文章をひいたあとで、島田は「この文章の奥を見抜いて、文体と論法から濃厚な赤色感を受けない者は、文章鑑識上の色盲といふべきである」と論難する。[109]

最後に登場するのは、高倉テルである。

○高倉テル「日本語再建」『中央公論』五二巻七号、一九三七年七月。この文章についてはすでに第五章でふれたが、島田の評は「往年の赤色戦線の闘士、その後左翼的思考を提げて国語協会文芸部に活躍し、思想問題としては述べる自由を許されない理論を国語問題の上にくり返し発表してゐる人である」[110]とある。高倉の議論は、漢字と封建制とを結びつける議論であり、島田は「一切の運動者を退場せしめ、国語学者と、純文芸家と、教育家とを打つて一丸とする審議並びに「生み」の業が続けられなければ、遂に国語問題論は赤色思想の鼓吹から脱却することは出来ない」と主張する。[111]

このように、島田の論調は執拗をきわめるものであり、よく調べあげたものだ、ととりあえずは感嘆したいのだが、国語審議会が共産主義者の「巣窟」であったわけではない。また、先にも記したが、「左翼ローマ字運動事件」で高倉テルたちが検挙されると、国語協会は高倉をふくむ検挙された会員を除名している。形式上、島田がからむ根拠はないのだが、検挙された一一名のうち、五名が国語協会の会員であったことには、それなりのインパクトはある。

本書の前半で保科孝一の敗戦後の回想を引用した。そこでは、超国家主義者の圧力によって標準漢字表のもくろみがつぶされたとされていた。それがもちろんいいすぎであるにしても、島田春雄は、浅野晃・森本忠・保田與重郎と「日本の神と道を語る」という座談会に参加し（『文芸春秋』二一巻四号、一九四三年四月）、翌年には、中島肇・森本忠とともに座談会「神州の正気」をおこなっている（『文芸春秋』二二巻一号、一九四四年一月）。ほかにも、大日本言論報国会の評議員（のちに理事）となっているので、雑誌『言論報国』でいくつか座談会をおこなっている（「大楠公を想ふ」『言論報国』二巻四号、一九四四年四月、齋藤隆而、藤田德太郎、森本忠と）。[112]

同じく本章冒頭で「「国語は民衆が支配する」との前提に立つ所の、皇室を敬遠し奉らむとする悪逆思想」という表現を引用した(安藤信夫)。「ことばは民衆のもの」という発想は共産主義に通じるというわけなのだが、島田春雄も、安藤と同様のことを以下のように述べている。

いふを止めよ、言語は民衆のものなりと。大日本国の言語文章の基準は、畏くも皇室の尊厳のうちに拝し奉るべきである。勅を奉じ、大御歌を拝し、日本国語の真姿を学ぶことを第一義とし、歴史と伝統を履んで生きてゐる国語の生命に触れることを以て第二義とする。(113)

「言語は民衆のもの」でなければなんなのだ、と思うのは現在の発想なのだろう。もちろん、この議論に従うつもりはないのだが、第一章でふれたように島田は別のところで、「応世」と「伝世」という用語をもちいてみずからの考え方をまとめている。つまり「応世とは世の用に応じ一時に処すること、伝世とは世に伝へまた世々に伝へることをいふのである」と。(114)たしかに、漢字を廃止ないし制限する側の主張は「世の用に応じ」るものであり、それゆえに、その時々の世界の流れにも、いい意味でもわるい意味でも敏感になりうるのだといえる。これは本書をつらぬく立場でもあるのだが、「共産主義者だ」などといわれてしまうのも、「応世」なればこそだともいえる。一方、それに反対するのが「伝世」である。島田の議論は、ここまでなら、ある程度は納得できる。しかし、島田はどちらもありではなく、どちらかでなければならない、としていた点で、思想戦の構図に見事にあてはまっているといえるだろう。この文章をこう結んでいる。

商売の便利のために東亜に日本語をという考へと、大東亜の黎明を宣らせ給ひし大詔を十億の民が挙つて奉誦する日を目指す考へとの相違は、応世と伝世との相違であると同時に、実に米英的植民政策と、八紘一宇の大義との相違である。(115)

となれば、島田春雄の側に妥協の余地は存在のしようがなかった。とはいうものの、漢字廃止ないし制限論者を「応世」ということばで通時的にとらえるのは、存外核心をついている。

3 思想戦の影響

国語審議会委員の辞職

以上のように、主に雑誌媒体をつうじて標準漢字表への抗議がなされていったのであるが、その影響か、あるいはこれまでの国語審議会の運営に違和感をもっていたのかわからないが、国語審議会の委員のうち二名が辞職を公表した。新聞記事によれば、子爵・岡部長景(一八八四―一九七〇)は、国語審議会が一九四二年七月一七日の第七回総会で決定答申をおこなう直前に辞表を提出したと報じている。その理由は、「当局は一体便宜主義に傾き過ぎる」から、というものであった(『朝日新聞』一九四二年八月一三日、三面)。また、東京帝国大学名誉教授の藤村作(一八七五―一九五三)も同調するかのように「かゝる粗悪な案に責任を分かつことが出来ない」として八月二一日に辞表を提出した(『朝日新聞』一九四二年八月二四日、二面)。

世間にあたえた影響はあったと思われるが、奇妙なことに、翌一九四三年五月二五日現在の国語審議会の名簿には両者とも名前が掲載されている。しかしながら、藤村はともかくとして、この名簿作成時には、岡部長景は東条内閣の内閣改造による橋田邦彦文部大臣の後任の文部大臣となっている（一九四三年四月二四日就任。ただし、同月二二日から二四日は、東条英機が兼任）。諮問を出す側（文部大臣）が諮問をうける側にいることはありえないので、この名簿は不完全である(116)。

日本国語会の結成――国語協会との距離

こうした反・標準漢字表のしめくくりとして、日本国語会の設立をあげておかねばならない。平井昌夫によれば、一九四二年七月に発起人名簿を添えた趣意書および会則が発表された。同年九月二八日時点での日本国語会創立発起人名簿が平井昌夫の著書に掲載されているのだが、数えたところ五五四人にのぼった(117)。そして同年一〇月七日に東京の学士会館で発会式がおこなわれ、理事三七名が選ばれた。発会式の模様は「日本国語会の叫び」として『大法輪』に掲載されたが(118)、理事のなかで「建白書」に名前を連ねたり、『大法輪』で論陣をはった人物は、一六名になる。理事には大西雅雄や太田正雄（木下杢太郎）のように国語協会の会員であったものも名を連ねている。理事の島田春雄や鬼塚明治などの尽力があったと考えられるが、発会式の時点では「全国の学者、思想家、宗教家、文芸家等各界の権威者七百余名を発起人として誕生した(119)」とある。たしかに、「学者」としては方言学の東条操、国文学の久松潜一・今泉忠義、「文芸家」の保田與重郎などが理事になり、発会式は言語学の新村出の司会のもと、国語学の橋本進吉などが講演をおこなっている。また、国語協会の会員であった太田正雄も講演をしている。太田はすでに一九三七年には、「国語国字改良問題」について「著しく保守的傾向になつた」と告白し、ローマ字運動、カナモジ運動は能率を重視しすぎるとして否定的になっていた(120)。

平井昌夫は、発起人に「国語国文学、言語学をはじめ、政治、経済、思想、文学など、文化の各方面に知られている人々のほとんど大半が動員されているといってよい。いわゆる右翼反動の政治思想団体を代表する人々がいちおう勢ぞろいをしている」が、短時間に七百余名もの賛同者を集めることができたのは「バスに乗りおくれるな」という心理があったのではないか、と分析している。[121]「反ユダヤ主義」で有名な四王天延孝が発起人名簿にのっているのも興味ぶかい。また、京都大学名誉教授で国語学者の吉沢義則（一八七六―一九五四）の名前もみえるが、吉沢はこの前年に「我々は、この際漢字全廃を建前とした国民教育を要望する」としてひらがな専用論を堂々ととなえていた。[122]それなのに日本国語会に入会したのは、平井の指摘のとおり、「バスに乗りおくれるな」という雰囲気にのまれたからであろうか。

不完全ではあるが『国語運動』記載の入会者を集計した著者作成の国語協会会員名簿と、平井昌夫がかかげた日本国語会発起人名簿をつきあわせてみたところ、発起人名簿の五五四人のうち、国語協会会員は、すでに言及した者もふくめて三二名であった。率にして六％弱である。この数値をどうみるかだが、平井のいう「バスに乗りおくれるな」という心理がはたらいていたとすれば、その割にはすくないといえる。国語協会の会員には現場の教員が比較的おおくみられるという傾向をさしひいたとしても、国語協会と、いわゆる「知識人」を中心とした日本国語会との距離はあったというべきだろう。

機関誌の刊行をめざしたものの、雑誌の統廃合がなされている折から、『大法輪』との連携をはかったもののうまくいかず、大西雅雄との関連から国語文化学会の機関誌『コトバ』ともまとまらず、講演会を一、二回おこなうにとどまった。刊行物としては『国語の尊厳』（国民評論社、一九四三年）があるのみだが、大西雅雄の新稿「日本国語道」、新村出の講演記録「新東亜建設と日本語の問題」以外の、橋本進吉「仮名遣の本質」（『国語と国文学』一九四二年一〇月）、山田孝雄「国語の伝統」（『文芸春秋』一九四二年九月）、藤田徳太郎「国語問題と国語政策」（『東亜文化圏』一九四二年七月）はカッコ内に示したよう

に再録であった。(123)

その意味では影響力を大きく見積もるべきではないかと思うが、(124)国語協会の規則では「国語の整理と改善をはかり、国語を愛護する」ことが目的とされていたことに対し、日本国語会の会則では「醇正ナル日本国語ヲ学術的ニ究明シ、兼テソノ普及宣揚ヲ図ル」ことが目的とされていた。(125)「整理と改善」は不要ということである。そこに七百名以上の名前を集めたことは、整理・改善よりも、「醇正」が好まれたということであろう。

また、『国語の尊厳』の跋文を、日本国語会理事で皇典講究所理事の葦津正之が書いているのだが、その最後に、先にあげた島田春雄の「応世から伝世へ」を引用し、絶賛している。これが、この会をとりまく雰囲気であったと考えてよい。

修正版標準漢字表の発表

この思想戦がもたらした最大の影響は標準漢字表の修正であった。

一九四二年一二月に、国語審議会の漢字区分を無化した、文部省による修正版標準漢字表（二六六九字）が閣議決定されたのである。

一九四二年一二月の『国語運動』の巻頭言では、標準漢字表が閣議決定されたことをとりあえず評価し、「誰かゆう。国語問題の解決のおそく、のろいことを。しかし、着々と進められて居る。わたしたちはこれを停止させないように、いな、進展させて行くことこそその任務であろうと思う」(126)とする。思想戦の影響をどうみているのか、これだけでは判然としないが、この翌号には修正された標準漢字表が掲載されている。それと同時に、橋田邦彦文部大臣が一二月四日に出した談話も掲載されている。これは『朝日新聞』(一二月五日、夕刊、二面)などにも掲載されたものとおなじであるが、「漢字が我が国民精神を作興し、国民文化を進展せしめるのに大きな力となつて居り〔……〕義務教育に於て習得せしむべき漢字の標準を定め、漢字特有の機能を十分に発揮せしめることを期した」という。さらにつづけて「本表の制定は、漢字の使用を制限せんとするものでないことは勿論である」と、これは漢字制限ではない、と明言したのである。漢字が国民精神を作興するものだ、という表現や、漢字制限ではないということは、『大法輪』などでの主張と相似したものである。この橋田邦彦の談話に対する論評は、『国語運動』にはない。

この『朝日新聞』の報道によれば、「四日の定例閣議において橋田文相より標準漢字表を提示して諒解を求めると共に、各官庁においては今後、その標準漢字表に照応して用字に考慮を用ひることを申合せた」という(「標準漢字決る/各官庁使用申合せ」『朝日新聞』一九四二年一二月五日、夕刊、一面)。

そしてこの標準漢字表を『週報』(情報局編輯)一九四二年一二月二三日号に掲載した際の文部省の解説(『国語運動』一九四三年一月号にも掲載)では、橋田の発言をふまえるかのように「久しい由来を持つ漢字が、わが国の文化と密接不離の関係にあることは当然のことで、漢字が国民精神の作興、国民文化の進展の上に多大の寄与をしたことは、想像以上のものがあります。〔……〕貴重な文化財としての漢字は、十分尊重すべきであつて、〔……〕将来の国民生活の向上を期待できるのであります」と、漢字の存在をまるごと肯定していく。そして教育については「義務教育で習得せしむべき漢字の標準」という位置づけがなされているのであるが、「本表は、国語審議会が、本年六月答申した標準漢字表を基礎として、さらに検討審議を加へたもので、漢字の総数二千六百六十九字となつてゐます」としている。つまり答申にあった「準常用漢字、特別漢字」という区別をなくし、すべてを「標準漢字」として、実質的には漢字制限の緩和をおこなったのである。[127]

そもそも、一九四〇年の陸軍の「兵器名称及用語ノ簡易化ニ関スル規程」では、最大でも、尋常小学校修了までに学習するはずの漢字一二三五字だけに限定していたのではなかったか。先に引用した橋田邦彦文部大臣の「漢字制限ではない」という宣言とともに、義務教育で教える漢字数を倍以上にしたにもかかわらず国語審議会がなんらの抵抗もできなかった（正確にはのちにみるように、国語審議会に再度諮らなかった）のは、どう控え目にみても、国語審議会の、ひいては漢字制限・廃止派の敗北でしかない。

それではなぜこうした事態にたちいたったのか、節をあらためて考えてみたい。

3 思想戦の残したもの

1 国語審議会の機能停止

敗戦後に再開された国語審議会第八回総会（一九四五年一一月二七日。第七回総会が標準漢字表の決定答申をした一九四二年七月一七日であった）において、会長の南弘は以下のように回想している。

標準漢字表は昭和17年6月決定したもので、当時の理想からいえば、不必要と思われるものも時局上採用存置した。しかるに、さらに文部省で再検討の上相当増加した。われわれの答申に対して不満な点があれば、なぜ本会に対して再審議の手続をとらなかったかとすこぶる遺憾に思った。[128]

南弘は、当初の標準漢字表自体がかなり妥協したものであったのに、文部省は国語審議会に再度諮ることなく、勝手に増加して公表してしまったというのである。たしかに、国語審議会の六月の決定答申のときよりも、一二月の標準漢字表は一四一字増加している。これは文部省のなかで勝手に増やした、ということになる。具体的には図書局国語課の国語調査官である吉田澄夫（一九〇二―一九八七）・広田栄太郎（一九〇九―一九七四）[129]、国語調査官補である井之口有一（一九〇六―一九九五）がおこなったと考えられる（一九四三年一〇月に文部省は『標準漢字便覧』を日本語教育振興会から刊行するが、井之口が執筆している[130]ので、修正は井之口の手になる可能性が高い）が、最終的な判断を下すのは形式的ではあれ、文部大臣・橋田邦彦である。いまでもそうだが、諮問をした委員会の答申を行政側が無視してしまうことはあまりない。その意味では異常であったともいえるのであるが、文部省がこの答申に反対していたとはおもえない。橋田邦彦自身は東京帝国大学医学部教授から文部大臣になった人物であるが、科学教育をとなえ「科学する心」といったことばを考えだし、道元の『正法眼蔵』の「行」とむすびつける独自の教育思想をもっていた[131]。とくに国語国字問題に関して特定の主張があったようではないので、世論の動きに反応したとも考えられる。

もちろん、先にもふれたように、一九四三年四月以降は国語審議会の方針に反発をして辞任した岡部長景が東条英機内閣崩壊まで文部大臣をつとめているので、あらたに諮問するなどの形で国語審議会を利用する意味はなかったといってよいのではあるが。

2 国語協会などの反応

さて、ここまでは、国語協会や国語審議会への反発を軸にまとめてきた。そうした「攻撃」に対して、国語協会やカナモジカイなどの側がどのように反応してきたのかを、記してみたい。

国語協会の認識を示す文章として、国語審議会が一九四二年六月に文部大臣に答申を出したところ、「〔文部省の〕松尾〔長造〕図書局長の言葉を借りていえば、これに対する一部の誤解から、世間に大きな波紋が描かれた」というものがある。[132] つまりは、「一部の誤解」とは保科孝一が準常用漢字の将来的な廃止を口走ったことをきっかけとする島田たちの「建白書」を指すと考えられるが、それによる『大法輪』などでの議論や、一〇月の日本国語会の発起人にさまざまな分野の著名人が七百余名も名を連ねていたことを「大きな波紋」ととらえていたことがわかる。決定的な資料はみつからないものの、その結果として区分を廃止したものを文部省は提出せざるをえなくなった、ということであろう。ただ、先にふれたが、一九四三年一〇月に文部省は『標準漢字便覧』を刊行するのだが、その「はしがき」は、「文部省においては、義務教育で習得せしむべき漢字の標準を確立し、漢字特有の機能を十分に発揚せしめようとする目的のもとに、標準漢字表を作り、昭和十七年十二月四日、閣議の諒解をみた」とだけある。[133] 思想戦のタネをまいた、ということはここには記されていない。

こうした「一部の誤解」が「大きな波紋」をまねいたという認識が示されたものの、一九四二年一二月以前および、それ以降の機関誌『国語運動』や『カナ　ノ　ヒカリ』をみても、標準漢字表の修正についてこれといった反応はない。

『カナ　ノ　ヒカリ』はほぼ沈黙といってよい。一九四二年一二月の記事では、「文部省　国語審議会デワ　3月　3日　標準漢字表ヲ　発表（6月　17日　修正）常用漢字　1134字、準常用漢字　1320字、特別漢字　74字　ヲ　選定シタ．サラニ　7月　17日　字音カナヅカイ　改正案ト　左横書案ガ　発表サレタ．閣議ニ　カケテ　決定ノ　ウエ　実行ニ　ウツサレル」とある。[134] 一二月四日の閣議決定前に原稿が書かれたので標準漢字表の結末は記されていない。ただ、標準漢字表への反論をまったく無視した形の記述である。とはいえまったくしらなかったということではない。敗戦後にはじめて刊行した一九四五年一一月号の「レキシノ　ツジニ　タチテ」で、国語国字問題の解決が太平洋戦争開始ごろには案外はやくなされるのではという観測までしていたものの、

トコロガ　コレニ　タイシテ「カナモジ　ウンドウワ　テキノ　マワシモノ　ダ」ト　ユウ　タグイノ　ハンタイ　ウンドウガ　オコリ、ソレガ　カミガカリテキ　コクスイ　シュギノ　ボウリャクヲ　ウシロダテニ　シテ　ハビコリ、ツイニ　タトエバ　コクゴ　シンギカイノ　セッカクノ　ケッテイモ　ニギリツブサレタ　ヨウナ　テイタラク　ト　ナッタ　ノデ　アッタ[135]。

とのように述べている。「神がかり的国粋主義の謀略」により国語審議会の決定もにぎりつぶされた、というわけである。

敗戦後だからなしえた表現であるが、一方の『国語運動』から多少あげておけば、一九四二年六月一七日に標準漢字表が国語審議会の決定答申として出された直後の巻頭言では、標準漢字表を簡単に紹介したあとで、『大法輪』などでの「漢字制限＝自由主義」という批判を念頭においたのか、「従来漢字はいくら使ってもよい。多くてもよい。少くてもよい。本当はいくつ用いてよいかわからない。今日批難され、是正されて居るものに「自由主義」があるけれども、これ位自由主義的な文字遣はない[136]」と述べる。ただ、反論としては中途半端である。

修正版の標準漢字表などを掲載した『国語運動』一九四三年一月号（七巻一号）には、標準漢字関連

の文章として「標準漢字表の決定を見て」（マツムラ　シンイチ）、「漢字を見送る」（オヌマ　コーイチ）、「標準漢字制定の後に来るもの」（若林方雄）があるが、どれも修正版の標準漢字表ありきの議論となっている。いったいなにが原因できわめて後退した結果になってしまったのか、という分析がみられない。後退したとの認識も薄いものである。

一九四三年三月号（七巻三号）になって、義務教育で教える漢字が大幅に増えたことに対する疑義を呈する論調があらわれる。そこでは「いまの国民の八わり以上は義務期間だけで学校教育をおしまいにしておるのですが、これらの国民のうち、いくたり二六六九の標準漢字を自身のものにしておるでしょうか」とまっとうな疑問を述べ、「大東亜戦で、五百か六百の漢字しか体得しておられぬかたが、りっぱに日本精神をあらわしたり、世界にほこる文化的いさおしをたてられた実例があるではありませんか」（これは義務教育修了時に獲得する漢字の数が平均して六〇〇字程度であるという岡崎常太郎の調査結果をふまえたものだろう）とたたみかける。そして「一般につかう文字用語を五百かせいぜい千字ぐらいにとどめて、いまの国民や東亜圏のひとたちにまちがいなく、はやくわからせることが戦争にかちぬくためのいそぐことがら」であるから、「国勢調査の様式にならって、全国民漢字体得の状態をしらべて、つぎの標準漢字改訂の資料をはやくととのえてもらいたい」と主張していく。「漢字制限亡国をとなえるひともある様ですが、たとい漢字を全廃したって、そんなことでほろびる様なくにがらでは断じてないとおもいます」というが、「漢字のごりやくをうけた過去千数百年の日本精神のふるいおこしや、国民文化のすすみの過程を中絶させるのは、それこそ亡国的しわざですから、国粋的漢字はこれを保存し」、一般国民とのあいだをつなぐ「難解文簡易化の機関をおいて、どしどし精神、文化の交流をすることが大切です」と論じていく[137]。対処法はともかくとして、義務教育の漢字を増やしすぎであるというまっとうな批判がなされている点は強調しておきたい。

また同号には、『週報』に掲載された標準漢字表についての文部省の解説をとりあげた「漢字を尊ぶ心」（マツムラ　シンイチ）という文章も掲載されている。これは文部省の解説が、漢字が貴重な文化財であり尊重しなければならない、ということをとりわけ強調している点に注目しなければならない、という論点をかかげる。これは、それまで「多くの国字改良論者が、「漢字のわざわい」を説き、「漢字の功罪」を問い、「漢字は劣等の文字」と断じ、「一文の価値もない」「悪魔の文字」とけなしつけ、あげくの果ては、「制限」せねばならぬ、「廃止」せねばならぬと叫んで来たことと比べて、まったく反対の考えのように見えるからである」という。[138] しかし、「漢字を尊ぶ心」は「極めて日本的」であり「漢字全廃論者といえども潜在的には当然持っている」のだという。ややわかりにくいのだが、「われわれが漢字を尊ぶ心は、決して文字に対する新しい工夫とわれわれの創意を否定するものではない」という点が重要なのだろう。したがって、話は大きくなる。つまり、「われわれは国家発展のため、否、この大東亜戦争に勝ち抜き、地球上に生きのびる必要上からも、今こそわが国の文字の上に一大工夫を加える時期であることを知らねばならぬ。これこそわれわれのなさねばならぬ祖先に対する報恩である」[139] ということになり、「漢字を尊ぶ心は、かりに漢字に代ってカタカナ専用の時代が出現したとすれば、そのカタカナを愛する心に通じるのである」となるのだという。[140] やや負け犬の遠吠えのような感もあるが、標準漢字表をそのままうけいれるわけにはいかないという意思を感じることもできる。

翌号では、児童の負担の大きさ、官庁で遵守されるか、といった疑義を呈しつつ、漢語制限をおこなえ、という論調も掲載された。[141]

3 内閣改造のもつ意味——橋田文相から岡部文相へ

くりかえしになるが、橋田邦彦文部大臣は、一九四三年四月二〇日の東条英機内閣の改造により、辞任することとなった。在任は二年九ヵ月におよんだ。橋田の就任以前の第一次近衛文麿内閣のときに組織された諮問機関である教育審議会(一九三七—一九四一年)の答申のひとつである国民学校制度を施行(一九四一年四月)するなど「橋田文政」と称される一連の「制度改革」をおこなった。それは、橋田の退任に際しての『朝日新聞』の記事によれば、「文教の分野より自由主義的個人主義的残滓を払拭し飽くまでわが国家と国民生活に基底を置い」た「改革」であったが、橋田の退任は「我が学制制定以来最も大規模な今次改革が国民学校から高等学校ならびに専門学校に至るまでの範囲において法令的整備を見、愈々今学年度より逞しい発足を見たことと、その改革の基盤に立つてこれから最後の仕上げともいふべき大学改革ならびに私学改革の二つの大きな問題を解決すべき要に迫られてゐる我が文政の現段階」において大きな意味をもつという。要するに、戦時でもあり、改革の仕上げは政治力がものをいうので、学者出身の橋田ではない方がよい、というのである。「〔橋田の〕今次更迭が我が文政のより大いなる前進展開を企図したものであることを示す」ということらしい。[142] より明確に「橋田文政が中道にして交代を余儀なくした理由がその政治的実践力の薄弱にあつた」と評されていくのであった。[143] このことが暗示するように、この内閣改造自体、「決戦新段階に即応」したものとされるが、新任の山崎達之輔農林大臣、大麻唯男国務大臣が翼賛政治会所属であることが示すように、議会運営に配慮した「果断に政治力を強化」する、つまりは「挙国政治体制の整備」をねらったものとされていた。[144]

そして、これも先に述べたように、三日間東条英機が文部大臣を兼任したあとに就任したのが、当初の標準漢字表に抗議して国語審議会を辞めた岡部長景子爵であった。岡部は元外交官で宮内省を経て貴族院議員となった人物である。『朝日新聞』の人物紹介では、「何といつても岡部子を世間的に有名にしたのは、例のメートル法問題と国語改革問題の二つだ、商工省で尺貫法を廃してメートル法を強行せんとした時、尺貫法廃止は我国情に適せずとして之に強硬に反対し遂にその企図を挫折せしめた事や、国語審議会の答申に基く常用漢字制限案、字音仮名遣案、左書案等に反対し遂には審議会委員を自ら脱してこれまた葬り去つたことは子の直情勁行を物語る一面であらう」と評されている。(145)

また、岡部大臣の初訓示の要旨からは、学制改革の根本には「国家の実情と国民の実生活に基調をおいて皇国の精神を教学の上に樹立具現すると同時にまた科学の飛躍的進歩を図るにあり」という意図があったことがうかがえる。(146)

ちなみに、一九四四年四月の東条英機内閣の総辞職にともない、岡部長景も文部大臣を辞職する。橋田邦彦は文部大臣時から兼任していた大日本青少年団長の職は継続し、一九四四年三月には教学錬成所(国民精神文化研究所と国民錬成所が統合した組織)の所長となる。敗戦後、GHQからA級戦犯容疑者に指名され、服毒自殺。

4　国語審議会、その後

さて、このような岡部文部大臣が国語審議会にあらたな諮問を出すわけはないのであるが、国語審議会は既存の諮問に対する答申の作成をおこなうことはできる。国語審議会は「漢語ノ整理ニ関スル主査委員会」を組織する。第一回の主査委員会は一九四三年六月二九日に開催された。第二回の主査委員会で、国語調査官の吉田澄夫は、この委員会の目的を以下のように述べている。

漢語整理ノ仕事ハ、昭和十七年十二月四日文部省ヨリ発表ニナツタ標準漢字表ヲ基準トシテ、本表以外ノ漢字ヨリ成ル漢語ヲ先ヅ整理ノ対象トスルトイフノデアル。(147)

この原則にしたがい、「漢語ノ言換ヘニ関スル方針」が出された。標準漢字表にない漢語をどういいかえるか、ということである。

一、言換ヘノ範圍
イ、昭和十七年十二月四日發表ノ標準漢字表ヲ基準トシ、本表以外ノ漢字ヨリ成ル漢語及ビ本表以外ノ漢字ヲ含ム漢語ニシテ現在用ヒラレテキルモノヲ先ヅ整理ノ対象トスルコト
但シ　古典語、専門語、特別語ノ範圍ニ属スルモノハ　シバラク除外スル
ロ、標準漢字以外ノ漢字ノミヨリ成ル漢語ハ適當ナ語ニ言換ヘル
顰蹙（眉ヲヒソメル）　邂逅（メグリ合フ）　蹉跌（ツマヅク）　浩瀚（大部）
ハ、標準漢字以外ノ漢字ヲ含ム漢語モ同様ニ適當ナ語ニ言換ヘル〔……〕(148)（漢字字体は原文のまま）

あくまでも、整理・制限を、という文部省の執念を感じる、といったらいいすぎであろうか。吉田澄夫、広田栄太郎の二名の国語調査官が漢語整理案を作成し、主査委員会で検討するという形をとっていった。手元の資料では第八回（一九四三年一二月二六日）の主査委員会の開催まで確認できるが、国語審議会の総会は敗戦後まで開かれることはなかったので、漢語整理案といった答申の形で表に出ることはなかった。

5 岡崎常太郎は「転向」したのか――「国語運動の将来」二題とひとつの総括

標準漢字表への反応をもう少しみておきたい。

一九三八年の『漢字制限の基本的研究』で五〇〇字の漢字制限案を提唱したカナモジ論者の岡崎常太郎については第三章でふれたが、一九四二年の標準漢字表をめぐる議論のなかでは、当然のことながら漢字制限派として批判にさらされた。「批判」といっても、本章冒頭の安藤信夫の言によれば、「真摯なる研究家元学習院教授東京市視学岡崎常太郎氏は永年の悪夢より醒めて転向を声明するに至つた」[149]ということなのだが、これは標準漢字表が再度公表された一九四二年一二月に刊行された雑誌に岡崎が寄せた「国語運動の将来」という一文に拠っていると思われる。そこで岡崎は「従来の国語運動」は「いたづらに文字の欠点をあげてこれを攻撃することに全力を傾けたかのごとくに思はれる」としたうえで、「今後の国語運動」にとって「何よりもまづ大切なことは、われわれの心構へを変へることである」と述べる。どういうことかといえば、

〔……〕漢字には漢字としての特色があつて到底他の文字の企て及ばない所があり、しかもわれわれが漢字から受けた恩恵は、実に深くかつ大いなるものがある。然るにその長所をば、しいて認めようとはせず、あまつさへあらゆる欠点をさらけ出して、悪口の限りを尽くすがごときは、はたして大国民の態度といへようか。幾千年来尊きわが国語によつて、はぐくまれて来たわれ〳〵の心根がはたして、かくのごときものであらうか。

かくいふ私もまた国語の整理を考へる前に、先づ自らの心の整理を断行しなければならぬことを、深く反省するものである。[150]

漢字によってはぐくまれてきた「われわれ」なのにその「恩恵」を忘れてしまっている、と岡崎はいう。「心の整理を断行」するのだから「転向」と評されたのだろう。漢字の害悪をいいたてすぎた、ということである。たしかに岡崎は、第三章でみたように一九三六年に「我国では漢字を国民常用の文字としているが、このため、国民生活のあらゆる方面に、いろ〳〵のサシつかえをきたしている」と、障害として漢字をとらえていた。[151] この考え方の基本には、「漢字を制限すればするホド、能率のたかい機械をつかうことができる」[152] という能率の思想があったのだが、一九四二年の文章ではこうした立場は示されない。

その一方で岡崎は「科学性」が必要だと述べ、「国語審議会の標準漢字に賛意を示すものであるが、右〔科学性〕に関しては、多少遺憾な点があつたのではないか」という。岡崎は国語審議会の委員ではなかったが、文字よりも語彙調査が必要だと主張していく。[153] 岡崎がかつて刊行した『漢字制限の基本的研究』は、実態調査をふまえたそれなりに「科学性」を重んじた成果であると思うのだが、語彙調査ではなかったということなのだろうか。したがって国語審議会も、語彙調査をおこなうべきだとする。そのゆきつく先は、「火急に大東亜共栄圏の標準語を決定すべき」ということになるのであった。[154]

さて、岡崎の「国語運動の将来」が掲載された雑誌『コトバ』の同号には同じ題名で宮本要吉という人物も寄稿している。宮本は、別の文章によれば「大東亜戦争の始まる前から南方へ行き、開戦と同時に旧イギリス領へ作戦軍の一員として進駐し、最近帰還したものであるが占領地において、私はささやかな日本語教室を設け原住民に教へてきた」という。[155]

日本にもどってきて接したのが、標準漢字をめぐる思想戦であったのだろう、「国語運動の将来」ではそうした動きを念頭に置いた記述がみられる。実際に日本語教育を経験した者としてだろうか、「日本語の海外普及」をもりこんで、国語運動団体を三分類する。

一、古典語を珍重し、愛玩することを「国語の愛護」だと思ひこみ、現代日本語の動きを正しく認識し得ず、日本語の海外進出について何等の具体的意見を持たず、その能力もないもの
二、現代日本語の動きについて正しく認識しようと努め健全な国語の発達を希求し、日本語の海外進出について何程かの貢献をなしつつあるもの
三、国語国字について一知半解の知識しかなく、便宜主義による国語国字の改善を図らうとする児戯に等しい空想的運動をしてゐるもの[156]

そのうえで、国語協会やカナモジカイの中堅や研究団体は（二）に属するとするが、そのなかに「急進論者」がいるという。「以前はこの急進論者の方が優勢であつたが、今では国語運動の本流から置き去りにされて、自慰的な運動をかすかにつづけてゐる」と手きびしい。（一）については、「国語運動を理解しようとせず、その能力もない保守派の一部は国語国字運動の昔の行きすぎや現在残存してゐる少数の急進論者を槍玉にあげることによつて、健全な国語運動をも同列に置かうとし、中傷することに躍起となつてゐる[157]」と一刀両断である。これは『大法輪』などでの議論や日本国語会の議論を念頭に置いていると考えられる。標準漢字表が骨抜きになってしまった状況であってみれば、国語運動の大同団結を訴えるくらいしかできなかったのかもしれないが、保守派および急進派のとらえ方としては妥当に思われる。妥当ではあるのだが、別の文章で「漢語を感情的に毛ぎらいする行きすぎ論者も、漢語を買い

かぶっている分らず屋も」[158]などと書いているようにやや過激な表現が好みだったようではある。[159]

4　まとめにかえて

この一連のできごとからある程度距離を置くことができた人びとであっても、結局は「大東亜共栄圏」という時局に即した文脈で国語運動を論じることしかできなかった。時局に即すということでいえば、日本国語会にいたる流れの側も同様であった。島田春雄は「伝世」と「応世」ということばをつかっていたが、これは時局のふたつの側面でもあるといえる。総力戦体制のなかで合理的な統制をはかっていったものの結局は精神性を強調するにいたる日本社会の流れを、この漢字をめぐる思想戦のなかにもみいだすことができるのである。

以上、必要以上に一九四二年の漢字をめぐる思想戦の顚末をみてきた。

国語審議会の答申が右翼の抵抗にあって潰えてしまった、政治的ことがらのひとつとしてとらえると簡単ではあるのだが、答申への反対論者の議論のなかから、近代以降蓄積されてきた漢字制限・廃止の思想を逆にうきぼりにすることができたと思う。陸軍の兵器用語の簡易化や高度国防国家建設という、総力戦遂行のためには不可欠のように思われる能率思想にもとづいた漢字制限——まさに「応世」の思想である——であっても、それは「伝世」の思想によって押しつぶされていったのである。これは、総力戦のための統制も結局は資源切れとなって精神論に頼るほかなくなっていったことと相似しているといえるだろう。

こうした精神論を支えた島田のような思想は、敗戦後はたとえ変節しないとしても、影響力は限られたものにならざるをえなかったのである。

第八章　それぞれの敗戦後

1　「標準漢字表」からの再出発——国語審議会と当用漢字表

漢字をめぐる思想戦は「伝世」側に有利なまま、敗戦をむかえる。しかし、形勢は逆転する。逆転する、とはいっても「応世」側が漢字制限・廃止の論拠にしていた、建設をめざすべき高度国防国家は崩壊し、総力戦への人びとの効率的動員という目的もなくなり、共通語としての日本語を普及すべき「大東亜共栄圏」は消滅した。

そこで必要になるのは、あたらしい「応世」であった。

本章では、前章まででみてきた漢字廃止・制限に関する諸論調が、どのように敗戦に処していったのかをみていくことにしたい。

まずは敗戦後の国語審議会の動きをみておく。

一九四五年一一月一六日の『朝日新聞』「天声人語」では、「気の早い人々の中には平和日本下世界的日本の建設のため一足飛びに、ローマ字の普及を計るべしと主張するものもないとは限るまい▼然しせいいては事を仕損じるのであつて」(傍点原文)とこの四日前に掲載された『読売報知』の社説「漢字を廃止せよ」(後述)に釘をさしている。表記文字をかえただけではだめだ、ということなのだろうが、それは、表記文字もふくめた文体の問題、ひいては「各自の意思を表現するに最も適したやうな新時代にふさはしい新国語の選定と普及とが鶴首せられる」とつづけているところからわかる。あるいは後述のように労働争議中(第一次読売争議)であった読売新聞社労働組合へのメッセージであったとみることも可能かもしれない。ともあれ、「簡素で平易で而も正確な国語の普及を計ると共に、せめて華語(中国語)と英米語との何れか一つ位は若き世代の人々に学習せしめる途が開かれて然るべきであり、この辺で国語審議会あたりもそろそろ冬眠から醒めるべきではないか」としめくくっている。

「新時代にふさはしい新国語」をさだめていくには、当然あたらしい「応世」との整合性が必要となる。そのためにも、国語審議会よ再始動せよ、というわけだ。これに応じたわけでもないだろうが、「冬眠から醒めるべきではないか」と「天声人語」が書いてから一一日後の一九四五年一一月二七日に、国語審議会第八回総会が開催された。第七回総会は一九四二年七月一七日。標準漢字表の答申案を決定したとき以来三年四カ月ぶりの総会である。第七章で引用したように、南弘が標準漢字表の修正のありかたにつよい不満を表明したのは、この第八回総会の席上のことであった。

この席で、一九四二年六月に決定答申した標準漢字表のうちの常用漢字一一三四字をたたき台として、あたらしく常用漢字を選定することが決まった。翌年四月の総会に一二九五字を常用漢字として提出したものの、異論が出されて否決。さらに検討を重ねることとなり、一八五〇字の当用漢字表が提出され、さらに義務教育で教えるべき教育漢字八八一字がここから選ばれ、当用漢字別表とされる。広田栄太郎によれば、「この一、八五〇字が日常使用する漢字の最大限で、今後はだんだん漢字を少なくし、教育漢字八八一字ぐらいで、文字生活ができるようにしようというのが、当時の構想であった[1]」。あらためて確認するが、これは標準漢字表が選定された当初の方針でもあった。

広田のこの記述をうらづけてみれば、一八五〇字にした国語審議会の「漢字に関する主査委員会」の委員長となった作家の山本有三（一八八七—一九七四）は、「常用漢字」ではなく「当用漢字」に名称変更をしたいとして、第二〇回会議（一九四六年一〇月一日）で了承されている。この「当用」にはさしあたって使う、という意味をこめている。『国語審議会の記録』（文部省、一九五二年）によれば、「この当用漢字表は、社会情勢に応じて数年ごとに修正し、将来は別に作る教育漢字表の線にまで近づけたいと、〔山本〕委員長からの希望が述べられた」とある。「教育漢字表」はのちに第一三回総会（一九四七年九月二九日）で「当用漢字別表」として議決答申される。要するに、「当用漢字」の規範性を確立させ、そのうえで徐々に削減していくことを目指していたということである。

「当用漢字表」の答申にもとづき、一九四六年一一月に政府が訓令・告示をおこなった。ここにいたって、一九四二年七月の標準漢字表の構想がひとまず実現することになった（表音表記に近い「現代かなづかい」も国語審議会から同年九月に答申され、告示された。現行の漢字字体を示した「当用漢字字体表」は一九四八年六月に答申）。

答申としてだされた当用漢字表の「まえがき」には、

1　この表は、法令・公用文書・新聞・雑誌および一般社会で、使用する漢字の範囲を示したものである。

1 この表は、今日の国民生活の上で、漢字の制限があまり無理がなく行われることをめやすとして選んだものである。（文化庁ホームページより）

とある。ただし、法令など、一般社会で使用する漢字の範囲を定めたもの、ということは、それ以外を使用してはいけない、という含意をよびこんでしまうことになる。もちろん、当用漢字表にない漢字をもちいても罰則があるわけでもないのだが（人名漢字と戸籍の問題は存在するが[2]）、制限色はけっしてうすくないといえるだろう。そしてこの漢字制限をめぐるかけひきは、その後の国語審議会の運営にも影響をおよぼすことになる。[3]

2 「漢字と封建制」言説の流行――「民主主義」の流行とともに

1 「漢字を廃止せよ」（『読売報知』）

一方で、漢字と封建制を結びつける主張は、敗戦後も存続していた。しかし、第五章でみたように戦前は治安維持法違反で検挙される危険をおかしてまで主張するものであり、おおくの人びとが同調するものではなかった。したがって、国策にしたがうことを明言していたカナモジカイのなかで封建制とむすびつけて論じられることはなかったのだが、敗戦後はこうした論調は一般化する。カナモジカイも、のちにみるように敗戦後初刊行の『カナ　ノ　ヒカリ』で「封建打破」をさっそく主張する。これもまたあらたな「国策」なのだ、と考えればわかりやすい。その際にもちいられたもうひとつの原理は「民主主義」というあたらしい「応世」であった。

敗戦から三ヵ月後、一九四五年一一月一二日の『読売報知』の社説（二面）は「漢字を廃止せよ」というみだしをかかげた。「新日本建設のための文化政策はいろいろと提示されてゐる」からはじまる社説であるが、「いまだに忘れられてゐる重要なものがある。それは国字問題だ」というのだ。少し議論を追ってみよう。

民主主義の運営を期するには一定の知能の発達を必要とする。その運営をさらに円滑化するためには一層大きく知識と知能とを高めねばならぬ。文明社会において知識と知能とを高める最も広汎かつ基礎的な直接手段は言葉と文字である。階級的な敬語その他の封建的伝習の色濃い日本の国語が大いに民主化されねばならぬのはいふまでもない。しかし、日本にあつては言葉記載の手段たる文字改革の必要は特に大きく、政治的な意味さへある。現在日本の常用文字たる漢字がいかにわが国民の知能発達を阻害してゐるかには無数の例証がある。特に日本の軍国主義と反動主義とはこの知能阻害作用を巧に利用した。八紘一宇などといふわけの解らぬ文字と言葉で日本人の批判能力は完全に封殺されてしまつた。

或る調査によれば、漢字仮名交り文でする国民学校六年間の課程は、点字使用の盲人教育において、僅か三年乃至四年の間に完了されうるといふ。日本の児童は国民学校、中学校を通じて文字の学習に精力の大半を消耗する。そのため知識そのものを広めかつ知能を高めるための真実の批判的教育は閑却される。〔……〕われわれ自身ですら忘却、非能率その他漢字から受ける不便のどんなに大きいかをくどくどと述べる必要はあるまい。リノタイプ〔ライノタイプ〕の使用によれば新聞紙の製作も現在の半数の人員で行はれうる。

隣邦支那の封建時代に完成しただけに漢字には封建的な特徴が濃厚だ。徳川封建時代には漢字漢文が常用された。しかし、明治維新の民主的改革期には早くも漢字に対する批判が擡頭した。その結果漢字仮名文が発達し、簡易化され、現にわれわれの見る如き文章が成長して来た。一方仮名専用、ローマ字論等漢字廃止の運動が発達した。興味ある現象はこれらの運動が必ず政治的民主主義運動の勃興に伴つて隆盛を来してゐることである。〔……〕しかし、その度毎に封建主義と軍国主義とはこれを抑圧してしまつた。かつてレーニンは『ローマ字の採用は東洋民族の一革命であり、民主主義革命の一構成分子である』といふ意味を述べたといふことである。〔……〕

わが国にはいま第三回目の、そして最後の勝利を収むべき民主主義運動が澎湃として捲き起りつゝある。外圧に基く上からの民主主義革命は漸く下から燃え上る民主主義運動と結びつかんとしつつある。一切の封建的伝統と障害物はかなぐり捨てねばならぬ。いまこそ封建的な漢字に対しても再批判を下すべき時が来たのである。漢字を廃止するとき、われわれの脳中に存在する封建意識の掃蕩が促進され、あのてきぱきしたアメリカ式能率にはじめて追随しうるのである。文化国家の建設も民主政治の確立も漢字の廃止と簡単な音標文字（ローマ字）の採用に基く国民知的水準の昂揚によつて促進されねばならぬ。街に氾濫する生かじりの英語学習よりもこの方がはるかに切実な問題である。民主主義的各党各派の一考すべき問題ではあるまいか。

点字云々は第六章でも出てきたが根拠不明の言説のひとりあるきであり、また、ここまでみてきたように漢字廃止論が政治的民主主義と必ずしも結びついていたわけではないのであるが、「漢字＝封建制＝非能率＝軍国主義」といった等式に「ローマ字＝能率＝民主主義」を対置した議論の構成となっている。こうした「民主化＝アメリカ化」という構成を示し、「八紘一宇」などと大々的に書きたてておいた新聞がそれを「わけの解らぬ文字と言葉」とひとごとのようにうそぶくことで、現在のみずからの立ち位置を示したものといえる。ともあれ、民主主義を阻害するものとしての漢字というとらえ方が大新聞にあらわれたのである。

もちろん、一九四五年九月にGHQから「日本に与える新聞準則」（プレスコード）が出され、一〇月九日からはすべての新聞記事が事前検閲されるようになったなかでの記事であることをふまえなければならない。

とはいえGHQにおもねっているともいいきれない。というのも、この社説が書かれた日時に注目すると、一九四五年九月一三日に社内機構の民主主義化などを求めた五項目の意見書を、正力松太郎社長など経営幹部に論説委員や編集各部の副参事以上の中堅社員四五名が渡したところからはじまる、第一次読売争議（一九四五年一〇月二三日―一二月一三日）の時期にあたっていることがわかる。「読売新聞社第一次争議の目標は、同社幹部の「戦争責任」を追及しつつ、「真に民主主義的なる新聞の刊行」により「新日本の建設に寄与」せんとすることにあった」とされている。(4)

戦前から正力は「新聞人として有能勤勉な者であるならば、左翼、右翼の別なく社務につかせるとともに、一度入社させた以上無能を理由にして退社を命ずるということもしなかった」(5)という、いわゆる「アカ保護政策」を採用していた。急速に拡大した読売新聞社の記者層の薄さをこうした形（有能で安くつかえる人材）でおぎなっていたと考えるべきであろうが、そうした、戦前の学生運動や社会主義運動の経験をもつ人物が中堅幹部に多く、意見書を出したあとに「民主主義研究会」を発足、満足のいく回答がなされないと、一〇月二三日に第一回社員大会を開催し組合を結成、あらためて正力らの戦争責任をあきらかにし、退陣を求め、労働者側だけで新聞の編集・発行をおこなう「生産管理闘争（経営管理闘争）」をおこなった。

日本社会党鈴木茂三郎や日本共産党徳田球一などを委員にすえた東京都常設労働争議調停委員会による調停がはかられ、正力が戦犯容疑者として収監される直前に、正力の社長退陣などをもりこんだ協定が成立した（一九四五年一二月一二日）。馬場恒吾を新社長にむかえ、「民主読売」とも称された紙面で刊行を開始したが、GHQの労働運動に対する方針転換や正力派のもりかえしなどがあり、組合は分裂、第二次読売争議（一九四六年六月一三日―一〇月一六日）にいたり、四日間のストライキ（新聞不発行）などをおこなうが、警察は実力行使でこれを排除、労働者側の敗北におわる。しかしながら同時期の労働運動にあたえた影響はおおきかった(6)。

こうしたいきおいのあった第一次争議、生産管理闘争のさなかに発表されたのが、この社説「漢字を廃止せよ」であった。この前後の社説の題目だけかかげると、「警察の再建」（一〇日）、「自由党の正体」（一一日）、「日本社会党に問ふ」（一三日）、「日本共産党の初登場」（一四日）となっている。政党に関する社説の連続のなかに、一二日の「漢字を廃止せよ」をおいてみると、違和感がないとはいえない。さらにこのころは表裏わずかに二面での発行であり、限られた紙面で載せる情報をもっと厳選すべきだ、という見解もあるだろう。しかし、生産管理闘争のなかで『読売報知』を刊行していた側からすると、「論説委員の担当する社説の執筆」は「戦争責任の追及、民主化、統一戦線支持を基調とする」もので あったので(7)、社説「漢字を廃止せよ」の末尾で「民主主義的各党各派の一考すべき問題ではあるまいか」という問題提起をおこなっている点をふくめて、政治社会の民主化の一環として漢字廃止を位置づけていたとみる方が妥当のように思われる。「わが国にはいま第三回目の、そして最後の勝利を収むべき民主主義運動が澎湃として捲き起りつゝある」という部分がそのことを示しているともいえる。また、「新聞紙の製作も現在の半数の人員で行はれうる」という部分には、文選工もふくめた従業員の待遇改善をもとめたこの争議の主張が反映されているとみることもできるだろう。

この社説を論説委員のうちのだれが執筆したのかの特定は困難ではあるが、「漢字＝封建制」という図式が戦前から一転、民主化に逆行するものとして時流にのったものとなったことを確認しておきたい。

なおちなみに、一九四六年元日から、『読売報知』の題字は左横書きとなり、THE YOMIURI HŌCHI のローマ字表記が付された。闘争の中心人物のひとりであった増山太助がいうように「題字『読売報知』を横書にし、横列文字をいっさい左書きに統一するという新スタイル」は「それから約六ヵ月間、「人民の機関紙」といわれた「民主読売」が獅子奮迅のたたかいを展開した」[8]同紙のあり方を象徴するものであったのかもしれない。この題字の左横書きは、第一次争議時の最高闘争委員長で、「民主読売」のときは編集局長・主筆・社会部長であった鈴木東民のアイディアであったという。[9]この証言をおこなったのは片山睿《さとし》で争議当時外報部の論説委員であり、戦前からのマルキストであった。片山自身「横書きローマ字論者で、戦前に検挙されたのはその運動によるものだった。が、題号の横組みのアイディアは片山のものではなく、東民のものだった」[10]という。

片山睿は一九〇六年うまれで、東大新人会メンバーとして活動し、処分をうけ東京帝国大学経済学部中退、共産青年同盟の書記として同組織再建中に逮捕、一九三四年出獄、翌年に読売新聞社入社、一九三八年人民戦線事件で逮捕、一九三九年読売再入社という経歴をもつ（一九四五年一一月日本共産党入党、翌年八月『アカハタ』入社[11]。片山の父と正力がしりあいだったということもあろうが、正力の「アカ保護政策」に該当する人物でもあった。引用の「戦前に検挙されたのはその運動によるものだった」というのは、第五章でとりあげた左翼ローマ字運動事件でのものである（一九三九年六月五日。検挙時は「読売新聞外報部員」とある）[12]。検挙はされたが起訴はされなかったので、記者をつづけていた。ローマ字論者であったとすれば、社説「漢字を廃止せよ」はあるいは、論説委員であった片山睿の筆になるものであったかもしれない。そう考えれば、社説中に登場する盲教育云々はカナモジカイの主張の一部であり、レーニンの文言が登場するのは、左翼ローマ字運動のときの知識とみることもできる。とすれば、戦前からの主張をそのまま表明したわけであり、「漢字＝封建制」の主張が堂々と表舞台に躍りでた、ということを意味する。

また、一九四六年一月二六日には、新聞社内に「文章はわかりやすく、文字はやさしく」をモットーとする国語民主化委員会が発足したという。増山太助によればこの国語民主化委員会は馬場恒吾社長を会長とし、委員長には調査局長の清水弥太郎が就任し、「新聞社としてはかなり大がかりな漢字制限運動をおこなうことになった」[13]。調査局長の清水は、読売新聞社から刊行した『聖戦歌集』（一九三三年）、『第二聖戦歌集』（一九四一年）などの編集にあたったこともある文化部長経験者であった。

2　「漢字の圧制」（山川均）

この『読売報知』の社説から二ヵ月後の一九四六年一月一八日、一九日の『東京新聞』に、社会主義者・山川均（一八八〇―一九五八）の「漢字の圧制」が掲載された。「吾々は戦争と軍閥から解放された。〔……〕民衆はじよじよに迷信的な国体観念からも解放されるだろう」とたからかにうたい、それでもまだ解放されなければならないものとして「私は漢字の圧制からの解放を要求したいと思ふ」という展開は、先の『読売報知』のものと相似する。さらに山川は、「むつかしい漢字をつかつているといふ贅沢のために、時間の浪費において、能率の低下において、さらに吾々の文化的向上が抑制されていることにおいて、日本国民がどれだけおほきな損失をこうむつているかについては、はやくから漢字廃止をとなへている先覚者たちによつて検討されつくされているのだから、私がくりかえすまでもない」[14]と述べる。

翌日の「下」では、「新日本の出発点においていまさら漢字制限などゝと云はずに漢字全廃を励行してもらいたい」としたうえで、漢字全廃以降のことについては、「思ひきつてエスペラントを新国語とするのが最も合理的だと信ずるが、これは国民多数の同意をえる見込みがない。すると全然新しい国字を制定するか、さもなくばローマ字とカナ文字がある」わけで、どちらにせよ「漢字の圧制から解放される必要がある」というのである。ただ、強制的ではなく「漢字とカナ文字との生存競争にまかせてよい」ともいう。それでも漢字廃止は「私がもし文部大臣なら相当の反対は押切つても即時に断行したいと思ふ」と述べる。[15]漢字全廃を念頭においた議論である。最後の点だが、第四章でふれたように、平生釟三郎が文部大臣になったときに持論である漢字廃止論を実行することはできなかった。そこには天皇制と漢字という、不可侵の領域があったのであるが、山川はこの点について自覚的だったかどうかはわからない。総じて敗戦後の議論は、漢字の封建的側面を強調するものの、天皇制のもつ問題については巧妙に回避しているように思われてならない。山川の議論も同様である。

山川均自身も一九〇六年に日本エスペラント協会に入会しているので、[16]エスペラントということばが出てきたのであろうが、「山川がエスペラントをどれだけ学んだかについては、若干の疑問が残っている」[17]とされているものの、プロレタリア・エスペラントの論理が基礎にあるともいいきれない。ともあれ、ことばの問題についてほとんどふれることのなかった山川均がわざわざ漢字について述べている点に、敗戦後のある種の雰囲気をよみとってもよいのではないだろうか。

3 教育使節団報告書をめぐって
Language Reform とローマ字

漢字廃止に関して、もう一点ふれておかねばならないのが米国教育使節団報告書である。米国教育使節団とは、日本の教育に関する問題について日本の教育者に助言と協議をするために連合国軍最高司令官総司令部（GHQ／SCAP。以下GHQ）が派遣を要請し、二七名が一九四六年三月一杯派遣されたものである。そして同月末に報告書を作成、四月に公表した。この報告書の要請に従い、日本政府内に教育刷新委員会が設置され、文部省およびGHQとともに、報告書の勧告の方向のうえに、戦後教育改革をおこなっていく。そのなかで教育基本法（一九四七年）や六三制、教育委員会制度などが実施されていく。こうした重要な報告書の Language Reform と題された章で日本語のローマ字化が提案されている。[18] 一九四六年九月に出された翻訳から引用すると、以下のようになる。

国語改革の必要は、日本に於て久しく前から認められてゐる。この問題に対して多くの著名なる学者が多大の注意を払ひ、著述家や操觚界の人々を含めた多くの有力者がいろいろ可能性を研究した。現今約三十程の日本人の団体が、この問題に関係してゐると報告されてゐる。

大づかみに云つて、国字改革に対して三つの案が討議されてゐる。第一は漢字制限の要求、第二は漢字の全廃と何等かの形式の仮名の採用要求、第三は漢字と仮名双方の全廃とローマ字の何等かの形式の採用要求である。

これ等の提案のうち何れを採択するかは、容易ならざる問題である。然しながら、歴史事実、教育及び言語分析の観点から、本使節団は何時かは漢字は一般国字としては全廃さるべきこと、音標制度が採用さるべきことを信ずる。

音標体《ママ》制度は修得するに比較的容易であり、全体の学習過程を非常にたやすくするであらう。この制度は辞書、型録、タイプライター、鋳込植字機及び他の言語補助手段の使用を簡易にするであらう。更に重要なことは、日本人大衆をして芸術、哲学、科学及び工学上の自国の文書の中に発見される知識や叡智により近付き得るやうにするであらう。それはまた彼等の他国民の文学の研究をも、容易にするであらう。

漢字に含蓄されてゐる或る美的価値やその他の価値は、音標制度によつては決して充分には伝達され得ないといふことは、我々は進んで承認する。然し一般の人は、もし彼等が国内及び国外事情に通暁し明瞭に表白しようとするならば、読み書きのより簡単な手段を与へられなければならない。

〔……〕

本使節団の判断では、仮名よりもローマ字により多くの利益がある。その上、ローマ字は民主主義公民精神と国際的理解の成育に資するところが大きい。(19)

「音標制度」は原文では phonetic system である。ここでは漢字に封建制などをよみこんではいない点に留意したいが、ローマ字こそが民主主義精神育成に役だつ、という姿勢が軸となっていることに注意したい。これもあたらしい「応世」として十分になりたつ根拠であった。

期待と危惧と――平井昌夫・鬼頭礼蔵の場合

平井昌夫は、報告書が発表されてすぐに『読売報知』の「叫び」欄に「ローマ字問題」を寄稿した。まず平井は、報告書のなかに「ローマ字採用が提唱されてゐること」を「この上もない喜ばしいニュースであつた」としたうえで、文部省のすばやい対応をうながす。日本式ではなくヘボン式が主流になっていることを憂う平井は実行にうつすべき「文部省自体の民主主義化が、さつぱり行はれてゐない」と批判する。さらに、戦争協力をした文部省国語課の「反動的役人」が一掃され、「文部省自体の官僚主義を打破して、真に国民のための文部省に改革する事が当面の急務」であるとつづけていく[20]。ここに、平井が拠ろうとしたあたらしい「応世」をかいまみることができる。

この使節団報告書については、日本式ローマ字論者であった鬼頭礼蔵（第五章でふれたが、高倉たちとともに左翼ローマ字運動事件で検挙されたものの起訴はされなかった）も、報告書の実行を望ましいとしながらも、それが「戦争に敗けたから文字まで英語をまねるのだといふやうな考へ方と、何でもアメリカの真似をするためにやるのだ」という態度から出るものだとしたら、これは「民主主義でも何でもない。封建的根性の最も悪い面である」と警告を発している。現在でもあじわうべきことばであるが、さらにまた国語国字問題について「政治家も教育家も民衆も之を顧みなかつたため、アメリカ教育使節団の勧告がなされたのである」のであるから、「教育使節団に対する御義理でやるのではなくて、日本国民の教育程度を向上せしめ、漢字的文字組織のタブーを破壊し、国民の各自が理解力、判断力、読書力をもつやうにせねば、民主主義は反て衆愚政治に陥り、民主ファツショの時代が来ないとも限らぬ[21]」とあたらしい「応世」にもとめるべき本質をついた発言を残している。いま現在こそ「民主ファツショの時代」なのかもしれないが。

理解と受容——カナモジカイの場合

一方、カナモジカイは、この報告書自体を「スコシモ　勝利者ブッタ　態度ノ　ナイ、民主主義的ナ　タカイ　カオリガ　ミチミチテ　イル」と評価したうえで、報告書の漢字廃止の主張がカナモジカイの主張と合致していることをよろこぶ。[22] ただ、急激な廃止、ローマ字化には慎重な姿勢を示す。そして漢字を制限しつつローマ字化ではなくカナモジ化をめざすべきだとする一方で、「ワレラワ　カナ専用ヲ　トナエル　モノ　デワ　ナイ」とやや妥協的な姿勢を示す。なぜかといえば「国際関係上ノ　要求ニ　ソナエル　文字ヲ　モツ　ヒツヨウ」があるのでローマ字をまぜて表記する形を提唱し「全国民ニ　ローマ字教育ヲ　スベキ」だからなのだそうだ。[23] 一見、カナモジカイの主張を放棄してローマ字採用を求める報告書にひれふしている感をあたえるが、そうではないらしい。ローマ字だけにするか、カタカナだけにするかは、「国民ノ　総意ノ　オモムク　トコロニ　オチツカセタラ　ヨイ」と、ここで民主主義的なかまえをみせる。[24] そのうえで、知識人の役割を強調する。文化は知識人がつくりだす、かのような議論ではあるが、「知識人ニ　対シテ　漢字ヲ　ステルコトヲ　モトメル　ノワ、財産家ニ　財産ノ　提供ヲ　モトメル　ノニ　ヒトシイ。シカシ　アエテ　ソレヲ　断行シナケレバ、知識人ヲ　フクム　トコロノ　日本　全体が、ヨミガエル　コトガ　デキナイ　ノデ　アル」という。使節団の意見だから、連合国の方針だからというのではなく、すべての知識人が心からこの事業の実現に力をつくすよう、「全日本ノ　大衆ト、子ドモラト、永遠ノ　アト　カラ　キタルベキ　国民ニ　ナリカワッテ　オネガイ　スル　シダイ　デアル」とむすぶ。[25] 過去のすべてから、そして知識人には一度獲得した高度なリテラシーから訣別しようというわけである。大衆を導く知識人という意識がほのみえるのだが、この意識はカナモジカイ成立以来のもの——カナモジカイの「応世」——といってもよいかもしれない。しかしながら、成立当初はあくまでも事務能率に限定されていた議論であって、趣味の世界もふくめた日常生活すべてのカナモジ化といったことまではとなえていなかったことには注意しておきたい。ともあれ、この、大衆を導くという点については次節でくわしくみてみたい。

3 カナモジカイの敗戦後

1 「レキシノ　ツジニ　タチテ」——敗戦後初の論説

大衆を導くカナモジカイという視線は、たとえば一九四五年一一月の「レキシノ　ツジニ　タチテ」でも明確である。敗戦後最初の『カナ　ノ　ヒカリ』に掲載されたものである。

　ワレラガ　コクジ　モンダイ　ノ　カイケツヲ　トナエタ　ノワ、コクゴヲ　アイスル　タメデモ　アッタ．ノウリツヲ　アゲル　タメ　デモ　アッタ．シカシ　ソノ　モットモ　オウキナリユウ　ト　シテ　トナエテ　キタ　ノワ、ジツニ、モジヲ　ゼンコクミンニ　カイホウ　スルコトニ　ヨッテ　オノズカラ　ジツゲン　サレルベキ、ガクモン、セイジ、ブンカ　イッサイ　ノカイホウヲ　ナシトゲル　タメデ　アッタ．ソシテ、コノ　コトワ　タダニ　コクミン　オノオノニ　シアワセヲ　モタラス　バカリデ　ナク、コッカ　ソレジシンヲ　モット　オウク　リエキスル　ノダ　ト　トナエテ　キタ　ノデ　アッタ．

　タダシイ　アイコクシン　トワ　コウシタ　「イックン〜バンミン」　ノ　ダイリソウヲ　ジツゲ

ン　スル　タメニ　ツクス　コトデ　ナケレバ　ナラナイ。コノ　ドウリワ、イクマンノ　トウトイ　イノチト　ザイサン　トヲ　ギセイニ　シテ、イマ　ハジメテ　ヒトビトニ　ガッテン　サレルニ　イタッタ。ワレラワ　イマニ　イタッテ　ワレラノ　ミトウシノ　タダシサヲ　ホコロウト　スル　ノデワ　ナイ。ムシロ　ワレラノ　チカラガ　トボシカッタ　タメニ、コレダケノ　ギセイヲ　ハラウ　マエニ　ゼンコクミンニ　コノ　カンガエヲ　アマネク　スル　コトノ　デキナカッタ　コトヲ　モウシワケナク　オモウ。(26)

若干よみにくいかもしれないが、この時期の『カナ　ノ　ヒカリ』はかなり意図的に全文カタカナの文章で統一している。この文章では、国語を愛し、能率をたかめるため、というカナモジカイの目的を述べ、なんのために文字からの解放をとなえていたのかを強調している。しかしながら後段は、漢字ひらがなでかきかえると、「正しい愛国心とはこうした「一君万民」の大理想を実現するために尽くすことでなければならない」ということを戦争に負けた結果、「いまはじめて人びとに合点させるにいたった」とし、そのことは、実はわれわれの見通し通りであった、しかしそのことを誇ろうとするわけではなく、戦争に敗けるまえに「この考え」をひろめることができなかったことを悔いている、という内容である。大衆を導く、というよりも、導こうとしてできなかったことへの後悔であるが、それはそうした意志が存在したことを示唆するものでもある。

そしてより重要なのは、「この考え」が「文字の解放→国民の幸せ→国家の利益→「一君万民」の大理想」という構成になっている点である。

「封建打破」「封建制」という単語がおなじ文章に登場する一方、「主権在民」という単語は登場しない。そして、「ホウケン〜ダハ　モ、ミンシュ〜ニッポン　モ、マダ　カンバン　ダケノ　モノニ　スギナイ」[27]ともあるように、十分に消化できていないことを率直に吐露している。ともあれ、あらたな憲法の議論が具体化するまえなのでそれは当然なのかもしれないが、「「一君万民」の大理想」が思考の主軸になったままであることを、確認しておきたい。封建打破と天皇制の存続は矛盾なく両立しえたのである。そうそう簡単に思考わくぐみはかわらない、ということであろう。

ちなみにだが、「一君万民」ということばは、『カナ　ノ　ヒカリ』二六九号（一九四四年二月）掲載のマツサカタダノリ「国語国字　ノ　大義」にもみられる。そこでは、「アヤマレル　「常識論」ヲ　批評スル　フカイ　理解力ト、ミズカラノ　ギセイニ　オイテ　国家将来ノ　タメニ　ツクサント　スル　ツヨイ　愛国心　トヲ　アワセモツ　人デ　ナケレバ　同志ニワ　ナラナイ」とうたいあげ、「優勝劣敗、弱肉強食ワ　自由主義ノ　旗ジルシデ　アル」と規定した[28]うえで、

> 国語国字ノ　大義ワ、弱肉強食主義ヲ　排シテ　一君万民ノ　大御心ヲ　国語国字ノ　ウエニ実現シ　奉ル　コトデ　ナケレバ　ナラナイ．ワレラ　同志ワ　イマコソ　相ハゲマシテ　コノ大義ノ　存スル　トコロヲ　アキラカ　ナラシムベキ　キビシイ　奉公ノ　道ニ　サシカカッテイル　コトヲ　感ズル　次第デ　アル[29]．

と述べている。一九四三年に二度目の応召からもどった松坂忠則に戦場の記憶がつよくのこっていたであろうことは想像にかたくないのだが、「レキシノ　ツジニ　タチテ」でいう「ミトウシ」（見通し）についてはたしかにこの時点で明示されていたといえる（となると、「レキシノ　ツジニ　タチテ」の著者は松

坂の可能性が高い)。この「一君万民」の思想は「自由主義」に対置されているのであるから、敗戦後において「一君万民」を主張することは、「自由主義」を奉じていた「民主主義」国家を淵源とする諸政策とおりあいをつけていくことを意味するはずである。

しかしながら、この問題についてふかく思考することなく、あらたな支配者・GHQの「国策」にしたがい、「民主主義」というあらたな「応世」を、漢字廃止の主張の根拠にすえていくことになる。たとえば、一九四六年二月であるが、

国民ニ　批判ノ　材料ヲ　アタエズニ　タダ　馬車ウマノ　ヨウニ　引キズッテ　ユク　ノニワ　漢字ホド　ツゴウノ　ヨイ　文字ワ　ナイ。〔……〕コノ　文字ノ　カラクリヲ　ブチコワス　コト　ナシ　ニワ　決シテ「民主主義」ノ　実現ワ　ノゾミエナイ。(30)

としている。ここにもあきらかなように、「民主主義」の実現には漢字を「ブチコワス」こと(それは権力のいいなりにならないこと、でもあるようだが)からはじめなければならない、ということを宣言するようになるのである。

2　GHQと「人間宣言」

「カナモジ～ウンドウ　ノ　グタイアン」

一九四五年一二月の『カナ　ノ　ヒカリ』の論説は、今後の活動方針を、東京と大阪でそれぞれ役員会や会員との懇談会をへて決定した、という内容になっている。計七項目で、列挙する(全文カタカナ

であるが、漢字ひらがなまじりにした。各項目の第一文のみかかげる)。

(1) 会員をさかんに募り、かつ会員の意見が十分に運動のうえにあらわれるようにつとめて、運動団体たる面目を発揮すること。

(2) とくに青年によびかけて、すぐれた同志をおおくつくり、遠い将来のためにたしかな基をつくること。

(3) カナタイプライタをひろめる。

(4) 鉄道駅名札の書き方改正について当局に建議すること。

(5) 進駐軍当局にカナモジカイの主張をよく了解してもらうこと。

(6) 事務能率改善の立場から、各会社、工場(コウバ)などの事務を具体的に指導すること。

(7) 改正憲法の文字、ことばをできるだけやさしくするよう建議すること。[31]

会員を募集し、能率増進運動をすすめ、カナタイプライターをひろめる、という点は発足当時のカナモジカイの方針とさほどかわらない。建議をかさねていく手法も従前のものとおなじである。さらにいえば、(4)は駅名の左横書きを求めるもので、第四章でもふれたが、一九二七年以来の宿願といえる(これは一九四六年四月一日の運輸省達一七六号「鉄道掲示規程」で実現する。同時にヘボン式のローマ字表記も復活)[32]。なお公用文については、一九四六年一二月の次官会議で官庁の用語・用字をやさしくする旨の「公文用語の手びき」の実施が申しあわされたことからはじまり、改善実施の方向にすすむ。そして、一九四九年四月五日の内閣閣甲一〇四号により公用文改善協議会報告のうち「公用文の改善」が閣議了解事項となり「一定の猶予期間を定め、なるべく広い範囲にわたって左横書きとする」ことが通達され、徐々にではあるが公用文の左横書きが浸透していくことになる。[33]

(5)は、あらたな「国策」をつかさどるGHQと密接な関係をつくっていこうとするものであり、これもまたカナモジカイ的である。実際に、一九四五年一二月一二日にGHQのCIE(民間情報教育局)のロバート・キング・ホール少佐がカナモジカイを訪れ、上野陽一理事、松坂忠則常務たちと意見交換をしたという。[34] 同月一七日に国語協会常務理事・石黒修、日本ローマ字会常務理事・佐伯功介、カナモジカイ常務理事・松坂忠則が会合をもち、意見をまとめたうえで翌一八日に上野陽一と松坂忠則がGHQに意見書「国字問題解決策」を提出している。[35]

先にみた米国教育使節団報告書が公表されるのは一九四六年四月のことであるが、それに対する好意的な評価も、この延長線上にあるといってよいだろう。

また、(7)に関しては、一九四六年二月一三日に日本政府がいわゆる「マッカーサー草案」をうけとり、これに基づいて日本政府は「憲法改正草案要綱」を三月六日に示す。この草案要綱に関してカナモジカイは以下のような見解を一九四六年五月に示している。つまり、「ソノ ナイヨウガ シンポテキデ アル ノニ ヒキカエテ、ソノ ブンショウヤ モジノ ムズカシサワ コレマデノ モノト スコシモ カワッテ イナイ。ミンシュ〜シュギヲ ウチタテル ウエニ モジヤ コトバノ エラビカタガ タイセツナ コトヲ マルデ リカイ シテ イナイ ヨウニ ミウケラレル」と批判し、憲法前文に関して草案要綱とカナモジカイの改正案をならべたものを公表している。[36]

この草案要綱は、マッカーサー試案の外務省仮訳にもとづいたものなので、文語的である。その後政府は「憲法改正草案」を四月一七日に示す。

手近な資料として『国語施策百年史』をみると、この経緯と憲法前文の一部について三案それぞれが示されており、文体をみるに都合がよい[37]。少しだけ引用する。

①且政府ノ行為ニ依リ再ヒ戦争ノ恐威ニ訪レラレサルヘク決意シ、

②且政府ノ行為ニ依リ再ビ戦争ノ惨禍ノ発生スルガ如キコトナカラシメンコトヲ決意ス。

③政府の行為によつて再び戦争の惨禍が起ることのないやうにすることを決意し、

順に、マッカーサー草案に付された外務省仮訳、改正草案要綱（三月六日）、改正草案（四月一七日）である。最後のものは現行憲法（二〇一五年現在）と同じである（③のあとに、第九〇回帝国議会においてこの改正草案が審議され最終的に確定するので、全体として表現および内容がかわった部分もある）。どれも翻訳調だが、③がやや口語的（「起ることのないやうにする」あたり）といえる。ちなみにカナモジカイの「改正案」では「カツ政府ガフタタビ戦争ヲ起サナイヨウニスルコトヲ決心シタ」となっている[38]。③よりも口語的となっているが、このあたりは主観的判断となる。

このように、マッカーサー草案という英語から日本語の文語体への翻訳、そしてさらに口語体への翻訳という、二重の翻訳がなされている。翻訳というものにはさまざまな思惑が入りこむものである。たとえば、②と③とのあいだで、作家山本有三に依頼してより翻訳臭の薄い案が作成されたが、それは採用されなかった（ちなみに上記引用に相当する山本案は「かりそめにも少数の権力者によつて、ふたゝび戦争にひきこまれることを欲しない」とある[39]）。採用されなかったためか、憲法改正草案が発表された翌日の一九四六年四月一八日、山本は、国民の国語運動連盟（一九四六年四月結成。後述）の要請をうけいれてひらがな口語体となったことに感謝しつつも、「前書きがあれでは国民に卑屈感を感じさせるものがあるのでいかん」といった談話を発表している。[40]

②が公表された時点で、山本たちは「国民の国語運動連盟」を代表して、憲法の口語化の要望を首相に対してなすのだが、応対した担当国務大臣松本烝治（かつてカナモジカイ理事[41]でもあった）は、自らの憲法案がＧＨＱに否定されたこともあってか、「あんな風なほんやく臭の憲法であってみれば、せめて口語化でもすれば、少しは日本語らしくなるかも知れないね」と述べたという。[42]

「人間宣言」とカナモジ

一九四六年元日の詔書はいわゆる「人間宣言」とされるものであった。詔書のどこをみても「人間だ」という宣言をした文言のない奇妙な命名ではあるのだが、そのことは措いておく。

この詔書について、『朝日新聞』一九四六年一月九日付の「声」に「詔書民主化」と題して投書した詔勅講究所所長森清人によれば、「詔勅に正式に濁点、句読点の使用されたのは、全く今回が最初である」という。そして詔勅は法律文の規範であるので「近く改正を予想される憲法も、今後制定せらるべき法律も、おそらくその文章には濁点、句読点が使用されるに至るであらう」としている。たしかに、日本国憲法には濁点・句読点が使用されている。

濁点と句読点が打たれただけでもこの驚きというのは想像しにくいのではあるが、「詔勅の沿革上全く異例に属するものであり、われ等も、この画期的新時代に対処する覚悟を新たにして、聖旨に応へ奉るところがなければならぬ」と結ばれている。

『カナ　ノ　ヒカリ』でも松坂忠則は、「イッパン　コクミンノ　ヨメナイ　ヨウナ　ムズカシイ　カ

ンジワ　イッコウニ　オモチイニ　ナラズ、ニゴルベキ　カナ　ニワ　コトゴトク　ニゴリテンヲ　ホドコサレ、クギルベキ　トコロ　ニワ　スベテ　クトウテンヲ　オモチイニ　ナッテ　オラレル。スナワチ　ソノ　モジヅカイ　ニワ、オウクノ　コクミンニ　ワカリヤスイ　ヨウニトノ　オウミココロガハッキリト　ハイサレル　ノデ　アル」[43]と、濁点、句読点が詔書にふされたこと、むずかしい漢字がつかわれなかったことを「大御心」として賞賛している。封建制をつきつめていけば天皇制にいきつくしかないと考えるのは現在的思考なのだろうが、そのようにはとらえず、詔書から徐々にやさしくなっていくことで、民主化の流れを「大御心」も示したということであり、たいへんにありがたいことであった、というわけである。ただ、この詔書の一節を引用すれば「朕ハ茲ニ誓ヲ新ニシテ国運ヲ開カント欲ス。須ラク此ノ御趣旨〔明治天皇の五箇条の御誓文のこと〕ニ則リ、旧来ノ陋習ヲ去リ、民意ヲ暢達シ、官民挙ゲテ平和主義ニ徹シ、教養豊カニ文化ヲ築キ、以テ民生ノ向上ヲ図リ、新日本ヲ建設スベシ。」などとある（『官報』号外、一九四六年一月一日）。文語文でもあり、「陋習」「暢達」がむずかしいかどうかは、判断がわかれるであろう。それよりも、松坂は「コクミン〜ジョウヨウノ　モジノ　ナカ　カラ　イチニチモ　ハヤク　カンジヲ　シリゾケ、モッテ　カナ　バカリデ　オシタタメノ　ミコトノリヲ　オシイタダク　ジダイヲ　ウチタテナケレバ　ナラナイ」[44]と述べていることに注意したい。詔書をありがたく思う心性と民主主義文化をうちたてることとが矛盾なく同居しているのは、めずらしいことではなかったのである。封建制をすべて漢字におしつけ、それをとりのぞけば天皇制も護持できる、ということであるとすれば、それは「玉」の争奪戦にほかならなかったともいえるだろう。もちろん現実には漢字をとりのぞかなくても天皇制は護持できたわけであるが。

3 「左横書き」というマジックワード

左横書きに関しては、一九二七年にそれが「非国粋」だとしてすでに決定されていた左横書き表音的カタカナでの駅名表示が撤回されたことを機に、第四章でもふれたが、カナモジカイは『駅名左ガキ問題 ノ イキサツ』を刊行し、さらに『カナ ノ ヒカリ』一四六号(一九三四年二月)は「左横書 ノ主張」を特集、同題で市販もしている。そこでは左横書きが能率的であることが強調され、右横書きはたんなる「習慣」であって「国粋」ではない、という海軍大佐の文章が掲載されている。(45) 力点は能率におかれている。

そして、一九三六年では新聞での実行は困難としながらも「幸にして他の方面から新たな領域をグングンひろめて来ている。語学書からはじまつて、数学書にひろまり、簿記に採用され、科学方面の図書に行きわたり、今や、カンバンやポスターの右横書を、かなりの勢力で百八十度に廻転しつつある」(46)と現状を述べていた。

また、一九三八年二月には「国民精神総動員 ト 左横書」という論説が掲載される。これは皇紀二六〇〇年祭(一九四〇年)をめざして「鉄道省ニ、万国博覧会ニ、ソシテ オリンピック大会ニ、コノ実行 ヲ ノゾム」(47)、と一丸となって左横書きを推進しようというものである。万国博覧会の延期と東京オリンピックの開催返上を決めるのはこの年の七月であった。

そして、一九四六年三月号になると「ヒダリ～ヨコガキワ ミンシュ～シュギノ ハタジルシ」という形になる。むろん、鉄道掲示規程で実行された左横書きが一九二七年に鉄道大臣の「左傾的書式」の一言でつぶされたことが民主主義とつながるわけでもない。しかしながら、「ヨコガキ～モンダイヲトリアゲル ノワ、ココニ カンジ～ハイシ エノ トツゲキロヲ キリヒラク タメニ ホカナラナ

イ　ソシテ　ミンシュ〜シュギ〜ブンカヲ　ジツゲン　スル　タメニ　ホカナラナイ(48)」というのであるから、あまり説得的ではない。それでもこの文章は、民主主義文化の実現によってのみ日本がよみがえる、国字問題の解決なくして、それはのぞめないとつづく。

そして同号の別の記事では、

ヒダリ〜ヨコガキ　コソ、コクジ〜モンダイ　カイケツノ　ホンカクテキナ　ダンドリヲ　ユクモノデ　アル．シンブンノ　ミンシュ〜カ　ノ　タメニ　オオシク　タタカイヌイタ「ヨミウリホウチ」ガ、ガンジツ　カラ、ダイゴウノ　モジヲ　ハジメ、ヨコガキヲ　スッカリ　ヒダリ　カラニ　トウイツ　シタ　コトワ、トクニ　キロク　スベキ　デキゴトデ　アッタ(49)．

という。先にもふれたように、一九四六年元日から『読売報知』の題字は左横書きとなっているのだが、それは正力松太郎社長ら幹部の戦争責任を問い、職場環境の改善を求めた第一次読売争議の結果を象徴するものであり、左横書きそのものがそうした思想を担保するものではない。いい方はわるいが、なんでも使ってやろうという意図をカナモジカイの論調に感じないわけにはいかない。

要するに、カナモジカイにおいては「左横書きは能率的だ」という主張だけであったのに、時代時代の流行のことばと結びつけてその実現をめざしていく、という構図が確認できるのである。目的のために手段をえらばないということになってしまうが、時代の流れをつかんだ主張のしかたをしている、とはいえる。

4　未完の言語革命

1　特集「ことばの革命」から

カナモジカイからは、戦前から敗戦後にかけて星野行則、松坂忠則、伊藤忠兵衛たちが国語審議会の委員となっており、一定程度の役割をはたしていたといえるが、敗戦後の国語審議会のうごきを不十分ととらえるものもすくなくなかった。

たとえば、国語審議会が当用漢字表作成にむけて動いていた一九四六年六月に雑誌『日本評論』は「ことばの革命」を特集した。寄稿者と題目は、高倉テル「ことばの革命――「アジアの革命は漢字の廃止から（レーニン）」」、向坂逸郎「奴隷のことば」、泉井久之助「世界と日本語」、永積安明「日本語の歴史的反省――誰が国語を解放するか」、椎崎法蔵「民衆語への発展史」、土岐善麿「正しい方向は何か」、徳永直「漢字の政治性」というものであった。

特集の冒頭には編集部による以下のような文章がかかげられていた。「ことばの革命」が必要な理由が明瞭に語られている。

□民主革命は「ことばの革命」につながる。それはただ文化面の小さな一環であるといひ切れぬ意味をもつて、われわれにいま解答を迫つてゐる。天皇制が英国式の立憲君主制になることによつてけりがつかないやうに、文部省お手盛りの常用漢字制限ですべてがかんたんに解決できるはずの

> ものでない。かといつて日本語改革の問題がやれローマ字がよいの、ヘボン式が正しいのといつたやうな「技術問題」でなく、いまこそ急速に言語の本質、そして日本語のもつ非合理性、階級性が究明され、そして日本語が真に民衆の所有物とならねばならない。なぜならば、ことばの革命はそのまま生活革命であり、民衆が自分のことばをもつかもたないかによつて民衆解放の成否がきまるからである。——編輯部（傍点原文）

「編輯部」との署名しかないのでだれの筆になるものかあきらかにできないが、カナモジカイの議論などとくらべてみれば、かなり骨太であり、天皇制のとりあつかいもふくめて、もっとも核心をついた主張になっていると考えてよいだろう（個人的には心ふるえる）。かりに日本語がこれまでの文化遺産をうけつぐ存在であるとしたら、その文化遺産とは一体だれのものだったのか、ことばは一体だれのものなのかという視点をもて、ということでもある。

この特集に寄稿した国文学者・永積安明（一九〇八―一九九五）は、

> いふまでもなく、国語の枷に苦しみ、国語の特権階級に軽蔑されつゞけた人民こそ国語解放の真の主体であり、その原動力である。さうしてそのやうな原動力をすなほに感じとり、それらの現実的な力にみちびかれながら、しかもそれを一定の新しい秩序にまでおしすゝめるものこそ、まことの専門家であり、同時に国語解放のための貴重な選手でもあるだらう。[50]

と論じる。「人民」を主体にすえよ、という主張である。高倉テルなどの主張に相通じるところがある。

プロレタリア文学者の徳永直（一八九九—一九五八）は、かつて文選工であったことをふまえて漢字廃止・制限に賛意を示し、カナモジカイなどの活動にも理解を示すのであるが、「この運動も強力な政治力の発展なしには不可能だといふことである。人民と政府が一心同体となつて、やる気にならなければ不可能だといふことである。〔……〕文字の人民大衆からの離反・文字の特権階級化への抵抗するイデオロギーと実行力がなければ駄目だと思ふのである」と論じている。(51)

高倉テルは、戦前ととくに主張をかえる必要もないので、

日本封建制の支配者たちは、基本的な生産手段である土地を独占しただけでなく、さらに水利その他の最も重要な生産手段をも独占した。同じように、ことばや文字まで独占した。ここにアジアの封建制の特殊性があり、アジア的絶対主義の生まれる最大の根があった。〔……〕ことばや文字の解放なくして、真の大衆の解放はぜったいに有りえない。漢字やカナの廃止をとなえ、ローマ字化をとなえるのは、けっして単なる便宜主義のためであってはならない。この問題の底にひそむ、歴史性、社会性、階級性をするどくえぐり出して、日本民主主義革命の最大の武器としなければならない。ことばと文字の革命は、社会革命の最大の石ずえの一つとなり、これと併行して進まなければならない。(52)

とより明瞭に主張をくりかえし、ローマ字化を主張していく。それでもなお、天皇制をいかにあつかうか、という点に関して明確に述べることはなかった。

高倉はもちろん、永積や徳永の主張も、「大御心」とともにあろうとしたカナモジカイのものとは異

なる。

　めざされるべきは、国語審議会のような小手先の「改革」ではなく、永積のいうような「革命」であったのかもしれない（革命でたおすべきはどこまでか、という点があいまいであったが）。

　しかしながら、永積は国語審議会のメンバーではない。もちろん、天皇制支持率は各種世論調査では八割から九割台であり、たとえば『読売報知』一九四五年一二月九日が引用する「日本国論研究所」の調査（回答数三三四八）によれば、天皇制支持は九四・八％、否定四・九％、中立〇・三％と圧倒的であった[53]ことが示すように、「大衆」や「人民」「民衆」が素朴に天皇制をささえているかぎり、こうした知識人の観念的な人民観・解放観は挫折をむかえることになるのであり、したがって、政策として採用・実行される余地もさほどなかった。

　結局は、平井や鬼頭、あるいは山川や永積たちが願った形での国語改革はなされず、カナモジカイも委員を出していた、戦前からひきつづく国語審議会が主導権をにぎったまま、敗戦後の表記文字改革がなされていったのである。

　当用漢字という形で漢字制限がなされ、小学校で教育する教育漢字八八一字が制定されると、きちんと教えこまねばならないということになる。一九五三年一月の『朝日新聞』の「今日の問題」というコラムでは、高知で開催された日教組全国教育研究大会において小学生の学力低下[54]が報告されたことを伝えている。生活水準だけでなく小学生の学力も戦前にもどっていない、と皮肉るこの文章では「常用漢字の数を制限したからといって、必要最小限度の漢字については、教える方も教わる方もいい加減にしておいてはならないはずだ」と述べる。ここからもわかるように、戦前同様の漢字学習の負担があいかわらずのこっているにもかかわらず、「必要最小限」ということばで負担は隠蔽され強要される。すでにみたようにカナモジカイは調査にもとづき五〇〇字制限案をだしていたのだが、それよりもおおいわけであるし、一九四六年の当用漢字一八五〇から一九八一年の常用漢字では一九四五字、二〇一〇年の改訂では二一三六字と増加していく。教育漢字も八八一字から一九八九年に一〇〇六字と増加している。これは一九六〇年代の国語審議会内部でのゆりもどしに遠因があるのだが[55]、人びとにとっての漢字がもつ意味について明確な見解を示さないまま、その場しのぎの施策がとられている、ともいえるだろう。

2　左翼ローマ字運動関係者の敗戦後――高倉テル・黒瀧雷助の場合

高倉テルは、一九四六年に日本共産党から帝国議会衆議院議員選挙に出馬し当選、一九五〇年には参議院議員となるが[56]マッカーサーにより追放され中国に亡命、一九五九年に帰国、一九七三年に日本共産党中央委員会顧問となっているので[57]、国語審議会の委員にはまずなれない。そうであればこそ、その主張をかえることもなかった。高倉は、一九四四年に出版した『ニッポン語』に修正をほどこした『ニッポン語』を、一九四七年に刊行する。その「あとがき」では、一九四四年の『ニッポン語』では「あるところは筆をまげ、あるところは筆をはぶかざるをえなかった」としている[58]。たとえば、軍隊用語の漢語が整理された点をふまえて述べた「ニッポン語を一つのニッポン語に清めあげることは、すぐにニッポンの生産力を高め、軍隊を強くすることと、かたく結びついている」という部分が削除されている。はたしてこれが「筆をまげ」た結果かは判然とはしないが[59]、「こんど、軍隊がなくなって、軍隊のことばというものは完全にニッポン語から消えた。これはニッポン語から封建的な要素が消えた重大な現れの一つだ」といった内容があたらしく書きくわえられている[60]。しかし、全体としてのソビエト言語学をふまえた論調はかわることがない。さらに一九五二年にはいくつかの論考をくわえた『新ニッポン語』

を刊行している。追加された「方言のもんだい」という論考では、「地方と身分によるちがいお統一した、力ずよい、ニッポン民族語」を、日本の青年がつくりあげていくべきである、と主張し[61]、「農民がとくべつのことばお使うということのうちにわ、封建的な身分層の要素があり、また、それが、地方によって、ちがう「方言」であるということのなかに、二重に、封建的な要素がふくまれています。これらの要素わ、いっこくも早く、ニッポンの社会から消さねばならないものです。今、農民がそーいうことばお使っているとしても、けっして、無批判に、文学に取り入れるべきものでわありません[62]」としている点も、かつての『大原幽学』での表現方法とかわっていない。「大衆」のことばをもちだすのはかなり便宜的であり、「封建制」ということばにしても恣意的に操作可能なものとなっている。そうした点もふくめて、民族のひとつの標準語という志向は国民国家における国語のあり方と矛盾することはない。そしてまた人為的統制という点では国語審議会の方向に沿っている。しかし、そのつきつめ方——「封建制」を前面におしだしている点——は異なっていたといえるだろう。

　黒瀧雷助（成至《ちから》）は、戦前に出版した『国語の発展と国民教育』を増補して『進むニッポン語』を一九四九年に刊行した。その「あとがき」では国語審議会の「「現代かなづかい」だとか「当用漢字」だとか、「国定ローマ字」だとかが実行され、また教育もあらたまり、形のうえでわ春がきたよぅに見えますが、問題わはたして解決したでしょぅか?」と問いかけ、「飛んでもない、これからだ!」と否定する。口語化、ローマ字化をすすめたい黒瀧にとっては、国語審議会の動きはあまりにも不十分であり、「コトバの民主化をしらない民主人がいるうちわ、まだ冬がさらないのです」と述べている[63]。

　くりかえしになるが、高倉や黒瀧が依拠したところのプロレタリア・エスペラント論は、社会の発展段階に応じて世界語ひとつに収斂していくというものであるが、これは言語が上部構造に属するとしたマルの言語論と親和したものであった（第五章参照）。ところが、一九五〇年にスターリンの「言語学におけるマルクス主義について[64]」でこの言語論に対して否定的見解がだされるのだが、日本においてこの問題を正面からとりあげたものが、敗戦後すぐに設立された民主主義科学者協会言語科学部会編の『言語問題と民族問題』（理論社、一九五二年）であった（一九五六年から言語学研究会となる）。そこでは、マルの言語学はマルクス主義を卑俗化したものであって、スターリンの論文によってマルクス主義理論全体が創造的に発展したのだという見解が示されている。[65]ここには大島義夫も寄稿しているが、スターリンの論文をうけても、結局は「歴史的なカテゴリとしての民族わなくなり、民族語わその姿を社会的な言語生活からなくして、ただ一つの世界共通語が人間の言語となるであろう[66]」という従来の主張がくりかえされるばかりであった。

国語学者・時枝誠記（一九〇〇—一九六七）はスターリンの論文についての論評をはやい時期におこなっている。そこではスターリンが「言語を民族の思想交換の用具」とみていることについての拒否感が表明されている。つまり時枝にとっては「言語は社会成員の個々の主体的活動としてのみ成立する」ので、「共通の物の考へ方、風習を持つものの間にだけ同一の表現活動としての言語が成立する。同一社会内に異なつた物の考へ方をし、風習を持つ階級が対立すれば、当然言語も対立せざるを得なくなるのである」。したがって言語とは「当然その民族の文化と別のものではない。〔……〕言語はもつと民族の根本的な資質や性情を土台としてゐるものであるから、プロレタリア文化に対して、プロレタリア言語がなければならないと考へるのは誤りである」とする。[67]こうした点について言語学者・奥田靖雄（一九一九—二〇〇二）は、以下のように批判する。

〔……〕あらゆる言語現象はこの主体的言語意識によって決定される。〔……〕最後には、文語は主体的意識において高い価値をもつ、国民の話しコトバ（方言）は主体的意識において低い価値をもつ、とまで言いはじめた。これは専制君主の言葉である。時枝氏の学説の中では、あらゆる言語現象が絶対化され、神秘化されている。私たちは、かれの学説のうちに、せまりつつある帝国主義日本の危機を感じないわけにはいかない。あの時代のくるいざきという感じを与える。(68)

さらに奥田靖雄は「国民の生きたコトバ」を軸とした言語学の構築が不可欠であるとする。そして「国民解放の手段としての国民的言語＝日本語を研究することによって、解放闘争の隊列の中にくわわらなければならない。また、そうしない限り、真の意味の言語学は生まれてこない。〔……〕こうすることによって、国民と運命をともにする言語の発展の生きた法則にふれることができるのである」と主張しており(69)、時枝と言語のとらえかたの根本的な立場の相違がみられる。とはいうものの、奥田のこの論では「国民」が絶対的な前提となっている。その「国民」のなかの多様性や「国民」から排除されていくものがあるといった視点をみいだすことは困難である。いってみれば、支配階級、ブルジョアから「言語学」をとりもどし、「生きたコトバ」を学問対象として設定しようとすること自体が、革新的なこととされた時代だった、ということになるだろうか。階級闘争へ参画するための言語学、というのはいまの時代からみれば意外な感はあるものの、それこそが科学であるとする時代・思潮も確実にあったことをいま一度確認しておきたい。

3　反動としての「国民の国語運動連盟」

連盟結成とその内実

平井昌夫は、頼阿佐夫名で一九三八年に三笠全書として刊行した『国語・国字問題』を大幅に増補した『国語国字問題の歴史』を一九四八年に出版した。本書でもたびたび引用してきた。そのなかで、一九四六年四月に開催された国民の国語運動連盟の創立総会において、

連盟の運動方針が、漢字廃止やローマ字採用はもちろんのこと、カナづかい改正さえも取りあげず、せいぜい漢字制限ややさしいコトバを使うという程度のきわめてなまぬるいものであつて、文部省の保守的な方針と歩調をそろえているとさえ見られるものがあつたので、出席の平井昌夫からその保守性を強く攻撃した発言があつて、ひと波瀾を起した。役員の人選にあたつても、平井は戦犯者およびそれの後補者《ママ》をえらばないように特に要望して、連盟の保守化をできるだけ食いとめようとした。[70]

という行動を平井はとった。いわゆる公職追放令がだされるのは一九四七年一月のことで、若干先のことであった。

国民の国語運動連盟とは、作家の山本有三や国語学者で前台北帝国大学総長の安藤正次（一八七三—一九五二）などが中心となって組織化をおこない、国語協会やカナモジカイ、日本ローマ字会、日本放送協会などが参加しており、戦前の日本語改良団体を糾合したような組織であった。[71] 発起団体をのぞく発起人八〇名のうち、カナモジカイ関係者（理事・評議員など）は二一名になる。[72] 国語学者の名前が多いのも特徴であるが、カナモジカイ、国語協会といった組織が戦時中の国策に順応してきた側面もあった

こともあり、民主主義科学者協会も参加しているものの、徹底した改革はのぞめないと平井は考えたのだろう。すでに一月二四日に東京三崎町の言語文化研究所（第四章でふれた日本語教育振興会をひきついだ団体）でひらかれた準備会には、学界、文壇、出版、新聞、通信など各関係団体の代表、藤村作、金田一京助、時枝誠記などの「権威」をふくめて約五〇名が参加し、おおよその方針がさだめられた(73)。戦前・戦中の総動員体制的な側面は大いにあったといえるだろうし、平井昌夫もそのあたりを危惧していたともいえるだろう。

国民の国語運動連盟に密接に関与しているだけあって、『カナ ノ ヒカリ』では一九四六年二月号につづき、四月号、五月号と関連記事を掲載している。五月号の記事は発起団体・発起人の名簿であるが、四月号では連盟の規約と運動の企画が紹介され(74)、「コクミンノ～コクゴ～ウンドウ ヲ モリタテヨ」という記事が掲載される。この記事は、

ニッポン ニ ミンシュ～シュギヲ オコナウ ト ユウ コトワ、グンコク～シュギノ ミジメナ ケッカヲ シタシク タイケン シタ ワレワレ ニワ、ポツダム～センゲン ヲ ベツニシテモ、ニッポン ヲ タテナオス タダヒトツノ ミチデ アル コトガ ワカッテ キタ(75)。

とはじまる。しかしながら、すでに「ナマカジリノ ミンシュ～シュギ」から生じる弊害があるという。それを排除するには「コクミン ゼンタイノ セイシンガ ミンシュ～シュギヲ タダシク」つかむ必要がある、とつづける。それには教育が大切で、そのためにも「国語国字問題の解決」が不可欠であるものの、カナモジ論やローマ字論や漢字制限論、縦書き横書き論などがそれぞれの「ただしさ」を主張

しているだけでは明治以来の「ミズカケロン」のくりかえしになる、としていく。たしかにそのとおりなのであるが、結論としては「シンズル　トコロヲ　シュチョウ　モ　シ、ジッコウノ　デキル　ハンイニ　オイテ　ジッコウ　スベキデ　アル　コトモ　トウゼンデ　アル．シカシ、イズレニ　シテモ　コクゴ～コクジ～カイリョウノ　ヒトスジミチヲ　ユク　ノデ　アル．イッショニ　ユケル　トコロマデワ　テヲ　タズサエテ　ミチヲ　キリヒラキ、チカラヲ　アワセテ　ススムベキデ　アル」[76]と、大同団結をうったえるだけである。この記事を書いた三好七郎は歌人で海軍大佐であった。かつて現役のときに「チシキヲ　エル　ドウグ　デ　アル　モジ　ガ　ムズカシイ」から欧米人に比較して知識欲が不足していると痛感し、一九三一年の退役後、カナモジカイの存在を知り一九三三年に入会した[77]。海軍大佐らしく『カナ　ノ　ヒカリ』[78]に軍縮問題の歴史を寄稿し、「紀元二六〇〇年」（一九四〇年）にむけたカナモジカイの事業を紹介[79]するなど積極的に運動にかかわり、一九三六年にはカナモジカイの主張に沿った著作『われらは何をなすべきか[80]』を刊行するなどしている。また国語協会の基礎日本語調査会において、普及させるべき日本語語彙調査をおこなっていた[81]。しばらくしてこうした「実行一点バリノ大衆運動」から距離をおくようになるが、アジア太平洋戦争がはげしくなると再召集され南方戦線におもむく。その陣中でアドルフ・ヒトラーの『我が闘争』をよみ、「日本語ワ　カナデ　書ケ」という理論よりもまず実践というように考えをかえた、と述べている[82]。カナモジカイ評議員にもなり[83]、敗戦後は一九四七年に再開した上野陽一の日本能率学校の教務部担当職員となる[84]。

「軍国主義」の時代にカナモジカイ理事が「国策」にそって進めととなえ、『我が闘争』に触発されてカナモジ運動に邁進せよと主張していたことを総括しないかぎり、カナモジカイの戦後ははじまらないと思うのであるが、そういった視点は存在しなかったようである。

一九四五年一一月の「レキシノ　ツジニ　タチテ」のなかで、戦前にカナモジ運動を批判していた勢力に対しても、おなじ愛国心からでた行動なのだから今後はたがいに手をたずさえよう、と呼びかけていた(85)カナモジカイにとっては、「国民」は一枚岩であり、「国語」もそういうものだったのであろう。

少し時代が下るが、カナモジカイは、一九五〇年、講和条約締結の機運が高まっていたときに、「コレニ　ヨッテ　民族ノ　独立心ガ　フルイオコサレル　コトヲ　期待シ、カツ　信ジル」としたうえで、

ワレワレノ　主張スル　国語ノ　独立トワ、国語ヲ　国民全体ノ　手ニ　トリモドス　コトデアル．学問ヲモ　言論ヲモ、「国民全体ノ　国語」ヲ　通ジテ　開放スル　コトデ　アル．国語ヲ、血ヨリモ　ツヨイ　民族結集ノ　キズナト　スル　コトデ　アル(86)．

と「国語を民族結集のきずなとする」ことを主張していた。GHQの占領政策が終息にむかおうとするなかにあっては、心地よい響きがするのであろう。第七章でみた標準漢字表をめぐる思想戦にしても、それぞれのもつ「ただしさ」を「国民全体」に押しひろげようとする均質化の志向同士のヘゲモニー闘争ではなかったか。そうしたことを、すっかり忘れている。

要するに「国民の国語運動」といったときに、「国民」とはだれであり、「国語」とはなんであるか、と問いなおすことなく、平然と再出発をおこなうことができた人びとがいた、ということを銘記しておきたいのである。

さて、国民の国語運動連盟は、結果的には平井昌夫の危惧のとおりになっていく。平井の筆によれば、「有力なローマ字論者は役員になつていない。〔……〕平井は当日の発言によつて急に役員になつたにす

ぎない。現在における有力なローマ字運動者や指導的な人物たる土岐善麿も鬼頭礼蔵も、あるいは羽仁五郎や高倉テルにしても、役員にえらばれず、かえつて国字改良には否定的な金田一京助や藤村作や時枝誠記がえらばれたという有様であつた」のである。[87]

結局のところ、この国民の国語運動連盟は一九四六年八月に「国語国字問題ノ解決案」を発表し、いくつかの建議、申し入れをおこなったものの、具体的な成果を残すことなく、関連団体が集結したという象徴的な意味あいをもったままで終息していった。[88] もちろん、中心となった山本有三は国語審議会で当用漢字の策定にかかわり、また国民の国語運動連盟などが衆参両院に提出した「国字国語問題の研究機関設置に関する請願」（一九四七年末に採択）が契機となって国立国語研究所設立（一九四八年一二月）にいたっていることもあるので、[89] まったく無意味であったわけではない。ただ、総動員体制の残り香を、感じないわけにはいかないのである。

新生活運動とことばの合理化

一九四七年六月二〇日、日本社会党の片山哲内閣は「新日本建設国民運動要領」を閣議決定した。そこでは「国民の生活苦と生活不安」がたかまるなか、「われわれ戦敗国民は〔……〕この荒れ果てた郷土を住みよい日本に築き上げていくべき」であって、そのためには「勤労のうちに再建の歓びを感じることの出来る新しい国民生活の設計を目当てとして、新生活国民運動が速かに展開されることを期待する」、とうたわれた。かかげられた七つの目標のうちの五番目が「合理的民主的な生活習慣の確立」であり、これは「生活のむだをはぶき、ぜいたくを慎しみ、常に合理的に考え、能率的に処置する生活態度を養うとともに、封建的な風習を取り除いて、明るく快く健康な民主的生活慣習をうち立てるように衣食住の全面にわたつて国民生活に工夫と改善を行うこと」と説明されている。そしてこうした運動を展開するために各界代表者に協力を求め、各地に国民運動協議会を開き、政党、学校、婦人会、労働組合、文化団体、宗教団体などを運動の推進力たらしめようとした。[90] 社会党の文化部を中心として一九四七年七月二二日に二三〇以上の団体の参加をえて新生活運動連盟が結成され、その一部門として「国語問題委員会」の設置が検討された。平井昌夫（ローマ字）、佐々木孝丸（エスペラント）、松坂忠則（カナモジ）が発起人となったこの委員会は九月に一二名の委員で設置され、国民の国語運動連盟の「国語国字問題ノ解決案」の実行や議会への請願運動などをおこなうことを決議したという。[91]「常に合理的に考え、能率的に処置する生活態度」と日本語表記の「合理化」とが関連づけられていた、ともいえるだろう。

さまざまな形で「合理化」がはかられていたものの、平井は「国語の民主化を喜ばない保守勢力が常に奥の手の防衛手段として持ち出すのは、漢字制限であつた」[92] としている。一九四六年一一月に国語審議会の当用漢字表が内閣訓令として出され、漢字制限がおこなわれた背景にこうした点をよみとることはまちがいとはいいきれない。

第七章でみたように、一九四二年には国語審議会の漢字制限を事実上無化するうねりがあったので、それを経験したあとでは、敗戦後の漢字制限は相対的に「民主的」な印象をあたえるのであるが、「文部省の保守的な方針」——漢字の全廃はおこなわない——は堅持されていた。敗戦後の漢字制限と民主主義とは別物である、ということである。

ここまで、第五章で登場した平井昌夫、鬼頭礼蔵、高倉テル、黒瀧雷助の敗戦後の議論などをみてきたが、そこにはほぼゆれはない。しかし、結果的には文部省、国語審議会的な、これもまたゆれのない国語施策をつきうごかすことはできなかった。このことは漢字廃止の原動力にしようとしたマルクス主義も、あるいは敗戦後の民主主義も、漢字廃止の思想としては不適合であったことを示すのかもしれない。いやむしろ、不適合であったとみるよりも、改革の原動力にしようとした「応世」としての民主主義が、結局はしっかりと根づかなかった――鬼頭礼蔵のことばを借りれば、「民主ファッショ」となってしまった――からかもしれない。

のちのことになるが、一九六一年三月に、敗戦後も継続した国語審議会がその運営方針をめぐって、国語改革に否定的な五人の委員が脱退する事件が起きた。そのときに、平井昌夫は一九四二年の標準漢字表に反対するために組織された日本国語会の発起人のなかに、「現在国語問題で反対運動をおこなっている国語問題協議会〔一九五九年発足〕の幹部の小汀利得、舟橋聖一、塩田良平などの人々の名まえがみられる」ことを指摘し、これが「何かを暗示するようである[93]」と述べている。

敗戦後の国語改革の不徹底さはあるものの、それすら否定していこうというこうした人びとの「反動性」に平井は我慢がならなかった、ということであろう。

4 「もののべながおき」という人物――体制存続の拒否

もうひとり紹介しておきたい。もののべながおき〔一九一六―一九九六〕は反戦平和市民運動家としてしられるが、一九五〇年に『言葉と文字』を刊行している。そこでは「テンノウ弁」「オンナ言葉」といった用語をつかって、敬語体系のくびきから逃れるべきことを説き、「漢字カナは専制政治が言葉のなかに混ぜたスパイ」であるから、「漢字をなくすためには、言葉の本性から出た、それだけで用の足りる文字でニホン語を書き、それで書かれた書きものの分量をだんだんふやしてゆくほか方法がない。それはローマ字であります」とし、さらに日本式ローマ字つづりこそが、「ニホンのほんとうのローマ字」であるとしている。[94]もののべながおきは、「民主主義の一方の戦線としての言語運動の、基本的なストラテギイとタクティック」を、「民族文語の確立」「ローマ字の労働者と農民による大衆的な使用」「エスペラントの労働者による大衆的な使用」「基本的なスローガン――「大衆の言葉で語れ」」などとする。[95]高倉テルとほぼ同様の議論であることがわかる。また、文部省は一九四七年四月から小学校でローマ字教育を実施すべく通牒を発したのだが、もののべは「民主主義の勢力がアメリカの教育ミッションを通じて文部省を圧迫した結果である」ととらえるのであるが、それでも「文部省役人を代表する古い支配者が一寸刻みに仕事を遅れさせようと企らむのをどうすることもできない」[96]と日本の保守勢力のまきかえしを危惧していた。

小学校でローマ字教育がはじまってから一〇年、「ローマ字教育実施10周年」の特集をくんだ雑誌『ことばの教育』に、もののべは「裏切られた言語改革」という論考を寄せた。そこではまず、GHQは、つまり、マッカーサーは戦前の日本の支配体制を温存してその上に君臨していただけであって、たとえば米国教育使節団報告書も、マッカーサーの前では骨抜きにされてしまった、という。「民主主義を押し殺す封建制度または帝国主義の力（軍隊、警察、役人組織）を打ちくだくことが、民主主義の生れる必要な条件であった。国民が平等でじゅうぶんな教育を受け、言論の自由と個人の尊厳が実際に存在することは、それのじゅうぶんな条件である。漢字を常用する限り、じゅうぶんな条件がなりたたない。それこそ《使節団報告》も熱心に説いたところであった」[97]というのが、もののべの評価である。しかしこれが骨抜きにされた。戦前となにもかわらない――「軍隊、警察、役人組織、そして漢字――これが今も昔も日本を支配するものの四本柱である」――というのである。平井たちと共通する危機感がここにはある。そしてもののべはこの文章の最後でこう述べる。

支配層は変った。しかし支配の道具は変らなかった。支配者はいつもあり合わせの道具で支配するものである。

支配されることも支配することも望まないものだけが、支配の道具を取り捨てることができる。

《結局は、国民は自分の手で自分を解放しなければならない》のである。(98)

これを書いた当時、もののべながおきは、民主主義科学者協会の会員であった。そうした傾向性を読みとることも可能であるが、言語革命は未完のままである、という認識がここにはある。

平井昌夫や高倉テルなど、標準漢字表を攻撃した「伝世」側が国語審議会以上に攻撃した人物は、おしなべて敗戦後の国語審議会のあり方に批判的であった。おそらくは「応世」としての民主主義がきちんと理解されないかぎり漢字廃止はありえない、という意識が根底にあったためであろう。くりかえすが、言語革命は未完のままなのであった。「国民」はともかくとして、「自分の手で自分を解放しなければならない」という指摘はいま現在でも重みをもつ。

5　島田春雄の敗戦後――「国語クーデター」に抗す

革命いまだならずとはいえ、「当用漢字表」などが告示されたことは「応世」側の逆転を意味するといってよい。

それでは、一九四二年の当初の標準漢字表を「国語変革」であると糾弾していた側はどのような敗戦後をすごしたのであろうか。

まずは、『カナ ノ ヒカリ』の「レキシノ ツジニ タチテ」の一節を引用する。

> ワレラワ イマニ シテ ハンタイ ロンジャタチヲ ノノシリカエス ツモリモ ナイ。アノ ヒトビトノ オコナイ トテモ、ミナ ヤハリ ツヨイ アイコクシン カラ ウマレタ ノダ ト シンジル。タダ ヒハン スル ノウリョクヲ カイテ イタ ノデ アル。ソレモ モトモト テイノウ ダ カラ デワ ナクテ、ヤハリ ホウケン セイド ソノモノノ タメニ ハンダンヲ ユガメラレテ イタ ノデ アル。ソノ ツヨイ アイコクシンニ アラタメテ ウヤマイノ コトバヲ ササゲ、コレヲ コノノチ タダシイ ホウメンニ ヤクダテ、ワレラト トモニ テヲ タズサエテ ススマレル ヨウ ノゾンデ ヤマナイ。(99)

ここでいう「ハンタイ ロンジャタチ」とは、カナモジ運動は敵のまわしものだ、などと罵っていた人びとのことをさす（第七章参照）。そういった人びとの行為も、愛国心からうまれたもので、批判能力がなかったのは「低能」だからではなく封建制度のためであり、これからはつよい愛国心をもつもの同士手をたずさえていきましょう、というカナモジカイの勝利宣言でもある。

しかし、「ハンタイ ロンジャタチ」は「ユダヤ主義者」などということばで相手を罵倒していた人びとである。こちらもそうそう簡単に思考回路がかわるわけではない。

「ハンタイ ロンジャタチ」であった森本忠は大日本言論報国会常務理事、島田春雄は大日本言論報国会理事であったために公職追放となる。[100] その間、島田は、一九四六年二月に設立された神社本庁が同年七月に創刊した『神社新報』に時評などを掲載していた。表向きは「記者」としては働けず、「裏の記者」として活躍していたらしい。[101]

一九五一年に追放解除となると、戦争末期や追放期間中に書いた文章などをまとめて『島田春雄戦後論集 除雪車は先頭に』を一九五二年に刊行する。書名ともなった「除雪車は先頭に」の掲載紙は明記されていないが、一九四五年八月の末に書かれている。八月一五日にいたるまで「身を以て範を示すべき先駆者の姿は寥々たるものではなかつたらうか。軍、官の猛省すべきはこの一事にあり」と責任をとるべきものの不在を嘆いたうえで、「自ら先頭に立ち、児童後生のため道の啓開に当る時、日本の春は遠からず」としめくくっている。[102]

当用漢字表や現代かなづかいの政策化をうけて、島田はなにを思っただろうか。右の論集におさめられている「国語クーデターに抗す」(一九四七年五月)というタイトルが示すように、せっかく一九四二年につぶしたのに、あっという間に、さらに制限を強化する形で復活してしまったのだから、まったくもって「クーデター」だったにちがいない。カナモジカイから「ワレラト トモニ テヲ タズサエテ ススマレル ヨウ ノゾンデ ヤマナイ」といわれたところで、心がうごくわけもない。

もちろん高倉テルや平井昌夫たちにとってみれば、「未完のクーデター」でしかなかったのではあるが。島田はいう。

トルコでケマ〔ル〕パシアが言語改革を行つた時、断乎としてローマ字に切替へたなどと、今なほ得意げに例に引く国語運動家があるが、それこそ力で押切らうとする方法であり、ケマルの独裁をまた日本に行はうとする者である。この度の仮名遣の変革に対して、実際教育家の間から「国語ジャーナリズムのクーデター」といふ非難が起つたのも当然である。

今日文部省が行ひ、新聞社が追随してゐるからといふ理由を挙げて思ひ上る者は、さうした天降り的、強権的な言語改革より、もつと大切なことが足下にあることに反省しなければならない。――民衆にもつと言葉と文字とに対する理解を高めること。語法を確立すること。発音を正すこと。作為的な一部運動家の挙例を過信しないこと。実際教育家の意見を聴くこと。古典と国民を切離すのが民主的だと考へる迷信をすてること。党派的な運動の力で国語を左右する横暴をやめること。国語学者、作家の意見に聴くこと――[103]。

ケマル・アタテュルクによる文字改革は、日本では肯定的に紹介されることがおおく[104]、政治体制とからめた論評はさほど多くはない。ただ、そのことと敗戦後の言語改革を同列に論じることはできないであろう。島田は「現代かなづかい」だけに言及しているが、当然、当用漢字表も念頭にあるだろう。独裁にも比すべき強圧的な「変革」。「クーデター」への嫌悪をひしひしと感じる。「当用漢字表」について言及した部分のある「漢字の意義を論じて日華書道展に及ぶ」（一九四八年八月）でも、「かの文部省が一千八百に縮小した意図が、もしも「これだけは是非覚えるべき文字数である」といふのであれば許容出来るとしても、今時の如く「これ以外は使用すべからず」の意味であるならば、これこそ極端な文化統制主義であり、文化の発展を阻む暴力的政策であり、国語クーデターであるといはれるのである[105]」と述べているように、当用漢字表が「使用する漢字の範囲」を定めていることに反発をおぼえているのである。漢字は自由につかわせろ、というのは妥当な主張であるが、国語審議会とて表面的には「めやす」として示しているわけであり、公文書など以外での使用を制限しているわけではない。それでもやはり制限はじわじわときいてくる。たとえばこの評論集は、現代かなづかいにしたがってはいないが当用漢字字体表にのっとっている。印刷メディアの趨勢に抗しきることはできなかったわけである（したがって、引用に際して漢字の字体に手をくわえていない）。

この評論集には、節操なく一変してしまった世相や人びとの態度に対する違和感が満ちあふれていて、ある意味では貴重な証言録になっている。

漢字は滅びない、ととなえる島田は、漢字廃止論について以下のように述べる。

日清戦役後の漢字廃止論といひ、支那事変開始以来、即ち昭和十二年〔一九三七年〕以後の国語運動家、或はカナ、ローマ字論者の中に、漢字を用ひるが故に支那に敗色ありと論ずる者があつたことは記録に明かである。〔大政翼賛会の〕中央協力会議で振仮名廃止論を大きく宣伝した者も、支那と戦ひ、支那に勝つてゐる情勢に立つて漢字蔑視のついでに支那蔑視論を述べてゐたことも記録から幾つも拾ひ出せる。今日の社会情勢に至るや、忽ち口を拭つて今度は漢字の封建制、非民主性の点ばかりを強調してゐるが、あまりに節操なき、また非倫理的態度といふことが出来よう。昨日の敵中国は、今連合国〔国連のこと〕の一員として日本に接し、なほ東洋の兄弟国として永久に手を握つて行くべき間柄に立つてゐる。今の中国に於て民衆がいかに漢字を愛好するか、書道を重んじるか、いかに伝統を貴ぶかを知る時、従来のやうな国語運動に名をかりた東洋蔑視論は自ら恥ぢて然るべしと信ずる。（「国語クーデターに抗す」一九四七年五月）[106]

「漢字の封建制」については、敗戦後に『読売報知』の社説で説かれていたことは先に確認した。「今の中国に於て民衆がいかに漢字を愛好するか」とする根拠が不明でありまた中国大陸での文字改革にまったく目配りをしていない点が気になるが、島田自身の主張もふくめて、中国への意識が、そのまま漢字への意識につながっているという普遍的な構図をここにもみいだすことができる。

このように島田は「思想戦」に敗れたにしても「思想」は敗れていない、ということを、一九四五年八月一五日以降、主張しつづけていたのである。

6 「日本民族の優秀性」のその後——田中寛一の場合

1 前むきの心理学

さて、第三章でみたように「日本民族の優秀性」を知能テストによって「科学的」に示した田中寛一はどのような敗戦後をすごしたのであろうか。一九四六年五月に発表された論文の冒頭は以下のようにはじまる。

私は大正十四年〔一九二五年〕一月、雑誌「教育研究」において、いろいろの材料を基礎にして、日本の将来の有望であり輝かしいものであることを論じ、最後に結論として、「もしも国民の指導がよろしきを得れば、五十年後には、東西両文明を融合した最も優れた文明が東京を中心として起るであらう」と述べた。ところが、われらの期待は裏切られ、国民の精力は誤つた方向に消費されて、敗戦といふ惨めな情態に立ち至つた。指導の仕方が悪かつたのであるから、やむを得ないことである。

終戦当時私は、

総て空三十年を昼寝かな

といふ駄句をものした。しかし、これは決して絶望を歌つたのではない。三十年を空費したとおもへばよいといふのである。まことに、

万事休す下弦の月にほととぎす

である。今や、わが国は、あかりの少い新月の時期である。〔……〕今こそ悲歎することをやめて、挙つて起たなくてはならぬ、武装しない真に平和な輝やかしい文化国家の建設に向つて。(107)

ここで指摘のある一九二五年一月の『教育研究』の論文は「日本民族の将来」というもので、民族間の比較方法をさまざまに論じたものだが、そこでは、西洋文明を輸入して五〇年、それをさらに日本化するのに五〇年かかるという前提で「それは東洋文明と融合した新しい文明、従つて世界最高の文明が東京を中心として現はれるであらう(108)」と希望と期待とをこめて述べている。しかしながら一九四六年の文章にある「国民の指導がよろしきを得れば」とはここにはどこにも書いていない。これがないと、「指導の仕方が悪かつたのであるから、やむを得ない」という文言がいきてこない。この文面だと、田中もふくめて指導される側だったことになり、「やむを得ない」ということになるわけである。したがって田中は一九二五年の文章を改竄したといわれてもいたしかたない。

日本の心理学の戦後を論じた小谷野邦子は、田中のこの二句を引用し、「30年間に何があったのかを

問題にするような後ろ向きの課題に取り組むことは、「非生産的」であるから、過去は過去としてあきらめ、ただ新日本の建設にむかって前進あるのみである、というのが、総じて日本の歩いてきた道であり、心理学も例外ではありえなかった」と指摘している。[109] もちろんその通りであるが、田中は助成金で諸民族の「知能検査」などにより「日本民族の優秀性」を「実証」し、たとえば一九四二年には「大東亜戦争の赫々たる勝利は、三千年の伝統と御稜威とによるとはいへ、一面日本民族の比類なき優秀性を示すものに外なりません」[110] などと人びとを鼓吹していたのではなかったか。田中は指導をうける側ではなく、あきらかに指導をする側にいたのではなかったか。そうした自覚と、みずからの調査を問い直す姿勢を欠いた文章でもある。過去をきちんとふまえなければ、あたらしい国家建設へと人びとを鼓吹することもできないはずなのに。

2 継続する「日本人の優秀性」

「日本人の優秀性」で人びとを鼓吹していたからか、敗戦後に以下のように田中をひきあいに講演をおこなった人物もいたようである。

われわれは、ここで劣等感に陥ったり、卑屈になったりする必要は少しもありません。今こそ田中寛一博士の日本人の知能研究の本を読むべきであります。田中博士は科学的にわれわれ日本民族の優秀性を証明してくれています。

これは、田中の教えをうけた橋本重治が「昭和20年か21年の終戦直後」に山口師範付属学校の主事をしていたとき、吉田松陰の研究者としてしられる玖村《くむら》敏雄（一八九六—一九六八）[111]が山口でおこなった講演に参加した際にきいた一節である。玖村のこのことばをきき、「すっかり自信を喪失して意気消沈の極にあった」橋本は、「最も適切な時に最も適切な田中先生の研究を引用してくれた」と感激したという。[112]田中本人のあずかりしらぬところで、結果だけがひとりあるきをするわけである。過去をふりかえることなく、しかし都合のよいところだけは生かして、前進あるのみ、という小谷野の指摘どおりである。

しかし田中自身は「日本民族の優秀性」を前面におしだした議論を意識的にか、このころはおこなっていない。一九三〇年代におこなった諸民族の大規模調査の結果は「一般智能」のみを紀要で公表したにすぎないのだが、当時くわしく紹介していなかった「情意的特徴」を中心に、「諸民族の気質」（『人類科学』三号、一九四七年一〇月）、「諸民族の気質性格」（『日本学士院紀要』六巻一号、一九四八年三月）を発表している。前者は後者の簡略版である。この調査は「向性検査」という五〇の質問に答えて、「向性指数」を導きだすものであった（後者に問題文が掲載されている）。「向性指数」とは外向的か内向的かを示す指数だそうだが、さらに「向性偏差値」が示されていく。これがどの程度意味のある調査なのか判然としないものの、田中の記述の仕方は民族間の比較を明確に記述するのではなく、同じ民族で外国にあるものとそうでないものとの間のちがいに重点をおいている。たとえば、「日本人についていへば、東洋諸都市のものは、本土におけるものよりもやや外向性が著しく、アメリカ在住のものは、さらに一そう外向的である。中華人、朝鮮人においてもアメリカ在住のものは、それぞれの本国におけるものよりも一そう外向的である」というあたりさわりのない結論が示されている。[113]

「一般智能」について敗戦後に具体的な言及があるのは、一九四八年に宮崎県でおこなわれた九州実験学校大会での講演「知能検査と個別指導」のなかでであった。知能検査についての概説であるが、後半に諸民族調査の結果が登場する。まず「向性偏差値」が示され「進化をうかがうと外向性より内向性へと進んでいるのを見ると内向性の方がよいではなかろうか」と価値判断が示されている。[114] そして「それでは日本人とはどれほどの知能をもつているか。他国民にくらべて劣つてはいないか、否、決して優るとも劣らないのだ」として第三章でふれた「一般智能」の結果を示していく。[115]

それでは「優るとも劣らない」のになぜ戦争に負けたのか、と問いを発し、答えとして「利己主義」、「非自主的」、「非協同的」、「科学性に乏しい」ということをとくに根拠なく示している。それは「即ち社会性がないのである。それがこの終戦後暴露したのである。我々は此の社会性を発達させる様努力せねばならぬ」と主張していくのであった。[116]

そしてこれが一九五五年になると「優るとも劣らない」からふみこんだ表現となる。戦前の諸民族知能検査のデータをもちいた一九五五年の「日本本土、朝鮮、支那および北米の諸都市における日本児童の知能」という文章（九学会連合の『人類科学』に掲載）は、一見日本児童のみの相互比較のようにみえるが、「日本人の知能は有意義の差をもって、他の民族よりも優れている」というかつての結論をくりかえすようになる。[117] 日本児童の相互比較をおこなったのは、国外に出ていった者が残った者にくらべて優秀か劣っているかをあきらかにしないと、当該地での他民族との比較ができない、という批判にこたえるためであった。短い文章なので数値のみが示され、そこから「外国に進出しているものは本土におけるものにくらべて、劣等者とともに優秀者が比較的少いことを示す」と結論づけていく。[118]「朝鮮」も「外国」とし「進出」という表現をもちいていることは措いておくとしても、「日本民族の優秀性」を再度主張しはじめたことに注目したい。

経済企画庁が『経済白書』のなかで「もはや「戦後」ではない」と書いたのは一九五六年七月のことであったが、雑誌『教育と医学』は一九五七年一月号で「日本民族の将来」という特集をくんだ。巻頭言「明日への希望」は教育心理学者・牛島義友（一九〇六―一九九九）によるものであったが、そこでは「今日の日本人は深刻な劣等感を感じている」なかで「民族の素質を自然科学的に考察することも、この劣等感から救い出す一つの道になるかもしれない」と特集の意義を述べ、「その知能においては世界のどの民族と比較しても劣るものでないことは、すでに田中寛一博士の努力によって証明ずみである」と証明ずみの事例として田中の研究をあげている。ただ、「民族としてよりもむしろ個人としての尊敬を持つことが必要ではなかろうか」とつけくわえてはいる。[119]

この特集に田中寛一は「日本民族の将来」を寄稿した。意図的にか、二二年前に『教育心理』に書いたものと同題である。内容は、文明論ではなく、日本の気候、日本人の身体、知能、気質・性格とわけて論じたものであった。知能に関してここで紹介されるのは、一九三七年に田中がアメリカ合衆国でおこなった各民族の知能検査の結果であり、「断然日本系のものの知能がすぐれていることがわかった」[120]ことが強調されている。そして結論部では「日本民族の将来は有望であるといわなければならない」と断言していく。[121]占領支配をうけたアメリカ人よりもすぐれているのだ、という主張は特集がいうような「劣等感」をもっていた者にとってみればひとつの救いになったのかもしれない。

以上からみれば、田中は諸民族調査のデータについては敗戦後も疑義をはさんでおらず、そこから導いた「日本民族の優秀性」という言説は当初はひかえめに、そして一九五〇年代後半には多少積極的に主張していたことがわかる。

3 「日本民族の優秀性」と漢字廃止の敗戦後

それでは、第三章でみた「日本民族の優秀性」をよりきわだたせるための漢字廃止の主張は、敗戦後はどうなったのであろうか。ちなみに田中はカナモジカイの理事をつとめたこともあり、先にふれた国民の国語運動連盟の発起人にも名をつらねており、こうした問題に無関心ではなかったとはいえよう。一九五七年の「日本民族の将来」の最後の段落は唐突にこうはじまる。

> それにつけて一つ国民全体の協力を期待することがある。それは、学習の困難な漢字をやめて、先人が工夫してくれたカナだけを国字として用いることである。漢字の本元の中国でさえ漢字をやめてローマ字を採用しようとしており、朝鮮では南北とも漢字をやめてオンモン《ママ》という音表文字を使うことに努力しているのである(122)。

東アジア的な視野での漢字廃止の主張であるが、日本については「子供たちが漢字の学習にどんなに力を浪費しているかを思うと、一日も早くカナだけを国字とするように祈ってやまない。そして他民族から尊敬されるような文化を作り上げたいとおもう」としめくくる(123)。内容としてはおなじであるが、これをより具体的に展開したのは、一九五七年の「将来の国字」であった。田中はまず、当用漢字・現代かなづかいについて「国民の言語生活を簡易化したもので、国策として、もっともすぐれたものであった」と評価する。しかし、これだけで国字問題が解決したわけではなく、「将来は漢字を全廃するという目標のもとに、実社会で使う漢字も、学校で学習させる漢字も、もっとへらすことが国策としてたいせつなことだと信じる」とする。そして、いまもかわらぬ漢字教育についやされるエネルギーの無駄を説き、一九五三年に日本教職員組合がおこなった全国学力調査の結果に言及する。これは中学三年生を対象とした調査で、結果として、教育漢字八八一字のうちただしく書けるのは四六二字（五二パーセント）、それ以外の当用漢字五七二字のうちただしく書けるのは九一字（一六パーセント）であるとしたものである。一九三〇年代になされたカナモジカイの五〇〇字制限案を想起させるものであるが、これをふまえて田中は「これは教師の指導法が悪いためでもなく、また生徒がなまけたためでもなく、まったく漢字そのものが学びにくいためであると考えられる」としている(124)。

さらに中国と朝鮮の状況について、以下のように述べる。

> 〔……〕中共が政治をするようになって、まず略字を使うこと、使う文字の数を制限することから、ついに漢字をやめてローマ字を採用しようとしている。
> 朝鮮では、南北とも、漢字を使わないようにし、そのかわりに、朝鮮に前からあるオンモンという音表《ママ》文字を使わせようとして、公文書では、オンモンだけにしているということである。
> 中共や朝鮮におけるこれらのくわだては一般民衆やすでに漢字を多く知っている知識人によって反対されて失敗に終るかも知れないが、もしもこの計画が成功すれば、すばらしい文化の発達があるであろうとおもわれる。〔……〕国字をかえなければならないことに気がついて、一つの案をたてて実行にうつそうとしていることに対して、われわれは敬意を表わさなくてはならない(125)。

漢字を廃止あるいは廃止の方向にもっていこうとしている、中華人民共和国、朝鮮民主主義人民共和国、大韓民国の施策を「文化の発達」があるものとし、日本よりすすんだ政策をおこなっていることに

「敬意を表」す必要があるというのである。『カナ　ノ　ヒカリ』では韓国、北朝鮮、中華人民共和国での漢字廃止への動きを伝えているので[126]、あるいはこうした記事を読んで知識を得ていたのかもしれない[127]。

そして、一九三七年に「田中B式知能検査」によってアメリカ人小中学生と日本人小中学生の知能検査をしたところ、アメリカ人を一〇〇としたときに一一四となったことにふれて、「このように、すぐれた頭をもっている日本人が現代において欧米のまねをしなければならないのは、漢字の学習にエネルギーを浪費して、文化特に科学の発達にたいせつな思考力をねる機会が少ないためであろうとおもわれる」としていく[128]。

「日本人の優秀性」と漢字廃止とをむすびつけて論じる構図は、敗戦を生きのびていたことがここであきらかになる。

本書第一章で、漢字をつかっているから日本人は科学的だと主張する「科学ジャーナリスト」を紹介した。田中の論もふくめてどちらも論証不能である、ということが、わかってくるのではないだろうか。

7　いきのびる「能率」

1　不可侵の「能率」

カナモジカイの松坂忠則は、一九四五年一月に発表された文章で、

コレマデ　ワレワレニ　ハンタイ　スル　ロンジャタチワ、ノウリツノ　テン　ノミ　ニワ　ナ

ントモ　ハガ　タタヌ　トコロ　カラ「ノウリツ　シュギ　スナワチ　ベンギ　シュギ　ダ」ト
ユウ　ワルクチヲ　ツクリアゲテ　イタ　ノデ　アッタ。[129]

と述べていた。「能率」ということばにはだれも反論できず、そのかわりに第七章でみたように「便宜主義」さらにはきわめて差別的な「ユダヤ主義」ということばをもちいて「応世」側を非難していった。それでもこの、「能率」を無謬なものと認識していた感覚は重要である。

産業に能率は欠かせない。それは戦争中も、「民主主義」となった敗戦後も同様である。一九二七年に上野陽一を中心として発足した日本能率連合会は、一九三一年に発足した日本工業協会と一九四二年に統合されて、日本能率協会となる。この統合は岸信介商工大臣の斡旋によるものであるが、戦時体制下の産業能率化の一環である。上野は一九三三年に日本能率連合会の理事長職をしりぞいて顧問であったが、統合された日本能率協会の評議員をつとめることとなった（とはいえ上野はこの時期「能率道」を主張しており、積極的には関与していなかったようである）[130]。この日本能率協会は、敗戦後GHQの指令により政府補助金がうちきられたこともあったが存続し、現在では一般社団法人日本能率協会（JMA）となっている（機関誌『日本能率』（一九四二―一九五一年）と『生産能率』（一九四九―一九五一年）と『事務能率』（一九四九―一九五一年）を統合して『マネジメント』となり、一九八二年から『JMAジャーナル』、一九九一年から『マネジメント21』、一九九五年から『マネジメントレビュー』、二〇一二年から『JMAマネジメント』となっている）。「能率手帳」を発行しているところ、といえばわかりやすいかもしれない。

またこれとは別の組織として、一九四九年に日本事務能率協会が設立されている（当初は通商産業省所管の公益法人。現在は一般社団法人日本経営協会）。機関誌『事務と経営』は一九四九年から刊行され、一九九二年をもって休刊となっている。
さらには、一九四九年に全国の各種能率団体を糾合した全日本能率連盟が結成された。現在にいたるまで全国能率大会を毎年開催しているこの連盟であるが、一九五〇年二月に、フレデリック・テイラー没後三五年を記念して「国語国字の能率化についての建議」を政府に提出している。内容は、一八五〇字の当用漢字を一〇〇〇字以下に減らすこと、現代かなづかいを合理化すること、左カタカナ横書きを徹底すること、カナタイプライターの活用をはかること、という内容になっている。[131]事務能率の改善をはかるという側面もあるが、一九四八年にGHQの指導のもとに実施された「日本人の読み書き能力調査」の結果、漢字書き取り能力がひくいとされたことをふまえた建議でもあった。[132]
カナモジカイも、一九四九年に「ニッポン ノ サンギョウノ タテナオシヲ ハカル ノニワ、マズ ジム~ノウリツヲ アラタメナケレバ ナラナイ」ので「イマヤ カナモジカイ カイインワ スベテ ジム~ノウリツノ シドウシャト シテ、テノ オヨブ カギリ ホウシ スベキ トキ デアル」と会員によびかけていた。[133]

2 能率と漢字廃止

このように産業に能率は欠かせないとなれば、能率を論じていた人も、敗戦後も欠かすことはできない。上野陽一は、敗戦後は一九四二年に設立した日本能率学校の大学化（産業能率短期大学、一九五〇年）に尽力するが、一方で一九四七年に総理府の行政調査部顧問となる。上野はそこで、中止においこまれた一九四七年二月一日のゼネスト後に公務員制度をかえねばならないと痛感したGHQが提案するその「改革案」を行政調査部の各部につたえる役割をになっていたという。同年七月の国家公務員法により行政調査部は臨時人事委員会となり、一九四八年臨時人事委員会が人事院となるにともない、上野陽一も人事院人事官となる（―一九五一年）。そもそも行政調査部顧問に就任したのは、かつて、科学的管理法を主導したテイラー協会日本支部長をつとめていたという上野の経歴にGHQが注目したためだとされており、日本の官僚制度を抜本的に改革しようというGHQの意図にそった人事だと上野本人は考えていた。(134)

行政調査部には、カナモジカイ理事の山下興家（創設者・山下芳太郎の弟）がおり、上野とともに人事院人事官となる。人事院人事官全三名（のこり一名は総裁の浅井清）のうち二名がカナモジカイ関係者であった。人事院時代に上野の秘書をつとめ、のちに産業能率大学理事となった三沢仁は、上野の人事院でのおもな仕事は能率の考え方を山下興家とともに注入することであったと回想している。三沢は、いきなりのカナモジ化は無理であったにせよ、公用文の左横書きをその成果のひとつにあげている。(135)

人事官のときに上野は中央および地方官庁係長級の職員数百名を対象に国語国字問題についての研修をおこなった。その際、簡単なテストをしたところ、現代かなづかいに関するものは正解者が九割をこえたものの、漢字書き取り九問全問正解者はたったの二名という惨憺たる結果だったという。どれも当用漢字表にあるもので「講義、専門、対象、実状（情）、分析、特徴（長）、複雑、廃止、述べて」だった。ほとんどが大卒であるのにこの結果である。官僚はむずかしい漢語をつかいたがるくせに実際には自分自身身についていない、ということがあきらかになってしまったのであるが、上野はこう解釈する。

日本ノ　役人ワ　コレマデワ　天皇ノ　官吏デ　アルト　イウ　ホコリヲ　モチ、国民ノ　タメニ　ツクスト　イウ　ヨリワ、ムシロ　国民ニ　君臨スル　気分ガ　ツヨカッタ。ソノ　コケオドシニ、

一般国民ノ　知ラナイ　ヨウナ　ムズカシイ　漢字ヲ　ナラベタテルト　イウ　手段ガ　コノンデ用イラレタ。ソシテ、ソノ　気分ガ　マダ　ヌケキッテ　イナイ　ノデ　アル。(136)

しかし、と上野はつづける。

イマワ　役人ワ　スベテ　国民ニ　奉仕スル　公務員デ　アル。公務員ワ　国民ニ　ヤトワレテ　イル　ノデ　アル。コノ　タテマエヲ　ハッキリ　自覚シタラ、文字ヤ　コトバノ　ツカイカタガ　ドノヨウナ　モノデ　ナケレバ　ナラナイカモ　オノズカラ　ワカッテ　クル　ハズデ　アル。(137)

公僕なのだから国民にわかりやすくことばをつかえ、という主張である。こうした主張は敗戦がもたらしたひとつの成果かもしれないが、官僚のアタマもそうそう簡単には切りかわるはずもなかった。敗戦から五年、おおきな状況はさほど変化はないということはわかるであろう。

そもそも上野は一九四五年一〇月一二日の「序」をもつ『新能率生活』では、明確に、「私は終戦によつて急に従来の態度や所説をかへる必要を認めない」と述べ、「戦争をはじめたことの可否は別として、始めた以上は勝たなければならぬ。然るにわれ〳〵は完全に敗けてしまつた。ナゼ敗けたか、一言にして言へば、アメリカの「能率」にまけたのである」とやや啞然とする総括をしている。(138)結局は「能率」の実践がうまくいかなかったというのである。ここでも「能率」の思想が生きのびていることがわかる。そうはいうものの、第三章でふれたように上野陽一は能率研究の実践として一九二〇年代からライオン歯磨工場や中山太陽堂などで改善指導をおこなうようになったのだが、その点について「もし最初私に研究の機会を与へてくれた工場が、ハミガキや、タビでなくて、それが機械工場であつたならば、日本の重工業の能率は今日モツトモツトよくなつてゐたのではないかとおもふ」と回顧している。[139]やや妄想にちかいようにも思うのだが、最初から機械工場の能率化をしていれば、アメリカに勝てたとでもいいたげである。しかし、テイラー主義はアメリカ合衆国からもちかえってきたのではなかったか。

とはいえだからこそ、上野は「日本をして再び平和の独立国たらしめるためには、農業といはず、工業といはず、商業といはず社会のあらゆる方面の活動がモツト能率的にならなければならぬ」といえたのである。[140]ただこの本をカタカナ左横書きにしなかったのは、「一人でも多くの人に読んで貰ふため」、ひらがな縦書き、ただし漢字はすくなめにした、という現実的な対応をおこなっている。[141]ちなみにこの『新能率生活』では文書の能率化など、役人の職務のあり方についても提案をおこなっている。

さて、人事院人事官を退任した上野は、国語学会（一九四四年設立）のもとめに応じてその機関誌『国語学』第八輯（一九五二年一月）に随想を寄せている。この号が「言語と心理」という特集をくんだためと思われるが、そこでも上野はカタカナ左横書きを能率の立場から語っている。当時は左横書きなどもってのほか、といいそうなこの学会の機関誌にこうした論調が掲載されたのも時代の反映だろうか。

上野陽一は能率業界では著名人であるが、かつて陸軍省兵器局にあって兵器用語の簡易化、そのための漢字制限を主張していた荘司武夫（第四章参照）は、敗戦後に酒田市議会事務局長となっている。軍隊から議会事務へ。一見すると一八〇度職務内容がことなるように思えるのだが、その荘司が一九四九年の第一一回全国都市問題会議でおこなった報告のタイトルは「都市行政の科学的能率的運営について一考察」というものであった。こうはじまる。

「市民の為の市政」を標望《ママ》するとき如何にせばそれに応へ得るかが問題の焦点と思われる。市の行政事務の大部分は市民の日常生活に関連してゐる。よってそれが科学的、能率的に運営されているか否かによって直ちに市民生活の幸不幸につながってゐる〔。〕行政事務の処理はあくまで市民全体の意思に即した民主的な在り方でなければならない。〔……〕この行政の成果をおさめる為にその市相応の行政機構の合理的分類と有能な人材を備えなければならない。[142]

こうした前提のもとで、行政事務の能率化について簡単に論じた短いものである。文字表記についての項目はないものの、兵器用語の簡易化により戦闘の能率化をはかるという議論と、「市民に対する奉仕を念願として能率的に運営されるなら総べての経費は少くて済むであらう[143]」という主張のあいだにある距離はそう遠くないものといえる。

事例としては十分ではないが、「能率という思想」は国家体制に関係なく生きつづけるということは確認できる。

3 漢字使用の現実

「能率の思想」が生きのびた、ということはカナモジカイの主張も当然のことながら生きのびた。これはすでに確認したところである。さらに梅棹忠夫が一九六〇年に以下のように述べていることも確認しておきたい。

戦後のありさまをながめて見ると、戦前にカナモジ会が主張していたことがあまりにもたくさん

実現しているのにおどろく。横書き、漢字制限、新かなづかい。そしてつぎは、タイプライタによる事務革命である。(144)

しかし、さらにすすんで、この思想にもとづいた漢字廃止が実現していったかというと、そうではなかった。

先にふれた三好七郎は一九五七年に、現代かなづかい、当用漢字が内閣告示されてから約一〇年が経過したことをふまえ、それが定着していく反面「ジュンスイノ　カナ～コクジロン　ワ、タイ～シャカイテキ　ニワ　イササカ　カタスミニ　オシヤラレタ　カンガ　ナイ　デモ　ナイ」という危機感から以下のように議論を展開している。片隅においやられた感があるとはいえ、カナタイプライターやテレタイプといった能率をあげる機械の普及にともない、カナモジ文がカナモジカイの運動とは関係なく「ジムジョウノ　ヒツヨウ」から「ジハツテキ」にひろまりつつあることを指摘したうえで、こうした「メノマエノ　チイサナ　セイコウ」に安住することなく、当用漢字の字数をさらに削減して五〇〇字前後にし、表記もカタカナ横書きで、完全な表音化をすべきことを主張していく。さらに事務用機械によってさらにカナモジ文を推進し、漢字を五〇〇字前後まで徐々に削減したあとは、最後は法律で一挙に漢字廃止をおこなうべきだとつづけていく。そしてここまでいくのがカナモジ運動なのだと論をしめくくる。(145)ここには、かつて一九四三年に、ただひとすじに、日本語はカナで書け、と主張していたのとおなじ三好がいる。

三好は、あと二、三〇年のうちにそうした時がやってくる、と予想していた。(146)一九五七年からすれば、一九八〇年代に相当する。

それから六年、一九六三年に安本美典が「漢字の余命はあと二百三十年か」という副題をもつ「漢字の将来」という論文を発表した。安本は現在は邪馬台国論争でその名をしられるが（ちなみに九州説）、もともとは京都大学で心理学を専攻した文章心理学者であった（奇しくも、安本は産業能率大学で長く教鞭をとっていた）。

この論文では一九〇〇年から一九五五年までに発表された一〇〇人の作家の一〇〇編の小説からそれぞれ一千字ずつ抽出して、漢字の含有率をしらべ、発表年代順にならべていくと、その含有率は四割弱から三割強へとゆるやかに低下しており、このますすめばおよそ二三〇年後には含有率ゼロ、つまり漢字不使用の状況にいたる、と予測したものである。[147] この論考は野村雅昭によれば、たいへん話題をよび、その二五年後にも宮島達夫による「「漢字の将来」その後」が発表され、そこでは安本と同様の調査を一九三五年から一九八五年の芥川賞受賞作九四編を対象におこなっている。この宮島の論文では、ほかの調査結果もふまえ、漢字含有率は減少してきてはいるものの、敗戦後のある時期以降は安定化していることが示されている。[148]

宮島の論文からさらに三〇年ちかくが経過した。大規模な調査はなされていないものの、安本や宮島の調査の再検討などをふまえて「コンピュータと仮名漢字変換ソフトの開発と普及によって「漢字仮名交じり文」は、現代日本語の表記法として完全に定着し、今日の漢字含有率の安定（30〜40%）をもたらしているといえる」という結論をもつ情報科学分野における論考が発表される時代となっている。[149] 一九八八年に野村雅昭は「将来の日本語の表記について、ひいては、日本語そのもののありかたについて、日本人ひとりひとりが、はっきりした自覚をもつことが必要である」[150]と説いていた。「自覚」を説くことの有効性があるとはあまり思えないのだが、その一方で、現象として「定着」していると淡々と述べることにもまた、違和感をもたざるをえない。

日本語学者の野元菊雄（一九二二―二〇〇六）は、敗戦による「態勢の変革」があっても「漢字については当用漢字を採用したに止まる」という認識を示していた。それはここまでみた通りである。そしてつづける。「あれ以上の態勢の変革がなければ、漢字廃止ということはないのではないか。漢字はそういうことでもない限り、なくならないに違いない[151]」と、革命でもないかぎり漢字廃止はできないと達観していた。

はたしてそうなのだろうか、という違和感である。一方で本書で記してきたように、ある程度まで漢字を使用しないで事務能率向上につとめていた時代があったのであり、かならずしも単線的に「漢字仮名交じり文」が「現代日本語の表記法として定着」したわけではないからである。

4 「第三次事務革命」のなかで

梅棹忠夫が一九六〇年に発表した「事務革命」は筆記具が筆からペンに変化したことを「第一次事務革命」と称し、「第二次事務革命」をタイプライターの出現においた。ただ、和文タイプライターは大阪という商業の町では実用的ではなく、「事務革命の本質であるところの「能率」の一点において、ほとんど役に立たなかった」が官公庁では好まれた、とする。そして第二次事務革命を本格的に経験しないまま、敗戦後「第三次事務革命」、つまり「通信機械・計算機械の発達による、事務機械化の波」を「あたらしい経営管理方式」としてかぶることになる、と描きだしていく[152]。

梅棹のこの論考の冒頭に「呉羽紡の構内」とキャプションがついた写真があり、そこには「コウナイデワ／タバコ／ノメマセン」という立て看板がアップで写されている。梅棹はカナモジカイの歴史を簡単においつつ、大阪の本町二丁目にある呉羽紡績本社の訪問記をはさみこんでいく。第二次事務革命に成功した会社として呉羽紡績をとらえる梅棹だが、成功の理由を戦前からカナタイプライターを採用し、一九二九年の創設時から左横書きで営業報告書を作成するなど、経営合理化がすすんでいたため、としている。そして第三次事務革命は、一九五三年のテレタイプの導入によってなされたとつづける。ただ、テレタイプの導入が、カナタイプライター使用の本格化をうながし、第二次事務革命が進行したという側面があるとも指摘している。梅棹忠夫は、『呉羽紡績三十年』が左横書き、当用漢字にカタカナまじり、分かち書きで現代かなづかいよりも表音的な表記でなされていることを、「現代の慣習的な表記法の、ゆるすかぎりでの進歩的なもの」と高く評価している。これを「現代における文章の、一つの規範をしめすものであろう」とするものの、「ちょっと気をゆるめると、もとにもどるのではないか」との疑念を示す。しかし、伊藤恭一常務取締役（創設者伊藤忠兵衛の長男）たち幹部は「それは、絶対にもどりません」、「このほうがはるかにラクだから」と答えたという。[153]

第三章でくわしくふれたが、伊藤忠兵衛はカナモジカイの創設当初から深く関わった人物である。伊藤の方針ではあるのだろうが、現実には「第三次事務革命」がカナタイプライターの使用によって円滑におこなわれたとなれば、その能率の高さによってもカナモジ文の有用性はゆるぎないものとなっていたと考えてよい。こうした「事務革命」がからんでいる点が、トルコやベトナム、「あるいは最近の中国の例」でみるような「文字改革」と異なる、と梅棹が位置づけているのは興味ぶかい。[154]

また、すでにふれたが、カナモジカイに長年かかわった松坂忠則は、一九五四年の座談会で、ＩＢＭの計算機などにふれつつ「何千という漢字を入れて能率の上る機械は永久にできないと私は断言していいと思うんです」と断言していた。[155]

一見カナモジ文の存在は盤石にみえるが、あくまでも事務革命の遂行が前提となっている。梅棹のこの論考からすでに半世紀以上経過した。漢字が機械に搭載できないから、という理由にもとづく漢字廃止・制限論はその有効性を失いつつある。それは、伊藤恭一らのことばをかりれば、パソコンなどでの漢字変換の方が「はるかにラクだから」ということになるだろう。

漢字が搭載できれば能率があがるのか、という根本的な問題はある。漢字変換という作業には「ただしい選択」のために時間がかかるし、誤変換によるコミュニケーションの不達という問題もある。これが笑って楽しめるものであるのなら害はないかもしれないが、[156]すべてがそうではあるまい。こうした問題があるにはせよ、かつて説得力をもっていた根拠は崩れつつある、ということだけは確実である。

漢字含有率がむしろ増加の傾向をみせるのも、機械に漢字が大量に搭載できるようになった結果と考えるほかはない。それでもやはり、カナモジが輝いていた時代を経験したうえでの事態であることを忘れてはならないだろう。

8 まとめにかえて

話が拡散したが、総じていうと、戦争に敗れたことが、それぞれの漢字意識を変えることにはいたらなかったということに尽きる。

そういう点でいえば、梅棹が、

国語国字問題については、戦前のように、右翼精神主義があれくるうことは、もうあるまい。しかし、日本の知識階級には、伝統的な反実用主義がある。それはしばしば反町民主義、反商業主義という消極的なものにすぎないかもしれないが、ときには、最近のかなづかい論争にも見られるように、改革に対して、かなりつよい抵抗性をしめし得るものだ。[157]

と述べているような構図は決して消えることはない。むしろ、現在は「右翼精神主義」がふたたびあれくるうことを危惧しなければならないのかもしれない。

とはいえ、「ことばを民衆の手に」という主張がある程度なされたのも敗戦後の特徴であった。そうした主張と漢字廃止が結びつくこともあったものの、強力におしすすめるまでにはいたらなかった。その原因は、おそらく漢字がなくなったあとにくる世界がどういうものなのか具体的に思いえがけていなかった、ということにつきるのではないだろうか。やはり「民衆」はとらえどころのない茫漠としたものであったであろうし、それに依拠してなにかを論じるのは、それによって裏切られる可能性をつねにおびる行為であった。

戦前に勢いをほこったカナモジカイ、国語協会などは、一九四二年の思想戦に敗北する。しかし、敗戦によりかえりざいたといってよいのだが、結果的には平井昌夫たちが危惧したように「ことばの革命」は起きることはなく、旧権力者がひきつづきあらたな権力者になっただけだった、ともいえる。それは、だれもみな、それぞれの主張をまげることがなかったことからもわかるだろう。

おわりに

さて、長々と書いてきたこの本もそろそろまとめに入らねばならない。

ふりかえってみれば、「応世」と「伝世」が交差する座標をつくってそのなかで漢字にまつわる議論がゆれうごいてきた、といったような「分析」ともなんともいえない話を延々とつづけてきただけのようにも思う。

とはいうものの、ほぼいいたいことはいいつくしたので、ことさら追加するようなこともないのだが、基本的には文字そのものに思想はなく、直線や曲線で構成されたものにすぎない、という立場にたって論じてきた。

漢字に思想はないのか、と反論されるだろうが、意味をよみこんでそこから思想化していく、いわば「文字に思想はある」という思想があるにすぎない。なんだ、ずるいじゃないか、といわれてしまえばそれまでだが、逆にいえば、「文字に思想はない」という思想も、そこに存在しているにすぎない。漢字廃止・制限を主張している人びとがみな後者の思想をもっているわけでもなく、漢字にナショナルなものをみいだしえない――つまり、漢字は中国のものだ――として排斥を主張していた場合も、「かな」に日本的伝統を感じている場合もある。

「文字に思想はない」ということに関して、ひとつ指摘しておきたいことがある。

近年増加している、奇想天外な命名を「キラキラネーム」と称するそうだが、名前の音を優先し、それと漢字とのむすびつけ方はかなり自由である。伊藤ひとみ『キラキラネームの大研究』[1]はこの問題をとりあげた興味ぶかい書物であるが、「漢字や言葉を薄っぺらなイメージだけでとらえる」ことを批判し、「「漢字」を「感字」にしてはいけない」、「言葉は「今」だけに生きているわけではない。遠い過去に漢字と真剣勝負をした祖先たちがいて、先人たちが幾世代にもわたって、無文字だったやまとことばに文字を与え、日本語を造形するという難事業に取り組んできたのである。私たちの言語生活はそうした歴史の上にある」と論じていく。[2]この結論はともかくとして、うすっぺらであれ、漢字をイメージとしてとらえていく流れは、あれこれとよみこまれてきた漢字の思想を相対化し、あるいは無化していくことになるのかもしれない。

漢字廃止あるいは制限の主張が根拠とする思想は、その時代時代の先端をいくものが多かった、と述べた。これはある意味ではその主張に勢いをあたえるものではあったが、思想の賞味期限が切れたり、その思想が目標としていたものが達成されてしまうと、主張そのものの現実味が失われることとなる。たとえば、文明化のために漢字廃止・制限をなすべきだ、という主張は、まがりなりにも「文明」を体現するようになったと意識された二〇世紀初頭には説得力を失う。もちろんそれまでに文字表記・文体・漢字制限・標準語制定への動きなどをつうじて、近代国民国家を運営するために不可欠な制度としての「国語」が整備されていった、という事情もある。また社会進化論とからめて漢字廃止を主張しても、社会進化論自体が賞味期限を失うと同時に力を失う。これはマルクス主義と結びついた「唯物論言語理論」の場合も同様である。もちろん、マルクス主義が賞味期限をむかえたわけではなく、あくまでも「唯物論言語理論」の場合である。また、「民主化」とむすびついた敗戦後でも、国語審議会（あるいは文部省）が主導してきた漢字制限は緩和されていった。民主主義思想が定着していなかったから、とみることも可能だが、これとても、漢字廃止・制限の主張が、時代時代の先端的思想と内在的に必ずしもむすびついているものではないことを示しているわけである。第一章でも述べたが、これは逆にいえば、漢字廃止・制限の主張から、内発的になんらかのあらたな思想がうみだされてくるわけではないことを意味する。

こうしたなかにあって比較的長く命脈を保ったのが、「能率の思想」であり、本書で長々とカナモジカイの議論をおうことになったのも、このためである。ただ、この考え方にしても、その前提となる日本語表記の機械化が漢字かなまじりでも十分可能となってきたので、立論そのものがあやうくなっていることはすでにみたとおりである。もちろん、十分可能とはいっても、漢字変換の選択、漢字音をしらないとキーボードをうてない、といった問題は残る。見方をかえれば、手で漢字を書くという能力が低下しているだけであって、必要とされる漢字リテラシーはむしろ強化されているとさえ思われるのである。

このように、「応世」だけでは、そのときどきの主流の言説にのっていくことしかできず、継続的な主張として定着するとは必ずしもいえない。漢字廃止論が浸透しきれていない原因のひとつはここにあるかもしれない。そして、これもくりかえしだが、ひとは一度獲得したリテラシーをそう簡単にすてることはない、ということも忘れてはならないだろう。

ここで、第一章の最後にこう書いたことを思い起こしたい。

先に少しふれた「唯物論にもとづく漢字廃止論」とは、生産者大衆の話しことばによる標準日本語の確立のために封建制を支えてきた漢字を廃止すべしというものであり、これこそ完全に「応世」のみがある議論であったが、官憲の弾圧にあう。治安維持法違反と英語での教育を同一に論じる気はしないが、極端に走ることがいかに「危険」をともなうか、という点についても言及することができれば、と思う。

「唯物論にもとづく漢字廃止論」については第五章でとりあげたが、その構図は以下のようなものであった。

「民族語の時代」（方言が割拠、封建制社会）
←
「民族語＋国際語の時代」（方言が各民族語となり、ローマ字化された形で国際語を通じて交流、資本主義社会）
←
「世界単一語の時代」（エスペラント、共産主義社会）

世界単一語の時代にいたる前段階として、各民族語のローマ字化が必要であり、そのための漢字廃止という議論であった（これに、漢字が封建制を象徴するという議論も付加された）。この「世界単一語」という用語をきいて思うのは、昨今の英語化の議論である。

政治学者の施光恒は、イギリスの政治学者ジョン・グレイの議論にもとづき、人間社会の進歩を「村落共同体→国民国家→地域共同体→世界政府（グローバル市場、グローバル統治）」のようにとらえる見方を「グローバル化史観」と称し、失敗したマルクス主義史観と同様の歴史法則主義であり、「現代のドグマ」だとして、グレイ同様警鐘を鳴らしている。このグローバル史観を支えるのが新自由主義（ネオ・リベラリズム）であり、グローバル統治、グローバル市場を支えるのが、英語なのだと論じていく(3)。マルクス主義史観同様にグローバル史観も崩壊するとみているのだが、はたしてどうだろうか。マルクス主義史観には少なくとも思想はあった。「思想ある応世」として、実現性はともかくとして唯物論的言語論は展開されたのであり、プロレタリア・エスペラント論、その前提としての日本語のローマ字化、漢字廃止ということが主張されたのである。最終的にはエスペラントへの同一化という大きな問題をかかえていたのではあるが。

それにくらべると、新自由主義にもとづいた「英語への同一化」は、「思想なき応世」である。もうけたもの勝ちという身も蓋もない原理であるから、日本語をどうするか、などといった議論は関係がない。とにかく英語を習得しようという姿勢があるのみである。これには思想がないだけ厄介である、ともいえる。グローバル資本への従属しかないのに、さもそこになにかがあるかのような幻想のもと、すべての解決のカギがそこにあるかのように思いこんで、喜々として英語習得に、大学の学問までも道連れに、血道をあげているのが、日本国家の現状である。

こうした現状を批判したのが、施光恒の著書『英語化は愚民化』であるが、こうしたグローバル史観に対抗するためにもちだしてくるのは、リベラル・ナショナリズムである。この著書の副題が「日本の国力が地に落ちる」であることが示すように、ナショナルな意識、ナショナルなあり方をつよく意識した議論となっている。したがって、日本の近代の言語政策を論じる部分では、いかに苦労をして近代的

「国語」をつくりあげてきたのかが説かれることになる。しかしながら、「国語」をつくりあげていく際に排除されるものもまた多く存在すること、「国語」もまた統治の手段であり、異言語を抑圧してきた歴史などは、あえてなのか、ふれることがない。「国語」を通じて形成された諸空間を「母語」によって形成されたものと誤認しているところが認識の浅さを示しているのでもあるが、要するにネオ・リベラリズムに対抗できるのはリベラル・ナショナリズムである、ということがいいたいのであろう。英語帝国主義に関する著作がおおく、この議論をかつて牽引していた英語教育学の津田幸男が、近年極度なナショナリストになっているのもまた、こうした構図のなかにあるといえる。

ここで思いかえしてみると、漢字廃止をとなえる側も、そうでない側も、「ひとつの日本語」の存在をうたがうことがなかった、ということはいえる。その意味では、ナショナルなものへの信頼はそれぞれに確固としてもっていたということはできるだろう。問題はそれぞれが、それぞれの「ひとつ」を「ただひとつ」のものにしようとしていたところにあるのではないか。

「思想なき応世」としてのネオ・リベラリズムに対抗するのが、リベラル・ナショナリズムであるにしても、それが結局はナショナルな水準において「ただひとつ」であることを当然の前提とするのであれば、たんなる力くらべにしかならない。

「ひとつの日本語」も「ただひとつの日本語」も、さらには「ひとつの表記」、「ただひとつの表記」のあり方ももとめないこと、これが、この長い本のなかでいいたかったことなのかもしれない。多様であることが豊かであることだ、と単純にいいきることが困難になりつつある現在であるからこそ、あえて記しておきたい。自由につかおうニッポンゴ、というそれはそれでまた身も蓋もない主張になってしまうのであるが、通用しなければしないで、調整をくわえていくだけのことであろう。たとえば、第一章で示したあべ・やすしのいう「漢字弱者」は、その調整をもとめているわけであるから。

　ここまで書いてきて最後にことわるのも気がひけるが、漢字がなくなればよい、と考えているわけではない。権威とか伝統とか、あるいは「日本人の心性」とか、よくわからないものにまどわされることなく、もっと気軽に、つかったり、つかわなかったりすればよいのだ、という拍子抜けしたことをいいたかっただけなのである。

注

はじめに

（1）ご興味のある方は、http://gensha.hit-u.ac.jp/ を参照のこと。
（2）http://www.nhk.or.jp/dramatopics-blog/1000/215095.html 二〇一五年八月二五日閲覧。
（3）http://www.nhk.or.jp/asagakita/ 二〇一五年八月二五日閲覧。
（4）たとえば、円満字二郎『人名用漢字の戦後史』（岩波新書、二〇〇五年）、同『昭和を騒がせた漢字たち――当用漢字の事件簿』（吉川弘文館、二〇〇七年）、同『常用漢字の事件簿』（NHK出版生活人新書、二〇一〇年）など参照。
（5）このあたりの近年の動向を、ましこ・ひでのりが「俗流言語論」としてまとめている。ましこ・ひでのり『知の政治経済学――あたらしい知識社会学のための序説』（三元社、二〇一〇年）のとりわけ4―8章を参照。

第一章　漢字廃止・制限論をどうとらえるか

（1）緑旗連盟および『緑旗』については、南雲智「解題――『緑旗連盟』と月刊雑誌『緑旗』」、南雲智編『『緑旗』総目録・著者名別索引』（汲古書院、一九九六年）を参照。
（2）保科孝一「大東亜共栄圏と国語問題」『緑旗』七巻四号、一九四二年四月、四四、四五、四六頁。
（3）具体的に河野はカナモジカイ計画委員長として、日本軍の南部仏印進駐（一九四一年七月）直後に「フランス領インド～シナ　ニ　カナモジ　ヲ　オクレ」『カナ　ノ　ヒカリ』二四一号（一九四一年九月）を掲載し、「カナモジ　アジア　ノ　タメニ　イカニシテ　アンナン語ヲ　カナ　デ　カキアラワス　カ」、「アンナン人　ノ　タメニ　イカニシテ　ハヤク　タヤスク　日本語ヲ　オボエサセナケレバ　ナラナイ　カ」について計画的に実行しなければならないと述べている（二三頁）。さらに河野は「カナ　バハサ　インドネシヤー――マレー語　カナガキ試案」『カナ　ノ　ヒカリ』二四六号（一九四二年二月、岩下忠雄の協力）を、「モウコ語　カナガキ案」『カナ　ノ　ヒカリ』二五四号（一九四二年一〇月、惣万龍一の協力）を掲載する。ほかにミヤタケ　セイドウ〔宮武正道〕「マライゴ　カナガキ～アン」『カナ　ノ　ヒカリ』二六四号（一九四三年八月）もあったように、実現性はともかく、「大東亜共栄圏」内の諸言語をカタカナで表記する構想があった。この当時、「満洲国」では「満語カナ」という中国語のカナモジ表記法が制定されようとしていた。『カナ　ノ　ヒカリ』でもこの動きに注目していた（「満語カナ」の制定の経緯などについては、安田敏朗『帝国日本の言語編制』（世織書房、一九九七年、第三部）を参照）。

（4）河野巽「大東アの戦と日本語――文部省臨時国語調査会式新カナヅカイによる」『緑旗』七巻四号、一九四二年四月、四九、五〇頁。

（5）「陸軍工兵大佐河野巽外二名賞与ノ件外一件」国立公文書館請求番号　本館-2A-014-00　纂01967100。

（6）たとえば、福沢諭吉（一八三五―一九〇一）は、一八七三年の『文字之教』では「日本に仮名の文字ありながら、漢字を交へ用るは甚だ不都合なれども、往古よりの仕来りにて、全国日用の書に皆漢字を用るの風と為りたれば、今俄にこれを廃せんとするも亦不都合なり」ということなので、漢字廃止は「願ふ可くして俄に行はれ難きこと」なのだが、指をくわえている必要もないので、「今より次第に漢字を廃するの用意専一なる可し」という趣旨でこの書をあらわした、としている（引用は、「文字之教端書」、『福沢諭吉選集』第二巻、岩波書店、一九八一年、二一八頁）。これをみると一見漢字廃止論者のようにもみえるが、現実主義的な福沢がどの程度本気で漢字廃止の実現可能性を考えていたのかは判断できない。漢字制限論者ということにはなるのだが、漢字廃止を否定はしていない、と読むこともできる。

（7）島田春雄「応世より伝世へ」『緑旗』七巻四号、一九四二年四月、五〇頁。

(8) 同前、五一頁。
(9) 保科孝一『国語問題五十年』(三養書房、一九四九年) などを参照。
(10) 今野真二『日本語のミッシング・リンク——江戸と明治の連続・不連続』新潮選書、二〇一四年、一一頁。
(11) 笹原宏之『漢字に託した「日本の心」』NHK出版新書、二〇一四年、二六五頁。
(12) 同前、二六七—二六八頁。
(13) 歴史的に通観したものに、武田雅哉『蒼頡たちの宴——漢字の神話とユートピア』(筑摩書房、一九九四年) が、近代の言語政策という観点からは、藤井(宮西)久美子『近現代中国における言語政策——文字改革を中心に』(三元社、二〇〇三年) などがある。
(14) 高島俊男『漢字と日本人』文春新書、二〇〇一年、二四五頁。
(15) このあたりのことについては、鈴木俊幸・横田冬彦・若尾政希編『シリーズ〈本の文化史〉』(全八巻、平凡社、二〇一五年—) を参照。
(16) 水村美苗『増補 日本語が亡びるとき——英語の世紀の中で』ちくま文庫、二〇一五年、四一三—四一四頁。
(17) 同前、四四七頁。
(18) 赤坂真理『愛と暴力の戦後とその後』講談社現代新書、二〇一四年、六三—六四頁。
(19) 同前、六四頁。
(20) くわしくは、高島淑郎「朴正熙元大統領とハングル専用」『北星学園大学経済学部北星論集』(五二巻二号、二〇一三年三月) を参照。
(21) 呉善花『漢字廃止で韓国に何が起きたか』PHP研究所、二〇〇八年、まえがき、五—六頁。
(22) 同前、四三頁。
(23) ましこ・ひでのり「日本語ナショナリズムの典型としての漢字論——近年の俗流言語論点描(その5)」『社会言語学』Ⅷ、二〇〇八年(のちに、ましこ・ひでのり『知の政治経済学——あたらしい知識社会学のための序説』三元社、二〇一〇年におさめる) など参照。

(24)「呉善花氏の入国拒否＝批判的評論が理由か――韓国」時事通信、二〇一三年七月二九日。

(25) たとえば、ノ・イスル『大韓民国の文字ナショナリズム「ハングル愛」――文字を愛することを考える』（二〇一〇年度一橋大学大学院言語社会研究科提出修士論文）などを参照。

(26) 沈在箕『한국인의 文字생활』語文政策正常化推進會、二〇一三年、二六六頁。

(27) 松尾義之『日本語の科学が世界を変える』筑摩選書、二〇一五年、二一一頁。なお、同様の印象論は、水村美苗『増補 日本語が亡びるとき――英語の世紀の中で』（ちくま文庫、二〇一五年）の「文庫版によせて」でも展開されている。

(28) 松尾義之『日本語の科学が世界を変える』筑摩選書、二〇一五年、一〇七頁。

(29) 同前、一〇八頁。

(30) この松尾義之の書物のおもな参考文献には呉善花のものは掲載されていないが、吉川良三『神風《シンパラム》がわく韓国《くに》――なるほど、なるほど！ 日常・ビジネス文化の日韓比較』（白日社、二〇〇一年）があげられている。これは、朝鮮語の知識がないサムスン電子の日本人常務の経験にもとづく二項対立的な日韓比較文化論だが、すくなくとも、どちらがどう、といった優劣を語ってはいない。しかし、「シンパラム」を「神風」とも「新風」とも「信風」とも漢字があてられているという箇所（一五〇頁）が、松尾にとっては「微妙なニュアンスの伝達など望むべくもない」ことになってしまうのであろう。

(31) 武田徹『メディアとしてのワープロ――電子化された日本語がもたらしたもの』ジャストシステム、一九九五年、三四頁。

(32) 井上円了『漢字不可廃論』哲学館、一九〇〇年、二九、四四、四六、四七頁。

(33) 平生釟三郎「日本精神 ト カナモジ運動」『カナ ノ ヒカリ』一九五号、一九三八年一月、三頁。

(34) 前島密「漢字排斥の理由――金子堅太郎君の妄見を駁す」、羅馬字ひろめ会編『国字問題論集』三省堂、一九〇七年、一七四頁。

(35) 梅棹忠夫「事務革命――日本探検（第五回）」『中央公論』七五巻一一号（一九六〇年一〇月）。この文章はのちに、梅棹忠夫『日本語と事務革命』（くもん選書、一九八八年）におさめられ、この著作自体が、『日本語と文明——梅棹忠夫著作集　第一八巻』（中央公論社、一九九二年）におさめられている。さらに、『日本語と事務革命』は、京極夏彦と山根一真の解説をつけて講談社学術文庫から二〇一五年に再刊された。

(36) いくつか指標が考えられるが、たとえば一九世紀末から二〇世紀初頭にかけてヨーロッパで「黄禍論」が流行するが、これも「文明化」達成のひとつの帰結とみることもできる（飯倉章『イエロー・ペリルの神話——帝国日本と「黄禍」の逆説』（彩流社、二〇〇四年）、同『黄禍論と日本人——欧米は何を嘲笑し、恐れたのか』（中公新書、二〇一三年）など参照）。

(37) くわしくは、安田敏朗『「国語」の近代史——帝国日本と国語学者たち』（中公新書、二〇〇六年）などを参照。

(38) 「能率とことば（座談会）」『言語生活』三六号、一九五四年九月、一一頁。座談相手は、三沢仁（産業能率短期大学講師）、白鳥博雄（通産省事務官）。

(39) 松尾義之『日本語の科学が世界を変える』筑摩選書、二〇一五年、一〇九頁。

(40) 永井忠孝『英語の害毒』新潮新書、二〇一五年、四八頁。

(41) この主張は、この書籍を「新版」として再刊したときにも堅持されている。野村雅昭『新版　漢字の未来』三元社、二〇〇八年、二一一頁。

(42) 藤井智子「「教育漢字」が書けますか？——女子大生における「教育漢字」の定着度調査」『筑紫国文』二九号（二〇〇七年三月）という論考があったが、一〇〇名弱のサンプルであり、分析も送り仮名の正誤に焦点化されており、「全体的に不正解は少なかったようである」というあいまいな結論しか出されていない（四九頁）。また、著者自身「小学校から高校までしっかりと教えこまれてきた漢字を自力で書けないというのは、非常に悔しい。それに、漢字の堅苦しさが私は好きである。知っている漢字、一度は覚えた漢字は、なるべく使って文章を書きたいと思う」（六九頁）と、漢字リテラシーという恫喝を内面化した意見を述べている点にも注目しておきたい。

(43) たとえば、白川静『漢字百話』（中公新書、一九七八年）など。白川の漢字観を展開したものに、松岡正剛『白川静——漢字の世界観』（平凡社新書、二〇〇八年）がある。

(44) 上野一彦『LD(学習障害)とディスレクシア(読み書き障害)』講談社+α新書、二〇〇六年、五六頁。

(45) いくつかの体験記を読んだだけであるが、個人によって状況が異なるのはもちろんであるが、パソコンや携帯端末などの機器を活用することで事態の改善がのぞめる場合もあるようである。しかしながら、文字の抑圧構造、差別構造に無自覚に安住しているディスレクシアでない人びとの意識をかえていくことの重要性を痛感する。井上智・賞子『読めなくても、書けなくても、勉強したい――ディスレクシアのオレなりの読み書き』(ぶどう社、二〇一二年)を参照。

(46) あべ・やすし『ことばのバリアフリー――情報保障とコミュニケーションの障害学』生活書院、二〇一五年、一〇五頁。

(47) 「やさしい日本語」のもつ問題点については、安田敏朗「「やさしい日本語」の批判的検討」、庵功雄・イヨンスク・森篤嗣編『「やさしい日本語」は何を目指すか――多文化共生社会を実現するために』(ココ出版、二〇一三年)を参照。

(48) 安田敏朗『国語審議会――迷走の60年』講談社現代新書、二〇〇七年。

(49) 寺沢拓敬『「なんで英語やるの?」の戦後史――《国民教育》としての英語、その伝統の成立過程』研究社、二〇一四年、同『「日本人と英語」の社会学――なぜ英語教育論は誤解だらけなのか』研究社、二〇一五年。

(50) 永井忠孝『英語の害悪』新潮新書、二〇一五年。

(51) 施光恒『英語化は愚民化――日本の国力が地に落ちる』集英社新書、二〇一五年。

第二章 文明化の思想

(1) たとえば、許時嘉『明治日本の文明言説とその変容』(日本経済評論社、二〇一四年)などを参照。

(2) 国語学者・大槻文彦(一八四七―一九二八)が前島の活字本に朱書したものを、国語学者・亀田次郎(一八八六―一九四四)が原稿用紙に書き写したものが、国立国会図書館亀田文庫におさめられており(『慶応年中漢字御廃止の儀に付き慶喜公に上る書』）、大槻の疑義とする点が示されている。たとえば「愛国心」「普通教育」などを大槻は指摘している。

（3）小西信八編『前島密君国字国文改良建議書』一八九九年、三─四頁。

（4）日下部重太郎『現代国語思潮』中文館書店、一九三三年、六〇頁。

（5）阿久沢佳之「前島来輔『漢字御廃止之議』の成立問題」、近代語研究会編『日本近代語研究5』ひつじ書房、二〇〇九年、五三頁。

（6）山口修『前島密』（吉川弘文堂、一九九〇年）を参照。

（7）大久保利謙「幕末英学史上における何礼之──とくに何礼之塾と鹿児島英学との交流」、大久保利謙『幕末維新の洋学──大久保利謙歴史著作集5』吉川弘文館、一九八六年（初出は『鹿児島県立短期大学地域研究所年報』第六報、一九七八年）。また、木村直樹『〈通訳〉たちの幕末維新』（吉川弘文館、二〇一二年）にも短い紹介がある。

（8）阿久沢佳之の指摘によれば、『中外新聞』一一号（一八六八年四月二六日）に「駿藩前島来助、雲藩飯塚修平の建白書を得たり長文なるを以て左に其要領のみを抄録す」として掲載されている（阿久沢佳之「前島来輔『漢字御廃止之議』の成立問題」、近代語研究会編『日本近代語研究5』ひつじ書房、二〇〇九年、四四頁）。また、町泉寿郎によれば、この『中外新聞』掲載のものは、無窮会神習文庫所蔵の『廃漢字献言』からの抜粋の可能性が高く、使用語彙などからみても、この『廃漢字献言』が建白書の原本（ただし成立は一八六八年一二月から翌年四月までの間）と推定されるが、慶応二年のものとは断定できないという（町泉寿郎「新資料による前島密の漢字廃止建白書の再検討」、全国大学国語国文学会編『文学・語学』一九〇号、二〇〇八年三月）。

（9）山口修『前島密』吉川弘文館、一九九〇年、六五頁。

（10）自治館編輯局編纂『国語改良異見』（自治館出版、一九〇〇年）の「前島密氏」の文書では、「重野安繹」となっている（一〇頁）。

（11）前島密「国字　国文　改良論　及　始末」『カナ　ノ　ヒカリ』一二八号、一九三二年八月、七頁。

（12）「故　日下部重太郎氏追悼録」『国語運動』（二巻一二号、一九三八年一二月）を参照。

(13) 日下部重太郎『国語百談』丁未出版社、一九一五年、一四四―一四五頁。同様の内容は、のちに日下部重太郎『現代国語思潮　続』(中文館書店、一九三三年)の「前島男爵の直話及び建白文」にも掲載される(この点、山本正秀『近代文体発生の史的研究』(岩波書店、一九六五年、九一頁)も参照)。
(14) 山口修『前島密』吉川弘文館、一九九〇年、六一頁。
(15) ウィリアムズは聖書などの日本語への翻訳をおこなっているので、その日本語能力はたかかったと考えたいが、「漢字御廃止之議」でウィリアムズからきいた話の内容を記すときに「支那字」としている部分もあるので、あるいは英語も使用された可能性はある。もちろん、断定はできない。
(16) 大江満『宣教師ウィリアムズの伝道と生涯――幕末・明治米国聖公会の軌跡』刀水書房、二〇〇〇年、一九六、三一三頁(なお、一九六頁では、嬉野鼎甫を中島喬重の弟としており、錯綜している)。
(17) 日下部重太郎『国語百談』丁未出版社、一九一五年、一四五―一四六頁。同様の内容は、日下部重太郎『現代国語思潮』(中文館書店、一九三三年、五八―六〇頁)にも記されている。
(18) ウィリアムズについては、海老沢有道編『立教学院百年史』(立教学院、一九七四年)、立教大学立教学院史資料センター編『立教大学の歴史』(立教大学、二〇〇七年)、大江満『宣教師ウィリアムズの伝道と生涯――幕末・明治米国聖公会の軌跡』(刀水書房、二〇〇〇年)などを参照。
(19) 小西信八編『前島密君国字国文改良建議書』一八九九年、六頁。
(20) 同前、六―七頁。
(21) 江戸期から明治までの日本のリテラシーに関する研究は、たとえば、リチャード・リビンジャー(川村肇訳)『日本人のリテラシー――1600―1900年』(柏書房、二〇〇八年)などがあるが、前近代から高い識字率を保っていたという「神話」について検討したものに、角知行『識字神話をよみとく――「識字率99%」の国・日本というイデオロギー』(明石書店、二〇一二年)、より包括的には、かどや　ひでのり・あべ　やすし編『識字の社会言語学』(生活書院、二〇一〇年)などがある。
(22) 小西信八編『前島密君国字国文改良建議書』一八九九年、一一―一二頁。

(23) 同前、一二頁。
(24) これらの簡単な解説が、山本正秀『近代文体発生の史的研究』(岩波書店、一九六五年)の「第二章　前島密の言文一致創唱」に記されている。
(25) 前島密「漢字排斥の理由——金子堅太郎君の妄見を駁す」、羅馬字ひろめ会編『国字問題論集』三省堂、一九〇七年、一七五頁。
(26) 同前、一七三頁。
(27) 同前、一七七頁。
(28) 同前、一八〇頁。
(29) 西周「洋字ヲ以テ国語ヲ書スルノ論」『明六雑誌』一号、一八七三年四月、五丁裏、五丁表(国立国語研究所のサイトで画像が公開されている。http://dglb01.ninjal.ac.jp/ninjaldl/bunken.php?title=meirokuzassi)。
(30) 山室信一「解説」、『明六雑誌(下)』(山室信一・中野目徹校注)岩波文庫、二〇〇九年、四四八頁。
(31) 矢田部良吉「羅馬字ヲ以テ日本語ヲ綴ルノ説」『東洋学芸雑誌』七・八号、一八八二年四・五月。
(32) 小島一騰『日本新字』新字会、一八八六年、一丁表。
(33) 「大日本新字会設立旨趣」、小島一騰『日本新字独修書』大日本新字会、一八八七年。
(34) 「教育審議会第十回総会会議録」一九三八年一二月八日、『教育審議会総会会議録　第五輯』、八二頁(復刻は、『教育審議会総会会議録(付録、第一輯—第八輯)』(近代日本教育資料叢書　史料篇三)宣文堂書店、一九七一年)。
(35) 同前、八一頁。
(36) 日下部重太郎『国字問題』(国語科学講座七四)明治書院、一九三三年、二〇頁。
(37) 同前、一三—一四頁。
(38) あさひやの　あるじ「め　ある　ひとの　ふ志いう」『かな　の　みちびき』まきの十二、一八八四年五月、四頁。
(39) 今野真二『日本語のミッシング・リンク——江戸と明治の連続・不連続』新潮選書、二〇一四年、一〇七頁。

(40)「前島密氏」、自治館編輯局編纂『国語改良異見』自治館出版、一九〇〇年、一一頁。
(41)森田俊男『開闢ノコトハ通常歴史ヨリ逐イダスベシ――若き日の三宅米吉』民衆社、一九八一年、二一頁。
(42)永井道雄「スペンサー主義の流行――日本とアメリカの場合について」『思想』三九三号、一九五七年三月、四九頁。
(43)河内徳子「三宅米吉の歴史教育論――その歴史観・教育観との関連に於て」『教育学研究』四二巻三号、一九七五年九月、三五頁。近代日本における「文明史」の展開については、小沢栄一『近代日本史学史の研究　明治篇』(吉川弘文館、一九六八年)を参照。三宅米吉については同書第四章第一節参照。
(44)三宅は、金港堂の資金により、一八八六年から八八年まで欧米諸国をめぐる。帰国後に同社の編輯所長となり、小学校教科書や雑誌『文』を編集している。雑誌『文』は、「前近代以来の難解な漢字能力の習熟よりも、地理・日本歴史・自然科学の初歩の習得を、次代の国民に求め」、こうした「国民的教養を、小学校教育を中心とした学校教育関係者に対して啓蒙するメディアとして構想されていた」ものとされている(竹田進吾「三宅米吉と雑誌『文』」、阿部猛・田村貞雄編『明治期日本の光と影』同成社、二〇〇八年、一二四頁。また、宗像和重「雑誌『文』における「文」――言文一致論争を中心に」、河野貴美子・Wiebke DENECKE 編『日本における「文」と「ブンガク」』(勉誠出版、二〇一三年)も参照)。
(45)齋藤斐章「文学博士三宅米吉先生小伝」『三宅博士古稀祝賀会記念誌』三宅博士古稀祝賀会、一九二九年、五頁。この記述を中心としてその他資料をもとに三宅の生涯をおったものに、築山治三郎『三宅米吉　その人と学問』(図書文化、一九八三年)がある。
(46)規則改正により一八八六年に高等師範学校となる。一九〇二年に東京高等師範学校と改称。
(47)森田俊男『開闢ノコトハ通常歴史ヨリ逐イダスベシ――若き日の三宅米吉』民衆社、一九八一年、一八頁。
(48)以上は『文学博士三宅米吉著述集　上巻』(目黒書店、一九二九年)におさめる。
(49)以上は『文学博士三宅米吉著述集　下巻』(目黒書店、一九二九年)におさめる。
(50)白鳥庫吉「文学博士三宅米吉君小伝」一九一三年(『白鳥庫吉全集　十巻』岩波書店、一九七一年、一七九頁)。

(51) 同前、一八五頁。
(52) みやけ よねきち「くにぐに の なまり ことば に つきて」『かな の しるべ』二、三号、一八八四年八、九月（引用は、『文学博士三宅米吉先生著述集 上巻』目黒書店、一九二九年、八一四頁）。
(53) 亀井孝・大藤時彦・山田俊雄編集委員『日本語の歴史 6 新しい国語への歩み』平凡社、一九六五年（復刊、平凡社ライブラリー、二〇〇七年、引用は三八九頁）。
(54)「方言取調仲間の主意書」『文学博士三宅米吉著述集 上巻』目黒書店、一九二九年、八四九頁。ほかに辻敬之、湯本武比古、岡村増太郎が加わったが、実際にこの「方言取調仲間」が成立したかは不明という（東条操『岩波講座日本文学 方言研究の概観』岩波書店、一九三二年、二五頁）。
(55) みやけ よねきち「しなもじ と かなもじ と の あらそい」『かな の まなび』五号、一八八三年一二月（『文学博士三宅米吉著述集 上巻』目黒書店、一九二九年、七八一―七八二頁）。
(56) 同前、七八〇頁。
(57) 柴田武「総論」『日本の言語学 第六巻 方言』大修館書店、一九七八年、七六五頁。
(58) 日下部重太郎『現代国語思潮』中文館書店、一九三三年、一五七―一六七頁。
(59) 東条操『岩波講座日本文学 方言研究の概観』岩波書店、一九三二年、二五頁。これは東条操『方言と方言学』（春陽堂、一九三八年）におさめられる。
(60) 保科孝一『ある国語学者の回想』朝日新聞社、一九五二年、一四三―一四四頁。
(61) 同前、一四五頁。
(62) くわしくは、奈須恵子「那珂通世「東洋地理歴史講義」における「東洋歴史」構想」『教職研究』一六号（二〇〇六年四月）などを参照。また那珂通世の評伝には、窪寺紘一『東洋学事始――那珂通世とその時代』（平凡社、二〇〇九年）、村上正二「小伝 那珂通世――草創期の東洋史学」『史学』六〇巻二、三号（一九九一年）などがある。
(63) 三宅米吉「文学博士那珂通世君伝」、故那珂博士功績紀念会編『那珂通世遺書』大日本図書、一九一五年（『文学博士三宅米吉著述集　上巻』目黒書店、一九二九年、二八一―二八二頁）。

(64) 村上正二「小伝　那珂通世――草創期の東洋史学」『史学』六〇巻二、三号、一九九一年、一四九頁。

(65) 金港堂が発行していた雑誌『普通教育』に一八九〇年から一八九一年にかけて一〇回程度掲載されたあと、一冊本として刊行されたもののようである。したがって、一八九一年刊行が妥当と思われるが、確定的なことはいえないようである。詳細は、「那珂通世『国語学』の来歴」、斉木美知世・鷲尾龍一『国語学史の近代と現代――研究史の空白を埋める試み』（開拓社、二〇一四年）を参照。

(66) 那珂みちよ「文学の授業法（前号ノ続キ）」『大日本教育会雑誌』七号、一八八四年五月、一七―一八頁。

(67) ある書物では「那珂が国語国字問題に関心をもったのは、おそらくかな文字論者として知られ、高等師範学校時代の同僚であった東京文理科大学初代学長三宅米吉（一八六〇―一九二九）の影響があったと考えられる」（柿木重宣『近代「国語」の成立における藤岡勝二の果した役割について』ナカニシヤ出版、二〇一三年、一九頁）と記されているが、これは逆である。

(68) 三宅米吉「文学博士那珂通世君伝」、故那珂博士功績紀念会編『那珂通世遺書』大日本図書、一九一五年（『文学博士三宅米吉著述集　上巻』目黒書店、一九二九年、二八四―二八五頁）。

(69) 「那珂通世氏」、自治館編輯局編纂『国語改良異見』自治館出版、一九〇〇年、三〇五頁。

(70) 田畑忍『加藤弘之』吉川弘文館、一九五九年、八九頁。

(71) 松本三之介「加藤弘之における進化論の受容」『社会科学論集』（東京教育大学文学部）九号、一九六二年三月。

(72) 「日本語学の事につきて　国語伝習所に於て　加藤弘之演説大意」『東洋学会雑誌』四巻五号、一八九〇年五月、二四五頁。

(73) 鈴木広光「加藤弘之の言語観――「博言学」輸入の背景」『名古屋大学国語国文学』六八号、一九九一年、九七、九五頁。

(74) 同前、九三頁。

(75) 同前、九一頁。

(76) 「日本語学の事につきて　国語伝習所に於て　加藤弘之演説大意」『東洋学会雑誌』四巻五号、一八九〇年五月、二五二頁。
(77) 同前、二五三頁。
(78) 同前、二五四頁。
(79) 加藤弘之『小学教育改良論』哲学書院、一八九四年、二七頁（国立国会図書館デジタルコレクションにて閲覧可）。
(80) 白鳥庫吉「文学博士那珂通世君小伝」『東亜之光』三巻四号、一九〇八年四月、白鳥庫吉「文学博士三宅米吉君小伝」『文学博士三宅米吉先生東京高等師範学校在職二十五周年祝賀紀念誌』一九一三年（ともに『白鳥庫吉全集　十巻』岩波書店、一九七一年におさめる）。
(81) 白鳥庫吉「文字の優勝劣敗」、羅馬字ひろめ会編『国字問題論集』三省堂、一九〇七年、三一頁（『白鳥庫吉全集　九巻』岩波書店、一九七一年におさめる）。
(82) 同前、三二―三三頁。
(83) 同前、三五―三六頁。
(84) 保科孝一『言語学』早稲田大学出版部、一九〇二年、五一頁、同『言語学講話』宝永館、一九〇二年、一九二頁。
(85) 宮沢甚三郎『日本言語学』吉川半七、一九〇四年、一七六―一七七頁。なおここでは「孤立語は単綴語ともいふべく」と説明されている（一七七頁）。
(86) マクスミューラー博士原著、金沢庄三郎・後藤朝太郎共訳『言語学　上巻』博文館、一九〇六年、六六―六七頁。
(87) 宮沢甚三郎『日本言語学』吉川半七、一九〇四年、一八二―一八三頁。
(88) 白鳥庫吉「文字の優勝劣敗」、羅馬字ひろめ会編『国字問題論集』三省堂、一九〇七年、三六―三八頁。
(89) 同前、三九―四〇頁。この点は、田中克彦『漢字が日本語をほろぼす』（角川SSC新書、二〇一一年）でも主張されている。

(90) 白鳥庫吉「文字の優勝劣敗」、羅馬字ひろめ会編『国字問題論集』三省堂、一九〇七年、四一―四二頁。
(91) 同前、四八頁。
(92) 大槻文彦「仮名と羅馬字との優劣論」『復軒雑纂』広文堂書店、一九〇二年(『復軒雑纂1――国語学・国語国字問題』(鈴木広光校注、平凡社東洋文庫、二〇〇二年)に部分的に復刻されている)。
(93) 白鳥庫吉「漢文化の性質」『漢文学会会報』一九号、一九一八年八月(『白鳥庫吉全集 九巻』岩波書店、一九七一年、九六頁)。
(94) この項目に関しては、安田敏朗『「多言語社会」という幻想――近代日本言語史再考Ⅳ』(三元社、二〇一一年)の「第一〇章 漢字論をめぐって」の一部分を利用している。
(95) 津田左右吉『支那思想と日本』岩波新書、一九三八年、まへがき、一頁。
(96) 同前、まへがき、二頁。
(97) 同前、まへがき、九―一一頁。なお、津田の『支那思想と日本』が一九四七年に増刷されたときに、初版の「まへがき」は削除され、書名もふくめて「支那」は「シナ」にあらためられている。一九四七年の「まへがき」では本文で引用したような初版の表現はなくなっているものの、「今日かへつて強く主張すべきこと」のひとつに「ニホン人は、ニホンのことばをよくするために、できるだけ早く、シナ文字をつかふことをやめてゆく」ことをかかげている。初版の「まへがき」は、現在では今井修編『津田左右吉歴史論集』(岩波文庫、二〇〇六年)で簡単に読むことができる。
(98) 津田左右吉「漢字と日本文化」『国語運動』三巻八号、一九三九年八月、五頁。
(99) 同前、一九頁。
(100) 津田左右吉「日本歴史の特性」(河合栄治郎編『学生と歴史』第二版、日本評論社、一九四六年)、引用は今井修編『津田左右吉歴史論集』(岩波文庫、二〇〇六年、二三一―二三三頁)。
(101) たとえば、上田万年の議論など。くわしくは安田敏朗『脱「日本語」への視座――近代日本言語史再考Ⅱ』(三元社、二〇〇三年)の「第六章 漢字政策史から」を参照。

(102) 大隈重信「文字の維新革命」、羅馬字ひろめ会編『国字問題論集』三省堂、一九〇七年、二六七—二六九頁。
(103) 同前、二七〇—二七一頁。
(104) 文化庁『国語施策百年史』ぎょうせい、二〇〇六年、一〇八—一一九頁。
(105) 加藤弘之「国語調査に就て」『教育時論』六二二号、一九〇二年七月二五日、四—五頁。
(106) 保科孝一「国語調査委員会決議事項について」『言語学雑誌』三巻二号、一九〇二年八月、二八頁。

第三章　競争の思想——国際競争と産業合理化のなかで

(1) 日本のろーま字社の構成は以下のとおり。「〔……〕理学博士田中館愛橘氏と文学博士芳賀矢一氏とを相談役、本書の著者〔田丸卓郎〕を事務指図役として成り立つたものである。事務扱役には初め著者の弟田丸陸郎氏が当つて居たが、本年（大正三年）七月同人死亡の後は土岐哀果〔善麿〕氏が当つて居る。／大正二年四月、米国ロスアンゼルス市に本社の支社が出来て、境沢英雄氏が其事務を扱つて居る。」（田丸卓郎『ローマ字国字論』日本のろーま字社、一九一四年、二一一頁）。
(2) 平井昌夫『国語国字問題の歴史』昭森社、一九四八年、二二七—二二九頁。
(3) 「再販のはしがき」、佐伯功介『国字問題の理論』日本のローマ字社、一九四三年、ⅰ頁（初版は一九四一年）。
(4) 「はしがき」、羅馬字ひろめ会編纂『国字問題論集』三省堂、一九〇七年、一頁。
(5) 沢柳政太郎「国民の一大問題」、羅馬字ひろめ会編纂『国字問題論集』三省堂、一九〇七年、三頁。
(6) 同前、一一、一二、一八頁。初等教育で漢字教育にかける時間を節約すべきだという議論は、本文中に紹介したほかにも、仏教学者・高楠順次郎（一八六六—一九四五）も「今、日本にて小学児童が卒業迄に修業すべき文字、及び書法に費す時間と之れに費す金銭は、国家にとりて非常に莫大なる損害である、且つ時間よりも金銭よりも尚ほ大切なる脳力を無用に費すこと幾何なるか」と述べている（高楠順次郎「国字改良に就いて」、羅馬字ひろめ会編纂『国字問題論集』三省堂、一九〇七年、二五八頁）。

（7）藤岡勝二「漢字と仮名と羅馬字との比較」、羅馬字ひろめ会編纂『国字問題論集』三省堂、一九〇七年、一〇五頁。
（8）藤岡勝二が「ローマ字ひろめ会」で果たした役割や、その「国語」思想に関しては、柿木重宜『近代「国語」の成立における藤岡勝二の果した役割について』（ナカニシヤ出版、二〇一三年）にくわしい。
（9）田丸卓郎「日本語を書き表すに適当なる文字」、羅馬字ひろめ会編纂『国字問題論集』三省堂、一九〇七年、二一一、二一三、二一四頁。
（10）巌谷季雄「世界的文字と戦後の武器」、羅馬字ひろめ会編纂『国字問題論集』三省堂、一九〇七年、二六四頁。
（11）上田万年「今後の国字」、羅馬字ひろめ会編纂『国字問題論集』三省堂、一九〇七年、二五―二六頁。
（12）同前、二九頁。
（13）欧米においてタイプライターの発明が文化社会的にあたえた影響については、たとえば、フリードリヒ・キットラー（石光泰夫・石光輝子訳）『グラモフォン・フィルム・タイプライター』（筑摩書房、一九九九年）などを参照。
（14）上田万年「今後の国字」、羅馬字ひろめ会編纂『国字問題論集』三省堂、一九〇七年、二九―三〇頁。
（15）同前、三〇頁。
（16）平井金三「日本語の発達と羅馬字――併せて羅馬字反対者の愚論に答ふ」、羅馬字ひろめ会編纂『国字問題論集』三省堂、一九〇七年、一一七頁。
（17）川田順造「声と文字――やまとことばに漢字が取り入れられたとき」『ユリイカ』三五巻七号、二〇〇三年四月（臨時増刊号）、五八頁。
（18）同前、六五頁。
（19）平井昌夫『国語国字問題の歴史』昭森社、一九四八年、二三五頁（復刻、三元社、一九九八年）。
（20）田丸卓郎『ローマ字国字論』日本のろーま字社、一九一四年、はしがき、一頁。
（21）同前、五二―五三頁。
（22）同前、一四頁。

(23) 同前、五五頁。
(24) 同前、五三頁。また、田丸は『ローマ字文の研究』(日本のローマ字社、一九二〇年)もあらわしている。
(25) 平井昌夫『国語国字問題の歴史』昭森社、一九四八年、二三五―二三六頁。
(26) 平井昌夫「ローマ字運動に於ける「運動」といふこと」『RÔMAZI NO NIPPON』一九三五年一〇月、一頁。
(27) 安田浩『大正デモクラシー史論』校倉書房、一九九四年、一〇頁。
(28) 同前、二六一頁。
(29) 臨時ローマ字調査会『臨時ローマ字調査会議事録 上』一九三六年、一―二頁。
(30) 平井昌夫『国語国字問題の歴史』昭森社、一九四八年、二九二頁。
(31) 同前、三〇九頁。
(32) 鬼頭礼蔵「日本式ローマ字の陣営」、東京帝国大学ローマ字会編輯『ローマ字年報1932年版』日本ローマ字会出版部、一九三一年、一四五頁。
(33) 『各大学ローマ字連盟 共同宣言書』一九三〇年六月一三日、六頁。なお各大学ローマ字連盟とは、東京帝大、慶応大学、東北帝大、駒場、京都帝大、岡山医大、大阪医大、新潟医大、九州帝大、北海道帝大、千葉医大の各ローマ字会で結成されている。
(34) 中村清二『田中館愛橘先生』中央公論社、一九四三年、二一九頁。
(35) 東京帝国大学ローマ字会編輯『ローマ字年報1932年版』日本ローマ字会出版部、一九三一年、四頁。
(36) 日下部重太郎「ローマ字問題のため」『帝国教育』六九五号、一九三六年九月、六八頁。
(37) 「カナモジカイ 10ネン ノ アユミ」『カナ ノ ヒカリ』九七号、一九三〇年一月、二頁。
(38) イナガキ イノスケ「17ネン ノ ムカシ-バナシ――機関雑誌 創刊ノ コロ」『カナ ノ ヒカリ』二〇〇号、一九三八年六月、四頁。
(39) ほぼ同内容のものが、「山下芳太郎氏略歴」として『カナ ノ ヒカリ』一六号(一九二三年五月、二頁)にも掲載されている。また、安岡孝一「タイプライターに魅せられた男たち」(Sanseido Word-Wise Web)で「山下芳太郎」が連載された（二〇一四年九月四日〜二〇一五年六月二五日、全四二回）。

(40)「山下芳太郎略歴」、ヤマシタ　ヨシタロー『カタミ　ノ　コトバ』ヤマシタ　フミオ、一九二四年。

(41)「住友製鋼所の幹部総辞職と内部の軋轢／職工の不安」『大阪朝日新聞』一九二二年五月二日、七面。

(42) 下村宏『盗忠』日本評論社、一九三〇年、二三九頁。

(43) イナガキ　イノスケ「17ネン　ノ　ムカシ－バナシ——機関雑誌　創刊ノ　コロ」『カナ　ノ　ヒカリ』二〇〇号、一九三八年六月、四—五頁。

(44) のちに八頁に倍増、三二頁、二四頁（年に一回臨時増刊号発行）、三二頁など、変化する。ほかに短期的に『モジ　ト　コトバ』などを刊行していた。

(45)「山下芳太郎略歴」、ヤマシタ　ヨシタロー『カタミ　ノ　コトバ』ヤマシタ　フミオ、一九二四年（頁数なし）。

(46) 時枝誠記「国語への関心」『国語研究法』三省堂、一九四七年。

(47) 平井昌夫『国語国字問題の歴史』昭森社、一九四八年、二三七頁。

(48)「中村春二先生　ヲ　オシム」『カナ　ノ　ヒカリ』二七号、一九二四年四月、三頁。

(49)「会　ノ　ナマエ　ヲ　カエル」『カナ　ノ　ヒカリ』二七号、一九二四年四月、四頁。

(50) 山下芳太郎『国字改良論』仮名文字協会、一九二〇年、二—七頁（再版は国立国会図書館デジタルコレクションにて閲覧可）。

(51)「仮名文字協会趣意書」、山下芳太郎『国字改良論』仮名文字協会、一九二〇年、四五—四六頁。

(52)『カナ　ノ　ヒカリ』創刊号、一九二二年二月、二頁。なお、「澄宮殿下台覧ノ光栄ヲ得マシタ」とも記されている。「澄宮」は、のちの三笠宮崇仁。

(53) 邦文タイプライターの歴史については、紀田順一郎『日本語大博物館——悪魔の文字と闘った人々』（ジャストシステム、一九九四年）の第一二章を参照。

(54)『カナモジ論』カナモジカイ、一九七一年、一一八—一二〇頁。

(55) 詳細は、ヤマシタ　ヨシタロー『カタミ　ノ　コトバ』（ヤマシタ　フミオ、一九二四年、八六—一一四頁）、山田尚勇（岡留剛監修）『文字入力とテクノロジー――コンピュータ科学者がみた日本語の表記と入力2』（くろしお出版、二〇一四年、二〇七―二一〇頁）などを参照。カナタイプライターの製作に興味を示したのがアンダーウッド社だけであったので、山下はスティックニーの案に妥協せざるを得ない側面が強かったようである。このときの文字配列が、のちの事務用・会計用 JIS B 9509 の基となったが、山下が当初考えていた出現頻度にあわせた合理的な配置という考え方によって配列が修正されることはなかった（同前、二一〇頁）。JISキー配列については、安岡孝一「キー配列の規格制定史　日本編――JISキー配列の制定に至るまで」『システム／制御／情報』（四七巻一二号、二〇〇三年一二月）を参照。

(56)「カナモジカイ 10ネン ノ アユミ」『カナ ノ ヒカリ』九七号、一九三〇年一月、二頁。

(57) 同前、二頁。また、ドッドウェル商会の神戸支社が販売代理店だったという（星野行則「産業上ノ利益ヲ増スニ就テ」『能率増進研究』八号、一九二四年一月、九頁）。

(58) 山下芳太郎『国字改良論』仮名文字協会、一九二〇年、一二―一七頁。

(59) 星野行則「アメリカ＝ジン ヨリ オシエラレタ ワガ カナモジ ノ トクチョウ」『カナ ノ ヒカリ』六号、一九二二年七月、二頁。

(60) 山下芳太郎「国字の改良」『教育界』一九二二年六月二九日、のち、ヤマシタ ヨシタロー『カタミ ノ コトバ』（ヤマシタ フミオ、一九二四年、七一―七八頁）に再録、また、無署名「今ハ 国字改良 ニ ヨイ 時期」『カナ ノ ヒカリ』一〇号（一九二二年一一月）として抄録。

(61) 山下芳太郎「ハッカン ニ アタリテ」『カナ ノ ヒカリ』創刊号、一九二二年二月、二頁。

(62) 明治天皇の全詠歌は、宮内省明治天皇御集臨時編纂部編『明治天皇御製』（上・中・下）として文部省から一九二二年九月に刊行されているが、時期的に『カナ ノ ヒカリ』の掲載にはまにあわない。したがって、収録歌数の少ない手島益雄編『明治天皇御製歌集』（楽園社、一九一二年、国立国会図書館デジタルコレクションにて閲覧可）などを参照した可能性がたかい。この六首すべて掲載されている。

(63) 松澤俊二『「よむ」ことの近代――和歌・短歌の政治学』（青弓社、二〇一四年）の「第3章　明治天皇「御製」

のポリティクス」を参照。

(64) 稲垣伊之助『心ノ書』興教書院、一九四二年、五五頁。

(65) 訓導時代に、稲垣伊之助「高等小学読本巻二に見えたる故事成語諺語の出所調べ」『教材研究――初等教育』九巻一一号（一九一一年一一月）という文章をものしている。

(66) ホシノ　ユキノリ「イナガキ　イノスケ　サン　ヲ　シノブ」『カナ　ノ　ヒカリ』二八二号、一九四五年一一月、六頁。

(67)「カナモジ　キョーカイ　キジ」『カナ　ノ　ヒカリ』八号、一九二二年九月、四頁。

(68)「山下氏　ソノ　後　ノ　ゴヨウス」『カナ　ノ　ヒカリ』一六号、一九二三年五月、五頁。

(69) 甲南学園平生釟三郎日記編集委員会編『平生釟三郎日記　第五巻』甲南学園、二〇一二年、二九七頁（一九二三年四月二九日付）。

(70) 小口忠太については、小口芳久「小口病で知られる祖父　小口忠太」、伊藤真次・佐野豊監修『日本医学のパイオニア（1）――明治に育った巨星』（丸善京都出版サービスセンター、二〇〇二年）が簡潔な評伝となっている。

(71) 星一がカナモジ論者であったかどうかは、評伝（京谷大助『星とフォード』厚生閣、一九二四年、大山恵佐『努力と信念の世界人――星一評伝』共和書房、一九四九年）の類をみても判然としない。星がカナモジカイの評議員になったころは、モルヒネを精製するための原料アヘンのあつかいをめぐってとりわけ内務省から執拗ないやがらせをうけていたので、カナモジ運動に積極的に関与する時間はなかったかと思われる。なお、官憲からの妨害を描いた星新一『人民は弱し　官吏は強し』（文芸春秋、一九六七年）では官憲と結託する製薬会社社長は「三原作太郎」となっているが、新潮文庫に収められた時（一九七八年）に解説を書いた鶴見俊輔（一九二二―二〇一五）はさりげなく「三原作太郎（塩原又策）」と実名を記している。星一が敬愛していた後藤新平（一八五七―一九二九）は鶴見の母方の祖父にあたる。

(72)「模範工場」、大山恵佐『努力と信念の世界人――星一評伝』共和書房、一九四九年、一四八―一五〇頁。

(73)「カナモジカイ　キジ」『カナ　ノ　ヒカリ』三一号、一九二四年八月、四頁、同三二号、一九二四年九月、四頁。

(74)『カナモジ論』カナモジカイ、一九七一年、一〇四頁。

(75)「カナモジカイ　ヒョウギイン」『カナ　ノ　ヒカリ』一三九号、一九三三年七月。

(76)「ヤマシタ　ヨシタロー　氏　ヲ　記念　スベキ　モノ（2）」『カナ　ノ　ヒカリ』二九号、一九二四年六月、三頁。このうち一万円は日向利兵衛からの寄付であったという（星野行則「日向利兵衛君ヲ　オモウ」『カナ　ノ　ヒカリ』二一七号、一九三九年一〇月、一一頁）。

(77)森下の広告宣伝術については、山本武利・津金澤聰廣『日本の広告――人・時代・表現』（改装版、世界思想社、一九九二年、一三〇―一三七頁）を参照。

(78)「カナモジ　キョーカイ　キジ」『カナ　ノ　ヒカリ』六号、一九二二年七月、四頁。

(79)『カナ　ノ　ヒカリ』二八号、一九二四年五月、四頁。

(80)一九二四年六月二五日にあったカナモジカイ理事会での報告による（甲南学園平生釟三郎日記編集委員会編『平生釟三郎日記　第六巻』甲南学園、二〇一二年、二二七頁（一九二四年六月二六日付））。

(81)「カナモジ＝カイ　キジ」『カナ　ノ　ヒカリ』三〇号、一九二四年七月、四頁。

(82)「カイイン　ノ　カズ」『カナ　ノ　ヒカリ』三八号、一九二五年三月、四頁。

(83)「カイイン　ノ　カズ」『カナ　ノ　ヒカリ』五〇号、一九二六年二月、四頁。

(84)伊藤忠兵衛「漢字全廃論――文字と能率」『中央公論』七三巻六号、一九五八年六月、二七四頁。ただ、「山下氏の死去の翌年同志とカナモジ協会（今の財団法人カナモジカイ）を創立した」（同前、二七五頁）とあるのは、完全に記憶ちがいである。

(85)『私の履歴書　経済人1』日本経済新聞社、一九八〇年、三八〇頁。

(86)イナガキ　イノスケ「ヒュウガ　リヘイ　シ　ワ　イキテ　イラレル」『カナ　ノ　ヒカリ』二一七号、一九三九年一〇月、一一頁。

(87)伊藤忠兵衛翁回想録編集事務局編『伊藤忠兵衛翁回想録』伊藤忠商事株式会社、一九七四年、五〇五頁。

(88) 伊藤忠兵衛「漢字全廃論――文字と能率」『中央公論』七三巻六号、一九五八年六月、二七二頁。
(89) 同前、二七二頁。
(90) 稲垣伊之助『国字問題のお話』カナモジカイ、一九四〇年、七頁。
(91) 同前、八頁。ただ、稲垣が参照したと思われる、平生釟三郎『漢字廃止論』(カナモジカイ、一九三〇年)では、「二人」となっている(一〇頁)。
(92) 伊藤忠兵衛翁回想録編集事務局編『伊藤忠兵衛翁回想録』伊藤忠商事株式会社、一九七四年、三三二頁。
(93) 同前、三三四頁。
(94) 松坂忠則ほか「能率とことば」『言語生活』三六号、一九五四年九月、三頁。
(95) 星野行則の経歴・業績に関しては、有田数士「わが国における科学的管理法翻訳者の事歴――星野行則について」『岩国短期大学紀要』三八号(二〇一〇年三月)がくわしい。
(96) 星野行則『見学余録』警醒社書店、一九一二年、二七頁(国立国会図書館デジタルコレクションにて閲覧可)。
(97) 星野行則『恐ルベキ亜米利加 厄介ナル欧羅巴』非売品、一九二二年、七六―七七頁(国立国会図書館デジタルコレクションにて閲覧可)。
(98) 同前、七八頁。
(99) NY生「銀行界人物月旦(三) 加島銀行常務 星野行則氏論」『銀行論叢』二巻一号、一九二四年一月、一四九―一五一頁。
(100) 「生活と趣味 カナモジ宣伝に夢中 星野行則君」『東京朝日新聞』一九二四年三月二日、四面。
(101) 科学的管理法の日本への紹介については、佐々木聡『科学的管理法の日本的展開』(有斐閣、一九九八年)の第一章第一節にくわしい。
(102) 星野行則『見学余録』警醒社書店、一九一二年、八三頁。
(103) 星野のテイラーの受容や翻訳などについては、有田数士「わが国における科学的管理法翻訳者の事歴――星野行則について」『岩国短期大学紀要』三八号(二〇一〇年三月)で詳細に論じられている。

(104) 竹村民郎「一九二〇―三〇年代、帝国の危機における天皇主義サンディカリズムの形成――産業合理化運動と産官軍連繋に関連して」『竹村民郎著作集Ⅳ　帝国主義と兵器生産』三元社、二〇一三年、二二一―二二三頁。

(105) 「訳者はしがき」、ウインスロー・テイラー（星野行則訳）『学理的事業管理法』崇文館書店、一九一三年、一―二頁（国立国会図書館デジタルコレクションにて閲覧可）。

(106) 星野行則「能率の普及するまで」『能率』五巻一号、一九五四年一月、二頁。

(107) 飛田良文・琴屋清香『改訂増補 哲学字彙　訳語総索引』港の人、二〇〇五年、三七頁。

(108) 星野行則「能率の普及するまで」『能率』五巻一号、一九五四年一月、二頁。当時は「「能率」ト　ユウ　コトバ　モ　星野氏　ノ　ツクラレタ　訳語デアル」（「日本事務能率研究所ノ設立」『カナ　ノ　ヒカリ』一〇一号、一九三〇年五月、二四頁）という記述もあり、梅棹忠夫も「「能率」ということばも、このひとがつくったのだといわれている」（梅棹忠夫「事務革命――日本探検（第五回）」『中央公論』七五巻一一号、一九六〇年一〇月、一三二頁）としているが、本人の言を尊重することにしたい。また上野陽一は「ノウリツ　ト　ユウ　コトバワ　メイジ　ノ　スエ　ゴロ　カラ　モチイラレハジメ、ソノノチ　イツトワ　ナシニ　イッパン　シャカイ　デ　モチイラレル　ヨウニ　ナリ」（ウエノ　ヨウイチ「ノウリツ　ノ　トリイチガイ」『カナ　ノ　ヒカリ』三三五号、一九五〇年四月、四頁）と述べている。

(109) 上野陽一「能率増加法の話」『心理研究』二三号（四巻五冊）、一九一三年一一月。

(110) 「エフィシエンシー」『実業之日本』一八巻一号、一九一五年一月、一頁。

(111) 「能率増進法の新研究」『実業之日本』一八巻一号、一九一五年一月、二六頁。

(112) 同辞典の改版では、以下のように説明されている。「【能率】Efficiency（英）一定の時間内に仕事の結果を能ふかぎり、有効に発揮する割合。同じ一時間に「一」の仕事を八分仕上げると九分仕上げるのとでは、人間の力の経済・時間の経済・仕事の経済上、大きな結果を生む。出来るだけ手数を省けば八分しか仕上げ得なかつた人間も「一」の全部仕上げるやうになる。それを能率が高くなつたといふのである。最近各方面に能率増進の運動が盛になつて来たのは喜ばしい現象である」（服部嘉香・植原路郎『大増補改版 新しい言葉の字引』

実業之日本社、一九二五年、五五七―五五八頁)。

(113)『第五十一回帝国議会 貴族院議事速記録第九号』一九二六年二月五日、一七三頁。

(114)星野行則「事務能率ト用語」『能率研究』一号、一九二三年六月、三頁。

(115)「自序」、星野行則『国字問題――漢字 ヨリ ノ 解放』カナモジカイ、一九二四年、頁数なし(国立国会図書館デジタルコレクションにて閲覧可)。

(116)同前、九―一一頁。問題は「おもわく が はづれて かほ を しがめて あいて を みつめて ゐる」など一〇問(傍線部を漢字にする)。

(117)同前、一八頁。

(118)星野行則「一日一文 カナの研究とその利用」『大阪朝日新聞』一九二五年九月一日、一面。

(119)国際商業会議所総会は、アメリカのワシントンで一九三一年五月四日から九日まで開催された。一九二九年に発生した世界恐慌をどう切りぬけるのかに関心があつまり、世界四六カ国、約三〇〇〇人の参加が予定されていた。日本の代表は、星野行則のほか、各務鎌吉(一八六九―一九三九、東京海上火災保険の社長などをへて、当時は日本郵船社長。東京海上時代は平生とともに専務だったこともある)、原邦造(一八八三―一九五八、当時は愛国生命社長)の三名であった(「不況問題中心の国際商議総会」『東京朝日新聞』一九三一年二月二七日、四面)。

(120)これは、星野行則『トルコ ノ 国字改良実情視察報告書』(カナモジカイ、一九三二年三月)として刊行されたが、同文が星野行則「トルコが旧文字を廃してローマ字を用ゆるにいたつた事情」『国語教育』一七巻一一号(一九三二年一一月)として転載されている。

(121)星野行則「トルコが旧文字を廃してローマ字を用ゆるにいたつた事情」『国語教育』一七巻一一号、一九三二年一一月、六〇頁。

(122)星野行則「能率問題ノ今昔」『産業能率』一二巻四号、一九三九年四月、三八七―三八八頁。

(123)星野行則「能率の普及するまで」『能率』五巻一号、一九五四年一月、二頁。

(124)平生釟三郎についての詳細は、評伝(河合哲雄『平生釟三郎』拾芳会、一九五二年、小川守正・上村多恵子『暗雲に

蒼空を見る　平生釟三郎』ＰＨＰ研究所、一九九九年、甲南学園編『平生釟三郎――人と思想』甲南学園、一九九九年）、安西敏三編著『現代日本と平生釟三郎』（晃洋書房、二〇一五年）、自伝（安西敏三校訂『平生釟三郎自伝』名古屋大学出版会、一九九六年）、日記（甲南学園平生釟三郎日記編集委員会編『平生釟三郎日記』一―一七巻（刊行予定）、甲南学園、二〇一〇年―）などがある。

(125) 山下芳太郎が没した翌年、山下の娘勝子と農商務省の官僚小金義照（敗戦後国会議員、郵政大臣をつとめる。一八九八―一九八四）との結婚披露宴で平生がおこなった祝辞が、日記に転記されており、そこで新婦の父・山下芳太郎との交友を語っている（甲南学園平生釟三郎日記編集委員会編『平生釟三郎日記　第六巻』甲南学園、二〇一二年、一一四頁（一九二四年三月一六日付））。

(126) 三島康雄「平生と神戸の人たち」、甲南学園編『平生釟三郎――人と思想』甲南学園、一九九九年、七〇頁。

(127) 甲南学園平生釟三郎日記編集委員会編『平生釟三郎日記　第五巻』甲南学園、二〇一二年、二七八頁（一九二三年四月七日付）。

(128) 有村兼彬「平生釟三郎と漢字廃止論」、甲南学園編『平生釟三郎――人と思想』甲南学園、一九九九年、二〇〇頁。なお、「大阪倶楽部」とは一九一二年に設立された会員制社交クラブのこと。現在は一般社団法人大阪倶楽部となっている。

(129) 甲南学園平生釟三郎日記編集委員会編『平生釟三郎日記　第四巻』甲南学園、二〇一二年、二二九頁（一九二一年四月八日付）。

(130) 同前、二七七―二七八頁（一九二三年四月七日付）。

(131) 伊藤忠兵衛翁回想録編集事務局編『伊藤忠兵衛翁回想録』伊藤忠商事株式会社、一九七四年、三二九―三三〇頁。

(132) 三島康雄「大阪における平生の人脈」、甲南学園編『平生釟三郎――人と思想』甲南学園、一九九九年、七九頁。

(133) 小川守正・上村多恵子『暗雲に蒼空を見る　平生釟三郎』ＰＨＰ研究所、一九九九年、一〇四頁。

(134) 甲南学園平生釟三郎日記編集委員会編『平生釟三郎日記　第六巻』甲南学園、二〇一二年、二六〇頁（一九二四年七月二七日付）。
(135) 小川守正・上村多恵子『暗雲に蒼空を見る　平生釟三郎』PHP研究所、一九九九年、一七三―一七四頁。
(136) 甲南学園編『平生釟三郎――人と思想』甲南学園、一九九九年、九〇頁。
(137) 梅棹忠夫「事務革命――日本探検（第五回）」『中央公論』七五巻一一号、一九六〇年一〇月、一三五頁。
(138) 甲南学園平生釟三郎日記編集委員会編『平生釟三郎日記　第六巻』甲南学園、二〇一二年、二二七―二二八頁（一九二四年六月二六日付）。
(139) 神木哲男「阪神間住宅都市の形成と展開――兵庫県芦屋市の事例を中心にして」『地域創造学研究』（奈良県立大学）一九巻四号、二〇〇八年、一〇―一一頁。
(140) 同前、一一頁。
(141) 竹村民郎「「阪神間モダニズム」の社会的基調」、『竹村民郎著作集Ⅲ　阪神間モダニズム再考』三元社、二〇一二年、一七―一八頁。
(142) 同前、一七頁。
(143) 詳細は、『竹村民郎著作集Ⅲ　阪神間モダニズム再考』（三元社、二〇一二年）に収められた各論考を参照。
(144) 甲南学園編『平生釟三郎――人と思想』甲南学園、一九九九年、五〇頁。
(145) 梅棹忠夫「事務革命――日本探検（第五回）」『中央公論』七五巻一一号、一九六〇年一〇月、一三五―一三六頁。実際、『カナ　ノ　ヒカリ』でも「オトコ　ノ　カタカナ〜ナマエ」という子どもにカタカナで命名した記事が一九三〇年代のものに散見される。ちなみに、一八二号（一九三七年一月）に掲載されたのは一四名（住所も掲載）、掲載をはじめてからの累計は九一人となっている（五頁）。
(146) 佐々木聡『科学的管理法の日本的展開』有斐閣、一九九八年、一一頁。
(147) 梅棹忠夫「事務革命――日本探検（第五回）」『中央公論』七五巻一一号、一九六〇年一〇月、一三六―一三七頁。

(148) ほかの回は順に「福山──殿様と学校」「綾部・亀岡──大本教と世界連邦」「北海道独立論──根釧原野」「高崎山」「名神道路」「出雲大社」となっている。
(149) 梅棹忠夫「事務革命──日本探検（第五回）」『中央公論』七五巻一一号、一九六〇年一〇月、一四〇頁。
(150) 小口忠太「眼科デ研究シタ国字問題」『カナ ノ ヒカリ』八九号、一九二九年五月、二頁。
(151) 大西克知『学生近視ノ一予防策』大西眼科医院、一八九七年（国立国会図書館デジタルコレクションにて閲覧可）。これは私家版であるが、翌年に「学生近視一予防策」として『日本眼科学会雑誌』二巻九号（一八九八年九月）の附録として全文が掲載される。また自治館編輯局編『国語改良異見』（自治館、一九〇〇年）には「医学博士大西克知」の意見として、この『学生近視ノ一予防策』の概要が記されている。
(152) 生沼曹六「近視眼と漢字」『日本医事週報』一二八八号、一九二〇年一月一日、四面。
(153) 井上達二「近視上活字ノ太サ」『医事公論』三六六号、一九二〇年一月一六日。
(154) 小口忠太「漢字ト縦読横読問題」『東京医事新誌』二二〇九号、一九二一年一月一日、五三頁。
(155) 同前、五二頁。
(156) 同前、五三頁。
(157) 同前、五八頁。
(158) 小口忠太「眼科デ研究シタ国字問題」『カナ ノ ヒカリ』八九号、一九二九年五月、二頁。
(159) 石原忍の評伝として、須田経宇『石原忍の生涯──色盲表とともに五十年』（講談社学術文庫、一九八四年）がある。石原はカナモジを改良してタイプライターも試作したが、カタカナは横書きに適さず、ローマ字は母音が一文字おきに登場するのでわずらわしいとして、「石原式横書き片仮名文字」を一新した「東眼式新仮名文字」を一九三七年に発表する。これは『カナ ノ ヒカリ』二一四号（一九三九年七月）でも石原忍「東眼式 新カナモジ ニ ツイテ」、川上嘉市「東眼式 横書文字ニ ツイテ」として紹介されている。また片塩二朗『活字に憑かれた男たち』（朗文社、一九九九年）では「石原忍のあたらしい文字の会」として一章分を割いている。
(160) 小口忠太「眼科デ研究シタ国字問題」『カナ ノ ヒカリ』八九号、一九二九年五月、二頁。

(161) 佐々木統一郎「医学的ニ　ミタ　国字問題」『カナ　ノ　ヒカリ』一三四号、一九三三年二月、一三頁。
(162) 船石晋一「眼ノ　働キカラ　ミタ　縦書横書」『カナ　ノ　ヒカリ』一九六号、一九三八年二月、三頁。
(163) 伊藤隆監修・百瀬孝著『事典　昭和戦前期の日本――制度と実態』吉川弘文館、一九九〇年、三七七頁。
(164) 保科孝一「近視眼と国字との関係」『国語教育』一四巻一一号、一九二九年一一月。それでも近視眼率は上昇していったので、再度、同「国字問題と近視眼の関係」『国語教育』二三巻一〇号（一九三八年一〇月）を執筆している。
(165) 一九四四年末に三年任期で改選された役員名簿の評議員のなかに小口忠太の名前がみえる（このときは名古屋帝国大学名誉教授。一九四五年に死去）。「財団法人　カナモジカイ　新役員名簿」『カナ　ノ　ヒカリ』二七九号、一九四五年二月、七頁。カナモジカイの活動に直接的に関わることはなかったであろうが、約二〇年評議員であった点にひとつの意思をみることは可能だろう。
(166) 詳細は、ホワニシャン・アストギク「近代日本における眼科学者の国字研究」『社会言語学』一四号（二〇一四年一二月）を参照。
(167) 丸山丈作「漢字　ヲ　ヤメレバ　イクラ　節約　デキル　カ」『カナ　ノ　ヒカリ』九三号、一九二九年九月、二頁。
(168) 上野陽一『人及事業能率の心理』同文館、一九一九年、一頁。
(169) 同前、二頁。
(170) この間の事情については、有田数士「上野陽一と協調会――産業能率研究所の設立経緯と展開について」『七尾論叢』一八号（二〇〇二年）も参照。
(171) 斎藤毅憲『上野陽一――人と業績』産業能率大学、一九八三年、二五三頁。
(172) 後年になるが、星野が日本事務能率研究所を創設し主幹となった際には、上野が所長をする日本産業能率研究所内に事務所を構え、指導主任を引きうけている（「日本事務能率研究所ノ創立」『カナ　ノ　ヒカリ』一〇一号、一九三〇年五月）二四―二五頁。

(173)「上野陽一先生　ト　カナモジカイ」『カナ　ノ　ヒカリ』七四三号、一九八四年六月、一〇頁。

(174) 上野陽一『能率学者の旅日記』プラトン社、一九二五年、頁数なし（国立国会図書館デジタルコレクションにて閲覧可）。

(175) 西村美香「プラトン社の雑誌デザイン」、小野高裕・西村美香・明尾圭造『モダニズム出版社の光芒――プラトン社の一九二〇年代』淡交社、二〇〇〇年。

(176) 小野高裕「プラトン社の軌跡」、小野高裕・西村美香・明尾圭造『モダニズム出版社の光芒――プラトン社の一九二〇年代』淡交社、二〇〇〇年、九七頁。

(177)「紹介」『カナ　ノ　ヒカリ』四三号、一九二五年八月、二頁。

(178) 西村美香「プラトン社の雑誌デザイン」、小野高裕・西村美香・明尾圭造『モダニズム出版社の光芒――プラトン社の一九二〇年代』淡交社、二〇〇〇年、一八五―一八六頁。

(179) 小野高裕「プラトン社の軌跡」、小野高裕・西村美香・明尾圭造『モダニズム出版社の光芒――プラトン社の一九二〇年代』淡交社、二〇〇〇年、七二頁。

(180) ちなみに、サルハシ9ポイントとは、一九二三年四月に発表された、サルハシ7ルイ、8ルイと命名されたものである。

(181)「カナモジカイ　ノ　中心　ヲ　東京　ニ　ウツス」『カナ　ノ　ヒカリ』六六号、一九二七年六月、八頁。その後、一九三八年に新橋に移り、戦局けわしい一九四四年九月には、麻布の旧上野陽一邸に本部を疎開させた（「カナモジカイ　ホンブ　ガ　ソカイノ　タメ　ヒッコシ　シマシタ」『カナ　ノ　ヒカリ』二七四号、一九四四年九月、八頁）。上野は一九四二年に等々力に転居していた。新橋の事務所は一軒家を上野が買い取って寄付したものであった。また敗戦後は麻布の家を売却したので、新橋の一軒家の使用権と交換に文京区の上富士前の一軒家を購入、のち本郷四丁目のマンションに移転し、現在にいたっている（「上野陽一先生　ト　カナモジカイ」『カナ　ノ　ヒカリ』七四三号、一九八四年六月、一〇―一一頁）。

(182) 産業能率短期大学編『上野陽一伝』産業能率短期大学出版部、一九六七年、一二九頁。

（183）斎藤毅憲『上野陽一――人と業績』産業能率大学、一九八三年、八二―八三頁。
（184）上野陽一『教育能率ノ根本問題』賢文館、一九三〇年、「ハシガキ」、四頁。
（185）同前、「ハシガキ」、三頁。
（186）同前、「ハシガキ」、三頁。
（187）同前、三九頁。
（188）同前、七三頁。
（189）上野陽一「教育能率の根本問題」『国語運動』二巻一〇号、一九三八年一〇月、一五頁。
（190）この点については、羽仁もと子の思想や『婦人之友』、そして愛読者組織「全国友の会」の通時的分析をおこなった、小関孝子『生活合理化と家庭の近代――全国友の会による「カイゼン」と『婦人之友』』（勁草書房、二〇一五年）を参照。
（191）雑誌の目次は、斎藤毅憲『上野陽一――人と業績』（産業能率大学、一九八三年）に掲載されている。
（192）上野陽一『上野陽一選集』潮文閣、一九四一年、一二、一三頁。
（193）また道場では「明治天皇御製　スナオ　ニテ　オオシキ　モノ　ワ　シキシマ　ノ　ヤマトコトバ　ノ　スガタ　ナリケリ　ヲ　奉誦シテ、ヤマト〜コトバ　ト　カナモジ〜ヒロメ　ニ　心ヲ　ヨセル　ヨウ　ココロガケテ　オリ、アラユル　ハリフダ　ワ　スベテ　左ヨコガキ　ノ　カタカナ　デ　シメサレテ　アリ、朝夕　トナエル　「トナエ〜コトバ」　モ　アザヤカナ　カナ文字デ　印刷　サレテ　アリマス」という（「カナモジ　ガ　サカンニ　ツカワレテ　イル　上野先生ノ　能率道場ノ　オシラセ」『カナ　ノ　ヒカリ』二四三号、一九四一年一一月、一九頁）。
（194）佐藤達哉『日本における心理学の受容と展開』北大路書房、二〇〇二年、五〇三頁。
（195）『心理学辞典』有斐閣、一九九九年、五六四頁。
（196）近代日本における心理学史については、佐藤達哉『日本における心理学の受容と展開』（北大路書房、二〇〇二年）がくわしい。

(197) 江口潔『教育測定の社会史——田中寛一を中心に』田研出版株式会社、二〇一〇年、五三頁。

(198) 同前、一七七—一七九頁。

(199) 田中寛一「日本民族の将来」『教育研究』二八二号、一九二五年一月、二〇九頁。

(200) 江口潔『教育測定の社会史——田中寛一を中心に』田研出版株式会社、二〇一〇年、一八〇頁。

(201) 田中寛一『日本民族の将来』培風館、一九二六年、五頁。

(202) 田中寛一『東洋諸民族ノ智能ニ関スル比較研究　第1報』東京文理科大学文科紀要、一二巻、一九三六年二月、一頁。

(203) なお、この調査の概要は、田中寛一「諸民族の智能」『民族の心理学』（現代心理学第五巻、河出書房、一九四三年）にまとめられている。

(204) 一覧表は、同前、五一、五六頁を参照。

(205) 田中寛一『東洋諸民族ノ智能ニ関スル比較研究　第1報』東京文理科大学文科紀要、一二巻、一九三六年二月、一頁。この紀要の末尾に、「附録Ⅱ」として「B式智能検査及ビ其ノ施行手引」が付されている。

(206) 山下恒男『近代のまなざし——写真・指紋法・知能テストの発明』現代書館、二〇一二年、二六二頁。

(207) 橋本重治「田中寛一と諸民族の知能研究」『教育心理』二六巻三号、一九七八年三月、二〇四頁。

(208) 千葉胤成著作集刊行会『千葉胤成著作集　第4巻』協同出版、一九七二年、二三二頁。

(209) 小谷野邦子「「満洲」における心理学——建国大学とその周辺」『茨城キリスト教大学紀要Ⅱ（社会科学）』第三六号、二〇〇二年、一七六頁。「満洲国」での心理学・「民族性格」調査の展開については、小谷野のこの論文のほか、小谷野邦子「「満洲」における心理学——前半期における人物を中心として」『茨城キリスト教大学紀要Ⅰ（人文科学）』第三五号（二〇〇一年）、同「日本における「支那」「満蒙」民族調査研究——民族性格をめぐって」『茨城キリスト教大学紀要Ⅱ（社会科学）』第四一号（二〇〇七年）などがある。

(210) 田中寛一『東洋諸民族ノ智能ニ関スル比較研究　第1報』東京文理科大学文科紀要、一二巻、一九三六年二月、二頁。

（211）田中寛一『東洋諸民族ノ智能ニ関スル比較研究　第４報』東京文理科大学文科紀要、一七巻、一九三九年三月、六頁。一九三四年の調査は奉天公学堂と南満中学堂でのものだったが、満鉄経営の両学校は日本語で授業をおこなっていたので、説明言語は日本語で、一九三六年の調査は「満洲国人ノ学校」でおこなったので、中国語で説明したという。結果は、初等教育のばあいは中国語によるテストの方が日本語によるテストよりも結果がよいのだが、中等教育のばあいは、差がみられなかったという。通訳は東京文理科大学の文科第三部で心理学を専攻した伍仲が担当した（同前）。『東京文理科大学一覧　自昭和十年四月至昭和十一年三月』（一九三五年）によれば、伍仲は湖南省からの留学生で一九三五年一〇月に卒業している（三六一頁）。

（212）田中寛一「日本民族の優秀性」『躍進日本の種々相　第十一回新更夏季大学講演集』新更会刊行部、一九四〇年、九七頁。

（213）同前、九八頁。

（214）佐藤達哉『日本における心理学の受容と展開』北大路書房、二〇〇二年、六〇〇頁。

（215）同前、六〇〇頁。また、佐藤がいう「そもそも個人の発達を見て発達保障をする目的で作られた知能検査」に関しては、滝沢武久『知能指数――発達心理学からみたＩＱ』（中公新書、一九七一年）、佐藤達哉『知能指数』（講談社現代新書、一九九七年）、村上宣寛『ＩＱってホントは何なんだ？――知能をめぐる神話と真実』（日経ＢＰ社、二〇〇七年）などを参照。また、田中寛一の知能検査については、川口仁志「田中寛一による知能の比較研究に関する考察」『九州造形短期大学紀要』二三巻（二〇〇一年）も参照。

（216）田中寛一『東洋諸民族ノ智能ニ関スル比較研究　第２報』東京文理科大学文科紀要、一四巻、一九三七年三月、四三三頁。

（217）田中寛一『日本の人的資源』蛍雪書院、一九四一年、「まえがき」一、三―四頁。またこれ以前にも、「日本民族の優秀性」『公論』三巻一号（一九四〇年一月）、「日本民族の優秀性」『躍進日本の種々相　第十一回新更夏季大学講演集』（新更会刊行部、一九四〇年）などで、『日本の人的資源』に結実する内容を論じている。

（218）田中寛一『日本の人的資源』蛍雪書院、一九四一年、三五三―三五四頁。

(219)「カナモジカイ　事業部　ノ　役員」『カナ　ノ　ヒカリ』二〇七号、一九三九年一月、二五頁。
(220)「財団法人　カナモジカイ　新役員名簿」『カナ　ノ　ヒカリ』二七九号、一九四五年二月、六頁。
(221)田中寛一「日本人の優秀性」『文芸春秋』二〇巻五号、一九四三年五月、八—九頁。
(222)「日本人の冠絶せる優秀性」『海之世界』三六巻六号、一九四二年四月、一七頁。
(223)朝比奈正二郎「岡崎常太郎氏（1880—1977）をしのんで」『昆虫』四五巻三号、一九七七年九月、四三三頁。なお、岡崎の略歴は、同論文四三四頁を参照。
(224)オカザキ　ツネタロウ「カナモジカイ　ニ　入ル——13年前　ノ　日記」『カナ　ノ　ヒカリ』二〇一号、一九三八年七月、一〇頁。
(225)オカザキ　ツネタロー『テンネンショクシャシン　コンチュー　700シュ』松邑三松堂、一九三〇年、一頁。
(226)同前、一—二頁。
(227)同前、二頁。
(228)岡崎常太郎『漢字制限の基本的研究』松邑三松堂、一九三八年、六〇頁、六六—六八頁。
(229)岡崎常太郎「新聞における漢字の調査」『社会教育』一〇巻一一号、一九三九年一一月、二三頁。
(230)岡崎常太郎『漢字制限の基本的研究』松邑三松堂、一九三八年、二四—二五頁。
(231)これは、『国語教育』二一巻八号、一九三六年八月に掲載されたものだが、簡約版は先行して「東京市の小学校における義務教育でおぼえる漢字のしらべ——服部報公会援助の漢字制限の研究」『国語教育』二一巻七号（一九三六年七月）に掲載された。田中寛一はこちらを参照した可能性もある。また、これは『カナ　ノ　ヒカリ』一七四号（一九三六年六月）に掲載されたほぼ同題のものの転載である。
(232)岡崎常太郎「義務教育修了時の書字力についての調査——ならびに文字教育の改善に関する研究」『国語教育』二一巻八号、一九三六年八月、特別付録、一頁。
(233)同前、三頁。
(234)同前、四—五頁。

(235) 同前、八頁。

(236) 同前、一一頁。

(237) 岡崎常太郎「国字問題解決の原動力は何か」『コトバ』六巻一一号、一九三六年一〇月、七二頁。

(238) 田中寛一の年譜は、江口潔『教育測定の社会史――田中寛一を中心に』(田研出版株式会社、二〇一〇年)のものを参照した。田中は東京文理科大学の学長にも目されていた人物でもあったようで、「偉大な体軀の持主であつて、恐らく五尺七寸余、二十貫を超えるであらう。その体軀が示すやうにすこぶる線の太い人物で目の前に爆弾がおちても眉根一つ動かさないだらうと思はれる」、「彼の愛国心は火花のやうなものではなく、学的根拠に立つた、根強いどつしりとしたものである」と評されている(大塚浪人「教育界人物行脚 東京文理科大の巻(五)」『教育週報』九一六号、一九四二年一二月五日、八頁)。

(239) 国語協会の機関誌『国語運動』のほぼ各号にある新入会員名簿には、新規会員名とともに紹介者がいた場合にはその氏名も記されている。そこに紹介者として岡崎常太郎が登場するのは六六人分となっており、幹事長・保科孝一の八七人につぐ人数となっている(筆者調べ)。

(240) 国立国語研究所『現代新聞の漢字』(国立国語研究所報告56)秀英出版、一九七六年、四頁、二七―二八頁。

(241) この意見交換の詳細は「ヨイ　コト　ハ　カナラズ　オコナワレル(1)(2)(3)」『カナ　ノ　ヒカリ』四五号(一九二五年一〇月、二頁)、四六号(一九二五年一一月、三頁)、四七号(一九二五年一二月、三頁)を参照。比較表は(1)に掲載。また「新聞(日本では振り仮名なきもの)を読むだけに至るまでの学習年数」を除いたデータを伊藤は新聞にも示している(伊藤忠兵衛「一日一文　西瓜」『大阪朝日新聞』一九二五年九月七日、一面)。

(242) 下村宏は一九四三年に日本放送協会会長となり、一九四五年には鈴木貫太郎内閣の国務大臣、情報局総裁となる。いわゆる「玉音放送」に関わる。詳細は、坂本慎一『玉音放送をプロデュースした男　下村宏』(PHP研究所、二〇一〇年)を参照。

(243) 下村宏『世界と日本』朝日新聞社、一九三二年、三六九頁。

(244) 下村海南「国字政策問題」『教育』四巻八号、一九三六年八月、六頁。

第四章　動員の思想——能率と精神のあいだ

（1）文化庁編『国語施策百年史』ぎょうせい、二〇〇六年、一七九頁。

（2）「原敬氏」、自治館編輯局編纂『国語改良異見』自治館出版、一九〇〇年、三二五頁。

（3）平井昌夫『国語国字問題の歴史』昭森堂、一九四八年、二四一頁。

（4）同前、二四三頁。

（5）南弘は富山出身で東京帝大法科大学卒業後、内務官僚。同郷の南兵吉の養子となり、長女と結婚。一九一一年から一九一二年までの第二次西園寺公望内閣では内閣書記官長（いまでいう内閣官房長官）。のち貴族院議員。一九一八年文部次官、一九三二年台湾総督となるも、すぐに五・一五事件後組閣された斎藤実内閣で逓信大臣（一一九三四年）。一九三四年国語審議会会長（一一九四六年）。一九三六年から枢密顧問官だったが、一九四六年二月九日の枢密院の委員会の最中、一酸化炭素中毒により死去。

（6）平生釟三郎『漢字廃止論　第四版』カナモジカイ、一九三六年、四―一四頁。平生は女性参政権や男女平等を求める社会運動には理解を示さず、日記では厳しく批判しているという（高阪薫「平生釟三郎の女性観」、甲南学園編『平生釟三郎——人と思想』甲南学園、一九九九年、一一〇―一一二頁）。平生に何もかもを期待することは、当然できない。

（7）甲南学園編『平生釟三郎——人と思想』甲南学園、一九九九年、一九〇頁。

（8）平生釟三郎『漢字廃止論　第四版』カナモジカイ、一九三六年、一四―一五頁。

（9）「漢字から解放さるれば／教育能率はズッと上る／平生氏の教育改善論」『東京朝日新聞』一九三一年六月一一日、二面。

（10）『第六十九回帝国議会貴族院議事速記録第二号』一九三六年五月七日、五―六頁。

（11）『国体の本義』の制定過程などについては、安田敏朗『国文学の時空——久松潜一と日本文化論』（三元社、二〇〇二年）を参照。

(12) 『第六十九回帝国議会衆議院議事速記録第三号』一九三六年五月七日、二六頁。

(13) くわしくは、甲南学園編『平生釟三郎――人と思想』(甲南学園、一九九九年)などを参照。

(14) 有村兼彬「平生釟三郎と漢字廃止論」『甲南大学紀要 文学編』六八号、一九八七年、および有村兼彬「平生釟三郎と漢字廃止論」、安西敏三編『現代日本と平生釟三郎』晃洋書房、二〇一五年。より詳細な前者を参照した。

(15) ホシノ ユキノリ「平生文相ヲ ムカエル ニ アタッテノ 所感」『カナ ノ ヒカリ』一七三号、一九三六年五月、一―二頁。

(16) 『第六十九回帝国議会貴族院議事速記録第四号』一九三六年五月一〇日、三〇―三二頁。

(17) くわしくは、石川巧「音声の進化論――伊澤修二の言語観とその実践」『国文学論考』三八号(二〇〇二年三月)を参照。

(18) 松坂忠則「カナモジ運動の方法論――発音式カナヅカイによる」『コトバ』六巻一一号、一九三六年一〇月、五一頁。

(19) 『第六十九回帝国議会貴族院議事速記録第四号』一九三六年五月一〇日、三二―三五頁。

(20) 同前、三五―三六頁。この平生の答弁は官報からの引用という形で「貴族院ニ オケル 平生文相ノ 国字問題ニ ツイテノ 答弁」『カナ ノ ヒカリ』一七四号(一九三六年六月)として紹介された。

(21) 「平生文相恐懼し/取消的釈明/あす貴院で自発的に」『東京朝日新聞』一九三六年五月一〇日、二面。

(22) 「次官型を脱せぬ/内相の用心答弁/文相の仮名文字論感心せず/法相は精彩を欠く」『東京朝日新聞』一九三六年五月一一日、二面。

(23) 河合哲雄『平生釟三郎』羽田書店、一九五二年、七六八頁(有村兼彬「平生釟三郎と漢字廃止論」『甲南大学紀要 文学編』六八号、一九八七年、九九頁より再引用)。

(24) 『第六十九回帝国議会貴族院議事速記録第五号』一九三六年五月一二日、四六頁。

(25) 『第六十九回帝国議会衆議院予算委員会議録第五回』一九三六年五月一二日、六一―六二頁。

(26)「漢字廃止論　昭和四年八月六日――兵庫県高砂夏期大学での講演」、『平生釟三郎講演集――教育・社会・経済』甲南学園、一九八七年、一四三頁。有村兼彬「平生釟三郎と漢字廃止論」『甲南大学紀要　文学編』六八号（一九八七年、一一〇頁）の指摘による。

(27)『第六十九回帝国議会　衆議院予算委員会議録第五回』一九三六年五月一二日、六二―六三頁。

(28)「押付け政務官は／断固御免を蒙る（文相談）」『報知新聞』一九三六年四月一四日、二面。

(29)「国体明徴徹底に／先づ教科書改訂／帰京の平生文相語る」『東京朝日新聞』一九三六年四月一四日、二面。

(30)『第六十九回帝国議会　衆議院予算委員第二分科（内務省及文部省所管）会議録第二回』一九三六年五月一四日、七頁。

(31) 同前、九頁。

(32)『第六十九回帝国議会　貴族院議事速記録第七号』一九三六年五月一五日、七二頁。

(33)「形勢重大化を予防／文相再検討言明／漢字廃止論の渦紋」『東京朝日新聞』一九三六年五月一五日（夕刊）、一面。

(34)『第六十九回帝国議会　貴族院予算委員会議速記録第二号』一九三六年五月一八日、三二頁。

(35)「議会の楽屋を覗く（上）」『東京朝日新聞』一九三六年五月二一日、二面。

(36) 松井朔子「平生釟三郎日記に見る関西のモダニズム」、竹村民郎・鈴木貞美編『関西モダニズム再考』思文閣出版、二〇〇八年、一二一頁。なお松井は、平生の日記は「語彙はきわめて豊富でことに漢語が多用されている」ことを「漢字廃止論者であった事実から見れば皮肉なこと」だとしているが（同前、一〇三―一〇四頁）、公開を前提としない日記であれば当然のことで、一度獲得したリテラシーをそうやすやすと手放すことはないという事例である。

(37)「漢字廃止論者に与ふ」『国学院雑誌』四二巻七号、一九三六年七月。

(38) 市村瓚次郎「漢字廃止問題の再検討――特に平生文相の反省を促す」『国学院雑誌』四二巻七号、一九三六年七月、一二頁。

(39) 高橋龍雄「漢語と国語の音節関係に就いて」『国学院雑誌』四二巻七号、一九三六年七月、一三頁。

(40) 同前、一五頁。
(41) 同前、一八頁。
(42) 飯島忠夫「漢字廃止論に就いて」『国学院雑誌』四二巻七号、一九三六年七月、四四頁。
(43) 沢田総清「漢字廃止論を駁す」『国学院雑誌』四二巻七号、一九三六年七月、二〇、二二頁。
(44) 同前、二四頁。
(45) 上野陽一「漢字引退は当然」『東京朝日新聞』一九三六年六月一八日、九面。
(46) 上野陽一「タイプライタから見た国字問題」『教育』四巻八号、一九三六年八月、四一頁。
(47) 上野陽一「最近　ノ　所感」『カナ　ノ　ヒカリ』一八一号、一九三六年一二月、一頁。
(48) 伊藤忠兵衛「漢字廃止の真義」『大阪朝日新聞』一九三六年七月一五日、五面。
(49) 「世論ニ　対スル　感想」『カナ　ノ　ヒカリ』一七八号、一九三六年九月、一頁。
(50) イナガキ　イノスケ「漢字廃止説　ニ　タイスル　世論――日本国民　ニ　ツゲル」『カナ　ノ　ヒカリ』一七八号、一九三六年九月、五頁。菊池寛は、「兎に角将来は廃止すると云ふ方針だけ立てゝ、それで徐々に廃止するやうな方向に向つて貰ひたいと思ふ」と述べている（「国語国字問題を語る（座談会）」『日本評論』一一巻七号、一九三六年七月、二九五頁。ほかの出席者は井上哲次郎、市河三喜、小倉進平、谷川徹三、佐藤春夫）。菊池はこの後、「漢字廃止と国粋」『ペン』（創刊号、一九三六年一一月）をあらわし、漢字制限に賛成し、不便を忍んでも後世のために漢字廃止を痛切に望む、と論じた。「漢字のやうな借り物を、廃止することも、ある意味で国粋的運動である」というわけである（四三頁）。この記事はさっそく、イナガキ　イノスケ「菊池寛氏ノ「漢字廃止ト　国粋」ヲ　ヨム」『カナ　ノ　ヒカリ』一八一号（一九三六年一二月）として紹介された。
(51) イナガキ　イノスケ「漢字廃止説　ニ　タイスル　世論――日本国民ニ　ツゲル」『カナ　ノ　ヒカリ』一七八号、一九三六年九月、六頁。
(52) イナガキ　イノスケ「平生文部大臣ノ　説ヲ　ヨク　国民ニ　理解セシメヨ――コトシ　ノカナモジ〜ヅキ運動ノ　一目標」『カナ　ノ　ヒカリ』一七九号、一九三六年一〇月、三頁。

(53)「漢字問題に新機軸／国民常識向上へ／平生文相乗り出す」『東京朝日新聞』一九三六年一〇月二九日、三面。
(54)有村兼彬「平生釟三郎と漢字廃止論」『甲南大学紀要　文学編』六八号、一九八七年、一〇三頁。
(55)文化庁『国語施策百年史』ぎょうせい、二〇〇六年、二四二頁。
(56)有村兼彬「平生釟三郎と漢字廃止論」『甲南大学紀要　文学編』六八号、一九八七年、一〇二頁。
(57)平生釟三郎「日本精神　ト　カナモジ運動」『カナ　ノ　ヒカリ』一九五号、一九三八年一月、三頁。
(58)『日本医事新報』九四一号、一九四〇年九月、一五頁。
(59)同前、二九―三〇頁。
(60)上野陽一「カナヅカイ改正の意義」『国語運動』三巻四号、一九三九年四月、九頁。
(61)イナガキ　イノスケ「国民精神総動員　ト　カナモジ　カイイン　ノ　ココロガマエ」『カナ　ノ　ヒカリ』一九四号、一九三七年一二月、二―三頁。
(62)星野行則「国字改良　促進ノ　気運」『カナ　ノ　ヒカリ』一九六号、一九三八年二月、表紙裏。
(63)池田敬八「時局下ニ　オケル　会員総会」『カナ　ノ　ヒカリ』一九九号、一九三八年五月、表紙裏。池田は元内閣印刷局長。
(64)「国字改善ニ関スル件」（一九三八年三月二五日）『議院回付請願書類原議（十七）』本館-2A 029-00　請願-00069-100、リール番号 002300、開始コマ 0097（国立公文書館所蔵）。
(65)「兵器名称及用語ノ簡易化ニ関スル規程」は、JACAR（アジア歴史資料センター）Ref.C01005106600、昭和一五年「陸普綴　陸軍省」（防衛省防衛研究所）から引用。また『兵器用語集（其ノ一）』は抄録だが、吉田澄夫・井之口有一編『明治以降国語問題諸案集成　語彙・用語・辞典・国語問題と教育編』（風間書房、一九七二年）におさめられている。同時代的には「国字国語問題　解決ノ　歴史ニ　アラタナ　一時代ヲ　ウミダシタ　陸軍ノ　漢字　漢語　大制限」『カナ　ノ　ヒカリ』（二二五号、一九四〇年五月）でも解説とともに規程全文が紹介されている。
(66)「兵器用語ノ　カナヅカイ　ガ　発音式ニ　改正サレタ」『カナ　ノ　ヒカリ』二三九号、一九四一年七月。
(67)時代によって内容が異なるが、概要は、清川郁子「リテラシーの普及と「壮丁教育調査」――リテラシーの普

及と社会調査（1）」、川合隆男編『近代日本社会調査史（II）』（慶應通信、一九九一年）を参照。

（68）文部省国民教育局『昭和十八年度壮丁教育調査資料』一九四四年九月、それぞれ、三三、三一、三六頁（『近代日本教育資料叢書　史料篇四』宣文堂書店、一九七三年におさめる）。

（69）このときの作戦での見聞は、荘司武夫「戦地の種々相」『偕行社記事』（七七五号、一九三九年四月）に講演録という形で掲載され、部分的に荘司武夫「我が皇軍の精神力」、岩井孝次編『支那事変誠忠録1』（岩井珍品屋、一九四〇年）に収録されている。

（70）荘司武夫「陸軍兵器用語の簡易化」『国語運動』五巻一号、一九四一年一月、二四頁。また、「ムツカシイ　兵器ノ　名称ガ、コウシタ　兵器ノ　トリアツカイ、アルイワ　補給ニ　非常ナ　ショウガイ　ヲ　アタエテ　イル　コト　ガ、今度ノ　事変デ　シミジミ　感ジサセラレタ　ノデ　アル」という文章も残している（荘司武夫「軍トシテ　ノ　立場カラ」『カナ　ノ　ヒカリ』二三九号、一九四一年七月、一六頁。これは『帝国大学新聞』八五八号（一九四一年五月二六日、八面）に掲載されたものの転載。「躍進する国語国字運動」四回連載の最終回。転載に際してひらがながカタカナになり、促音が小文字表記になっている以外は変更なし）。兵器局にいた荘司武夫には、以下のような兵器関係の著作がおおい。荘司武夫『躍進する近代兵器』（文憲堂、一九四二年）、『野戦兵器』（ダイヤモンド社、一九四二年）、『歩兵の真髄』（大紘書院、一九四三年）、『火砲の発達』（愛之事業社、一九四三年）、『我等の兵器』（春陽堂文庫出版、一九四三年）など。また「国語と国防国家」（『国語文化講座　第1巻　国語問題篇』朝日新聞社、一九四一年）では、以下のようなみだしのもとで議論を展開している。「国語と国民精神／国語整理の目標は何か／漢字の制限は日本語の純化、表現を完全ならしむる上から必要だ／教育上、漢字の負担を救え／漢字を制限して事務能率を発揮せよ／漢字の制限は日本語の海外普及上必要である／かなづかい改正が必要だ」。

（71）大村亀太郎「陸軍兵器用語簡易化の現在と将来」『国語運動』五巻六号、一九四一年六月、七―八頁。

（72）ヤスイ　フカシ「軍用語　平易化　ノ　運動」『カナ　ノ　ヒカリ』一五一号、一九三四年七月。

（73）団洞爺「陸軍用語及び兵器名称に関する考察」『軍事と技術』九七号、一九三五年一月、四六頁。

（74）清水喜重「命令速達の超時代的便法——仮名字打機の軍用的価値研究」『偕行社記事』六四九号、一九二八年一〇月、四八―四九頁。

(75) 山田尚勇(岡留剛監修)『文字入力とテクノロジー――コンピュータ科学者がみた日本語の表記と入力2』くろしお出版、二〇一四年、二五八―二六〇頁。

(76) 伊藤忠兵衛翁回想録編集事務局『伊藤忠兵衛翁回想録』伊藤忠商事株式会社、一九七四年、三三八―三三九頁。

(77) 「昭和十五年六月二十五日　陸軍側、国語審議会懇談会報告」(国立公文書館所蔵、本館 -2A-040-00・資00137100)。

(78) 片山杜秀『未完のファシズム――「持たざる国」日本の運命』新潮選書、二〇一二年。

(79) 松坂忠則「陸軍省ニ　マネカレテ　文字教育　改善意見ヲ　講演シタ　報告」『カナ　ノ　ヒカリ』二二九号、一九四〇年九月、二頁。ここで松坂は、「読めるだけにとどめておく漢字」と「書けるように教える漢字」とにわけて、後者を約五〇〇字に設定し、それを義務教育でしっかりと教えるべきだ、という内容の講演をしたという。この区分は現在の常用漢字の選定にも利用されている。

(80) 「巻頭言　陸軍の用語簡易化と漢字制限」『国語運動』四巻四号、一九四〇年四月、一頁。

(81) 「国語国字展覧会」『国語運動』四巻七号、一九四〇年七月、二一頁。

(82) 「巻頭言　国語国字問題の映画筋書募集」『国語運動』四巻九号、一九四〇年九月、一頁。

(83) 高倉テル『ニッポン語』北原出版、一九四四年、九一頁。

(84) 大坪義勢『国家総力戦　防諜講話』大日本雄弁会講談社、一九四一年、一九八―一九九頁。

(85) 同前、一九九―二〇〇頁。

(86) 同前、二〇六頁。

(87) 同前、五八―六八頁。なお、『防諜講話』の一部は大坪義勢「漢字ノ　問題」として『カナ　ノ　ヒカリ』二五九号(一九四三年三月)でも紹介されている。

(88) 山中恒『暮らしの中の太平洋戦争――欲シガリマセン勝ツマデハ』岩波新書、一九八九年、一一七―一一九頁。

(89) 中田整一『トレイシー――日本兵捕虜秘密尋問所』講談社、二〇一〇年。

(90)『読売報知』一九四五年一月七日、二面。
(91)『国語調査沿革資料』文部省教科書局国語課、一九四九年、一九五頁。
(92)議事録は、『国語対策協議会議事録』(文部省、一九三九年)。復刻は『「満洲・満洲国」教育資料集成』(第10巻、エムティ出版、一九九三年)。
(93)「文部省図書局主催第二回国語対策協議会昭和十六年(参考資料関係雑件　第九巻)」、外務省外交資料館、レファレンスコード B05016093800(アジア歴史資料センター)。なお、第一日目の速記録は『専修大学人文科学研究所月報』二七九〇号(二〇一五年一二月)に翻刻されている。
(94)稲垣伊之助「重要国策となった/国語国字の統一」『中外新聞』一九四一年三月一六日、一面。
(95)国語協会に関する先行研究はあまりない。機関誌『国語運動』の創刊号の、漢字制限の主張に着目した棚橋尚子「『国語運動』創刊と漢字制限問題について」『奈良教育大学国文』二四号(二〇〇一年三月)くらいである。
(96)保科孝一『国語問題五十年』三養書房、一九四九年、二一八頁。および同「国語協会の成立と発会式」『国語教育』一五巻三号、一九三〇年三月。
(97)「国語協会」『カナ　ノ　ヒカリ』九七号、一九三〇年一月、一七頁。
(98)保科孝一「文字文化展覧会について」『国語教育』二〇巻九号、一九三五年九月、一頁。また展覧会の内容は、『文字文化展覧会　出品物解説』(カナモジカイ、一九三五年)でしることができる。
(99)クロカワ　カオル「大連、奉天ニ　オケル　文字文化展覧会」『カナ　ノ　ヒカリ』一六八号、一九三五年一二月。
(100)保科孝一「国語協会の新陣容」『国語教育』二二巻八号、一九三七年八月、三頁。
(101)国語協会の設立および活動再開については、保科孝一「国語協会の成立と発会式」『国語教育』一五巻三号(一九三〇年三月)、同「国語協会の新陣容」『国語教育』二二巻八号(一九三七年八月)を参照。また国語協会機関誌である『国語運動』の創刊号(一九三七年八月)にも新陣容での総会の模様、合同までの経緯を記した「新しい国語協会の生れるまで」が掲載されている。

(102) 近衛文麿「国語の尊重愛護は国民の責務である」『国語運動』一巻一号、一九三七年八月、三―四頁。

(103) この五首は『明治天皇御集』(文部省、一九二二年)によれば、順に、題詞「樵夫」(一九〇五年)、「書」(一九〇五年)、「国」(一九〇九年)、「をりにふれて」(一九〇八年)、「詞」(一九一〇年)となっている。

(104) 以下の記述は、「カナモジカイ　10ネン　ノ　アユミ」『カナ　ノ　ヒカリ』九七号(一九三〇年一月)、「山下氏ガ　ナクナッテ　カラ　ノチ　ノ　経過」、山下芳太郎『国字改良論』八版(カナモジカイ、一九四二年)などにもとづく。

(105) ミヨシ　シチロウ「カナモジ〜ウンドウノ　ススメカタ――ワタシワ　コウ　オモウ」『カナ　ノ　ヒカリ』四一六号、一九五七年二月、一四頁。

(106) 「カナモジカイ」『カナ　ノ　ヒカリ』(臨時増刊)一七五号、一九三六年六月、二四頁。

(107) 武田知星『訓読全廃論――根本的漢字制限案』カナモジカイ　ケイジョウ　シブ、一九二七年。ちなみに、一九二六年時点で朝鮮にはカナタイプライターが三台あったそうである(稲垣伊之助「国字問題について」『文教の朝鮮』一七号、一九二七年一月、一三頁)。

(108) 『カナ　ノ　ヒカリ』(臨時増刊)一七五号、一九三六年六月、二四頁。

(109) 「カナモジカイ　10ネン　ノ　アユミ」『カナ　ノ　ヒカリ』九七号、一九三〇年一月、二頁。

(110) イナガキ　イノスケ「ヒュウガ　リヘイ　シ　ワ　イキテ　イラレル」『カナ　ノ　ヒカリ』二一七号、一九三九年一〇月、一二頁。

(111) 「面目一新の駅名札／四月からこの片カナ」『東京朝日新聞』一九二七年三月三日、七面。

(112) 「井上前鉄相のてんぐ案／一挙に葬り去らる／駅名札の左横書きは相成らぬと／国粋保存の新鉄相／あつ気に取られた鉄道省大間誤つき」『東京朝日新聞』一九二七年五月五日、一一面。

(113) 平井昌夫『国語国字問題の歴史』昭森社、一九四八年、五〇七―五〇八頁。

(114) 平生釟三郎『漢字廃止論　第五版』カナモジカイ、一九三六年、二四頁。なお、この資料からは、カナモジカイ主事の稲垣伊之助が鉄道省で講演をおこなっていたことがわかる。また、阪神鉄道はもとの鉄道省案を採用したとも記されている。

(115)「井上前鉄相のてんぐ案／一挙に葬り去らる／駅名札の左横書きは相成らぬと／国粋保存の新鉄相／あつ気に取られた鉄道省大間誤つき」『東京朝日新聞』一九二七年五月五日、一一面。

(116)「小川鉄相に与ふ」『東京朝日新聞』一九二七年五月七日、三面。この記事では、小川が司法大臣のとき、金子文子と朴烈が取調室で睦み合う写真が撮られ流出した疑惑にきちんと答えていない、との批判もなされている。

(117)「仮令西園寺公でも／だれでも無駄なカナ駅名／あらしの如き禁止反対の声の中に／あごをなでる小川新鉄相」『東京朝日新聞』一九二七年五月六日、一一面。

(118)小川平吉述『鉄道従事員諸君へ』鉄道研究社、一九二七年、四二頁（国立国会図書館デジタルコレクションにて閲覧可）。

(119)平井昌夫『国語国字問題の歴史』昭森社、一九四八年、五〇七頁。

(120)『駅名　左ガキ問題　ノ　イキサツ』カナモジカイ、一九二七年（国立国会図書館デジタルコレクションにて閲覧可）。

(121)屋名池誠『横書き登場――日本語表記の近代』岩波新書、二〇〇三年、一二四頁。

(122)星野行則『国民教育上　ノ　重要問題』カナモジカイ、一九三七年、四三頁（国立国会図書館デジタルコレクションにて閲覧可）。

(123)同前、四四頁。

(124)銀座通りにある看板の文字から五〇問、新聞の見出しから五〇問で構成された問題を東京市の高等小学校二年生四二五名を対象とした調査（一九三七年三月八―一六日）。全問正解者はなく、正答率九割以上のものは四問、という結果であった（「高等小学校　ソツギョウ　直前ノ　コドモ　ガ　カン字ヲ　ドノ　程度ニ　読メルカ」『カナ　ノ　ヒカリ』一八六号、一九三七年五月）。また、一九三六年におこなった小学校での漢字書き取り試験と比較するために一九三六年入営の陸軍兵士八〇九名を対象にした書き取り調査では、最終学歴により差は生じるものの、計算上は、義務教育で学習する一八五八字のうち七三三字しか書くことができない、という結論をみちびいている

（カナモジカイ事業部第3（漢字制限）部「国民　成年者ノ　漢字　書取能力　調査ノ　報告」『カナ　ノ　ヒカリ』一九一号、一九三七年九月）。また、一九四〇年三月には、三年前におこなったのとほぼ同様の調査を、東京市都市部・農村部の高等小学校児童二二四二名に対して実施している。結果におおきなちがいはない（カナモジカイ「高等小学校　卒業直前ノ　児童ノ　漢字ヲ　読ム　能力」『カナ　ノ　ヒカリ』二三七号、一九四一年五月）。

(125) 「財団法人　カナモジカイ　設立趣意書」『カナ　ノ　ヒカリ』二〇五号、一九三八年一一月、九頁。なお、公益法人制度改革により、カナモジカイは二〇一三年一一月三〇日をもって、財団法人ではなくなった。

(126) 星野行則「新ラシク　公法人　トシテ　アユミダス　カナモジカイ　ノ　使命」『カナ　ノ　ヒカリ』二〇六号、一九三八年一二月、三頁。

(127) 「国語協会の将来の計画について」『国語運動』一巻一号、一九三七年八月、四四―四五頁。

(128) 「国語協会第二回総会」『国語運動』二巻七号、一九三八年七月、四一頁。

(129) 「第三回国語協会総会記録」『国語運動』三巻八号、一九三九年八月、三〇頁。

(130) 「財団法人　カナモジカイ　第1期　貸借対照表」『カナ　ノ　ヒカリ』二〇九号、一九三九年三月、一五頁。

(131) マツサ　カタダノリ「カイイン　ミナサマエ」『カナ　ノ　ヒカリ』二七四号、一九四四年九月、六頁。

(132) 国語協会理事などの名簿は、保科孝一「国語協会の成立と発会式」『国語教育』一五巻三号（一九三〇年三月）、同「国語協会の新陣容」『国語教育』二二巻八号（一九三七年八月）を参照。

(133) 『国語運動』八巻七号、一九四四年七月。『国語運動』に記載された会員数の流れを列記すると、以下のとおり。一〇六二名（三八年三月末。二巻七号）→一三八六名（三九年三月末。三巻八号）→一六三一名（三九年九月末。三巻一一号）→一七八一名（四一年三月末。六巻八号）→二〇六三名（四二年三月末。六巻八号）→二一二二名（四二年一二月末。七巻三号）→二一七三名（四三年三月末。七巻六号）→二二二六名（四三年四月末。七巻七号）→二三一〇名（四三年五月末。七巻八号）→二四九二名（四三年一〇月末。八巻一号）→二五二九名（四三年一一月末。八巻二号）→二五七三名（四三年一二月末。八巻三号）→二五八三名（四四年一月末。八巻四号）→二五〇八名（四四年二月末。八巻五号）→二六〇八名（四四年三月末。八巻六号）→二六一六名（四四年四月末。八巻七号）→二六一一名（四四年五

月末。八巻八号）→二六〇七名（四四年六月末。八巻九号）→二六〇二名（四四年七月末。八巻一一号）→二五九二名（四四年八月末。八巻一二号）。一貫して増加しているが、最後に若干の減少をみせている。

(134) 保科孝一『国語問題五十年』三養書房、一九四九年、二二四頁。

(135) 「第七回国語協会総会」『国語運動』七巻八号、一九四三年八月、一一頁。

(136) これ以前にカナモジカイは独自で映画シナリオの募集（一九三九年七月末締切）をしていた（「カナモジ エイガ ノ シナリオ ヲ ツノル」『カナ ノ ヒカリ』二一四号、一九三九年七月、一五頁）が、この映画についての詳細は不明。

(137) 加藤厚子『総動員体制と映画』新曜社、二〇〇三年、五二頁。

(138) 陸軍宣伝班については、櫻本富雄『文化人たちの大東亜戦争――PK部隊が行く』（青木書店、一九九三年）などを参照。

(139) 村山英治『映画に生きる（私的回想）』非売品、二〇〇一年。

(140) 稲垣伊之助「国語・国字展覧会のあとで」『国語運動』四巻七号、一九四〇年七月、二三頁。展示の概要は、同誌同号の「国語国字展覧会」、および『カナノヒカリ』二二八号（一九四〇年八月、国語国字展覧会記念号）に掲載されている。松坂忠則「国語協会カナモジカイ共同主催の国語・国字展覧会」『国語運動』四巻六号（一九四〇年六月）も参照。

(141) 「大東亜建設に際し国語国策の確立につき建議」『国語運動』六巻五号、一九四二年五月、二―七頁。

(142) 安田敏朗『「国語」の近代史――帝国日本と国語学者たち』中公新書、二〇〇六年。

(143) 「「皇軍慰問 ニッポン ノ コトバ」ヲ 編ム 趣意」『カナ ノ ヒカリ』一九五号、一九三八年一月、五頁。

(144) 田中寛「『カナノヒカリ』にみる海外日本語進出論の展開――中国大陸から南方諸地域へ」『外国語学研究』（大東文化大学大学院外国語学研究科）一五号、二〇一四年三月、一五〇、一五一頁。のちに、同『戦時期における日本語・日本語教育論の諸相――日本言語文化政策論序説』（ひつじ書房、二〇一五年）におさめる。

(145) マツサカ　タダノリ「シナ　ニ　カナモジ　デ　ニッポンゴ　ヲ　オシエル　シゴト　ノ　ナリユキ　ニ　ツイテ」『カナ　ノ　ヒカリ』二二三号、一九四〇年一二月。また泉興長も編纂中に気がついたことをまとめている（イズミ　オキナガ「「ニッポン　ミンコク　ジテン」ノ　ヘンサン　ヲ　シテ」『カナ　ノ　ヒカリ』二三二号、一九四〇年一二月）。なお、翌年七月にも興亜院で「対支日本語普及に関する協議会」が開催され、文部省関係者や研究者などが参加した。松坂も参加したが、ここでもやはり教科書の表記法について議論が交わされたという（松坂忠則「日本語普及ノ　国策ニ　ツイテ——興亜院ノ　協議会ニ　出席シタ　報告」『カナ　ノ　ヒカリ』二四〇号、一九四一年八月）。

(146) 「イヨイヨ　デキアガッタ　「ニッポンゴ　ノ　ジビキ」ト「ニッポンゴ　トクホン」」『カナ　ノ　ヒカリ』二三五号、一九四一年三月、三二—三三頁。これによれば、段組なしの全一一五頁ということだが、国立国会図書館デジタルライブラリーで閲覧可能な、同書改定第一刷（一九四三年一一月刊行）では二段組になり、五五頁とより薄くなっている。

(147) 「イヨイヨ　デキアガッタ　「ニッポンゴ　ノ　ジビキ」ト「ニッポンゴ　トクホン」」『カナ　ノ　ヒカリ』二三五号、一九四一年三月。

(148) イズミ　オキナガ「テンシン　ダヨリ」『カナ　ノ　ヒカリ』二四三号、一九四一年一一月、一六頁。一九二〇年うまれの泉興長は、一九四一年に東京外国語学校支那語部を卒業、華北交通に入社、一九四六年の帰国後は富山県立富山商業高校、富山市立東部中学校、富山外国語専門学校などで勤務した。上代日本語についての著書『コトダマの世界——「象形言語説」の検証』（社会評論社、一九九一年）では、学生のころからカナモジカイ会員であったことを記している（一七四頁）。敗戦後には、『カナ　ノ　ヒカリ』に、中国の文字改革について断続的に紹介している。順に、「中国ノ　文字改革ニ　ツイテ」（四〇四号、一九五六年三月）、「中国ニ　オケル　文字改革ノ　アシナミ」（四二四号、一九五七年一〇月）、「中国ノ　文字改革論ノ　ススミ」（五〇八号、一九六四年一〇月）、「中国のモジとコトバ」（六〇二号、一九七二年一〇月）。

(149) 「財団法人　昭和奉公会　カラノ　援助ニ　ヨル　大東亜共栄圏内エノ　国語国字　普及事業ニ　ツイテ」『カ

ナ ノ ヒカリ』二六六号、一九四三年一〇月。なお、「カナ印刷活字母型製作費」だが、これにより製作した母型を海外に送付し、そこでカナモジの出版をおこなう、という事業である。活字母型のつくり方については、河野巽「カナ活字 母型ノ 敵前 上陸」『カナ ノ ヒカリ』二五一号（一九四二年七月）といういさましい表題の文章で読者に説明されている。また「南方ノ 文字ト カナ～タイプライタ」『カナ ノ ヒカリ』二五六号（一九四二年一二月）では日本語普及とカナタイプライターの需要が語られている。なお同号では日本の会社におけるカナタイプライターの使用状況も語られている（「「カナ～タイプヲ 語ル」座談会」）。

(150) 片山杜秀『未完のファシズム――「持たざる国」日本の運命』（新潮選書、二〇一二年）のほかにも、湯浅邦弘『軍国日本と『孫子』』（ちくま新書、二〇一五年）では、合理的な戦略思想であった『孫子』が近代日本のとりわけ戦略思想のなかで精神性が強調されていくことによって恣意的に解釈されていったことがあきらかにされている。

(151) 一九五四年のことになるが、おなじカナモジカイの松坂忠則は、座談会で能率とは「つまり、人生をどうすれば最も価値あるように過せるかということなんであって、その点では明らかに宗教なり道徳なりと同じ性質のものとも言えると思います」と述べており、上野陽一の考えを共有していることがわかる（「能率とことば（座談会）」『言語生活』三六号、一九五四年九月、一四頁）。

(152) 産業能率短期大学編『上野陽一伝』産業能率短期大学出版部、一九六七年、一九五頁。

(153) 河野巽が諸民族語のカナモジ化に関する文章を残していることは第一章の注で紹介したが、同時にかれらへの日本語教育の重要性をうったえていた。たとえば、コウノ タツミ「モウコ～ミンゾク ニ ヨビカケル」『カナ ノ ヒカリ』二三六号（一九四一年四月）、同「タイ国 国民ニ ヨビカケヨ」『カナ ノ ヒカリ』二三八号（一九四一年六月）など。

(154) クロカワ カオル「失明軍人、一般盲人ニ ササゲル カナモジ タイプライチング ノ 技術」『カナ ノ ヒカリ』二〇七号（一九三九年一月）、ミキ イサム「失明軍人 ト カナ～タイプ」『カナ ノ ヒカリ』二三三号（一九四一年一月）などを参照。

(155) 星野行則「実務 ト 国策」『カナ ノ ヒカリ』二〇〇号、一九三八年六月、三頁。
(156) 星野行則「紀元 2600年 ヲ 迎エテ」『カナ ノ ヒカリ』二二〇号、一九四〇年一月、三頁。
(157) 「仮名文字協会趣意書」、山下芳太郎『国字改良論』仮名文字協会、一九二〇年。
(158) 小関孝子『生活合理化と家庭の近代――全国友の会による「カイゼン」と『婦人之友』』勁草書房、二〇一五年、一二〇―一二二頁。
(159) 「レキシノ ツジニ タチテ」『カナ ノ ヒカリ』二八二号、一九四五年一一月、一頁。
(160) マツサカ タダノリ「コクジ~モンダイト ニッポン~セイシン」『カナ ノ ヒカリ』二六三号、一九四三年七月、五頁。
(161) マツサカ タダノリ「ケッセン~ダンカイノ コクジ~モンダイ」『カナ ノ ヒカリ』二七八号、一九四五年一月、一頁。
(162) 同前、三頁。
(163) イナガキ イノスケ「同志諸君ニ カタル」『カナ ノ ヒカリ』二七九号、一九四五年二月、二頁。
(164) 同前、二頁。
(165) 「財団法人 カナモジカイ 新役員名簿」『カナ ノ ヒカリ』二七九号、一九四五年二月、六―八頁。名簿は以下のとおり。会長以下全員評議員の資格をもつ。
【会長】下村宏(法学博士・貴族院議員・日本放送協会会長)
【理事長】星野行則(国語審議会委員)
【常務理事】松坂忠則
【理事】(二一名)飯島幡司(経済学博士)、池田敬八(皇国工学校長)、伊藤忠兵衛(大建産業社長)、稲垣伊之助(前本会常務理事)、岩田三史(医学博士・貴族院議員)、上野陽一(日本能率学校長)、岡崎常太郎(元学習院教授)、織田信恒(子爵・貴族院議員)、片岡安(工学博士・大阪工業会理事長)、木下正中(医学博士・木下産科婦人科病院長)、河野巽(陸軍大佐)、後藤文夫(貴族院議員)、田中寛一(文学博士・東京文理大名誉教授)、中山龍次(電気通信協会会長）、平生釟三郎（枢密顧問官）、松岡潤吉（貴族院議員・松岡汽船社長）、松本烝治（法学博士・貴族院議員・帝国学士院会員）、南弘（枢密顧問官）、三宅正太郎（大審院判事）、森村市左衛門（男爵・森村組社長）、山下興家（日立製作所取締役）

【監事】（四名）木村禎橘（木村計理検査所主）、塚本二三（東洋紡績取締役）、丸山丈作（元都立第六高女校長）、若林方雄（東京軽合金総務部長）

【評議員】（九七名）安藤正次（台北帝大総長）、石井光次郎（朝日新聞社専務取締役）、石川武美（主婦之友社社長）、石黒修（国語協会常務理事）、石原忍（医学博士・陸軍軍医少将・東京帝大名誉教授）、石山賢吉（ダイヤモンド社取締役会長）、磯野巌（医学博士・磯野病院長）、市川房枝（婦人問題研究所長）、井上達二（医学博士・井上眼科病院長）、岩倉具栄（公爵・貴族院議員）、岩田宙造（法学博士・貴族院議員）、内ヶ崎作三郎（衆議院副議長）、大蔵公望（男爵・貴族院議員）、大島正徳（日本少国民文化協会理事長）、太田正孝（経済学博士・衆議院議員）、大橋八郎（貴族院議員・国際電気通信社長）、岡本千万太郎（北京師範大学教授）、荻原藤吉（日本文学報国会理事・俳人（筆名　井泉水））、小口忠太（医学博士・名古屋帝大名誉教授）、小倉正恒（貴族院議員・国民政府最高顧問）、風見章（元司法大臣）、鹿島守之助（法学博士・鹿島組社長）、春日政治（文学博士・九州帝大名誉教授）、勝田永吉（衆議院議員）、金子恭輔（工学博士）、加茂正雄（工学博士・東京帝大名誉教授）、唐沢俊樹（貴族院議員）、川上嘉市（日本楽器社長）、岸田日出刀（工学博士・東京帝大名誉教授）、喜多壮一郎（衆議院議員・東京港運社長）、金田一京助（文学博士・国学院大学教授）、日下部貞彦（スマトラ拓殖取締役）、倉石武四郎（文学博士・京都帝大教授）、栗本勇之助（栗本鉄工所長）、小泉信三（経済学博士・慶応義塾長）、児玉謙次（日本貿易振興会会長）、近衛文麿（公爵・貴族院議員）、小森七郎（大政翼賛会総務）、伍堂卓雄（海軍造兵中将・工学博士・貴族院議員）、佐久間鼎（文学博士・九州帝大教授）、桜井忠温（陸軍少将・文化報公会長）、佐野利器（工学博士・東京帝大名誉教授）、塩原禎三（三共製薬会社社長）、茂野吉之助（石炭統制会九州支部長）、幣原坦（文学博士）、島津忠承（公爵・貴族院議員・日本赤十字社副社長）、下田将美（毎日新聞社代表取締役）、下村寿一（女子学習院長）、杉野耕三郎（弁護士・元大連市長）、鈴木威（東京商業学校理事長）、住井辰男（三井物産社長）、関正雄（日本放送出版協会社長）、関口泰（評論家・華北交通嘱託）、関屋貞三郎（貴族院議員）、高久甚之助（日本ホテル業組合理事長）、高田元三郎（毎日新聞社編輯総長）、高橋雄豺（読売新聞社副社長）、竹内可吉（貴族院議員）、立川団三（同興紡織社長）、田中完三（三菱商事社長）、谷川徹三（法政大学文学部教授）、鶴見祐輔（衆議院議員）、出淵勝次（貴族院議員）、中根貞彦（三和銀行頭取）、中山太一（貴族院議員・中山太陽堂社長）、永井茂弥（日本出版会理事）、長尾欽弥（わかもと社長）、長谷川万次郎（評論家、筆名・如是閑）、羽田武嗣郎（衆議院議員）、久冨達夫（日本放送協会専務理事）、平井泰太郎（神戸経済大学教授）、藤沼庄平（貴族院議員）、藤山愛一郎（藤山同族会社社長）二荒芳徳（伯爵・貴族院議員）、古川義三（古川拓殖社長）、古田俊之助（住友本社総理事）、保科孝一（東京文理大名誉教授）、穂積重遠（男爵・法学博士・貴族院議員）、本多静六（林学博士・東京帝大名誉教授）、前島勘一郎（男爵）、牧野良三（衆議院議員）、増田義一（衆議院議員・実業之日本社社長）、松尾長造（大日本育英会理事）、三上正毅（ドクトル・オブ・フィロソフィー）、三好七郎（海軍大佐）、三輪寿壮（産報常任顧問）、武者小路公共（子爵・宗秩寮総裁）、村上愛治、村山長挙（朝日新聞社社長）、簗田欽次郎（国語協会理事長）、矢野恒太（第一生命取締役会長）、山岡光盛（服部時計店取締役）、山口喜三郎（東京芝浦電気会長）、山下恒雄（日本大学監事）、山下文雄（三井物産社員）、吉岡弥生（文教女子医専校長）、吉屋信子（作家）

(166)「指導者タチノ　反省ヲ　モトメル――「飛ベナイ飛行機」ニ　ヒトシイ　コノゴロノ文章」『カナ　ノ　ヒカリ』二八〇号、一九四五年三月、一―二頁。

第五章　革命の思想――マルクス主義という「応世」

（1）「高倉輝等に対する（唯研、言語運動関係）治安維持法違反被告事件第一審判決」、司法省刑事局『思想月報』九〇号、一九四一年一二月、七三頁（復刻は文生書院、一九七三年）。

（2）「八月の国語協会」『国語運動』一巻三号、一九三七年一〇月、五四頁。

（3）「タカクラ・テル年譜（1891―1986）2013年2月14日作成　山野晴雄」http://www7b.biglobe.

ne.jp/~ningen_ikiru/takakuraterunenpu.pdf

(4) 魚津郁夫「ある大衆運動家――タカクラ・テル」、思想の科学研究会編『共同研究　転向』上巻、平凡社、一九五九年、道場親信「戦時下の国民文学論――タカクラ・テルの文学・言語論を中心に」『レヴィジオン』第二輯、一九九九年、田中克彦「「スターリン言語学」と日本語」『現代思想』二六巻一〇号、一九九八年八月、山野晴雄「戦時下知識人の思想と行動――タカクラ・テルの場合」『法学新報』一〇九巻一、二号、二〇〇二年、同「タカクラ・テルの一九二〇年代――タカクラにおける「民衆」の発見」、上條宏之監修・長野県近代史研究会編『長野県近代民衆史の諸問題』龍鳳書房、二〇〇八年、同「若き日のタカクラ・テル――作家への道」『紀要』(桜華女学院高等学校)四号、二〇〇八年。

(5) 魚津郁夫「ある大衆運動家――タカクラ・テル」、思想の科学研究会編『共同研究　転向』上巻、一九五九年、二〇九頁。

(6) 同前、二一六頁。

(7)「国語協会――初総会と懇親会」『国語運動』一巻一号、一九三七年八月、一〇二頁。

(8)「国語協会と「国語運動」(11)」『国語運動』一巻一号、一九三七年八月、六五頁。

(9) 高倉テル「日本語再建」『中央公論』五二巻七号、一九三七年七月、一四三頁。

(10) 同前、一四四頁。

(11) 同前、一四四―一四五頁。

(12) 同前、一四五頁。

(13) 同前、一四八頁。

(14) 同前、一四九頁。

(15) 高倉テル「外来語の問題」『文字と言語』一三号、一九三八年五月、三、四頁。

(16) 高倉テル「日本国民文学の成立　下」『思想』一七二号、一九三六年九月、八八、八九頁。

(17) 高倉テル「綴り方教育の根本問題」『教育』四巻五号、一九三六年五月、二頁。

(18) 高倉テル『大原幽学』アルス、一九四〇年、二頁。
(19) 同前、二—三頁(ルビは省略)。
(20) この作品に対して、一九四一年に東宝の衣笠貞之助監督から映画化の申し出があったものの、「人物がみな標準語を話すという問題で、タカクラが譲らなかったため、取りやめとなっている」という(山野晴雄「戦時下知識人の思想と行動——タカクラ・テルの場合」『法学新報』一〇九巻一、二号、二〇〇二年、二四五頁)。この高倉のまえがきについては、山野の論考で紹介されているが、「映画的手法を用いた芸術的作品で、タカクラの主張する文体とも調和したすぐれた作品である」(同前、二四四頁)と山野は高く評価している。このあたりは判断がつかないが、リアリティーをどのように設定するのかという問題と関わる。ただ、個人的には読みやすかった。また、ほぼ同時期に同じ出版社アルスから刊行された、麻上俊夫『長編小説 姫鱒(カバチェッポ)』(アルス、一九四二年)は、一九世紀末から二〇世紀初頭にかけて、魚のいない十和田湖での魚の養殖に財産と生涯をささげた和井内貞行とその家族の挫折と成功の軌跡をおった長編であるが、会話文がいわゆる「方言」的になっている。ただ実際に話されているものとは異なる「ヴァーチャル東北方言」のような形態であり、濁音を清音化、特徴的な単語を機械的にいいかえれば「標準語」になるというものであった(安田敏朗「ラジオドラマのなかの方言——「土」と「姫鱒」から」、遠藤織枝・木村拓・桜井隆・鈴木智映子・早川治子・安田敏朗著『戦時中の話しことば——ラジオドラマ台本から』ひつじ書房、二〇〇四年)。また、表記に関しては、タケベ ヨシアキ「高倉 テル氏 アラワス 大原幽学ヲ ヨンデ」『カナ ノ ヒカリ』二三七号(一九四一年五月)というやや細かな評があるものの、「東京の学生のようなコトバ」のもつ問題にふれることはない。
(21) 道場親信「戦時下の国民文学論——タカクラ・テルの文学・言語論を中心に」『レヴィジオン』第二輯、一九九九年、一三二頁。
(22) 高倉テル「国字国語運動の意義」『唯物論研究』三八号、一九三五年一二月、七、八、九頁。なお、掲載誌の目次では「国語国字運動の意義」となっている。
(23) 高倉テル「ミイラ・取りの話」『国語運動』一巻三号、一九三七年一〇月、四四—四五頁。

(24) 高倉テル「日本語は進む」『国語運動』三巻二号、一九三九年二月、三七頁。
(25) 高倉テル「文芸と国語問題」『国語運動』三巻五号、一九三九年五月、二頁。
(26) 同前、五頁。
(27) 同前、六頁。
(28) 同前、七頁。
(29) 山城善三・佐久田繁編著『沖縄事始め・世相史事典――明治・大正・昭和　事件と暮らし』(月刊沖縄社、一九八三年、復刻は日本図書センター、二〇一三年)の一九三八年の項目で、「糸満を「いとみち」改称改姓、転籍流行」と題して、以下のように記述している。「内地や台湾、南洋などへの移住が盛んになって、大和人《やまとんちゅ》と張り合うようになって、悩まされたのが県民べっ視の風潮で、殆どが劣等感にさいなまれた。そこで大和人たちには読みづらい姓名を内地風に改める人たちが増えた。糸満を「いとみち」。桃原を「ももはら」。奥武を「おくたけ」。久場を「ひさば」。読谷山を「とくやま」。喜納を「きのう」。喜屋武を「きやたけ」。金武を「かねたけ」。宮城を「みやぎ」。大城を「おおしろ」。玉城を「たまき」や玉木。山城を「やましろ」。伊舎堂を「いしどう」。新垣を「しんがき」など」(五〇七頁)。しかしこうした行為について、この事典の著者は「已むを得ないものと言える」(同前)という判断をくだしている。「改姓」の歴史については、武智方寛『沖縄苗字のヒミツ』(ボーダー新書、二〇一一年)も参照。
(30) 高倉テル「沖縄県人の姓」『国語運動』三巻七号、一九三九年七月、六〇頁。
(31) 同前、六〇頁。
(32) ほかの六名は、鹿沼忠義、高橋肇、安原博純、片山睿《さとし》、池田辰夫、岡野篤信であった(『特高月報　昭和十四年六月分』内務省警保局保安課、一九頁)。
(33) 『国語運動』三巻八号、一九三九年八月、六一頁。
(34) 「高倉輝等に対する(唯研、言語運動関係)治安維持法違反被告事件第一審判決」、司法省刑事局『思想月報』九〇号、一九四一年一二月、九二頁。かれらの検挙後に治安維持法は全面改定される(一九四一年法律第五四号)。

その附則第二項但書により、旧法（一九二五年法律第四六号の一九二八年勅令一二九号による改正：最高刑が死刑）のより軽い刑を適用することとなり、旧法第一条第一項後段の「情ヲ知リテ結社ニ加入シタル者又ハ結社ノ目的遂行ノ為ニスル行為ヲ為シタル者ハ二年以上ノ有期ノ懲役又ハ禁錮ニ処ス」によって懲役二年、「諸般ノ情状」によって執行猶予をつけた（同前、九二頁）。

（35）安田敏朗「解説」、平井昌夫『国語国字問題の歴史』（昭森社、一九四八年）復刻版、三元社、一九九八年。のちに安田敏朗『近代日本言語史再考――帝国化する「日本語」と「言語問題」』（三元社、二〇〇〇年）に「第九章唯物論言語学と「普遍」に抗する言説」としておさめる。

（36）伊藤忠兵衛「漢字全廃論――文字と能率」『中央公論』七三巻六号、一九五八年六月、二七九頁。

（37）『特高月報　昭和十四年四月分』内務省警保局保安課、七―八頁。

（38）齋藤秀一に関しては、清水康行「齋藤秀一」『国文学――解釈と鑑賞』（一九九二年一月号）で短いながらも業績の紹介、先行研究の紹介などがなされている。また大島義夫・宮本正男『反体制エスペラント運動史』（三省堂、一九七四年）やウルリッヒ・リンス（栗栖継訳）『危険な言語――迫害のなかのエスペラント』（岩波新書、一九七五年）にも簡単な記述がある。また伝記に、佐藤治助『吹雪く野づらに――エスペランティスト齋藤秀一の生涯』（鶴岡書店、一九九七年）がある。

（39）唯物論研究会への弾圧は、『季報・唯物論研究』編集部『証言・唯物論研究会事件と天皇制』（新泉社、一九八九年）を参照。また『唯物論研究』（『学芸』も）が一九七二年から七五年にかけて青木書店より復刻されている（別巻［総目次・索引］付）が、その解説も参照。『唯物論全書』も一九九〇年から九一年にかけて久山社から復刻されており、その別巻『『唯物論全書』と現代』（芝田進午・鈴木正・祖父江昭二編）も参照。また、唯物論研究会をめぐる人間模様をえがいたものに、岩倉博『ある戦時下の抵抗――哲学者・戸坂潤と「唯研」の仲間たち』（花伝社、二〇一五年）がある。

（40）「高倉輝等に対する（唯研、言語運動関係）治安維持法違反被告事件第一審判決」、司法省刑事局『思想月報』九〇号、一九四一年一二月、七五頁。

(41) 同前、七四―七五頁。教育歴についてみずから記したものによれば、第三高等学校で平田禿木に英語を、京都帝国大学の英文学科の主任は上田敏で、新村出に言語学、山口茂一にロシア語を、榊亮三郎にラテン語を、深田康算にギリシャ語を習い、サンスクリット語、パーリ語は独習したという(高倉テル「ミイラ・取りの話」『国語運動』一巻三号、一九三七年一〇月、四三頁)。

(42) 判決文で言及された高倉の論考は、「国字国語運動の意義」『唯物論研究』三八号(一九三五年一二月)のほかに、「ローマ字運動の過去現在未来」『文字と言語』一一号(一九三七年三月)、「外来語の問題」『文字と言語』一三号、「綴り方教育の根本問題(特に言葉の問題に就いて)」『教育』四巻五号(一九三六年五月)、「日本国民文学の確立」『思想』一七一、一七二号(一九三六年八月、九月)、「日本語再建」『中央公論』五二巻七号(一九三七年七月)となっている。『国語運動』掲載のものはとりあげられていない。

(43) 大島義夫・宮本正男『反体制エスペラント運動史』三省堂、一九七四年、九―一〇頁。なお、④の語学的趣味としてエスペラントを学んだ人物として、マレー語の研究などでしられる宮武正道(一九一二―一九四四)をあげることができる。マレー語、パラオ語もふくめて、きわめて手段的に学習していたと宮武を位置づけた論考に、黒岩康博「宮武正道の「語学道楽」――趣味人と帝国日本」『史林』九四巻一号(二〇一一年一月)がある。宮武はカナモジカイの会員でもあり、第一章の注に記した「マライゴ　カナガキ〜アン」のほか、「アジア　ノ　盟主　ニッポン　ノ　文字」『カナ　ノ　ヒカリ』二〇二号(一九三八年八月)、「ミナミノ　クニト　ニッポンゴ」『カナ　ノ　ヒカリ』二七二号(一九四四年七月)などカタカナ表記で語彙も簡素にした日本語の普及を主張する論考を寄稿している。

(44) 佐々木孝丸については、大島義夫・宮本正男『反体制エスペラント運動史』(三省堂、一九七四年、一三〇―一三七頁)も参照。

(45) 佐々木孝丸「言語に関する若干の考察(承前)」『国際文化』二巻一号、一九二九年二月、八〇頁。

(46) 同前、七八―七九頁。

(47) 竹内次郎(昭和十四年度思想特別研究員)「プロレタリア、エスペラント運動について」『思想研究資料　特輯第

六十九号』司法省刑事局、一九三九年、六〇頁（復刻は、社会問題資料研究会編『社会問題資料叢書第一輯』東洋文化社、一九七八年）。

(48) 高木弘「日本語の合理化」『唯物論研究』二九号、一九三五年三月、六六頁。

(49) 原著はレニングラード国立歴史言語研究所とソビエトエスペランティスト同盟言語委員会の共同出版、一九三一年刊行、ロシア語。

(50) E・スピリドヴィッチ（高木弘・井上英一共訳）『言語学と国際語』日本エスペラント学会、一九三二年、一三九—一四〇頁（復刻は、同会より一九七六年）。

(51) 同前、一七七頁。

(52) 同前、一七九頁。

(53) 「高倉輝等に対する（唯研、言語運動関係）治安維持法違反被告事件第一審判決」、司法省刑事局『思想月報』九〇号、一九四一年一二月、八二頁。

(54) 『日本プロレタリア・エスペラント運動弾圧史』エスペラント通信社、一九五〇年、二—三頁。なお、本資料は、特別高等警察によって編まれたもの（資料名不詳）から、プロレタリア・エスペラント運動に関するものを抜粋したものだという。また、大島義夫・宮本正男『反体制エスペラント運動史』（三省堂、一九七四年、一五九—一七二頁）、初芝武美『日本エスペラント運動史』（日本エスペラント学会、一九九八年、七〇—七五頁）も参照。

(55) 文部省学生部『左傾学生生徒の手記　第二輯』一九三四年三月、一九四頁。なお手記は全三輯ある。

(56) 『日本プロレタリア・エスペラント運動弾圧史』エスペラント通信社、一九五〇年、一二頁。

(57) マルは西南コーカサス語を「ヤフェット語」と名づけた。旧約聖書に登場するノアの息子セムの名が、ヘブライ語などを含む語族の名として採用されていったのにならい、セムの弟「ヤフェット」（ヤペテ）の名をつけたものだという。さらにマルは世界のあらゆる言語に「ヤフェット」的要素をみいだすようになり、「ヤフェット言語を特定の人種と結びついた特定の言語体系ではなく、単一の言語創造過程の特定の段階を代表する言語と考えるに至つた。言語の差異は起源の差異に基くのではなく、発達段階の差に基く」と考えるようになったという

（以上は、村山七郎「ソヴィエト言語学の方向転換」『言語研究』一七・一八号、一九五一年三月）。マルについてはマリナ・ヤグェーロ（谷川多佳子・江口修訳）『言語の夢想者』（工作舎、一九九〇年）、田中克彦『「スターリン言語学」精読』（岩波現代文庫、二〇〇〇年）などにも記述がある。

（58）高木弘『言語学』三笠書房、一九三六年、二〇四頁。この書は大部分が伊東三郎の仕事であったという（大島義夫・宮本正男『反体制エスペラント運動史』三省堂、一九七四年、二一六頁）が、高木自身も同様の考えであったことは、高木「日本語の合理化」（『唯物論研究』二九号、一九三五年三月）でもあきらかである。なお、一九九〇年に久山社から唯物論全書の復刻の話があったとき、大島義夫は『言語学』の復刻には応じなかったという（熊木秀夫「大島義夫先生の業績を偲ぶ」『NOVA RONDO』三三号、一九九三年二月、九頁）。

（59）大島義夫（高木弘）が唯物論言語理論について論じたものは、このほかに、「言語学の唯物論的再建」『唯物論研究』一七号（一九三四年三月）、「言語学研究の新しい方向」『文字と言語』一号（一九三四年九月）、「言語の呪物性」『唯物論研究』二七号（一九三五年一月）、「日本語の合理化」『唯物論研究』二九号（一九三五年三月）、「文学と言語の問題」『唯物論研究』四六号（一九三六年八月）などがある。そして自らが訳編した、ブイコフスキー『ソヴェート言語学』（象徴社、一九四六年。ただし原稿は一九三六年に完成していたという）のなかに、解説に相当する論文を寄せている。また翻訳はほかに、ドレーゼン『エスペラント運動史』、同『世界語の歴史』を、鉄塔書院からそれぞれ一九三一年、一九三四年に刊行している。

（60）田中克彦「「スターリン言語学」と日本語」『現代思想』二六巻一〇号、一九九八年八月。

（61）高倉テル『ニッポン語』北原出版、一九四四年、八二―八三頁。

（62）同前、九一頁。

（63）一九四七年に再刊した『ニッポン語』では、「やはり、祖先の血のつながっているニッポン語でなくてはならなかった」という部分が「やはり、ほんとうの日本語でなくてはならなかった」となり、「生産力を高め、軍隊を強くする」云々の部分は削除され、かわりに「こんど、軍隊がなくなって、軍隊のことばというものは完全にニッポン語から消えた。これはニッポン語から封建的な要素が消えた重大な現れの一つだ」という一文が加えられている（タカクラ・テル『ニッポン語』世界画報社、一九四七年、一二五頁）。
(64) タカクラ・テル『ニッポン語』世界画報社、一九四七年、一七八頁。
(65) 竹内次郎「プロレタリア、エスペラント運動について」『思想研究資料　特輯第六十九号』司法省刑事局、一九三九年、四四―四五頁。
(66) 齋藤秀一「エスペラントとローマ字化の関係」『国際語研究』一六号、一九三六年七月、一一七頁。ちなみに、この論文には「言語帝国主義」ということばが登場するが、比較的はやい例ではないかと思われる。
(67) 同前、一一八頁。
(68) 同前、一一九頁。
(69) 齋藤秀一「国字論者とエスペラントとの提携」『文字と言語』一二号、一九三七年一二月、二三頁。
(70) 齋藤秀一「編輯を終へて」、葉籟士・魯迅そのほか（齋藤秀一反訳）『支那語ローマ字化の理論』齋藤秀一発行、一九三六年、五〇頁。
(71) 「支那のローマ字運動を助けよう!!――文字の進歩に関心を持つ総ての人に訴へる！」『文字と言語』九号、一九三六年四月、一四頁。『文字と言語』はほとんど流通しない雑誌であったので、寄付金がどの程度あつまったかは不明である。
(72) 「高倉輝等に対する（唯研、言語運動関係）治安維持法違反被告事件第一審判決」、司法省刑事局『思想月報』九〇号、一九四一年一二月、七八―七九頁。
(73) 同前、七六、七九頁。
(74) 青江有因「言語運動の統一のために――旧ローマ字論者のメザメお促す」『文字と言語』一二号、一九三七年九月、一三頁。同様の主張はすでに、黒瀧成至「ローマ字運動の進むべき道」『文字と言語』九号（一九三六年一〇月）でなされている。
(75) 黒瀧成至「日本語の発展と統制」『国語運動』二巻一一号、一九三八年一一月、四〇頁。訓令式を答申した臨時ローマ字調査会において議論がなされていたときにおいても、いわゆる訓令式にしたがうべきであるという主張をおこなっていた（青江有因「国語国字問題の現状お見る」『国際語研究』一六号、一九三六年七月）。

(76) 黒瀧成至「日本語の発展と統制」『国語運動』二巻一一号、一九三八年一一月、四一頁。

(77) 黒瀧成至『国語の発展と国民教育』扶桑閣、一九三七年、五七―五八頁。

(78) 「生産点の大衆の言葉おモトとし、必要な専門語などわ生産点の言葉に変って消化されるよぅに努力すること。それにわ、生産点の言葉こそ基本的にわ進んだものであることお理解し、インテリの言葉がスグれているとゆぅ考えお自分からも大衆からも取りさる努力が必要だ」と黒瀧は新井正史の筆名で述べる（新井正史「科学大衆化のための新しい課題」『唯物論研究』四五号、一九三六年一一月、六四頁）。なお、この文章は、過去に『唯物論研究』に掲載された論考の表現がいかにことさらむずかしく書かれているのかを指摘し、どうやって克服すべきかを具体的に述べたものである。

(79) 黒瀧成至『国語の発展と国民教育』扶桑閣、一九三七年、五六―五七頁。

(80) 齋藤秀一「国字論者とエスペラントとの提携」『文字と言語』一二号、一九三七年一二月、一二三頁。

(81) 黒瀧成至『生活主義言語理論と国語教育』厚生閣、一九三八年、二一四頁。

(82) 黒瀧成至「文芸家と国語運動」『国語運動』一巻一号、一九三七年八月、二七頁。

(83) 平井昌夫「話し言葉と読み言葉」『国語運動』二巻一一号、一九三八年一一月、一三頁。

(84) 同前、七、八頁。

(85) 「高倉輝等に対する（唯研、言語運動関係）治安維持法違反被告事件第一審判決」、司法省刑事局『思想月報』九〇号、一九四一年一二月、八七、八八頁。

(86) 頼阿佐夫「田口卯吉の国字改良論」『文字と言語』一〇号、一九三六年一一月、八五頁。

(87) 平井は、筆名・頼阿佐夫で「国字論の発生」『唯物論研究』（一九三六年一月）、「言語意識と民族意識」（同誌一九三七年四月）を掲載したほか、「ローマ字運動に於ける運動といふこと」『ローマ字の日本』（一九三五年一〇月）、「ローマ字と文学」（同誌一九三六年一月）、「ローマ字論の思想性」（同誌一九三六年六月）、「田口卯吉の国字改良論」『文字と言語』（一九三六年一一月号）、「明治維新に於ける最初の漢字廃止論」『教育・国語教育』（一九三六年五月号)、「庶政一新と国字問題」(同誌一九三六年八月号)、「話し言葉と読み言葉」『国語運動』(一九三八年一一月号)などを執筆している。たとえば、「国字論の発生」は、近代以前の漢字批判論をまとめたものであるが、それは「漢字批判に関する限り、明治以後の国字論と比べても、決して勝り劣りのするものではなかつた」としながらも、「封建的世襲身分階級制度を是認する現状肯定論」であり「古語尊重を念とするだけ」であって「言語が、社会的機能の点で、どれだけ民衆の一般的教育に関係あるものかには少しも触れていない。ましてや、日本語の民衆化・合理化としての国字論、即ち教育貴族制度を打破する手段としての国字運動は、少しも考えられていなかった」としている(頼阿佐夫「国字論の発生」『唯物論研究』三九号、一九三六年一月、六五頁)。これに適うものがすなわち平井昌夫の考える国字運動であった。

(88) 平井昌夫「ローマ字と文学」『RÔMAZI NO NIPPON』一九三六年一月、二頁。

(89) 平井昌夫「ローマ字運動に於ける「運動」といふこと」『RÔMAZI NO NIPPON』一九三五年一〇月、一頁。

(90) 頼阿佐夫「言語意識と民族意識」『唯物論研究』五四号、一九三七年四月、六一頁。

(91) 平井昌夫「現代日本語の発達」『創造』一二巻六号、一九四二年六月、一四四頁。

(92) 同前、一五二頁。

(93) ある座談会の議題には、たとえば「日本語の海外進出と基礎日本語」「支那・満洲の人名、地名」などがかかげられている(「昭和十三年における国語・国字問題を語る座談会」『国語運動』二巻一二号、一九三八年一二月)。

第六章　草の根の思想――「昭和文字」の射程

(1) 本章は、安田敏朗「「昭和文字」をつくった男――米田宇一郎と「救国補字」の射程」『言語社会』九号(一橋大学大学院言語社会研究科、二〇一五年三月)に加筆をおこなったものである。

(2) 紀田順一郎『日本語大博物館――悪魔の文字と闘った人々』ジャストシステム、一九九四年、一四〇頁。

(3) 同前、一五〇頁。

（4）東条博『日本人の価値観――伝統的価値観の再発見』昭和適塾、一九八〇年、一七一、一六五頁。
（5）国語学会編『国語学大辞典』東京堂出版、一九八〇年、一九八一一九九頁。
（6）引用者補に際しては、平岡伴一編『国字国語問題文献目録』（岩波書店、一九三二年、七二―七八頁）を参照した。平岡の本にはこのほかにもいくつか紹介されており、書誌のほかに短く文字の特徴が記されている。現在では入手困難な資料も多いので、参考になる。
（7）「石黒修」、柴田巌・後藤斉編『日本エスペラント運動人名事典』ひつじ書房、二〇一三年、三六―三七頁。駒井裕子「アジア・太平洋戦争期の日本語教育――石黒修の足跡」『日本文化研究（京都外国語大学留学生別科）』八号（二〇〇一年）など参照。
（8）石黒は日本語の基本語彙の調査を通じて、日本語の海外普及のために必要な言語政策をとりおこなうべきことを、多くの著書、論文で主張していた。戦前の著書としては、『国語の世界的進出』（厚生閣、一九三九年）、『日本語の問題――国語問題と国語教育』（修文館、一九四〇年）、『日本語の世界化――国語の発展と国語政策』（修文館、一九四一年）、『美しい日本語』（光風館、一九四三年）、『日本の国語』（増進堂、一九四三年）などがある。敗戦後は、『日本人の国語生活』（東京大学出版部、一九五一年）、『アサヒ相談室　ことば』（朝日新聞社、一九五三年）、『ニッポン語の散歩』（角川書店、一九六〇年）などを著しているのだが、戦前・戦中に自らがなした議論についてふれることはない。
（9）日下部重太郎『国字問題』（国語科学講座七四）明治書院、一九三三年、二九頁。
（10）日下部重太郎「国字問題史観」『教育』四巻八号、一九三六年八月、二四頁。
（11）石黒が引用したもののほかに、増田乙四郎「大日本改良文字」（一九〇三年）、前田黙鳳「東亜新字」（一九〇四年）などがある（日下部重太郎『国字問題』（国語科学講座七四）明治書院、一九三三年、二八頁）。
（12）早稲田文学記者「新文壇の二大問題」『早稲田文学』八六号、一八九五年四月、一頁。なお「新国字」ということばは、この文章中に登場するものが、はやいもののひとつである。
（13）『早稲田文学』の論調に反論したのは、英語学者・岡倉由三郎（一八六八―一九三六）であった。「漢字の我が文の中に用ゐらるゝ不利益を説き、其遂に捨てられざるべからざるを論じた」ものが、岡倉由三郎「新国字論（承前）」『帝国文学』一巻七号（一八九五年七月、二四頁）であった。前号（一巻六号、一八九五年六月）からつづく。

(14)「雑報」『帝国文学』一巻六号、一八九五年六月、九九頁。

(15) 井上哲次郎「国字改良論（承前）」『太陽』四巻二〇号、一八九八年一〇月、一一―一二頁。

(16) 岡田正美「日本国字論」『帝国文学』四巻八号、一八九八年八月、一頁。

(17)「タイプ、ライターに適応すべき文字」という項目をもうけているのは、歴史的にみて早い部類に属するのではないかと思われる（岡田正美「日本国字論」『帝国文学』四巻九号、一八九八年九月、一七頁）。

(18) 同前、五八頁。

(19)「国語調査委員の意見」『太陽』六巻六号、一九〇〇年五月、一〇四頁。

(20) 高楠順次郎「国字改良に就いて」、羅馬字ひろめ会編纂『国字問題論集』三省堂、一九〇七年、二五四頁。

(21) 安田敏朗『「国語」の近代史――帝国日本と国語学者たち』（中公新書、二〇〇六年）などを参照。

(22) 稲留正吉『漢字に代はる新日本の文字と其の綴字法　附日本の羅馬字と其の綴字法　上巻』文字の革命社、一九一九年、七頁。

(23) 平岡伴一編『国字国語問題文献目録』岩波書店、一九三二年、七五頁。別の資料では「ローマ字に仮名を混成した新字」という説明がある（日下部重太郎『国字問題』（国語科学講座七四）明治書院、一九三三年、二九頁）。

(24)『文字文化展覧会　出品物解説』カナモジカイ、一九三五年、二七頁。

(25) 一橋大学附属図書館所蔵のものを参照。一九三七年三月三〇日に大日本救国補字会が一橋大学の前身である東京商科大学図書館に寄贈。

(26) 請求番号：本館 -2A-036-00・委 01006810０、リール番号：017001、開始コマ：0444。国立公文書館デジタルアーカイブ（http://www.digital.archives.go.jp/）にて「米田宇一郎」で検索するとみることができる。

(27) 四日市高等学校百年史編集委員会編『四日市高等学校百年史』三重県立四日市高等学校創立100周年記念事業実行委員会、二〇〇一年、一一六〇頁。

(28) 奈良県立畝傍高等学校創立百周年記念事業委員会百年史編纂委員会編『畝傍百年史』奈良県立畝傍高等学校、一九九七年、八六六、八六九頁。
(29) 米田宇一郎『救国百歌』大日本救国補字会、一九三七年、三七頁。
(30) 同前、一頁。
(31) 平生釟三郎『漢字廃止論』カナモジカイ、一九三〇年(参照は第四版、一九三六年、四頁)。
(32) 米田宇一郎『救国百歌』大日本救国補字会、一九三七年、四—五頁。
(33) 同前、五、八、九頁。
(34) 米田がどこでこの情報を得たのかは不明であり、誤記された可能性もあるが、米田のいう民国九年一二月には『国音字典』が刊行されている(藤井(宮西)久美子『近現代中国における言語政策——文字改革を中心に』三元社、二〇〇三年、二三四頁)。
(35) 米田宇一郎『救国百歌』大日本救国補字会、一九三七年、三九頁。
(36) 同前、二六頁。
(37) 同前、三八頁。
(38) 同前、三八頁。
(39) 教育審議会に関する法制および議事録、委員名簿などは、『教育審議会総会議事録(付録、第一輯—第八輯)』(近代日本教育資料叢書 史料篇三)宣文堂、一九七一年として復刻されている。引用した建議は第五輯の八六—八七頁。
(40) 引用元を示していないが、米田は奈良在住であったので『大阪朝日新聞』の「『勅語は非常に/難解でないか』/国字問題御聴講で/聖上陛下御下問」(一九三二年六月一九日、一面)などを参照したと思われる。
(41) 稲垣伊之助『国字問題の現実』弘文堂書房、一九四三年、二九—七四頁。
(42) 葦名ふみ「帝国議会衆議院における建議と請願——政府への意見伝達手段として」『レファレンス』(国立国会図書館)七一八号、二〇一〇年一一月。

（43）同前、一〇五頁。
（44）衆議院・参議院編『議会制度百年史　衆議院議員名鑑』大蔵省印刷局、一九九〇年、六六一頁。
（45）『第七十三回帝国議会衆議院 請願委員第四分科（司法省、文部省及鉄道省所管）会議録（速記）第一回』（一九三八年二月二日）、四頁。
（46）同前、四―五頁。
（47）「国字改善ニ関スル件（奈良県生駒郡富郷村米田宇一郎呈出）」国立公文書館請求番号　本館 - 2A-029-00・請願 00069100。
（48）「新国字研究ニ関スル件（東京市中野区宮里町三十五番地大学教授医学博士石原忍外二十四名呈出）」国立公文書館請求番号　本館 -2A-029-07・請願 00067100。
（49）衆議院・参議院編『議会制度百年史　貴族院・参議院議員名鑑』大蔵省印刷局、一九九〇年、一〇二頁。
（50）『第七十三回帝国議会貴族院 請願委員第二分科会（外務省、内務省、文部省、厚生省）議事速記録第三号』（一九三八年二月一五日）、三頁。
（51）同前、六頁。
（52）『第七十四回帝国議会衆議院 請願委員第四分科（司法省、文部省及鉄道省所管）会議録（速記）第二回』（一九三九年二月一五日）、二頁。
（53）「国字改善ニ関スル件（奈良県南葛城郡大正村米田宇一郎呈出）」国立公文書館請求番号　本館 - 2A-029-00・請願 00069100。教育審議会への請願書と前年の意見書に書かれた米田の住所は『救国百歌』の発行所とおなじだが、この意見書に記載された住所は奈良県南葛城郡となっており、転居したことがわかる。
（54）『第七十五回帝国議会衆議院 請願委員会議録（速記）第六回』（一九四〇年三月五日）、五四頁。
（55）「古事記正解ノ研究機関設置ノ請願ニ関スル件外十件」国立公文書館請求番号　本館 -2A-015-00・纂 02788100、および「国幣中社生田神社造営費国費支弁ニ関スル請願外十一件」国立公文書館請求番号　本館 -2A-015-00・纂 02931100。
（56）「新国字研究ニ関スル件（東京市中野区宮里町三十五番地大学教授医学博士石原忍外二十四名呈出）」国立公文書館請求番号　本館 -2A-029-07・請願 00067100。
（57）「国字問題ニ関スル請願書及ビ建議書」『国語教育』一八巻五号、一九三三年五月、九〇頁。

(58) 日向利兵衛「文字ト文化(5)」『カナ ノ ヒカリ』四四号、一九二五年九月、三頁。
(59) 平生釟三郎『漢字廃止論』カナモジカイ、一九三〇年、三頁(参照は第四版)。
(60) 稲垣伊之助『国字問題のお話』カナモジカイ、一九四〇年、五―六頁。
(61) 『盲聾教育八十年史』文部省、一九五八年、二八四頁。また、点字教科書・点字新聞などの具体的なかなづかいについては、なかの・まき『日本語点字のかなづかいの歴史的研究――日本語文とは漢字かなまじり文のことなのか』(三元社、二〇一五年)にくわしい。
(62) 佐野保太郎「盲人と国語教育」『国語教育』一八巻七号、一九三三年七月、一一頁。
(63) 「新入会員氏名」『国語運動』八巻二号、一九四四年二月、一九頁。
(64) 大阪空襲写真集編集委員会編『写真で見る 大阪空襲』ピースおおさか、二〇一一年、七五頁。なお、ピースおおさかで展示されている「大阪大空襲死没者名簿」(二〇一四年三月末時点で九〇四二名)には米田宇一郎の名前は記載されていない。

第七章 総力戦下の思想戦――標準漢字表をめぐる攻防

(1) 平井昌夫『国語国字問題の歴史』(昭森社、一九四八年、三四二―三五九頁)の記述が最もくわしい。ほかに、井之口有一『明治以後の漢字政策』(日本学術振興会、一九八二年、五一―六六頁)、文化庁『国語施策百年史』(ぎょうせい、二〇〇六年、二四七―二五五頁)、安岡孝一『新しい常用漢字と人名用漢字――漢字制限の歴史』(三省堂、二〇一一年、一一―一四頁)、甲斐睦朗『終戦直後の国語国字問題』(明治書院、二〇一一年、一八―三七頁)に指摘がある。第五章でみたように平井昌夫はローマ字論者であるので、その立場からの記述になっている。また、同時代では、新聞などに掲載された論説をあつめたものに、木下公一郎編『漢字整理の問題』(日の出書院、一九四三年)がある。
(2) 文化庁『国語施策百年史』ぎょうせい、二〇〇六年、二五四頁。

(3) 安藤信夫「国語変革派の不逞思想——稲垣伊之助著「国字問題の現実」」『公論』六巻一一号、一九四三年一一月、五五—五六頁。

(4) 同前、五六頁。

(5) 石黒修「漢字・カナ・ローマ字」『コトバ』六巻一一号、一九三六年一〇月、四五頁。

(6) 石黒修『美しい日本語』光風館、一九四三年、二七八—二七九頁。

(7) 稲垣伊之助『国字問題の現実』弘文堂書房、一九四三年、二四五—二四六頁。同様に、標準漢字表の「普及ヲハカルベキデ アリマス」というものの、漢字の整理・制限をとなえる論考を発表している(稲垣伊之助「国語国字問題ニ ツイテ——政府当局ト 指導層ニ アル 国民ニ 訴エル」『カナ ノ ヒカリ』二五七号、一九四三年一月、一頁)。

(8) 「カナモジカイ ワ ドンナ ダンタイ カ——大政翼賛会ニ 対スル 回答文」『カナ ノ ヒカリ』二三二号、一九四〇年一二月、一八頁。

(9) 「オシラセ」『カナ ノ ヒカリ』二四八号、一九四二年四月、表紙裏。

(10) 「国字問題ノ 現実ト ワレワレノ 態度」『カナ ノ ヒカリ』二六五号、一九四三年九月、二、三頁。

(11) ホシノ ユキノリ「イナガキ イノスケ サン ヲ シノブ」『カナ ノ ヒカリ』二八二号、一九四五年一一月、六頁。

(12) ともに有恒社、一九三六年、一九三七年。国立国会図書館デジタルコレクションで閲覧可。

(13) 安藤信夫「国語変革派の不逞思想——稲垣伊之助著「国字問題の現実」」『公論』六巻一一号、一九四三年一一月、五六頁。

(14) たとえば、秦郁彦『陰謀史観』(新潮新書、二〇一二年)など参照。とりわけ、一九二〇年代から戦中にかけての「反ユダヤ主義」の論説については、デイヴィッド・グッドマン、宮澤正典(藤本和子訳)『ユダヤ人陰謀説——日本の中の反ユダヤと親ユダヤ』(講談社、一九九九年)の第五章参照。

(15) 四王天の「反ユダヤ思想」の形成については、磯部国良「一九一〇〜二〇年代における四王天延孝の反ユダヤ

主義形成過程」『専修史学』（四六号、二〇〇九年）など参照。

(16) 太平洋戦争中は、ジャズなどもユダヤ人が日本人を弱体化させるために利用したという「陰謀論」も唱えられていたという（辻田真佐憲『日本の軍歌――国民的音楽の歴史』幻冬舎新書、二〇一四年、二一四頁）。

(17) 安藤信夫「国語変革派の不逞思想――稲垣伊之助著「国字問題の現実」」『公論』六巻一一号、一九四三年一一月、五七頁。

(18) つぎにあつかう島田春雄も、こうした構図に気がついていた、と友人の森本忠が回想している。シュメール人を「すめらみこと」だとして日本人と同族とする古代日本論やムー大陸説などは「西欧の一神教的インターナショナリズムの擬装」であり、はたまた神代文字や「竹内文書」などの議論を、「有史以前の神話時代を歴史的に合理化しようとした点」でこれと同一とした。いわゆる「トンデモ」議論と漢字制限をむすびつけるのは、いささか理解に苦しむが、「なにかおおきな権力・陰謀」が背景にあるという、典型的な陰謀論としてとらえていた人もいた、ということはたしかであろう（森本忠『僕の詩と真実』日本談義社、一九六八年、六九頁）。

(19) 保科孝一『国語問題五十年』三養書房、一九四九年、二三一頁。

(20) 保科孝一「国字問題御進講感激録」、「国字問題の御進講を承りて」『国語教育』一六巻八号、一九三一年八月。

(21) 保科孝一『国語と日本精神』実業之日本社、一九三六年。

(22) 平生釟三郎「日本精神　ト　カナモジ運動」『カナ　ノ　ヒカリ』一九五号、一九三八年一月、三頁。

(23) 稲垣伊之助「国字問題について」『文教の朝鮮』一七号、一九二七年一月、一四―一五頁。

(24) 倉石武四郎『漢字の運命』岩波新書、一九五二年、一六五―一六六頁。

(25) 倉石については、安田敏朗『国語審議会――迷走の60年』（講談社現代新書、二〇〇七年）を参照。

(26) 情報局とは、内閣情報部（一九三七年設置）をひきついで一九四〇年に設置された機関。情報収集、報道宣伝のほか、新聞出版に関する処分・指導とりしまりなどをおこなった。しかしながら、太平洋戦争開始前後には軍の情報機関の従属的組織となり、実質的権限は限られていた（百瀬孝『事典　昭和戦前期の日本――制度と実態』吉川弘文館、一九九〇年、二八頁）。

(27) 情報局編『思想戦読本』内閣印刷局、一九四二年、一頁。

(28) 「公論」編輯部「特輯国語国字問題批判」『公論』五巻九号、一九四二年九月、八七頁。

(29) 森本忠「序」、島田春雄『国語論集 日本語の朝』第一公論社、一九四四年、一―二頁。

(30) 『国学院大学新聞』一九四二年八月二〇日(一三三号)、二面。

(31) 島田春雄「建白書草案」、『国語論集 日本語の朝』第一公論社、一九四四年、七〇―七四頁。

(32) 島田翰は二五歳のときに出版した『古文旧書考』でしられる。三七歳のとき、称名寺金沢文庫の国宝売却事件とのかかわりがとりざたされ、自死。一〇歳だった島田春雄は父方の祖母に引きとられた。島田翰の評伝は、高野静子『続蘇峰とその時代――小伝 鬼才の書誌学者 島田翰他』(徳富蘇峰記念塩崎財団、一九九八年)がくわしい。

(33) 言文研究会編『島田春雄戦後論集 除雪車は先頭に』(太平洋出版社、一九五二年)の著者略歴による。また、朝日新聞社の先輩でもあった森本忠はのちにこう記している。「島田春雄は東京の山の手のよい家庭に生れて国学院に学び、学生時代は弁論部などで活躍したが、東京堂に入社、出版で調査に当ってゐた。朝日社員篠田弘作(戦後国会議員)の推薦で朝日に受験」。「〔一九四二年〕一二月八日、朝日を退社、母校の国学院大学の教授、大学図書館長に就任した」(森本忠『僕の詩と真実』日本談義社、一九六八年、九一、九五頁)。

(34) 森本忠「序」、島田春雄『国語論集 日本語の朝』第一公論社、一九四四年、一三頁。また、森本忠『僕の詩と真実』日本談義社、一九六八年の「四、或る激情」にもくわしい。

(35) 平井昌夫『国語国字問題の歴史』昭森社、一九四八年、三五七頁。

(36) 「漢字字体整理案報告案」、標準漢字関係議案第六八号、一九三八年、一丁表(著者所蔵)。主査委員九名は、築田欽次郎を主査委員長とし、五十嵐力、宇野哲人、小倉進平、竹村勘忢、藤村作、森岡常蔵、森山鋭一、吉岡郷甫であった(「漢字ノ調査ニ関スル主査委員会委員長報告要旨」一九四二年三月三日第五回国語審議会総会、一頁)。

(37) 第四項目の「文体ノ改善ニ関スル件」における議論については、安田敏朗『「多言語社会」という幻想――近代日本言語史再考Ⅳ』三元社、二〇一一年の「第六章「文体ノ改善」の行方――日本語口語文体の戦中・戦後」

を参照。
(38)「新常用漢字が決まる」『国語運動』六巻三号、一九四二年三月、一頁。
(39)上野陽一「カナモジ大乗」『カナ ノ ヒカリ』二四八号、一九四二年四月、二、三頁。
(40)菊沢季生「国語問題解決の方向」『創造』一二巻六号、一九四二年六月、一五九頁。
(41)『朝日新聞』一九四二年七月一七日、東京版夕刊、一面。戦前は夕刊が廃止になるまで発行日付の一日前の午後に発送されていた。地域によっては当日中に配達ができないのでこうした措置をとっていた。したがってここでは七月一六日午前のできごとが同日午後発送の、翌日日付の夕刊に掲載されたということである。
(42)井之口有一『明治以後の漢字政策』日本学術振興会、一九八二年、六五頁。
(43)具体的な「各種ノ材料」資料名については、『国語調査沿革資料』文部省教科書局国語課、一九四九年、一三三―一三六頁を参照。
(44)この「標準漢字表選定経過報告」は国語審議会会長南弘の答申文とともに、橋田邦彦文部大臣宛に一九四二年六月一七日に答申されている。井之口有一『明治以後の漢字政策』(日本学術振興会、一九八二年)に全文が収録されている(六三―六五頁)。井之口のこの本には、標準漢字表関係では、国語審議会第五回および第六回総会における漢字調査に関する増田主査委員長中間報告、標準漢字表凡例が資料として掲載されている。
(45)ちなみに、読めるだけでもよいものを準常用漢字とする、という設定の仕方は、二〇一〇年の常用漢字改定の際にも、常用・準常用という同じ用語で論じられていた(二〇〇八年一月三〇日、国語分科会総会提出資料より)。
http://www.bunka.go.jp/1kokugo/pdf/kanji_shouiinkai180424_siryou3.pdf
(46)『国語施策沿革資料1 仮名遣い資料集(諸案集成)』文化庁、一九八〇年、一五三頁。
(47)「常用漢字の問題/三本建でゆく/国語審議会の方針」『朝日新聞』一九四二年四月五日、四面。
(48)これはひとり下村宏にかぎった話ではない。先にふれたカナモジカイの理事・平生釟三郎は、「ミナミノ ホウノ 住民ワ、満洲 ヤ シナ ト チガッテ 文化ノ テイドモ ヒクイシ、漢字ヲ シラナイノデ アルカラ、デキルダケ ヤサシク シテ オシエレバ ヨイ. ソウスレバ タチマチノ ウチニ ユキワタル」(平生釟三郎「大東ア　ヲ　ムスブ　カナモジ」『カナ　ノ　ヒカリ』、二五一号、一九四二年七月号、二頁）と、「文化の程度の低い」南方だから、日本語をやさしくしなければならないと論じている。

(49) 島田春雄「国語変革と国民思想」『公論』五巻九号、一九四二年九月、一一一頁。（のち、『国語論集　日本語の朝』第一公論社、一九四四年におさめる）。

(50) この間の見聞を記したものは、太田正雄『葱南雑稿』（東京出版、一九四六年）におさめられている。

(51) 太田正雄「安南における国語国字問題」『国語運動』六巻五号、一九四二年五月、一五頁。日本軍の仏印進駐後、ベトナムの言語や文学を一般むけに紹介する記事もふえてきていた。たとえば、城田平祥「安南語雑考」『創造』一二巻六号（一九四二年六月）など。

(52) 詳細は、ユン・デョン「1930―40年代の金永鍵とベトナム研究」『東南アジア研究』（京都大学東南アジア研究所）四八巻三号（二〇一〇年一二月）を参照。金永鍵は、時期は不明だが、朝鮮民主主義人民共和国にわたった（いわゆる「越北」）とのことである。

(53) 『国語運動』五巻二号、一九四一年二月、四九頁。

(54) 松尾長造の卒業論文は、のちに指導教官だった松本亦太郎の序文を付して『読書の心理的研究』として刊行される（心理学研究会、一九一九年）。国立国会図書館デジタルコレクションにて閲覧可。

(55) 教職適格審査については、山本礼子『米国対日占領下における「教職追放」と教職適格審査』（日本図書センター、二〇〇七年）を参照。

(56) 松尾の経歴については、大沢広嗣「宗教団体法制定と文部省宗教局長の松尾長造」『仏教文化学会紀要』二二号（二〇一三年一一月）に全面的に依拠したが、大沢は、松尾について「官僚として職務を忠実に遂行した人生であったと言えよう」とまとめている（六一頁）。

(57) 『国語運動』四巻七号、一九四〇年七月、四九頁。

(58) 松尾長造「国語問題解決の希望」『国語運動』六巻一号、一九四三年一月、一頁。

(59) 松尾長造「われらの光栄」『日本語』一巻八号、一九四一年一二月、一頁。

(60) 松尾長造「文部省に於ける国語対策の根本方針」『日本語』一巻二号、一九四一年五月、一八頁。
(61) 同前、一七頁。
(62) 松尾長造「共通語としての日本語」『興亜』四巻六号、一九四三年六月、二六—二八頁。
(63) 「十月の国語協会」『国語運動』二巻一二号、一九三九年一二月、三四頁（ただし、「菊地」と誤記）。
(64) メンバーは、朝倉希一を委員長とし、石原忍、上野陽一、岡実、日下部貞彦、佐野利器、下村宏、野田信夫、福田邦三であった（横書問題研究委員会『横書するなら左から』国語協会、一九三九年）。
(65) 同前、「要旨」、一頁。
(66) 屋名池誠『横書き登場——日本語表記の近代』岩波新書、二〇〇三年。
(67) 稲垣伊之助「新体制時代の七フシギ」『政界往来』一二巻四号、一九四一年四月、「〝左から〟が自然——国語の横書は原則的の統一」『朝日新聞』一九四二年七月二二日、四面、「左右同居に迷ふ——教科書にこの不統一」『朝日新聞』一九四三年五月五日、三面など。
(68) 森本忠「序」、島田春雄『国語論集 日本語の朝』第一公論社、一九四四年、二—三頁。
(69) このコピー文の背景は、闇夜を照らす一条のサーチライトとなっており、非常に印象的である。早川タダノリ『「愛国」の技法——神国日本の愛のかたち』（青弓社、二〇一四年、九五頁）にも掲載。
(70) 森本忠「序」、島田春雄『国語論集 日本語の朝』第一公論社、一九四四年、一—二頁。
(71) 同前、五頁。
(72) 情報局編『思想戦読本』内閣印刷局、一九四二年、三—四頁。
(73) 詳細は、桜本富雄『日本文学報国会——大東亜戦争下の文学者たち』（青木書店、一九九五年）などを参照。
(74) 森本忠『僕の詩と真実』日本談義社、一九六八年、八三頁。
(75) 大法輪編輯局「天下憂国の識者に愬へて漢字制限反対の所論を求む」『大法輪』九巻四号、一九四二年四月、四六頁。
(76) 同前、四八—四九頁。

(77) 高田真治「漢字制限と亡国思想」『大法輪』九巻四号、一九四二年四月、四五頁。
(78) 塩谷温「大東亜共栄圏と教育の刷新」『大法輪』九巻五号、一九四二年五月、一八、一九頁。
(79) 後藤朝太郎「文部省の漢字撲滅案に就いて――南弘会長と穂積重遠副会長へ具申す」『大法輪』九巻五号、一九四二年五月、二九頁。
(80) 沢瀉久孝「日支提携と『文字の教養』」『大法輪』九巻八号、一九四二年八月、四七頁。なお沢瀉のこの文章は、「漢字と負担　標準漢字表を眺めて（上）」「鍛錬と文字　標準漢字表を眺めて（下）」『都新聞』一九四二年七月一〇日、一一日に掲載されたものの転載である。
(81) 高原一策「日本語の低俗化でありユダヤ化である」『大法輪』九巻五号、一九四二年五月、五五頁。
(82) 鬼塚明治「民主主義的国語観に出発した漢字制限」『大法輪』九巻六号、一九四二年六月、一八頁。
(83) 新垣淑明「個人本位の便利主義に立脚せる漢字廃止論」『大法輪』九巻六号、一九四二年六月、三七頁。
(84) 山田有秋「思想戦と漢字制限」『大法輪』九巻六号、一九四二年六月、二八頁。
(85) 梅棹忠夫は「事務革命――日本探検（第五回）」『中央公論』七五巻一一号（一九六〇年一〇月）において、カナモジカイの活動を紹介するなかで、「軍備制限・産児制限・漢字制限」という節をもうけてカナモジ論への反対論を列挙している。しかし、標準漢字表をめぐる思想戦にふれることはなく、「三大亡国論」としてこの三つを掲げるだけである。カナモジカイに取材をしているようなので、松坂忠則たちから当時の話をきいたのではなかろうかと思われる（一三七頁）。
(86) 大和田肇「産児制限・軍備制限と漢字制限」『大法輪』九巻八号、一九四二年八月、四九頁。
(87) 同前、四九頁。
(88) 山本宣治については、竹村民郎『廃娼運動――廓の女性はどう解放されたか』（中公新書、一九八二年、のち『竹村民郎著作集I』三元社、二〇一一年におさめる）の第五章などを参照。なお、山本のいとこである医師・安田徳太郎（一八九八―一九八三）の回想をまとめた「山本宣治と私」（安田徳太郎『二十世紀を生きた人びと――安田徳太郎選集』青土社、二〇〇一年におさめる）も参照。

(89) 大和田肇「産児制限・軍備制限と漢字制限」『大法輪』九巻八号、一九四二年八月、五一頁。
(90) 同前、五二頁。
(91) 同前、五三頁。
(92) 島田春雄「国語変革と国民思想」『公論』五巻九号、一九四二年九月、一一八頁。なお、本文でもふれるが、前注の大和田肇は島田春雄のことである。のちのことになるが、島田は「私は学生時代に、芳賀矢一先生から「エスペラントはいけない。あれはユダヤの本部が使ふもので、これをやると便利だけれども国家意識を捨てるやうになる」といはれたことが私は非常に頭に残つてゐる」と述べている(島田春雄・藤沢親雄・三浦一郎・小寺小次郎「偽史を攘ふ——太古文献論争」『公論』六巻九号、一九四三年九月、九九頁)。東京帝国大学の国文学の教授であった芳賀矢一(一八六七—一九二七)は一九一九年から、島田の学んだ国学院大学の学長であったので、そのときの話であろう。これが島田のエスペラント観の基礎になっているということだろうか。ここでいう偽史とは、いわゆる竹内文書(神武天皇以前にも王朝があったとする)のことであって、これに即して「皇道世界政治研究所」なるものが設立されたときに名を連ねたのが、座談会参加者のひとり、エスペランティストの藤沢親雄(一八九三—一九六二)であった。藤沢は、一九一七年、東京帝国大学法学部卒、農商務省の若き官僚であったときにジュネーブの国際連盟の会議に出席(一九一九年)、新渡戸稲造の知遇をえて、国際連盟事務職員となる。その後、九州帝国大学、国民精神文化研究所などをへる。国民精神文化研究所では「日本政治学」を構想していた。敗戦後の公職追放解除のあとは、日本大学や国士館大学で教えた。経歴などについては、今井隆太「国民精神文化研究所における危機の学問的要請と応答の試み——藤沢親雄・大串兎代夫・作田荘一・河村只雄」『ソシオサイエンス』七号(二〇〇一年三月)、大谷伸治「藤澤親雄の「日本政治学」——矢部貞治の衆民政論に対する批判を手がかりに」『北海道大学大学院文学研究科研究論集』一一号(二〇一一年一二月)など参照。島田たちとの座談会では、エスペラントはやめたと明言している(九九頁)。普遍主義的ではあるが、反ユダヤだというのが、この時点での藤沢の立場であるようだ。藤沢の思想的転換については、臼井裕之「国際派からオカルト・ナショナリストへ——藤澤親雄の足跡を追う」『エスペラント研究』四号(二〇一〇年)がくわしい。なお、「竹内文書」は偽史でしかないのだが、現在でもその内容を信じる者がいないわけでもない、オカルトがかったものである。
(93) 岡田道一「漢字制限の根本精神を解剖して教育者に与ふ」『大法輪』九巻一〇号、一九四二年一〇月、七六頁。同様に岡田は「国語審議会とかカナモジ会とかはその根本が赤の思想で日本の国語を破壊してしまふ（終にはカナ文字又ローマ字にする）のが主目的である」とも述べている（「公論」編輯部「特輯国語国字問題批判」『公論』五巻九号、一九四二年九月、九二頁）。
(94) 伊藤忠兵衛「漢字全廃論――文字と能率」『中央公論』七三巻六号、二七九頁。
(95) 『国語運動』三巻八号、一九三九年八月、六一頁。
(96) 国立公文書館、本館 2A-017-00 叙 02183100
(97) 鬼塚明治「日本語音の速記的統計」『音声学協会会報』七〇号、一九四二年五月。
(98) 日本のフォークダンスとは、「民踊」と認識されており、「「国民舞踊」、「国民文化」を確立しようという志向がきわめて明瞭に看取できる」ものであったという（渡辺裕『サウンドとメディアの文化資源学――境界線上の音楽』春秋社、二〇一三年、二九九頁）。とすれば、国家国民の尊重を重視した鬼塚にとっても不都合はなかったであろう。矢野敬一「「民謡の「戦後」――女性・「民主化」・レクリエーション」『静岡大学教育学部研究報告 人文・社会科学篇』四九（一九九九年三月）も参照。
(99) 『国語運動』一巻一号、一九三七年八月、一〇二頁。
(100) 大西雅雄「基本漢字の理念」『国語運動』六巻一号、一九四二年一月。
(101) 大西雅雄「国語審議会の廃止を要望す」『大法輪』九巻九号、一九四二年九月、一六頁。大西はこれ以前から「国語運動についてはまず学問的に十分な調査研究が必要である。徒らに運動を目的としては駄目である。学者の調査研究をまつて、その意見の定まつたものを実行に移すべきである。〔……〕基礎日本語の調査、仮名使改定、漢字体の整理などの一般的な学理に関係する問題については、協会はもつと慎重であることを望む」としていた（「批判と提案――国語運動と国語協会（二）」『国語運動』二巻九号、一九三八年九月、三九頁）。
(102) 甲斐睦朗『終戦直後の国語国字問題』明治書院、二〇一一年、三五―三七頁。ただ、前注の大西の発言に照らせば、運動ではなく学理を求める姿勢は一貫しており、「変貌」とまでいいきれるのかはわからない。
(103) 島田春雄『明日の日本語』冨山房、一九四一年、八三頁。
(104) 島田春雄「防諜講話の漢字論を駁す」『国語論集 日本語の朝』第一公論社、一九四四年、五六頁。
(105) 島田春雄「国語変革と国民思想」『公論』五巻九号、一九四二年九月、一二〇頁。
(106) 同前、一一九頁。
(107) 同前、一一九頁。
(108) 同前、一一九頁。
(109) 同前、一一九―一二〇頁。
(110) 同前、一二〇頁。
(111) 同前、一二一頁。
(112) ちなみに、大日本言論報国会の会長でもあった徳富蘇峰は、島田春雄の父・島田翰と書籍収集を通じて交流があったので、理事となった春雄を可愛がったという(高野静子『続蘇峰とその時代――小伝 鬼才の書誌学者 島田翰他』(徳富蘇峰記念塩崎財団、一九九八年、三八九頁)。
(113) 島田春雄「百虫譜」『国語論集 日本語の朝』第一公論社、一九四四年、二五七―二五八頁。
(114) 島田春雄「応世より伝世へ」『緑旗』七巻四号、一九四二年四月、五〇頁(のち、島田春雄『国語論集 日本語の朝』第一公論社、一九四四年におさめる)。
(115) 同前、五一頁。
(116) しかしながら、文化庁のホームページではこれが掲載されている。http://www.bunka.go.jp/kokugo_nihongo/joho/kakuki/hosoku/iin02.html
(117) 平井昌夫『国語国字問題の歴史』昭森社、一九四八年、三四五―三四九頁。
(118) 「日本国語会の叫び」『大法輪』九巻一一号、一九四二年一一月、八〇―九三頁。
(119) 同前、八〇頁。

(120)「国字国語改良問題に対する管見」(一九三七年一一月一三日国語協会医学部第三回例会講演)、太田正雄『葱南雑稿』東京出版、一九四六年、一八七頁。
(121) 平井昌夫『国語国字問題の歴史』昭森社、一九四八年、三五〇頁。
(122) 吉沢義則「国語国字問題」『政界往来』一二巻四号、一九四一年四月、二五八頁。
(123) 平井昌夫『国語国字問題の歴史』昭森社、一九四八年、三五三頁。
(124) とはいうものの、森本忠は日本国語会という、「今やほうはいとして全国的にわき起った民間の国語審議会案反対にたまりかねて、文部省も遂に折れざるをえなくなった」と認識している(森本忠『僕の詩と真実』日本談義社、一九六八年、八九頁)。
(125) 日本国語会編『国語の尊厳』国民評論社、一九四三年、二三九頁。
(126)「一年を顧みる」『国語運動』六巻一二号、一九四二年一二月、一頁。
(127)『週報』一九四二年一二月二三日号、一二頁(平井昌夫『国語国字問題の歴史』昭森社、一九四八年、三五八―三五九頁にも引用)。
(128)「国語審議会第八回総会議事録」『国語審議会の記録』文部省、一九五二年、三三頁。
(129) この吉田澄夫、広田栄太郎は国語審議会について回想した文章を残しているが、吉田澄夫「国語問題の過現未」『言語生活』一二五号(一九六二年二月)、広田栄太郎「国語審議会の歩み」『新聞研究』七三号(一九五七年八月)においても、標準漢字表にまつわる思想戦に関する記述はない。
(130) 井之口有一『明治以後の漢字政策』日本学術振興会、一九八二年、六六頁。
(131) 橋田邦彦の教育思想については、清水康幸「橋田邦彦における科学と教育の思想――戦時下教育思想研究への一視角」『日本の教育史学』二五集(一九八二年)を参照。
(132)「一年を顧みる」『国語運動』六巻一二号、一九四二年一二月、一頁。
(133)「はしがき」、文部省『標準漢字便覧』日本語教育振興会、一九四三年。
(134)「1ネン　ヲ　カエリミル」『カナ　ノ　ヒカリ』二五六号、一九四二年一二月、三頁。

(135)「レキシノ　ツジニ　タチテ」『カナ　ノ　ヒカリ』二八二号、一九四五年一一月、一頁。
(136)「標準漢字の制定」『国語運動』六巻七号、一九四二年七月、一頁。
(137) キムラ　カネスケ「「標準漢字表」をみて」『国語運動』七巻三号、一九四三年三月、六―八頁。
(138) マツムラ　シンイチ「漢字を尊ぶ心」『国語運動』七巻三号、一九四三年三月、九頁。
(139) 同前、一〇頁。
(140) 同前、一一頁。
(141) 森馥「「漢語制限」をメアテとせよ」『国語運動』七巻四号、一九四三年四月。
(142)「〝文教維新〟を推進／要望される政治的実践」『朝日新聞』一九四三年四月二三日、一面。
(143)「東条内閣の改造完成」『朝日新聞』一九四三年四月二四日、一面。
(144)「決戦新段階に即応／果断に政治力を強化」『朝日新聞』一九四三年四月二一日、一面。
(145)「芸術文化に造詣／信念の人・岡部新文相」『朝日新聞』一九四三年四月二四日、一面。
(146)「皇国精神を具現／新文相訓示　異動は行はぬ」『朝日新聞』一九四三年四月二四日、一面。
(147)「第二回漢語ノ整理ニ関スル主査委員会」、一九四三年七月一六日、一丁表（筆者所蔵）。
(148)「漢語ノ言換ヘニ関スル方針」、漢語整理関係議案第四号、一丁表―裏（筆者所蔵）。
(149) 安藤信夫「国語変革派の不逞思想――稲垣伊之助著「国字問題の現実」」『公論』六巻一一号、一九四三年一一月、五六頁。
(150) 岡崎常太郎「国語運動の将来」『コトバ』四巻一二号、一九四二年一二月、四一頁。
(151) 岡崎常太郎「義務教育修了時の書字力についての調査――ならびに文字教育の改善に関する研究」『国語教育』二一巻八号、一九三六年八月、特別付録、一頁。
(152) 同前、三頁。
(153) 岡崎常太郎「国語運動の将来」『コトバ』四巻一二号、一九四二年一二月、四一―四二頁。
(154) 同前、四三頁。

(155) 宮本要吉「南方原住民に擬声語を教へる」『日本語』二巻一二号、一九四二年一二月、七七頁。

(156) 宮本要吉「国語運動の将来」『コトバ』四巻一二号、一九四二年一二月、四三―四四頁。

(157) 同前、四五頁。

(158) 宮本要吉「造語の心理」『国語運動』七巻二号、一九四三年二月、一七頁。

(159) 宮本要吉は一九一〇年に宮崎県にうまれ、一六歳から郵便局に勤務し、二〇歳で上京後は新聞販売店に勤務、労働争議などに加わったこともある。一九四二年からはカナモジ運動に参加、「戦場はね、多分あっちの方、南の方だろうとね、で、あっちの原住民の言葉をおぼえてね、国字運動をしたい……転々と各地を廻ればね、各地の原住民の言葉をしらべることができるだろうと、夢みたいな気持でね、軍属を志願して行って、でマーシャルに行って、ギルバートへ行って、九カ月目に帰ってきたんです」という。帰国後にいくつか文章を書いたことになるが、一九四三年には徴用されて中島飛行機の下請けの三鷹航空ではたらくこととなり、敗戦をむかえる。その後は中森書店に勤務したという（佐野桂・宮本要吉「私達の生きてきた道」『人生手帖』五巻七号、一九五六年七月、一〇二頁）。一九四二年からカナモジ運動に参加とあるが、一九三七年から『カナ　ノ　ヒカリ』に何度か寄稿している。漢字の害を説教のように説くのではなく、大衆の生活感情にうったえる形で説かねば効果がないと論じた「カナモジカイ　ニ　寄スル　書」（一九四号、一九三七年一二月）、説教のような「思想運動」によるのではなく大衆の心をつかむためには宣伝の方法を考えねばならない、とした「カナ　宣伝学」（二〇九号、一九三九年三月）などがある。「南方ニ　オケル　カナモジ　日本語」（二五六号、一九四二年一二月）では南方で表音カナヅカイ、カタカナ横書きによる日本語教育をおこなった簡単な報告であり、カナモジでの教育こそが有効であると説く。漢字の教育については、きちんと整理した形でおこなわないと意味がないと「漢字ツカイノ　合理化」（二五九号、一九四三年三月）では説く。カナモジでの日本語教育を実践してきたという自負がつよくあったと思われる。なお、宮本のインタビューが掲載された『人生手帖』は一九五二年から一九七四年まで文理書院から刊行された雑誌で、おもに読者の手記、日記、体験記などから構成されていた。こうした投稿などにより形成されるネットワークの歴史については、天野正子『「つきあい」の戦後史――サークル・ネットワークの拓く地平』

（吉川弘文館、二〇〇五年）を参照。

第八章　それぞれの敗戦後

（1）広田栄太郎「国語審議会の歩み」『新聞研究』七三号、一九五七年八月、三三頁。
（2）たとえば、円満字二郎『昭和を騒がせた漢字たち――当用漢字の事件簿』（吉川弘文館、二〇〇七年）などを参照。
（3）この点は別に論じた。安田敏朗『国語審議会――迷走の60年』（講談社現代新書、二〇〇七年）を参照。
（4）山本潔『読売争議（一九四五・四六年）――戦後労働運動史論　第二巻』御茶の水書房、一九七八年、四一頁。
（5）『読売新聞八十年史』読売新聞、一九五五年、四八一頁。
（6）読売争議に関しては、読売新聞社の各社史（八十年史〈一九五五年〉、百年史〈一九七六年〉、百二十年史〈一九九四年〉）の記述があるが、どうしても経営側に立った記述となっている（とりわけ八十年史にその傾向がつよい）。学術的研究として、山本潔『読売争議（一九四五・四六年）――戦後労働運動史論　第二巻』（御茶の水書房、一九七八年）、当事者の回顧として、増山太助『読売争議　1945／1946』（亜紀書房、一九七六年）、宮本太郎『回想の読売争議――あるジャーナリストの人生』（新日本出版社、一九九四年）、争議の中心人物のひとりであった鈴木東民の評伝として、鎌田慧『反骨――鈴木東民の生涯』（講談社、一九八九年）などがある。ただ、「「永久に人民の機関紙」たることを目指しながら、その夢がわずか半年で破れたことを問題とすれば、初心を忘れ、戦争責任の自己清算を怠り、表面を民主的言辞で装いながら、古い封建的思想、軍国主義的精神で突っ走ってしまったところに、その原因を求めなければならないのである」といったきびしい評価もある（戦後労働運動史研究会「戦後労働運動の「神話」を見直す――「読売争議」の実態［上］」『世界』六五七号、一九九九年一月、二九六頁）。
（7）山本潔『読売争議（一九四五・四六年）――戦後労働運動史論　第二巻』御茶の水書房、一九七八年、七九頁。
（8）増山太助『読売争議　1945／1946』亜紀書房、一九七六年、一三八頁。
（9）鎌田慧『反骨――鈴木東民の生涯』講談社、一九八九年、二六九頁。

(10) 同前、二六九頁。

(11) 山本潔『読売争議(一九四五・四六年)――戦後労働運動史論 第二巻』御茶の水書房、一九七八年、二四頁。

(12)『特高月報 昭和十四年六月分』内務省警保局保安課、一九頁。片山自身による履歴書によれば、一九三四年に「マルクス主義思想は捨てないが、もうマルクス主義の運動はできないし、国語運動、ローマ字運動を終生の仕事にしたいという上申書を書いて出所。懲役二年、執行猶予五年」とあり、また一九三八年四月に「これまでローマ字会、国語運動などへだんだんと深入りしていたところへ、高倉テル氏、黒滝ちから〔成至〕氏などがあらわれ、一緒にやっていたが、人民戦線の一翼として検挙された。丸一年警察にいた」とある。問題の一九三九年については、「四月、鈴木東民氏の好意で読売に再入社」とあるのみで、同年六月の左翼ローマ字運動事件での検挙については記されていない(「履歴書」『片山さとし遺稿集』片山さとし遺稿集刊行委員会、一九九五年、四〇二頁)。この「漢字を廃止せよ」の執筆者推定に関して、より詳細には、安田敏朗「漢字に時間をよみこむこと――敗戦直後の漢字廃止論をめぐって」『もう一つの日本文学史』(アジア遊学195、勉誠出版、二〇一六年三月)を参照。

(13) 増山太助『読売争議 1945/1946』亜紀書房、一九七六年、一三七頁。

(14) 山川均「漢字の圧制(上)」『東京新聞』一九四六年一月一八日、二面。

(15) 山川均「漢字の圧制(下)」『東京新聞』一九四六年一月一九日、二面。なお、「漢字の圧制」は、『山川均全集14』(勁草書房、二〇〇〇年)におさめられている。

(16)「山川均」の項、『日本エスペラント運動人名事典』ひつじ書房、二〇一三年、五一九頁。

(17) 大島義夫・宮本正男『反体制エスペラント運動史』三省堂、一九七四年、八五頁。

(18) 土持ゲーリー法一『米国教育使節団の研究』(玉川大学出版部、一九八一年)が全般的な研究書で、言語改革についても章が割かれている。日本語ローマ字化は、言語学者がいなかった使節団の先走りであり、CIEの側では、ローマ字教育の導入が目指されていたとする。言語改革に特化した研究書には、茅島篤『国字ローマ字化の研究』(風間書房、二〇〇〇年)がある。英文は、国際特信社編輯局翻訳『マックアーサー司令部公表 米国教育使節団報告書』（国際特信社、一九四六年）がある。手に入れやすい翻訳は、全訳解説・村井実『アメリカ教育使節団報告書』（講談社学術文庫、一九七九年）がある。

（19）国際特信社編輯局翻訳『マックアーサー司令部公表　米国教育使節団報告書』国際特信社、一九四六年、二八—二九頁。

（20）平井昌夫「ローマ字問題」『読売報知』一九四六年四月二〇日、二面。

（21）鬼頭礼蔵『国字改革の方向』ローマ字教育会、一九四六年、三九頁。

（22）カナモジカイ「教育使節団ノ　言語改良論ニ　答エル」『カナ　ノ　ヒカリ』二八九号、一九四六年六月、二頁。

（23）同前、五頁。

（24）同前、六頁。

（25）同前、七頁。

（26）「レキシノ　ツジニ　タチテ」『カナ　ノ　ヒカリ』二八二号、一九四五年一一月、一—二頁。

（27）同前、三頁。

（28）マツサカ　タダノリ「国語国字　ノ　大義」『カナ　ノ　ヒカリ』二六九号、一九四四年二月、一、二頁。

（29）同前、三頁。

（30）「工員ノ　読書力　シラベヲ　オエテ」『カナ　ノ　ヒカリ』二八五号、一九四六年二月、五頁。

（31）「アタラシイ　ジダイニ　ハタラキカケル　カナモジ-ウンドウ　ノ　グタイアン」『カナ　ノ　ヒカリ』二八三号、一九四五年一二月、一—三頁。

（32）なお、一九四七年七月二六日の運輸省達三九八号で鉄道掲示規程が改正され、当用漢字表、現代かなづかいにのっとることが定められている（『運輸公報』四九〇号）。そもそも、一九四五年九月三日に、GHQの指令第二号において公共建物駅などに名称を英語でかかげ、ローマ字は修正ヘボン式によることとされた（平井昌夫『国語国字問題の歴史』昭森社、一九四八年、五三七頁）。

(33) くわしくは、文化庁『国語施策百年史』(ぎょうせい、二〇〇六年)の「第四章　国語改革の実行」の「第六節　法令・公用文の改善」を参照。
(34) 「レンゴウグン - シレイブガ　コクジ　モンダイノ　トリシラベニ　ノリダシタ」『カナ　ノ　ヒカリ』二八三号、一九四五年一二月、六頁。なおこの際に「工員ノ　読書力」の調査をGHQから依頼され、カナモジカイは新聞記事にふりがなをつける形での読みの調査を一四五三名対象におこなった。学歴により差はあるものの、十全に意味がつうじているとは決していえない結果がみちびきだされた(「工員ノ　読書力　シラベヲ　オエテ」『カナ　ノ　ヒカリ』二八五号、一九四六年二月)。
(35) 「レンゴウコクグン　シレイブ　トノ　アイダニ　ススメラレテ　イル　コクゴ　コクジ　モンダイニ　カンスル　ハナシアイ」『カナ　ノ　ヒカリ』二八四号、一九四六年一月、二一―三頁。
(36) 「一般国民ニ　読メヌ　憲法政府案ト　ワレラノ　改正案」『カナ　ノ　ヒカリ』二八八号、一九四六年五月、四―五頁。
(37) 文化庁『国語施策百年史』ぎょうせい、二〇〇六年、三三〇―三三二頁。
(38) 「一般国民ニ　読メヌ　憲法政府案ト　ワレラノ　改正案」『カナ　ノ　ヒカリ』二八八号、一九四六年五月、四頁。
(39) 古関彰一『日本国憲法の誕生』岩波現代文庫、二〇〇九年、二一七―二一八頁。
(40) 山本有三「新憲法は「国民の国語」化」『時事新報』一九四六年四月一八日付、三面。
(41) 「財団法人　カナモジカイ　新役員名簿」『カナ　ノ　ヒカリ』二七九号、一九四五年二月、六頁。
(42) 入江俊郎「憲法草案余録」『法曹』五六号、一九五五年、八頁(古関彰一『日本国憲法の誕生』岩波現代文庫、二〇〇九年、二一五―二一六頁から再引用)。なお、山本有三と憲法口語化については、永野賢「山本有三評伝・新資料(三十八)――国民の国語運動連盟と日本国憲法の口語化」『国文学　解釈と鑑賞』四八巻一五号(一九八三年一二月)も参照。
(43) マッサカ　タダノリ「ミコトノリノ　モジモ「コクミント　トモニ」マシマス」『カナ　ノ　ヒカリ』二八四

号、一九四六年一月、一頁。

(44) 同前、一頁。

(45) 三好七郎「左横書 ワ 国粋破壊 ニ 非ズ」『カナ ノ ヒカリ』一四六号、一九三四年二月、一七頁。

(46) 松坂忠則「カナモジ運動の方法論――発音式カナヅカイによる」『コトバ』六巻一一号、一九三六年一〇月、五七―五八頁。

(47) クサカベ タダヒコ「国民精神総動員 ト 左横書」『カナ ノ ヒカリ』一九六号、一九三八年二月、一頁。

(48) マツサカ タダノリ「ヒダリ～ヨコガキワ ミンシュ～シュギノ ハタジルシ」『カナ ノ ヒカリ』二八六号、一九四六年三月、一頁。

(49) 「モジモ コトバモ カク シテ ミンシュ-シュギ エノ アユミヲ オコシタ」『カナ ノ ヒカリ』二八六号、一九四六年三月、二頁。

(50) 永積安明「日本語の歴史的反省――誰が国語を解放するか」『日本評論』二一巻六号、一九四六年六月、五一頁。

(51) 徳永直「漢字の政治性」『日本評論』二一巻六号、一九四六年六月、六三頁。

(52) 高倉テル「ことばの革命」『日本評論』二一巻六号、一九四六年六月、三四―三五頁。

(53) 吉見義明『焼跡からのデモクラシー 上――草の根の占領期体験』岩波現代全書、二〇一四年、一五七頁。

(54) 「読み書き能力」『朝日新聞』一九五三年一月二七日、夕刊、一面。

(55) くわしくは、安田敏朗『国語審議会――迷走の60年』（講談社現代新書、二〇〇七年）を参照。

(56) このときの参議院議員選挙で共産党の全国区から出馬したのだが、当初は全国区には読売争議で活躍した鈴木東民が予定されていたが、伊藤律の一言で候補交代となったという（鎌田慧『反骨――鈴木東民の生涯』講談社、一九八九年、三一三頁）。

(57) 「高倉輝」（山野晴雄筆）、『国史大辞典』一五巻上、吉川弘文館、一九九六年、一〇一頁。

(58) タカクラ・テル『ニッポン語』世界画報社、一九四七年、一七七―一七八頁。

(59) 高倉テル『ニッポン語』北原出版、一九四四年、九一頁。
(60) タカクラ・テル『ニッポン語』世界画報社、一九四七年、一二五頁。
(61) タカクラ・テル『新ニッポン語』理論社、一九五二年、二〇三頁。
(62) 同前、二〇五頁。
(63) クロタキ・チカラ『進むニッポン語』大学書林、一九四九年、一七八—一七九頁。
(64) 刊行時期は不明だが、言語問題研究会がこの論文やプラウダの記事などを翻訳した、『イ・スターリン「言語学におけるマルクス主義について」および右論文への質問に対する回答』を研究資料として刊行している。
(65) 理論編集部「スターリン「言語学におけるマルクス主義について」・解説」、『言語問題と民族問題』理論社、一九五二年。
(66) 大島義夫「社会主義社会における言語の問題」、『言語問題と民族問題』理論社、一九五二年、五一頁。
(67) 時枝誠記「スターリン「言語学におけるマルクス主義」に関して」『中央公論』六五巻一〇号、一九五〇年一〇月、一〇三頁。引用の「同一社会内に異なつた物の考へ方をし、風習を持つ階級が対立すれば、当然言語も対立せざるを得なくなる」という部分からは、植民地朝鮮において朝鮮語をすてて国語（日本語）を母語とせよ、と主張した時枝の志向を明瞭にうかがうことができる（詳細は安田敏朗『植民地のなかの「国語学」——時枝誠記と京城帝国大学をめぐって』（三元社、一九九八年）を参照）。
(68) 奥田靖雄「日本における言語学の展望と反省——主観主義的立場をめぐって」、『言語問題と民族問題』理論社、一九五二年、一二五—一二六頁。
(69) 同前、一二九頁。
(70) 平井昌夫『国語国字問題の歴史』昭森社、一九四八年、三九四頁。
(71) 安田敏朗『「国語」の近代史——帝国日本と国語学者たち』中公新書、二〇〇六年、二〇六—二一一頁。
(72) 「カクホウメンノ　ケンイヲ　ココニ——コクミンノ〜コクゴ〜ウンドウ　ノ　ホッキ〜ダンタイ、ホッキニン」『カナ　ノ　ヒカリ』二八八号、一九四六年五月、二—三頁。

(73)「モジト　コトバノ　ミンシュ～シュギヲ　ハタジルシニ　アラタニ　ウマレタ「コクミンノ　コクゴ　ウンドウ」」『カナ　ノ　ヒカリ』二八五号、一九四六年二月、一―三頁。
(74)「「コクミンノ　コクゴ　ウンドウ」ノ　トリキメト　クワダテ」『カナ　ノ　ヒカリ』二八七号、一九四六年四月、六頁。
(75)ミヨシ　シチロウ「コクミンノ～コクゴ-ウンドウ　ヲ　モリタテヨ」『カナ　ノ　ヒカリ』二八七号、一九四六年四月、四頁。
(76)同前、五頁。
(77)ミヨシ　シチロウ「ワタシ　ワ　ドウシテ　カナモジ～ナカマ　ニ　ナッタ　カ」『カナ　ノ　ヒカリ』一四五号、一九三四年一月、二一頁。
(78)ミヨシ　シチロウ「グンシュク～モンダイ　ノ　カコ　ゲンザイ」『カナ　ノ　ヒカリ』一五一号、一九三四年七月。
(79)ミヨシ　シチロウ「キゲン　2600年　記念事業ト　国語運動　日本語ノ　海外進出」『カナ　ノ　ヒカリ』一八三号、一九三七年二月。
(80)三好七郎『われらは何をなすべきか――文字の使命を生かせ』順生堂書店、一九三六年。
(81)三好七郎「標準語（単語）の選定と基礎日本語」『国語運動』二巻二号、一九三八年二月、三好七郎「基礎日本語の調査」『国語運動』二巻七号、一九三八年七月。
(82)ミヨシ　シチロウ「カナモジ運動ヲ　オモウ」『カナ　ノ　ヒカリ』二六二号、一九四三年六月、一―三頁。
(83)「財団法人　カナモジカイ　新役員名簿」『カナ　ノ　ヒカリ』二七九号、一九四五年二月、八頁。
(84)産業能率短期大学編『上野陽一伝』産業能率短期大学出版部、一九六七年、二二七頁。
(85)「レキシノ　ツジニ　タチテ」『カナ　ノ　ヒカリ』二八二号、一九四五年一一月、二頁。
(86)「民族ト　国語ノ　独立ヲ」『カナ　ノ　ヒカリ』三四一号、一九五〇年一〇月、一頁。
(87)平井昌夫『国語国字問題の歴史』昭森社、一九四八年、三九七頁。

(88) 同前、四三四頁。平井はその原因を「設立当時の目的がある程度はたされ、今後の国語運動はもっと旗印をはっきりさせたものにかわらなければならない社会情勢になったことを物語る」としている。

(89) もちろん、山本有三だけの力で国立国語研究所ができたわけではない。詳細は、安田敏朗『「多言語社会」という幻想――近代日本言語史再考Ⅳ』(三元社、二〇一一年)の「第七章　敗戦後日本語研究への一視角――国立国語研究所設置をめぐる二、三のことども」を参照。

(90) これ以外の目標は「勤労意欲の高揚」「友愛協力の発揚」「自立精神の養成」「社会正義の実現」「芸術、宗教およびスポーツの重視」「平和運動の推進」となっている(「新日本建設国民運動要領」、国立公文書館所蔵)。一九四〇年代後半からの新生活運動については、大門正克編著『新生活運動と日本の戦後――敗戦から1970年代』(日本経済評論社、二〇一二年)を参照。

(91) 平井昌夫『国語国字問題の歴史』昭森社、一九四八年、四五三―四五四頁。「「シンセイカツ〜ウンドウ　レンメイ」ニ　コクゴ〜モンダイ〜イインカイ　ガ　デキタ」『カナ　ノ　ヒカリ』三〇五号、一九四七年一〇月、二頁。

(92) 平井昌夫『国語国字問題の歴史』昭森社、一九四八年、三九九頁。

(93) 平井昌夫「国語国字問題はどういうふうに解釈されようとしてきたか――国語国字問題の沿革」『国文学　解釈と教材の研究』六巻九号、一九六一年七月、二〇頁。

(94) もののべ・ながおき『言葉と文字』ナウカ社、一九五〇年、一二四、一二七頁。

(95) 同前、一四三頁。

(96) 同前、一三八頁。

(97) もののべ・ながおき「裏切られた言語改革――教育使節団報告の運命」『ことばの教育』一九巻三号、一九五七年四月、一三頁。

(98) 同前、一三頁。

(99) 「レキシノ　ツジニ　タチテ」『カナ　ノ　ヒカリ』二八二号、一九四五年一一月、二頁。

（100）総理庁官房監査課編『公職追放に関する覚書該当者名簿』日比谷政経会、一九四九年、一般該当者名簿、三七一頁（森本忠八—森本忠の本名）、五六四頁（島田春雄）。国立国会図書館デジタルコレクションにて閲覧可。

（101）神社新報ホームページ「神社新報の歩み」http://www.jinja.co.jp/ayumi03.html より。

（102）言文研究会編『島田春雄戦後論集 除雪車は先頭に』太平洋出版社、一九五二年、一五頁。

（103）同前、四〇頁。

（104）言及するものはおおいが、たとえば第三章でもふれたが、カナモジカイの星野行則が『トルコ ノ 国字改良実情視察報告書』（カナモジカイ、一九三三年三月）がある。これは同文が「トルコが旧文字を廃してローマ字を用ゆるにいたつた事情」『国語教育』一七巻一一号（一九三二年一一月）として掲載されている。

（105）言文研究会編『島田春雄戦後論集 除雪車は先頭に』太平洋出版社、一九五二年、六三頁。

（106）同前、三八—三九頁。

（107）田中寛一「民主主義と職業指導」『職業指導』一九巻四・五号、一九四六年五月、一頁。

（108）田中寛一「日本民族の将来」『教育研究』二八二号、一九二五年一月、二三三頁。

（109）小谷野邦子「日本における心理学の戦後の出発——1945年8月15日から1950年代にかけて」『茨城キリスト教大学紀要』二九号、一九九五年、二〇三頁。

（110）田中寛一「日本人の冠絶せる優秀性」『海之世界』三六巻六号、一九四二年四月、一四頁。

（111）玖村敏雄は教育学者であり、広島高等師範学校教授のときに山口県教育会編纂『吉田松陰全集』（一二巻）（岩波書店、一九三八—一九四〇年）の編纂委員をつとめた。一九四四年から文部省教学官、一九五三年から山口大学教授をつとめた。吉田松陰の教育者としての側面に着目した研究者としてしられる。著書に『吉田松陰』（岩波書店、一九三六年。文春学藝ライブラリー、二〇一四年）、『吉田松陰の思想と教育』（岩波書店、一九四二年）などがある。

（112）橋本重治「田中寛一と諸民族の知能研究」『教育心理』二六巻三号、一九七八年三月、二〇四頁。

（113）田中寛一「諸民族の気質」『人類科学』三号、一九四七年一〇月、三八頁。

(114) 宮崎県実験学校協会編『宮崎会場に於ける田中寛一博士講演速記録』宮崎県教育会、一九四九年、一七頁。
(115) 同前、一九頁。
(116) 同前、二〇―二二頁。
(117) 田中寛一「日本本土、朝鮮、支那および北米の諸都市における日本児童の知能」『人類科学』七集、一九五五年三月、四九頁。
(118) 同前、五二頁。
(119) 牛島義友「明日への希望」『教育と医学』五巻一号、一九五七年一月、二―三頁。
(120) 田中寛一「日本民族の将来」『教育と医学』五巻一号、一九五七年一月、八頁。
(121) 同前、一一頁。
(122) 同前、一一頁。
(123) 同前、一一頁。
(124) 田中寛一「将来の国字」『ことばの教育』一九巻一号、一九五七年一月、二―三頁。
(125) 同前、三頁。
(126) それぞれ、ポン サンチャン「ミナミ～チョウセン デワ カンジヲ ヤメタ」『カナ ノ ヒカリ』三八八号、一九五四年一〇月、同「キタ～チョウセン デワ カンジヲ ヤメタ」『カナ ノ ヒカリ』四〇四号、一九五六年三月、イズミ オキナガ「中国ノ 文字改革ニ ツイテ」『カナ ノ ヒカリ』四〇四号、一九五六年三月。
(127) より具体的に、日本語でよめるものには、たとえば、藤井（宮西）久美子『近現代中国における言語政策――文字改革を中心に』（三元社、二〇〇三年）、樋口謙一郎『米軍政期南朝鮮における言語・文字改革――韓国言語政策史研究序説』（金寿堂出版、二〇〇九年）、文嬉眞「北朝鮮における文字政策――漢字廃止と漢字教育の現状」『愛知学院大学語研紀要』三三巻一号（二〇〇八年一月）などがある。
(128) 田中寛一「将来の国字」『ことばの教育』一九巻一号、一九五七年一月、三頁。

(129) マツサカ　タダノリ「ケッセン〜ダンカイノ　コクジ〜モンダイ」『カナ　ノ　ヒカリ』二七八号、一九四五年一月、三頁。
(130) 斎藤毅憲『上野陽一——人と業績』産業能率大学、一九八三年、二一六頁。
(131) 「国語国字ノ　能率化ニ　ツイテノ　建議」『カナ　ノ　ヒカリ』三三五号、一九五〇年四月、一―三頁。
(132) 読み書き能力調査委員会編『日本人の読み書き能力』(東京大学出版部、一九五一年)として刊行される。前注の建議はこれより前のことになるが、調査に関わった石黒修が「日本人の読み書き能力調査」『コトバ』復刊二巻一〇・一一号(一九四九年一一月)で結果の概要を示している。ただ、建議中に示された数値はここにみられないので、あるいは石黒らから直接示されたものかとも考えられる。なお、この調査結果により日本人の非識字率のひくさ(一・七パーセント)におどろいたGHQのCIEが日本語のローマ字化を断念した、という神話ができあがったが、それは根拠のないもので、非識字率はもっとたかく、また調査内容にも問題がある、ということが指摘されている(角知行『識字神話をよみとく——「識字率99%」の国・日本というイデオロギー』(明石書店、二〇一二年)の「第2章　新聞をよむ能力」を参照)。前注の議論では識字率の問題よりもむしろ漢字書き取り能力のひくさをカナモジ化主張の根拠としており、カナモジカイの主張という点をわりびいても、識字率の神話とは無縁な議論がこの時点であったことを記しておきたい。調査にあたった石黒自身も「文盲の率が低いであろうという仮説は明らかに成立する」としながらも「現代の文字言語が社会生活の通信(マス・コムニケーション)によく役立っていないだろうという仮説も成立すると考えられる」(石黒修同前論文、二九頁)と表記のあり方に問題があることをみとめていた。
(133) 「ワレラワ　ミナ　ジム〜ノウリツ　カイゼンノ　シドウシャ」『カナ　ノ　ヒカリ』三二四号、一九四九年五月、一、二頁。
(134) 斎藤毅憲『上野陽一——人と業績』産業能率大学、一九八三年、一二一―一二三頁。
(135) 同前、一二五頁。
(136) 上野陽一「公務員ト　国語国字」『カナ　ノ　ヒカリ』三四一号、一九五〇年一〇月、三頁。

(137) 同前、三頁。
(138) 上野陽一『新能率生活』光文新書、一九四五年、三頁。国立国会図書館デジタルコレクションにて閲覧可。
(139) 同前、一三頁。
(140) 同前、三頁。
(141) 同前、五頁。
(142) 荘司武夫「都市行政の科学的能率的運営について一考察」、日本都市連盟編『都市行政の科学的能率的運営、自治体警察・消防の問題——第11回全国都市問題会議(昭和24年・横浜市)主報告・研究報告・参考資料』日本都市連盟事務局、一九四九年、九五頁。
(143) 同前、九九頁。
(144) 梅棹忠夫「事務革命——日本探検(第五回)」『中央公論』七五巻一一号、一九六〇年一一月、一三八頁。
(145) ミヨシ シチロウ「カナモジ-ウンドウノ ススメカタ——ワタシワ コウ オモウ」『カナ ノ ヒカリ』四一六号、一九五七年二月、一四——一六頁。
(146) 同前、一六頁。
(147) 安本美典「漢字の将来——漢字の余命はあと二百三十年か」『言語生活』一三七号、一九六三年二月。
(148) 宮島達夫「「漢字の将来」その後」『言語生活』四三六号、一九八八年三月。
(149) 綾皓二郎「線形回帰分析による「漢字の将来」の予測(1963)と50年後の漢字使用率の実際——分析方法と結果の再検討、および統計教育への教訓」『情報科学技術フォーラム講演論文集 12』第四分冊、二〇一三年、四五六頁。
(150) 野村雅昭『新版 漢字の未来』三元社、二〇〇八年、二〇七頁。
(151) 野元菊雄「未来社会と漢字」、佐藤喜代治編『漢字講座 第一一巻 漢字と国語問題』明治書院、一九八九年、二二八頁。
(152) 梅棹忠夫「事務革命——日本探検(第五回)」『中央公論』七五巻一一号、一九六〇年一一月、一二三——一二五頁。

(153) 同前、一三〇頁。

(154) 同前、一一四一頁。

(155) 「能率とことば」『言語生活』三六号、一九五四年九月、一一頁。座談相手は、三沢仁(産業能率短期大学講師)、白鳥博雄(通産省事務官)。

(156) 具体的事例をあつめたものに、たとえばヨシナガ著『ゆかいな誤変換。』(イースト・プレス、二〇〇五年)、ヨシナガ編著『ゆかいな誤変換DX。』(イースト・プレス、二〇〇六年)などがある。携帯メールやLINEなどの浸透によりこの種のネタはつきることがない。たとえば、おかんメール制作委員会編『おかんメール』扶桑社(1、2は二〇一四年、3は二〇一五年)をあげることができる。

(157) 梅棹忠夫「事務革命——日本探検(第五回)」『中央公論』七五巻一一号、一九六〇年一一月、一四〇—一四一頁。

おわりに

(1) 伊東ひとみ『キラキラネームの大研究』新潮新書、二〇一五年、二二一頁。

(2) 同前、二四四頁。

(3) 施光恒『英語化は愚民化——日本の国力が地に落ちる』集英社新書、二〇一五年、三七—四四頁。

あとがき

「安田君は、ものを食べたら出すみたいに本を書くねぇ」

言語学者の江口一久さんに笑顔でこういわれたのは、二〇〇五年の三月末、国立民族学博物館にむかって春うららの大阪吹田の万博記念公園内を二人で歩いているときだった。

ちょっとぎょっとしたが、そんなにするすると本は書けないものだ、もっとよく消化して出さないと ね、という助言だったのだと思う。

考えてみれば、二〇一二年六月に『日本語学のまなざし』(三元社)を出版して以来、四年ほど著書を出していないことになる。これまでのペースからすればだいぶ間があいたことになり、今回はその間ためていたものが出たわけなので、ある程度の分量になってしまった。ただたまったものを出しただけなのか、あるいはきちんと消化して書けたのか、やや心もとない。江口さんなら「安田君、たくさん出たね」というかもしれない。しかし江口さんは二〇〇八年六月に不慮の事故で急逝してしまった。だから感想をうかがうことはもうできない。残念でたまらない。

しばらく出せなかったから江口さんとの会話を思い出したのかもしれない。ただ、出せなかった理由を考えてみても、これといって決定的なものはみあたらない。しいてあげれば気力と体力のおとろえということになるのだろう。ちょっと強引であるが、前回出版年の年末に政権交代があり、大学に関する政策をみても、急逝した阿藤快さん風にいえば「なんだかなぁ」とつぶやいてしまうことがより増えた。気力のおとろえを政治のせいにしてはいけないが、たんなる個人の事情だけではない理由がないとはいえない（もちろん体力のおとろえは政治のせいにはできない）。

と、いいわけをするのは卑怯なのではあるが、本書は第七章でとりあげた「標準漢字表」に関する資料の整理からはじまった。数年前にかなりの分量の複写を一橋大学附属図書館のスタッフにお願いしてとりよせてもらっていたのだが、積読状態を解消しようと読んでみるとそれなりに話はくみあがってくるものであって、近代日本における漢字廃止・制限論をめぐる思想戦の頂点としてこれを位置づけ、その背景説明を書きこんでいく形で執筆をすすめていくこととなった。

漢字廃止論なんてすでに無効ではないか、と考えるむきも多いだろう。たとえば、公益法人制度改革によって二〇一三年一一月末で財団法人としてのカナモジカイは解散し、任意団体となったようであり（この「あとがき」執筆時には、あたらしいホームページ http://www.kanamozi.org/ が開設されている）、日本ローマ字会は公益社団法人、日本のローマ字社は公益財団法人としてインターネット上でも活動をつづけているものの、かつてのように国語審議会に委員を出していた時代はたしかに過ぎ去っている。解散にあたってカナモジカイ会長は、電子機器の発達、常用漢字の増加、そして会員の減少に言及している（ワタナベ　サトシ「カナモジカイ　ヲ　トジマス」『カナ　ノ　ヒカリ』九五七号、二〇一二年秋号、一頁）。その意味では、個々人の活動にゆだねられている状態なのかもしれない。そうであるにせよ、漢字廃止論がまったく意味もなくとなえられていたわけでもなく、それ相応の必要性をもってとなえられてきたことを、いくらかでも明らかにできたのであれば、そしてまた、必要性がいまもって皆無になっていないのではないか、ということも示せたのであれば、長々と書いてきた意味はあるかと思う。

漢字をどのくらい読み書きできればよいのかという漢字リテラシーの問題は常に問われていると思うのであるが、漢字リテラシーとは皮下脂肪みたいなものだ、というと失笑を買うかもしれない。両者が似ているはずはない。一方は時間と労力をかけて獲得するものであるのに、他方は、おおくの場合、何の努力もしないで身につく。一方はそれ自体に価値があるとされ、社会的にもそれを維持しつづけることが得策であるとされるのに、他方は、一般的には時間と労力をかけてでも減らしていくことがよいとされているからである。

しかし、皮下脂肪をつけるにもそれ相応の暮らしができていなければならないわけであるから、それを「何の努力もしないで身につく」と思いこんでしまっているのであれば、近代の学校教育を通じてある程度は身につくリテラシーに関する思いこみと相似形であるといえなくもない。とはいえ、日本語に関して要求されてきた漢字リテラシーとは、ためこみすぎた皮下脂肪のようなものではなかったか、と考えることもできる。テクノロジーの発展により、多種多量の漢字を機械に載せることはできるようになった。その意味では、かつての漢字制限の根拠が消滅しつつあることは本文でも指摘したとおりである。しかしそのことがまた、日本語表記を窮屈なものにしている可能性をも考えなければならない。一方で皮下脂肪がゼロだと通常の生活に困難をきたすように、漢字リテラシーがまったくないと、それなりに苦労をする社会であることも確かである。したがって、「ためすぎちゃったな、ちょっと減らさないと」といった感じで、漢字を減らしたり、専門用語をいいかえたり（たとえば、介護用語については、遠藤織枝・三枝令子編著『やさしく言いかえよう　介護のことば』（三省堂、二〇一五年）がある）、あるいは表記を変更したりすることはできないだろうか。脂肪を減らすこととおなじだとすれば、当然多少の努力は必要になるのであるが、それは健康維持のために不可欠なことだと思って。

しかしこれがなかなかむずかしいんだよなぁ、と自分の腹まわりをながめることになるのであるが。

そんなこんなで、明快で威勢のよい結論がえられるわけでもない。この問題に関心をもっている方にとっては、既知の事柄ばかりで、目くばりのきいた記述にもなっていない、と不満をいだかれるであろう。また本書を通じてこの問題を学んでみようと思われた方にとっては、内容にまとまりを欠いた読みにくいものになっているかもしれない。要するに消化不良にすぎないのかもしれないのであるが、実感として以下のようなことは書き記しておきたい。この「あとがき」の半分以上はわけあってノートに下書きをして作成したのだが、手書きをしてみるとどれほど漢字を忘れているのか、正確に書けないのか、を痛感した。下書きノートをみると、ひらがなとカタカナだらけである。漢字を思いだそうとすると話の流れが（大した話ではないにせよ）中断されるからである。これは初校のゲラに書きこみをしているときも思った。よってこちらの場合は少しごにょごにょとそれらしい形を書いてごまかしてしまったりもした。

つまり、書く漢字の大半は、すでに書き手の外部にあるといってもよいのではないだろうか。人によってその数がちがうだけであって。ふみこんでいえば、パソコンなどの機器をつかわないと、もう漢字を書けない体になってしまっているのではないだろうか。

本書第八章で、カナモジカイが敗戦後に、知識人よ率先して漢字を捨てよ、と呼びかけたことを紹介した。自分自身が知識人だとは思わないが、知らぬ間に多くの漢字が書けなくなっているし、その意味ではある程度漢字を捨ててきているのかもしれない。そしてそれでもさほど不便を感じない。それはひとえに電子機器のおかげである、というのが敗戦直後とのちがいであるが、パソコンのワープロソフトで清書する前提でぐにゃぐにゃの字でノートに書きなぐっても大丈夫なのである。かつてカナモジカイは日本語の機械化のために漢字廃止を主張した。しかし現実は漢字を廃止せずに日本語の機械化が進行した。しかしさらにその結果、漢字は人の（というか少なくとも私の）手を、そして体をはなれていくこととなったのである。私はこのことをとくに残念だとは思わない。たぶんそれは「老い」を受けいれることとあまりかわらないことではないか、と思うからである。そう、年をとっていけばいずれは電子機器もあつかえなくなるわけであるし。そこで漢字を「日本人の心性」などと考えたら、いてもたってもいられないだろうけれども。

ともあれ、漢字がこのように外在化していけば、読めなくなる漢字も増えていくことであろう。そうなればまた日本語表記における漢字のあり方についての議論も深まっていくのではないだろうか。

本書は松井純さんと作った四冊目の本である。これまで「方言」論（一九九九年）、辞書論（二〇〇六年）、金田一京助の国語論（二〇〇八年）をテーマに、日本語の規範とはなにか、などあれこれ考えてきた。今回は漢字のあり方についてではあるが、たんなる表記論にとどめずに少し大きめな話題になるように心がけた。直接きいたことはないが、結構漢字が好きなのではないか（あるいはむしろ活字かもしれないが）とも思われる松井さんは、おもしろがってつきあってくれた。毎度のことであるが、心から感謝したい。初校が出てから四カ月で刊行というきびしいスケジュールをこなしてくださった平凡社のみなさんにも感謝したい。

松井さんとはだいたい、うちあわせと称して飲みながら相談をする（相談すらしないこともある）のだが、前回（二〇〇八年）の本以来、しばしばおじゃまして季節のおいしい料理と日本酒とをいただいている東京白山の割烹・松下のみなさんにも、心から御礼申し上げたい。

二〇一六年三月

安田敏朗

わ行

は行

ま行

や行

ら行

た行

な行

さ行

事項索引

あ行

か行

や行

ら行

わ行

は行

ま行

た行

な行

か行

さ行

人名索引

あ行

著者略歴

安田敏朗（やすだ・としあき）

1968年、神奈川県うまれ。東京大学大学院総合文化研究科博士課程学位取得修了。博士（学術）。現在、一橋大学大学院言語社会研究科准教授。専門は近代日本言語史。著書に『帝国日本の言語編制』（世織書房、1997年）、『〈国語〉と〈方言〉のあいだ——言語構築の政治学』（人文書院、1999年）、『近代日本言語史再考——帝国化する「日本語」と「言語問題」』（三元社、2000年）、『「国語」の近代史——帝国日本と国語学者たち』（中公新書、2006年）、『辞書の政治学——ことばの規範とはなにか』（平凡社、2006年）、『金田一京助と日本語の近代』（平凡社新書、2008年）、『かれらの日本語——台湾「残留」日本語論』（人文書院、2011年）、『日本語学のまなざし』（三元社、2012年）など多数。

漢字廃止の思想史

2016年4月15日　初版第1刷発行

著　者　安田敏朗
発行者　西田裕一
発行所　株式会社 平凡社
〒101-0051 東京都千代田区神田神保町3-29
電話 03-3230-6579（編集）
03-3230-6573（営業）
振替 00180-0-29639
装幀者　間村俊一
DTP　平凡社制作
印　刷　藤原印刷株式会社
製　本　大口製本印刷株式会社

平凡社ホームページ　http://www.heibonsha.co.jp/

ISBN978-4-582-83312-6　C0081
NDC 分類番号811.2　四六判（19.4cm）　総ページ552